Karin Bell und Kurt Höhfeld (Hg.)
Aggression und seelische Krankheit

**Die Herausgeber:** Dr. med. Kurt Höhfeld, geboren 1938, Nervenarzt und Arzt für Psychotherapeutische Medizin, Psychoanalytiker in
eigener Praxis, Dozent und Lehranalytiker am Institut für Psychotherapie Berlin, von 1987 bis 1992 Vorsitzender des C. G. Jung-Instituts
Berlin; seit 1994 Leiter der Sektion ärztliche Psychoanalytiker in der
DGPT und Vorsitzender des Berufsverbandes Berliner Ärztlicher Psy-
choanalytiker und Psychotherapeuten, 1995-1997 Vorsitzender, seit
1997 Stellvertretender Vorsitzender der DGPT.
Dr. med. Karin Bell, geboren 1941, Internistin und  Ärztin für
Psychotherapeutische Medizin, Psychoanalytikerin in eigener Praxis.
Von 1992 bis 1995 Vorsitzende der DGPT, seit 1995 Vorsitzende der
Sektion 'Berufsverband der Ärztlichen Psychoanalytikerinnen und
Psychoanalytiker' in der DGPT.

Die folgenden Tagungsbände der DGPT sind ebenfalls im Psychosozial-Verlag erschienen:

*Karin Bell & Kurt Höhfeld (Hg.) Psychoanalyse im Wandel*
*Kurt Höhfeld & Anne-Marie Schlösser (Hg.): Psychoanalyse der Liebe*
*Anne-Marie Schlösser & Kurt Höhfeld (Hg.):Trauma und Konflikt*
*Anne-Marie Schlösser & Kurt Höhfeld (Hg.): Trennungen*
*Anne-Marie Schlösser & Kurt Höhfeld (Hg.): Psychoanalyse als Beruf*
*Ulrich Streeck (Hg.): Das Fremde in der Psychoanalyse*

# BIBLIOTHEK DER PSYCHOANALYSE
## HERAUSGEGEBEN VON HANS-JÜRGEN WIRTH

Karin Bell und Kurt Höhfeld
(Herausgeber)

# Aggression
# und
# seelische Krankheit

Psychosozial-Verlag

Bibliografische Information der Deutschen Nationalbibliothek
Die Deutsche Nationalbibliothek verzeichnet diese Publikation in der Deutschen
Nationalbibliografie; detaillierte bibliografische Daten sind im Internet über
<http://dnb.d-nb.de> abrufbar.

2. Auflage 2000
© 1996 Psychosozial-Verlag
Walltorstr. 10, D-35390 Gießen.
Tel.: 0641/969978-18; Fax: 0641/969978-19
E-Mail: info@psychosozial-verlag.de
www.psychosozial-verlag.de
Satz: Psychosozial-Verlag
Umschlagabbildung: William Blake: Weibliche Kräfte Albion opfernd
Umschlaggestaltung: Atelier Warminski, Büdingen
Printed in Germany
ISBN 978-3-89806-075-2

# Inhaltsverzeichnis

## Bedeutung und Deutung der Aggression in psychoanalytischer Behandlung

## Kandidatenforum

# Vorwort

Bereits vor 66 Jahren schreibt Freud in „Das Unbehagen in der Kultur" (1930, S. 270) Sätze, die bis heute aktuell und gültig sind: „Die Schichsalsfrage der Menschenart scheint mir zu sein, ob und in welchem Maße es ihrer Kulturentwicklung gelingen wird, der Störung des Zusammenlebens durch den menschlichen Aggressions- und Selbstvernichtungstrieb Herr zu werden."

Die in diesem Buch zusammengefaßten Vorträge der Jahrestagung der Deutschen Gesellschaft für Psychoanalyse, Psychotherapie, Psychosomatik und Tiefenpsychologie (DGPT) nähern sich dem komplexen Thema Aggression auf unterschiedlichen, sich gegenseitig ergänzenden Wegen.

Dabei werden die vielfältigen Entstehungsbedingungen und Bedeutungen von Aggression im Spannungsfeld zwischen Individuum und Gesellschaft ebenso aufgezeigt, wie der symptomatische Charakter aggressiver Handlungen, z.B. als Schutz vor Verletzungen bleibt bei der Bewältigung von Scham- und Angstaffekten oder zur Entlastung von intrapsychischen Konflikten.

Tiefreichende Vernetzungen zwischen kollektiven Normen oder Werten und dem Einzelnen beeinflussen als „Zeitgeist" fast unbemerkt individuelle Moral, Geschlechterverhältnis und den Umgang mit Gewalt und Tod.

Verstrickung, Schutz- und Abwehrfunktion von Aggression entfalten und reinszenieren sich im Rahmen der psychoanalytischen Behandlung als Beziehungskonflikte zwischen Patientinnen und Patienten sowie Psychoanalytikerinnen und Psychoanalytikern. Das gemeinsame emotionale Erleben und Verständnis birgt die Chance einer Neubewertung und Neuorientierung. Schutzlosigkeit und erlittene Ohnmacht, aber auch Schuld und narzißtische Verletzlichkeit prägen Übertragungen und Gegenübertragungen.

Folgerichtig wird die theoretische Standortbestimmung der Vorträge oft mit Beispielen aus der eigenen klinischen Arbeit verknüpft und verdeutlicht. Dabei geht es sowohl um ein Zuviel an gleichsam überschießender Aggression als auch um Aggression, die unterdrückt wird, obwohl sie zur mutigen Selbstbehauptung und zum Selbstschutz ebenso erforderlich wäre wie für konstruktive und weiterführende Auseinandersetzungen und die Freiheit des Denkens.

Untersucht wird die Bedeutung unterdrückter Aggression bei der Entstehung von Neurosen, Psychosen und autoaggressivem Verhalten. Dies verweist auf die Bedeutung der Beziehungsfähigkeit als Grundlage der Regulierung negativer Affekte und der sich daraus entwickelnden Empathie als Grundlage der Fähigkeit sozialen Miteinanders.

Da die Referentinnen und Referenten den Zugang zu dem bewußt weit gefaßten Thema selbst wählten, vermittelt sich zudem ein differenziertes Bild thematischer Schwerpunkte, in denen sich die Beschäftigung von Psychoanalytikerinnen und Pychoanalytikern mit dem Thema gleichsam kondensiert. Aggression aus ethologischer und sozialpsychologischer Sicht und die Rolle der Aggression im Geschlechterverhältnis waren ebenso Themen wie eine differenzierte Analyse des Umgangs mit der Aktualisierung von aggressiven Beziehungserfahrungen im therapeutischen Prozeß.

Weitere Themen sind u.a. Masochismus, Scham und Destruktivität, therapeutischer Umgang mit schwer traumatisierten und autoaggressiv agierenden Patienten und die Bedeutung der Aggression bei der Behandlung von Kindern und Jugendlichen, z.B. bei der Handhabung schwer erträglicher Gegenübertragungsverwicklungen.

Schließlich soll die Dokumentation der Plenumsdiskussion „Aggressionshemmung in der psychoanalytischen Weiterbildung" als erster Versuch einer öffentlichen Diskussion zwischen Kandidaten und psychoanalytischen „Lehrern" hier besondere Erwähnung finden.

Auf die Frage: wie sind die Herzen der Menschen gut zu machen? antwortete Lao-Tse: „Achtet darauf, die natürliche Art der Menschenherzen nicht zu stören. Das Herz der Menschen kann niedergedrückt und es kann aufgerührt werden. Niedergedrückt ist es wie ein Gefangener, aufgerührt ist es wie ein Toller." (S.86)*

Gefängnisse und Tollheiten: die in diesem Buch zusammengefaßten Aufsätze suchen nach Möglichkeiten, Gefängnisse aufzuschließen und Tollheiten zu zähmen und geben so einen lebendigen Eindruck vom Ringen um Erkenntnis bei den komplexen Zusammenhängen und Konflikten zwischen Aggression und Libido bei der Entstehung seelischer Krankheit.

*Karin Bell*                                                        *Kurt Höhfeld*

---

* Tschuang-Tse, Reden und Gleichnisse, 6. Aufl. 1987

# Aggression
im Spannungsfeld zwischen
Mensch und Gesellschaft

# Eros und Thanathos oder die Angst vor der Wirklichkeit

*Jörg Wiesse*

Im Mai 93 holte ich Rudolf Ekstein an einem sonnigen Nachmittag am Wiener Westbahnhof ab, Halle und Bahnsteige waren über und übervoll von bosnischen und kroatischen Flüchtlingen, mit ihrer letzten Habe standen und lagerten sie, verzweifelt sicher und ich wußte, daß sie niemand haben will, Österreich nicht und auch die anderen europäischen Länder einigten sich nur mühsam auf Kontingente. Rudolf Ekstein fand ich bedrückt und resigniert zwischen all dem Elend, welche Hoffnung mag er verloren haben, er der 1938 aus Wien als Flüchtling nach Amerika emigrierte, er der immer an die Utopie glaubte, daß sich die Welt auch mit Hilfe aller Soziologen, Psychologen und Psychoanalytiker zum Bessern wenden werde und sich die Geschichte nicht wiederholen würde, wenn man sie nur nicht vergäße.

Bruno Bettelheim meinte in einem Interview mit Mary Scott wenige Wochen vor seinem Tod (1990): „Ich hoffe, daß die Menschen ernsthaft über ihre destruktive Neigungen nachdenken, vor allem woher sie kommen, so daß, um Freud zu zitieren, im Kampf zwischen Eros und Thanatos wenigstens in der uns verbleibenden Zeit Eros die Oberhand behält. Freud beschäftigte sich", so Bettelheim in diesem Interview, „sein ganzes Leben mit dem Tod. Die Allgegenwärtigkeit unseres Sterbens war ein Bestandteil der Wiener Kultur. Mitten im Leben sind wir vom Tod umgeben. Der Kronprinz beging Selbstmord, nachdem er nach dem Liebesakt gemordet hatte. Diese enge Verbindung zwischen Tod und Sexualität war in der Wiener Kultur vorgezeichnet". Wie sehr muß sie Bettelheim in der Emigration vermißt haben.

Vor allem in der engen Berührung mit dem 1. Weltkrieg schrieb Freud zum Thema Tod, seine Söhne waren an der Front dieses vernichtenden Krieges zu Beginn dieses Jahrhunderts, – so in „Zeitgemäßes über Krieg und Tod" (1915), in „Vergänglichkeit" (1916) und schließlich über das Postulat von der Existenz eines Todestriebes in Verbindung mit seinem Antipoden den Lebenstrieben in „Jenseits des Lustprinzips" (1920). – 1930 erscheint „Das Unbehagen in der Kultur", Hitler ist auf dem Weg zur Macht, 4 Jahre später wird das österreichische Parlament von einer faschistischen Regierung aufgelöst, und noch einmal 4 Jahre später flieht Freud ins Exil. An den letzten Absatz des Buches möchte ich erinnern und aus ihm zitieren: „Die Schicksalsfrage der Menschheit wird sein, ob und in welchem Maße es ihrer Kulturentwicklung gelingt, der Störung des Zusammenlebens durch die menschlichen Aggressions- und Selbstvernichtungstriebe Herr zu werden". Und weiter meint er, „die Menschen haben es in der Beherrschung der Naturkräfte soweit gebracht, daß sie es mit deren Hilfe leicht haben, einander bis auf den letzten Mann auszurotten. Sie wissen das, daher ein gut Stück ihrer gegenwärtigen Unruhe, ihres Unglücks, ihrer Angststimmung. Und nun ist zu erwarten, daß die andere der beiden „himmlischen Mächte" der ewige Eros, eine Anstrengung machen wird, um sich im Kampf mit seinen ebenso unsterblichen Gegnern zu behaupten." So verhalten optimistisch endet das pessimistische Buch.

So sehr Freuds Hypothese vom Dualismus der Lebenstriebe und des Todestriebes, von Eros und Thanatos, in der Wechselbeziehung von gesellschaftlicher Realität, individueller Geschichte und psychoanalytischen Theorien über Trieb-, Selbst- und Objektbeziehungen gegenwärtig und überzeugend zu sein scheint und sich auch in dieser Verknüpfung bei klinischen Bildern und in psychoanalytischen Beziehungen findet, so sehr stößt sie bis heute jedoch auf Ablehnung, Abwehr und Verleugnung. – Bevor ich später auf Erscheinungen und Ursachen dieser Abwehr zu sprechen komme, will ich zunächst versuchen, aggressiv destruktives Verhalten mit der Wendung der Gewalt vom Selbst zum Objekt in einigen Szenen und kurzen Vignetten anzusehen, um vielleicht der Frage etwas näher zu kommen, wie könnte aus phantasierter Gewalt reale Gewalt entstehen, was könnte Gewalt fördern, ohne mir anzumaßen, diese Frage zu beantworten.

An einem trüben Frühsommertag, es ist wenige Jahre her, wanderte ich mit einem um einige Jahre älteren Kollegen, Psychiater in Israel, der bei uns einen Vortrag hielt, durch Nürnbergs Altstadt und wir gelangten auch zur wunderschönen gotischen Lorenzkirche, auf die die protestantischen Nürnberger besonders stolz sind. Das Innere strahlt jene zeitlose und religiöse Erhabenheit aus, den Ernst und die tiefe Sicherheit, wie sie nur in gotischen Kathedralen wie der von Chatres, Paris, Köln und eben in der Nürnberger Lorenzkirche zu empfinden sind. Den Blick auf das Chorgestühl, den Altar gewandt, sprach der Kollege von seinem tiefen Zwiespalt, da er diese deutsche Kultur, diese Kirche und ihre religiöse Tradition doch auch als die seine empfände, und wie sehr er sich verstoßen fühle, er, der mit seinen Eltern aus dem Hitlerdeutschland nach Palästina emigriert war. Ich spürte etwas von seiner Fassungslosigkeit und fühlte Trauer und Verzweiflung. – Auch um die Lorenzkirche wogten die Naziaufmärsche, Hitler stieg anläßlich der Parteitage nur wenige Meter weiter im Bayerischen Hof in der Königsstraße ab, fanatisch gefeiert. Was mögen die Nürnberger Pfarrer, was die Bischöfe, was die Amtskirche getan haben, wo blieb die Jahrtausende alte Moral ihrer Religion, die Kirche war selbst eine Verführte, wem fiel sie in den Arm und wie wenige ließen sich von ihr in ihrem Gewissen nicht beschwichtigen und verführen. Freud, selbst Vertriebener aus einem katholischen Land, schreibt 1938 in einer Zeitung, daß die Religion dann eine Illusion ist, wenn sie keinen Weg weiß, um Kultur und eine Gesellschaftsordnung aufrechtzuerhalten. – Welch ein Aufschrei deutscher Bischöfe, über das Urteil des Bundesverfassungsgerichts, daß Kruzifixe in Bayerischen Schulzimmern nicht der Religionsfreiheit förderlich seien und entfernt werden sollten, ja sie vergleichen ohne Scham dieses Urteil mit der Entfernung der Kreuze während der Nazizeit, so als ob die Kirche damals zum Schutz dieser Symbole christlich europäischer Kultur ernsthafte Auseinandersetzungen mit den Nazis eingegangen wäre. – Natürlich ist Religion auch Ideologie und wieviel heilige Kriege wurden geführt und doch ist es schmerzhaft, ist sie doch Teil unserer Identität, unserer Kultur und Element eines verführbaren individuellen Überichs. Der israelische Kollege schilderte mir, wie sehr alle jene Intellektuellen auch Analytiker, die nach oder kurz vor der Machtergreifung nach Palästina gingen, von dem Mythos beseelt waren, die deutsche Kultur, ihre Kultur vor der Verführung des Bösen zu bewahren, zu retten, der Mythos ist im Holocaust zersprungen.

In der Zeit des Golfkrieges war eine Anfang 30jährige Vikarin aus einer Kleinstadt der nahen Oberpfalz bei mir in psychoanalytischer Behandlung, schnell wurde die düster grausame Szenerie, bis in die Wohnzimmer durch die Medien übermittelt, Teil unserer Dialoge. Ihr Wunsch zu demonstrieren, an Unterschriftensammlungen teilzunehmen und ein weißes Bettuch aus dem Fenster zu hängen, tauchte auf, schießlich handelte sie dem Wunsch entsprechend und beteiligte sich auch an einer Protestkundgebung mit einem, wie sie meinte, wütenden Beitrag am Mikrophon gegen die Amerikaner. – Wenige Zeit später kam die Patientin tief deprimiert, geängstigt und mit schweren Schuldgefühlen zur vereinbarten Stunde, sie hatte im Fernsehen jene Bilder durch irakische Raketen zu Tode geängstigter Israelis gesehen und die Zerstörungen durch diese von deutschen Händen perfektionierten Raketen und in ihrer Gemeinde mit einem Gast aus Israel gesprochen, der

Buchenwald überlebt hatte; und sie äußerte Furcht, ich könnte sie verurteilen für ihr Demonstrieren und ihren lauten Protest, was mich verstörte. Wir sprachen über ihren Vater, der seine juristische Laufbahn 1944 begonnen hatte und kurz vor Kriegsende zur Front mußte, von ihrem Großvater, der eine juristische Größe während und nach der Nazizeit war, Parteigenosse der ersten Stunde und noch im hohem Alter die Familie dominierte. – Doch auch ich hatte Schuldgefühle, hatte ich doch während des Golfkrieges auch einseitig, wie meine Patientin Partei genommen, und ich fragte mich, ob ich nicht wieder dem Antiamerikanismus aus der Vietnamzeit der 60er erlegen war, der doch vielmehr den Vätern galt, die nach dem Krieg Amerika idealisiert hatten, um der Schmach und dem Niedergang nach Kriegsende zu entgehen und deren eigene düstere Geschichte wir nur ahnten. Hatte mich nicht jener latente Antisemitismus eingeholt, den Hans Keilson (1986) bei der deutschen Linken so trefflich ausmacht, und der Ausdruck tiefer Loyalität gegenüber den verstrickten Vätern oder Müttern sein könnte.

Vor allem aber bereitete mir der Gedanke Unruhe, daß das Handeln, die Aggression meiner Patientin von meiner Billigung und Zustimmung im psychoanalytischen Dialog getragen worden sein könnte, durch meine Verführung, durch meine Beschwichtigung, könnte ich die reflektierenden, die empathischen und erotischen Impulse ihres Überichs betäubt haben, um eigenen destruktiven Gedanken und Phantasien und Wünschen nach aggressivem Handeln zu entgehen. – Wenige Monate später trafen sich Psychoanalytiker und Psychologen und einige wenige Mediziner in Erlangen anläßlich einer Tagung über die Folgen der Menschenvernichtung für Kinder und Kindeskinder in der Zeit des Nationalsozialismus; es wurde eingehend über die Haltung der deutschen Intellektuellen im Golfkrieg zwischen denen, die Angehörige im Holocaust verloren hatten und jenen, die sich als Kinder der Täter fühlten, debattiert und gestritten, es war nicht leicht einen verstehenden Raum für diese erbitterten Gespräche zu finden.

In meiner kinder- und jugendpsychiatrischen Ambulanz begegnen mir nicht selten Väter oder Mütter, die sich psychotherapeutischen Behandlungen unterziehen, und die sich mit beunruhigender Härte von ihren Kindern oder ihren Partnern abgrenzen und eigenen sadistischen Reaktionen ausgeliefert zu sein scheinen, die sie kaum schuldgefühlshaft erleben können. Was auch immer dies mit therapeutischer Regression und Progression zu tun haben wird, ich habe doch manches Mal den Eindruck, daß die Entlastung des Überichs der Patienten von Empathie und Bindungsnormen im Geschehen von Übertragung und Gegenübertragung auch mit unbewußten destruk-

tiven Impulsen im Gefolge von Masochismus und Todestrieb beim Therapeuten zu tun haben könnte und deren der Therapeut sich nur mit Hilfe seiner Patienten in der Beschwichtigung deren Überichs erwehren kann. Wenn
ich an diese mögliche Verstrickung denke, fällt mir das Gespräch mit solchen
Müttern und Vätern jedenfalls leichter. Ich bin nicht sicher, ob die Frage,
warum sich bei manchen Analytikern und Analytikerinnen mehr Patienten
trennen und bei manchen weniger, in diesem Zusammenhang verstehbar
wird.

Thomas war 19 als er wegen trauriger Verstimmungen, Schulleistungs-
störungen und beunruhigender aggressiver Auseinandersetzungen mit den
Eltern ambulant zu mir kam,ein Mal, manchmalzwei Mal in der Woche.
Seine Eltern und er hatten sich einer Umweltinitiative angeschlossen, deren
Widerstand dem Bau eines Kanals und der schweren Umweltverschmutzung
einer örtlichen Baustoffabrik galt. Ich, wie viele andere hatten für die
Umweltinitiative viel Sympathie und hielten ihr Anliegen für allzu gerecht.
So kam es, daß wir manches Mal über die Projekte sprachen und über die
Gefahr, die von ihnen ausging. Heimlich bewunderte ich Thomas für sein
Engagement, sein Protestieren und Demonstrieren und ich dachte an meine
eigenen Protestjahre zurück und wie passiv ich nun im Sessel saß. Auch fühlte ich mich therapeutisch erfolgreich, die traurigen Verstimmungen klangen
ab und Thomas fand in der Institution der Umweltinitiative Kontakte. Allenfalls war ich manchmal beunruhigt über seine drastischen aggressiven Phantasien. Eines Morgens las ich in der Zeitung, daß mehrmals die Reifen von
Lastwagen der Baustoffabrik durchstochen und zuletzt eine Transformatoren-
hütte angezündet worden waren. Meine Befürchtungen bestätigten sich in
der nächsten Stunde, Thomas war der Täter, er versuchte auf die Recht-
mäßigkeit seines Tuns hinzuweisen und auf seine Angst vor der Vernichtung
seiner Umwelt; Thomas hatte seine inneren Ängste, in der tödlichen aggressiven Auseinandersetzung um Autonomie und Identität eigenen symbiotischen Wünschen zu unterliegen, nach außen verlagert und damit versucht,
eben diese innere Angst zu verringern. Seine inneren Ängste und Aggressionen verbanden sich mit realen äußeren Gefahren, die auch vom Kollektiv als
ängstigend erlebt wurden. In der Therapie war dies Geschehen unausgespro-
chen geblieben.

Das Überich des Jugendlichen wird labil in der späten Adoleszenz, es macht sich
zum Fürsprecher des Gegenteils dessen, was Eltern vorleben und zu übermitteln
versuchen, doch die Loyalität zu ihnen wird auf Gleichaltrige, auf Lehrer, Ideo-

logien, auch auf den Analytiker übertragen und in die Überichstruktur integriert (s.a. Erdheim, 1992). So hatte ich das Gewissen meines Patienten betäubt, die Umweltinitiative wirkte wie unser beider Ideologie und so könnte ich ihn unbewußt zu seinen Taten angestiftet haben. – Ich erinnerte mich an die Bilder von Rostock, wo die Erwachsenen den Gewaltausbrüchen der Jugendlichen begeistert Beifall gezollt haben, ich dachte auch daran, daß sich das gesellschaftlich akzeptierte Maß an Gewalt auch in mir verändert haben könnte. Und daran, daß *Freud* (1921) in „Massenpsychologie und Ich-Analyse" beschreibt, wie das Überich einzelner auf die Gruppen übergeht, als Peergroups, die Kirche und eben auch Umweltinitiativen.

Eros und Thanatos halten sich nur im günstigen Fall im Gleichgewicht, meint Martin Wangh (1985). Eines von beiden kann in verdrängtem Zustand gehalten werden. Aller Haß kann dann auf das eine Objekt, alle Liebe auf das andere zielen.

Seit längerem habe ich die Teamsupervision in einem heilpädagogischen Heim übernommen, das vor allem dissoziale Jugendliche aufnimmt. Die Jugendlichen haben viele Verluste, Trennungen und Enttäuschungen erlebt, sie waren Aggressionen und Verletzungen ausgesetzt, die nur kurze Zeit zurückliegen. Ihr Ich ist unsicher und das Selbstbild fragil, oft voller Angst und Verletzlichkeit, in ihren Affekten findet sich distanzierter Haß und paradiesische Sehnsucht, das Überich ist gepeinigt von archaischem Sadismus, voller Entwertung und masochistischen Forderungen; darüber hinaus dient ihr Überich nicht dazu, das Ich dazu zu bewegen, Übertretungen zu vermeiden, Verbote einzuhalten, es geht nicht um die einfachen Fragen der Moral, das du sollst, du sollst nicht, sondern vor allem ums Überleben, um Anpassung im rechtzeitigen Erkennen von Macht und Gewalt. Ihre Destruktivität spaltet nicht die Umwelt, sondern ist vielmehr Spiegel einer gespaltenen Umwelt, ihr Überich ist den ambivalenten Strebungen von Eros und Todestrieb ausgeliefert, da die Möglichkeit sie zu verknüpfen oft zu gering ist. In einer Teamsitzung wird von einem eskalierenden Konflikt mit 3 pädagogischen Mitarbeitern berichtet; der Inhalt des Konflikts ist das Alkoholverbot, das der 15jährige Klaus mißachtete. Das Beharren der 3 auf diesem Verbot ließ den Jugendlichen derartig aggressiv werden, daß er eine Stunde später sein Zimmer total demolierte; in einer ähnlichen Situation war er bereits soweit gegangen, daß er mit der Faust eine doppelt verglaste Scheibe einschlug und anschließend sich Schnittwunden mit den Splittern beibrachte. – Der eine Teil der Gruppe, jene 3 genannten Mitarbeiter, fanden den Jugendlichen kalt und erschreckend und hatten Mühe ihn nicht offen abzulehnen, der andere Teil meinte, es sei ihr Part die gute Mutter zu übernehmen und so zu seiner Stabilisierung beizutragen, so wurde von warmen und gefühlvollen Zügen im Verhältnis zu ihm berichtet. Diese Spaltung des Teams wurde als Folge intrapsychischer Spaltung des Jugendlichen verstanden, als Projektion seiner archaischen Destruktivität.- Im Verlauf der nächsten Sitzungen wurde aber immer deutlicher, wie die Institution-Team durch unüberwindbare zunächst latente gegenseitige Vorurteile in zwei Gruppen getrennt war, in die Gruppe der erfahrenen und die Gruppe der Anfänger, der Autoritären und der Verständnisvollen und der, die sich nach oben anbiederten und unterwarfen und der, die dies verurteilten, und schließlich jener, die meinten, mehr ihre Arbeit zu lieben und deshalb von den anderen gehaßt zu werden. Und es wurde auch deutlich, wie sehr die Destruktivität des Jugendlichen den Versuch darstellte, jenen unvereinbaren Repräsentanten seines Überichs gerecht zu werden, um zu überleben, mit aggressiver Destruktivität und freundlicher Unterwerfung, von denen gemocht und von den anderen abgelehnt und umgekehrt; nicht der dissoziale Jugendliche spaltete die Gruppe, sondern die Gruppe mißbrauchte ein gespaltenes Überich, um ihren erbarmungslosen Konflikt um Eros und Thanatos, um Bindung und Destruktivität auszutragen, ein Konflikt der mit allen Erziehungs- und Helferidealen und mit manchen psychologischen Theorien und Hypothesen verleugnet wird. Dissoziale sind allzuoft Opfer und bleiben es oft, mit wem und wo auch immer sie leben; in ihrer Sehnsucht nach einer bindenden, dem Leben verpflichteten Welt, ist ihre Gewalt auch verzweifelter Versuch dem Todestrieb zu entgehen und Liebe und Bindung zu finden.

In Judith Kestenbergs (1995) Arbeit zum Entstehen des korrupten Überichs fand ich Gedanken von Chasseguet-Smirgel (1990), die zu verdeutlichen suchen, daß die Nationalsozialisten die Nation als Körper betrachteten, den es mit Mutter Natur, mit der Erde wieder zu vereinigen galt. Damit dies gelingen kann, muß der Fremde, der die Nation schlecht macht, eliminiert werden, weshalb auch der Völkermord wichtiger war als das Gewinnen des Krieges.

Judith Kestenberg meint weiter, wenn man dieser Annahme folgt, sei dies eine Aufforderung der Nazis zur vollständigen Hingabe gewesen und eine großartige Möglichkeit zur Wiedervereinigung mit der emotional distanzierten Mutter und es sei dann eher zu verstehen, daß Eltern sogar bereit waren, ihre eigenen Kinder und ihr Gewissen zu verraten, um die Sache der Nationalsozialisten zu unterstützen. Tatsächlich schienen sie in dieser Opferung aufzugehen. – Die Kinder wurden dem Versuch geopfert, den Krieg zu gewinnen. Sie wurden zu Menschen erzogen, die ohne zu fragen, als Instrument der Grausamkeit des Völkermordes dienten. – So ist nicht verwunderlich, daß die Heranwachsenden die grausamsten Verbrechen gegen Juden und Kinder begingen. Und so trägt, meint Kestenberg, das Überich nicht nur die Moral unserer Eltern und Vorfahren in sich, sondern auch die Moral und Unmoral, mit der eine Kultur in der Gegenwart erfüllt ist.

Ich möchte zu einer eingangs gestellten Frage nach dem Verhältnis der Psychoanalytiker zu Freuds Dualismus von Eros und Thanatos zurückkehren, der wie kaum eine andere psychoanalytische Theorie soviel mit der persönlichen Geschichte Freuds, mit der Historie seiner Zeit und seinem Verständnis von Kultur und gesellschaftspolitischer Gegenwart zu tun hat. Die Hypothese von Lebenstrieben und Todestrieb ist eine ganz im Subjektivem verhaftete und erfährt vor allem im Erleben der persönlichen und historischen Geschichte des einzelnen und in der Bezogenheit zur Kultur ihre Wahrheit und erst in dieser Verknüpfung ein Mehr an Bestätigung im pschoanalytischem Prozeß.

Die Psychoanalyse ist wie jede Wissenschaft auch dem Zeitgeist verpflichtet und in ihm ist die Verleugnung der Sterblichkeit allgegenwärtig, der Tod ist verbannt, in Kliniken, Intensivstation und Altersheime. Der Tod ist grausam und böse, durch Aids, durch Krebs, durch Hiroshima, durch Gewalt und Destruktivität, er wird nachträglich negiert mit einem euphemistischen Axiom, wie Andre Glucksmann (1995) schreibt, das verlangt, daß das Böse in Wahrheit nicht sein kann und daß die Pest entweder nicht existiert oder wenigstens nicht mehr überlebt. Den Betrug, der das Böse auf Blendwerk reduziert, inszeniert Glucksmann in 5 Bildern, die er die zeitliche Negierung, die räumliche Negierung, die erotische Negierung, die zynische Annullierung und die Euphemistische Kapsel nennt; ich möchte sie im einzelnen in kurzen Beschreibungen zusammenfassen:

### Zunächst die zeitliche Negierung

Das Böse im Tod wird nur mit den Augen des Guten gemessen, folglich immer nur retrospektiv, sobald der Blick wieder scharf geworden ist. Eine grüne Epoche des Lebens geht zu Ende, eine andere beginnt, eine gesündere. Illusionen und Beschädigungen müssen verflogen sein. Auf historische und soziale Krisen angewandt, verbietet dies Verfahren den Leidenden, den Eingesperrten, den Gefolterten das Wort; was ihnen zustößt, können sie erst in dem Augenblick wissen, wo ihnen nichts mehr zustoßen wird, wenn ihr Leidensweg oder ihr Leben ein Ende gefunden hat.

## Die räumliche Negierung

Mit diesem Raum ist es wie mit der Zeit, indem man die Bosheit exotisch werden läßt, spricht man sich frei. Um die Wilden zu zivilisieren nimmt sich der Kolonisator die schlimmsten Grausamkeiten heraus. Der antikolonialistische Terrorist ebenso. Es gibt das böse Lager, kriminelle Vereinigungen und schlimme Bündnisse, die das Ziel verfolgen, Gewalt zu verbreiten und es gibt auf der Gegenseite andere gute Bündnisse, die das Ziel verfolgen, die Verbreitung der Gewalt einzudämmen und sei es durch Gewalt. Das mystifizierende Moment in dieser Hypothese ist darin begründet, daß es ein gutes Lager, ein Reich des Guten gibt und dies kämpft gegen das Böse, das Gewalttätige, das, wenn sie so wollen Exotische, ohne je das Bedürfnis zu haben, gegen sich selbst zu kämpfen. Europa, das seine kulturelle Gesundheit zur Schau trug, schickte sich an, die Welt zu pasteurisieren mit allen erdenklichen Mitteln. Teile der 3. Welt berufen sich auf ihre natürliche oder religiöse Gesundheit und nehmen sich vor, den Westen zu reinigen mit allen erdenklichen Mitteln.

## Die erotische Negierung

Die Erotisierung der nacktesten Gewalt verwandelt Blei in Gold. Das Begehren verklärt sein Objekt und dreht alle Karten um. Die Dichter und Denker suchen nach der Gleichheit von Mördern und Geliebten, die Filmer nach den erotischen Revolvern, Jean Genet gerät in Verzückung beim Erschießen eines hübschen Jungen und meint, wenn man das Schlimmste will, weiß man, daß das Schlimmste verloren hat. Von „Hiroshima, Mon Amour", bei Margrete Duras und dem „Du tötest mich, aber Du tust mir wohl" bis zur „In der Liebe gibt es nichts Schlimmes", bei Genet, wodurch die Nichtexistenz des Übels postuliert wird. Der moderne Intellektuelle, der annimmt, daß diese seelenlose Welt eine Seele hat und einen Abgrund ohne Liebe mit Liebe zukleistert, taumelt ständig zwischen Bettlaken und Beinhaus. Die Liebe evoziert den Atompilz, der als blaue Blume erblüht.

## Die zynische Anullierung

Es gibt nichts Schlimmes. Die Geiseln gelten als laufende Geschäfte, die man laufen läßt. Die postmoderne Sorglosigkeit gibt sich weder für schön noch für heldenhaft aus, sondern für rigoros. Der Zyniker Diogenes versucht, das Übel zu verlernen, um die Apathie zu erreichen. Es gibt nichts Schlimmes, weil es zwischen Gut und Böse eben keinen Unterschied gibt. Es gibt keinen Unterschied zwischen dem Gott und dem Tier, zwischen dem Leben und dem Tod. Man muß die beiden Enden der Kette halten. Es gibt nichts Schlimmes: die Wahrnehmung des Bösen ist lediglich Ansichtssache, flüchtig und austauschbar. Es gibt keinen Tod: sich selbst geboren werden, heißt sterben; und dementsprechend allein der Naive wähnt sich von einer fremden Macht affiziert und entfremdbar. Die modernen Wissenschaften wurden unter dem Stern des zynischen Versprechens geboren, das sie mißbräuchlich für unerschütterlich, unfalsifizierbar und unfehlbar erklärte.

## Die euphemistische Kapsel

Der Euphemismus verrät – niemals von den Übeln sprechend – auf der Oberfläche von Moden eine untergründige und kontinuierliche Arbeit an der Berichtigung der Wahrnehmungen. Das Unkontrollierbare darf nicht sein. Der Zynismus heiligt die Gleichung der Euphemie (es gibt nichts Schlimmes) mit Hilfe der Euthanasie (der Tod ist nicht grausam, er wird schmerzlos empfangen). Die Euthanasie belohnt de facto das gute Wort der Euphemie: wenn auch die radikalste Gegnerschaft zu einer reinen Beziehung zu sich selbst schrumpft, dann löst die Gesundheit am Ende die Krankheit auf. Die Entfremdung ist lediglich ein häßliches Trugbild, das es zu verscheuchen gilt. Wer weiß, ob Diogenes seinen tödlichen Plan ausgeführt hat? Wer entscheidet? Ist er an einer persönlichen Entscheidung gestorben? An bloßem Ersticken? An Herzstillstand? Edgar Allen Poe nimmt vor 1¹/₂ Jahrhunderten in „der Maske des roten Todes" die Späße des Reichs der Euphemie vorweg. Der Prinz hatte alle Vorkehrungen zur Sinneslust getroffen. Er war ein Spaßmacher und Stegreifdichter, da waren Ballettänzer und Musikanten, da war Schönheit, da war Wein. All dies und Sicherheit war im Schloß. Draußen war der rote Tod.

Diese 5 Bilder lassen sich unschwer als narzißtische Erscheinungen in der Abwehr eines allgemein Anwachsens der Existenzangst im Gegenüber von nuklearer Bedrohung, Umweltzerstörung, Aids, Krieg und Vernichtung und im Blick auf Vergangenheit und Allgegenwart des absolut Bösen im Holocaust begreifen, und es wird verständlich, wie sehr Freuds Todestriebhypothese damals und heute so wenig willkommen ist, wieviel einfacher es ist, ihn zu negieren, um der Desillusionierung des eigenen therapeutischen Denkens und Tuns und der Angst vor der Wirklichkeit zu entgehen. Wenn ich im Vorangegangenen über die Verführung und Betäubung des Überichs sprach, sei es durch Kirche, umweltpolitische Initiativen oder durch Analytiker und Therapeuten und andere mehr, so, weil ich mir vorstelle, daß in dieser Verführung und Betäubung die narzißtische Abwehr von aggressiv destruktiven Impulsen eben der Verführer begründet sein könnte und die fatalen Folgen von Gewalt und Vernichtung in immer beunruhigenderes Verleugnen münden. – Limentani (1990)schreibt über den Schaden der Todestriebhypothese, da sie uns doch die Macht des Lebenstriebes übersehen ließe, ich denke vielmehr, daß sie uns das Verständnis der Abwehr und Angst vor unserer eigenen Destruktivität und der unserer Patienten in psychoanalytischen Beziehungen, in ihrer und in unserer Biographie und die Verstrickung mit Tod und Verderben in der gegenwärtigen Gesellschaft besser verstehen läßt und auf diese Weise dem Lebenstrieb neue Möglichkeiten und Energien eröffnet und seelische Krankheit erleichtern kann. Dabei denke ich auch an ein Wort von Paul Celan aus dem Meridian „Wer auf dem Kopf geht, meine Damen und Herren, wer auf dem Kopf geht, der hat den Himmel als Abgrund unter sich."

Rafael Moses (1995) und Micha Neumann (1994) beschreiben den Erkenntnisprozeß in Israel, zunächst von wenigen Intellektuellen, dann in einer breiten Bevölkerungsschicht und schließlich bei den Politikern , daß Israels eigene Verstrickungen in Gewalt und Aggression in all den Jahren der Auseinandersetzung vor allem mit den Palästinensern zu einer schlimmeren Gefahr für die Integrität und Moral Israels geworden ist als die Aggression der Feinde ringsherum. Ein, wie ich glaube, beispielloser und mit großer Geduld getragene Friedensprozeß mit den Palästinensern könnte auch eine Folge dieser Erkenntnis sein.

Mit Schopenhauers kurzer und freundlicher Geschichte von den Stachelschweinen möchte ich schließen:

Eine Gesellschaft Stachelschweine drängte sich an einem kalten Winterta-ge recht nahe zusammen, um durch die gegenseitige Wärme sich vor dem Erfrieren zu schützen. Jedoch bald empfanden sie die gegenseitigen Stacheln; welche sie dann wieder voneinander entfernten. Wann nun das Bedürfnis der Erwärmung sie wieder näher zusammenbrachte, wiederholte sich jenes zwei-te Übel; so daß sie zwischen beiden Leiden hin- und hergeworfen wurden, bis sie eine mäßige Entfernung voneinander herausgefunden hatte, in der sie es am besten aushalten konnten.

## *Literatur*

Bettelheim, B.(1990): Interview mit Mary Scott. In: J.Wiesse (Hrgb.):Rudolf Ekstein und die Psychoanalyse. Vandenhoeck & Ruprecht, Göttingen, 1994.

Freud, S.(1915) : Zeitgemäßes über Krieg und Tod. GW X, Fischer, Frankfurt.

Freud, S. (1916): Vergänglichkeit. GW X, Fischer, Frankfurt.

Freud, S.(1920): Jenseits des Lustprinzips. GW XIII, Fischer, Frankfurt.

Freud, S.(1921): Massenpsychologie und Ich-Analyse. GW XIII, Fischer, Frankfurt.

Freud, S.(1930): Das Unbehagen in der Kultur. GW XIV, Fischer, Frankfurt.

Freud, S.(1938): Über Religion. Zitat bei Rudolf Ekstein. In: J.Wiesse: Rudolf Ekstein und die Psychoanalyse. Vandenhoeck u.Ruprecht, Göttingen, 1994.

Keilson, H.(1986): Zum Problem des linken Antisemitismus. Vortrag zur 2. Hauptversammlung der Gesellschaft für Exilforschung am 13. 2. 1986.

Erdheim, M.(1992): Das Eigene und das Fremde. Über ethnische Identität. Psyche 46, 730–744.

Wangh, M.(1985): Die Herrschaft des Thanatos. In: C.Nedelmann (Hrsgb.): Zur Psychoana-Pschoanalyse der unklaren Drohung. Vandenhoeck & Ruprecht, Göttingen.

Kestenberg, J.(1995): Prägenitale Grundlagen des moralischen und des korrupten Über-Ichs. Psychoanalyt. Blätter 2, 93–117.

Chasseguet-Smirgel, J.(1990):Reflections of a psychoanalyst upon the Nazi biocracy and genocide. Internat.Rev.Psycho-Anal 17, 167–176.

Moses, R.(1995): Gedanken über Israelis und Deutsche. Psychoanalyt. Blätter 2, 72–92.

Neumann, M. (1994): Die Aggresion in uns. Psychoanalyt. Blätter 1, 99–113.

Glucksmann, A. (1995): Der Stachel der Liebe. Artemis, München.

Limentani, A. (1990): Aggression, Sexualität und der Todestrieb. Jahrbuch d.Psychoanalyse 26, 9–30.

# Einige Bemerkungen zum Symptomwandel psychischer Erkrankungen aus sozialpsychologischer Sicht

*Roland Koechel*

## *Einleitung*

Im Jahre 1977 fand die Jahrestagung der DGPT in Bremen statt. Die Allgemeine Ärztliche Gesellschaft für Psychotherapie und die DGPT tagten damals noch gemeinsam. Es war eine interessante und anregende Veranstaltung. Von den Vorträgen, Arbeitsgruppen und Podiumsdiskussionen ist mir ein Beitrag besonders in Erinnerung geblieben. Emma Moersch, Mitarbeiterin am Sigmund-Freud-Institut in Frankfurt/Main, hatte über „Die Entwicklung unseres Verständnisses und unserer Einsichten über den psychisch Kranken in den letzten Jahrzehnten aus vorwiegend sozialpsychologischer Sicht" gesprochen. Eine überarbeitete Fassung dieses Vortrages erschien ein Jahr später in der Psyche (Moersch 1978).

Sie beschrieb eine „zunehmende Ausdrucksverarmung" in unseren westlichen Industriegesellschaften. Narzißtisch gestörte Persönlichkeiten nähmen zu. Es bleibe abzuwarten, ob das, was jetzt als defiziente Modalität eines postödipalen Individuums erscheine, eines Tages die Norm sein werde (ebd., S. 418).

Ich stand damals am Anfang der psychoanalytischen Ausbildung. Einigermaßen verunsichert fragte ich mich, ob das, was ich gerade im Begriff war zu erlernen, mangels Patienten keine psychoanalytische Praxis nach sich ziehen könnte, zumindest keine im hochfrequenten Setting. Diese Sorge erwies sich als unbegründet. Damit ist jedoch das angesprochene Problem nicht zugleich gelöst. Welche Bedeutung hat der Symptomwandel für unser Verständnis über den psychisch Kranken? Geht der Symptomwandel mit einer Veränderung der seelischen Strukturen einher? Welche klinischen Konsequenzen ergeben sich daraus? Aus anderem Blickwinkel formuliert lautet die Fragestellung: In welcher (fach-) gesellschaftlichen Situation beschäftigt Psychoanalytiker der Symptomwandel und was ist von diesem Gedanken zu halten? Dem möchte ich hier nachgehen. Exemplarisch werde ich die Argumentationskette zweier Autoren darstellen, die unterschiedlicher Auffassung über die Ursachen des Symptomwandels sind. Im Schlußteil werde ich die widersprüchlichen Thesen und Beobachtungen in einen klinischen Zusammenhang stellen.

## *Symptomwandel vor dem Hintergrund gesellschaftlicher Veränderungen: Frühe Störungen haben zugenommen*

Kurz eine Zusammenfassung dessen, was Emma Moersch 1977 vorgetragen hat: Krankheit und Gesundheit seien zwar existentielle Kategorien, doch relativ auf die jeweiligen Gesellschaften und die darin gültigen Wertsysteme. Die Wertsysteme seien als Funktion der sozioökonomischen und kulturellen Organisation zu betrachten. Sie änderten sich: In hochindustrialisierten Ländern geschehe das schneller als in den Ländern, in welchen die Agrikultur noch überwiege.

Vom Standpunkt der psychoanalytischen Trieb- und Ich-Lehre untersuchte sie das „Problem des beobachtbaren und des latenten gesellschaftlichen Einflusses auf die individuellen Erscheinungsformen von Krankheit unter dem Gesichtspunkt der Konstanz und der Veränderung" (Moersch 1978, S. 403 f.). Die Ordnungen eines sozialen Gefüges stellten potentielle Quellen von Krankheit oder Charakterdeformation dar. Störungen des sozialen Gefüges oder gar dessen Auflösung brächten hingegen menschliche Ausdruckformen mit sich, die weder als „gesund" noch als „krank" bezeichnet werden könnten.

Anhand eines Berichts des amerikanischen Ethnologen Collin Turnbull über das afrikanische Volk der Ik zeigte sie auf, wie sich gesellschaftliche Einflüsse auf individuelle Erscheinungsformen von Krankheit auswirken.

Die Ik waren ein jahrtausendealtes nomadisierendes Jägervolk, das sich in einem weitläufigen Gebiet der Grenzregionen des Sudan, Ugandas und Kenias bewegte. Wegen der Gründung eines Zoologischen Reservats, das bis dahin das hauptsächliche Jagdrevier der Ik war, dessen Betreten ihnen nun aber mit Waffengewalt untersagt wurde, und durch die Schließung der Grenzen der drei Territorien, die zu Nationalstaaten geworden waren, wurden die Ik zwangsweise in einem unkultivierbaren Bergland angesiedelt.

Eines der ersten Zeichen des Zerfalls der sozialen Ordnung war die Auflösung familialer Gruppierungen zum Zwecke wirksamer Nahrungssuche. Sobald die Kinder laufen konnten, wurden sie von ihren Müttern verlassen. Bis zum zwölften Lebensjahr blieben die Kinder in Gruppen zusammen. Danach gingen sie, wie die Erwachsenen, isoliert auf Nahrungs- und Wassersuche. Der Entzug der lebensnotwendigen Nahrungsmittel und des Wassers reduzierte die körperliche Verfassung auf ein Existenzminimum. Nicht Leben, sondern Überleben in der Konkurrenz um Selbsterhaltung lautete die Devise. Der Ethnologe schilderte eine seelische Ausdrucksform als allen Überlebenden dieses Volkes gemeinsam. Die einzige Lautäußerung der Ik, die die sprachliche Kommunikation aufgegeben hatten, war das Lachen. Die Anlässe, bei denen gelacht wurde, waren gemäß den tradierten Regeln dieses Volkes Anlässe zum Weinen oder zum Entsetzen. Mütter lachten jetzt, wenn sie ihre Kinder fallen ließen. Kinder lachten, wenn sie die sich am Boden fortbewegenden Greise mit einem Fußtritt auf den Rücken drehten und die Greise lachten mit. Alles lachte. Turnbull sah bei den Ik nur einmal einen alten Menschen weinen. Eine alte, blinde Frau war mehrere Meter tief in eine Schlucht gefallen. Die umherstehenden Ik lachten. Turnbull richtete sie auf und gab ihr Wasser zu trinken. Bevor sie starb, weinte die Frau. Sie sagte, er hätte unrecht getan, sie durch seine Hilfe an die Zeiten zu erinnern, wo die Ik „lebendig" waren und etwas füreinander empfanden. Innerhalb eines Zeitraumes von weniger als zehn Jahren war das Volk der Ik ausgelöscht.

Eine zunehmende seelische Ausdrucksverarmung in unseren westlichen Industriegesellschaften werde auch als „Mangel (an) psychischer Symptombildung" (ebd., S. 407) und deren regressive Ersetzung durch psychosomatische und diffuse funktionelle Störungen greifbar. Zusammenfassend war von „tendenzieller Zunahme der Schwere seelischer Erkrankungen" als „Antwort auf veränderte Erziehungs-, Lebens- und Arbeitsbedingungen" (ebd., S. 413) die Rede.

Emma Moersch stellte den Symptomwandel psychischer Erkrankungen in den Mittelpunkt ihres Beitrags. In den 70er Jahren gab es jedoch auch einen Theoriewandel in der Psychoanalyse und der Theorie der Behandlungstechnik. Manche erlebten die großen Veränderungen als bedrohlich. Anna Freud (1972, S. 152) sprach Anfang der 70er Jahre von einer „anarchischen" Phase.

Das Beispiel vom grausigen Schicksal der Ik ist kaum geeignet, um den Symptomwandel näher zu beleuchten. Es hat vielmehr Ähnlichkeit mit Situationen extremer Traumatisierung und der damit verbundenen vorübergehenden Suspendierung eines differenzierteren Gefühlslebens, wie sie aus Berichten über Menschen, die in Konzentrations- und Gefangenenlagern inhaftiert waren, bekannt sind. Ich habe mich wiederholt gefragt, warum sie dieses Beispiel brachte, dem sie „lediglich in der Konsequenz seines desolaten Ausgangs, nicht jedoch in der Tendenz zur seelischen Verarmung und zur einseitigen Entwicklung motorischer Fähigkeiten" Relevanz beimaß (Morsch 1978, S. 407).

Heute glaube ich, daß Emma Moersch von den Ik sprach und dabei auch die Psychoanalytiker meinte. In den 70er Jahren waren sie in einem Zustand des Umbruchs. Bereits Freud hatte die zukünftigen Chancen der psychoanalytischen Therapie pessimistisch beurteilt (Freud 1937). Auch Eissler gab ihr kaum Zukunftschancen. Vertreter der „klassischen" Technik betrachteten Umfang und Reichweite der Therapie als weitgehend abgesteckt („Das weitläufige Gebiet der Grenzregionen des Sudan, Uganda und Kenia, in dem sich das nomadisierende Jägervolk ursprünglich bewegte"). Das Indikationsgebiet erschien endgültig festgelegt („Die Jagd" – nach dem Unbewußten). Das Verfahren war ausreichend definiert („Die Jagdutensilien waren Netz und Speer" – Deutung und Einsicht).

Verkürzungen des umfassenden Konfliktmodells, wie es von Freud entwickelt wurde, hatten zu theoretischen und behandlungspraktischen Einengungen geführt und diese wiederum zu Gegenbewegungen (vgl. Thomä, Kächele 1985, S. 7ff.). Eine der letzten war Kohuts 1971 geforderter Paradigmenwechsel. Die Achse Trieb-Konflikt-Struktur sollte durch eine Selbstpsychologie ersetzt werden. Zu seiner normal-gesunden Entwicklung sei das Selbst auf empathisch-spiegelnde Selbst-Objekte angewiesen. Mit dieser Sichtweise wurde eine Richtung weg von der Betonung der inneren Realität des Subjekts (Patient) hin zu einer Betonung der äußeren Realität, nämlich der Objekte (Eltern, Umwelt usw.) eingeschlagen. Diese Gruppe von Psychoanalytikern zeichnet aus, daß sie das Feld der psychoanalytischen Technik – und das Indikationsgebiet auf frühe Störungen („Das unkultivierbare Bergland") erweitern.

Die Schließung der Grenzen der drei Territorien, die zu Nationalstaaten geworden waren, überforderte die Ik in ihrer Fähigkeit zur Umgestaltung ihrer Umwelt. Mit dem Dreiinstanzenmodell, der psychoanalytischen Strukturtheorie, standen die ödipalen Konflikte und ihre Auswirkungen auf die Entstehung von Neurosen im Mittelpunkt. Der Untergang des Ödipuskomplex und die ihm folgende Aufrichtung des Über-Ichs, die Entwicklung von

Sublimierung und Kreativität waren das Entscheidende. Die Einengung auf intra- oder intersystemische Konflikte sind indes keine zwangsläufige Folge der Strukturtheorie.

Daß man über die Ätiologie der Neurosen unterschiedlicher Auffassung sein kann, mag für manche Psychoanalytiker in den 70er Jahren überraschend gekommen sein. Idealtypische Konstellationen, klassifiziert nach einer bestimmten Symptomatik, einer besonderen psychischen Entstehungsart, besonderen Konflikten, spezifischen Abwehrmechanismen sowie bestimmte Charakterstörungen fand man jedoch schon damals selten in der Praxis.

Veränderungen des sozialen Gefüges bzw. dessen Auflösung führten zum Untergang der Ik. Die Theoriekrise der 70er Jahre hat jedoch nicht zum Zusammenbruch der Psychoanalyse als Konfliktpsychologie geführt, sondern den Boden dafür geebnet, die intrapsychischen mit den interpersonalen Konflikttheorien zu verbinden. Eine umfassende psychoanalytische Psychopathologie des Konflikts muß heute von der Tatsache ausgehen, daß es keine Objektbeziehungsstörungen gibt, die nicht auch mit Selbstgefühlsstörungen einhergehen (Thomä und Kächele 1985, S. 11).

Die Entwicklung weg von der selektiven Indikation zu einer adaptativen, die neuen Ausdrucksformen psychogener Erkrankungen ebenso Rechnung trägt wie der Tatsache, daß wir es heute nicht mehr nur mit den Patienten zu tun haben, an denen Freud seine Behandlungstechnik und die Theorie der Psychoanalyse entwickelte, ist m.E. ein Indiz für tragfähige theoretische und praktische Weiterentwicklungen, die nicht zufällig sind. Sie sind nicht zufällig, weil sich in der Konfliktsystematik der Patienten andere Themen in den Vordergrund schieben.

## *Haben frühe Störungen zugenommen?*

Für Reimut Reiche (1991, S. 1047) ist die Behauptung von der Zunahme früher Störungen ein „Theorem". Der Lehrsatz stütze sich auf verschiedene Axiome und generiere sich durch wechselseitige Zitierweise selbst. Philosophen und Soziologen beriefen sich auf Psychoanalytiker und diese wiederum auf sie. Mit der Zeit habe das Theorem die „eigentümliche Autorität selbstreferentieller Redundanz" gewonnen (ebd., S. 1049). „Früher gestört" werde synonym gebraucht für „schwerer gestört" und mit einer Zeitdiagnose versehen, wie „vaterlose Gesellschaft" (Mitscherlich 1973), „mutterlose Gesellschaft" (König 1988), „Zeitalter des Narzißmus" (Lasch 1979) usw.

Psychoanalytiker liefen so Gefahr, Aussagen über die innere (psychische) Realität ihrer Patienten, z.B. die Diagnose einer Psychopathologie, in eine Aussage über die äußere (gesellschaftliche) Realität zu transformieren. Da die Psychoanalyse mit einem globalen psychogenetischen Erklärungsmuster operiere, wonach Störungen im Erwachsenenalter auf Dispositionen in der frühen Kindheit zurückgehen, gewinne das soziologische Element, sobald es psychoanalytisch fixiert ist, ein soziologisches Eigenleben als Sozialisationstheorem, als kulturanalytische Aussage, und wirke in dieser Form zurück auf den psychoanalytischen Diskurs.

Der Psychoanalytiker befinde sich alsbald in einer selbstgestellten sozialisationstheoretischen Falle: Er müsse Argumente für das Prädikat sie „nehmen zu" finden und psychogenetische Erklärungsmuster in soziogenetische umwandeln. Die postulierte Zunahme früher Störungen werde nun mit einem erhöhten Störungspotential familialer Sozialisation verknüpft, mit zunehmenden Zerstörungs- und Anomieerscheinungen im gesellschaftlichen Raum (Reiche 1991, S. 1061).

Reiche weist die These zurück, daß sich ein bestimmter Störungstyp einer bestimmten Epoche bzw. Gesellschaftsform zuordnen lasse. Der psychoanalytische Krankheitsbegriff sollte weder auf gesellschaftliche Vorgänge angewendet werden, noch auf das Individuum in der Gesellschaft, höchstens auf den Patienten im Behandlungszimmer – und dort nur aus Gründen der Selbstkontrolle des Psychoanalytikers.

Statt von einer Zunahme früher Störungen solle man besser von den Risiken des Scheiterns von Lebensentwürfen bei erhöhtem gesellschaftlichem Zwang zur Individualisierung sprechen (ebd., S. 1064). Nicht die klassischen Neurosen bzw. neurotischen Konflikte hätten ab- und frühe narzißtische und Identitätsstörungen zugenommen, sondern das, was bis dahin „ohne Sprache und unbenennbar in der Tradition festgefügter Lebensordnungen eingebunden war", artikuliere sich nun „als Wunsch und als Zwang nach individueller Selbstverwirklichung". Die dabei zu beobachtenden „diffusen Störungen, Beziehungskonflikte usw." seien „ebenso Teil von neuartigen kulturellen Freisetzungsphänomenen" wie das über die unterschiedlichsten Medien kanalisierte „massenhafte Ausleben triebgesättigter prägenitaler und symbiotischer Allmachtsvorstellungen" (ebd., S. 1064).

Drei Artefakte gingen in das Theorem von der Zunahme früher Störungen ein:

1. Mit zunehmender Rationalisierung der Gesellschaft komme es zu einer zunehmenden Selbstreflexion auf allen Ebenen, auf der Ebene der Persönlichkeit und auf

der Ebene der Kultur. Störungen träten nun in ihrem eigenen Namen auf und meldeten sich als Psychopathologien zu Wort.

2. Dem entspräche eine zunehmende Selbstreflexion in den Wissenschaften vom Menschen. In der Psychoanalyse wirke sich dies derart aus, daß die festgefügten Klassifikationshierarchien der „Ordnung" der Neurosen aufgelöst werden und das Bedürfnis entstehe, die „frühe Störung" in der „reifen Störung" zu betonen. Die Neurose werde gleichsam postmodern.

3. Der dritte Artefakt sei der „Ursprungsmythos" von der intakten Neurose in einer intakten Familie in einer intakten Kultur (ebd., S. 1053).

Sowohl der Beitrag von Emma Moersch als auch der von Reimut Reiche berühren Aspekte der analytischen Haltung bzw. Gegenübertragung. Es dürfte deutlich geworden sein, daß auch die Wissenschaft, die sich mit der bewiesenen Existenz des Unbewußten befaßt, nicht wertfrei ist. Ich stimme Reiche in dem Punkt zu, daß es „in hohem Maße von unserer Weltbildoption (abhängt), ob wir neuartige, gehäuft zu beobachtende individuelle Stile des Verhaltens und Fühlens im Prinzip als interessante kulturelle Neuschöpfungen oder als bedrohliche Regressionen ansehen" (Reiche 1991, S. 1065).

Halten wir jedoch daran fest, daß dem innerpsychischen Konflikt eine besondere Bedeutung zukommt, dann werden wir uns nicht mit der Feststellung begnügen, daß die Innenwelt des Individuums (Patient) heute dem äußeren Zugriff, der gesellschaftlichen Realität, schutzloser ausgeliefert ist als in früheren Zeiten. Schwindet nämlich die Distanz zwischen dem normativen (gesellschaftlichen) und dem subjektiven Krankheitsverständnis, wird die Neurose in sozial anerkannten Formen funktionalisiert, ist sie psychoanalytisch unangreifbar (Horn 1976). Gemeint sind Formen der Vergesellschaftung von Psychopathologie, die das Individuum i.S. eines sekundären Krankheitsgewinns entlasten, es aber langfristig mit der vergesellschafteten Form seines Problems konfrontieren. Ich denke z.B. an das Persistieren oraler (passiver) Bedürftigkeit und dem gesellschaftlichen Anspruch nach Sicherheit mit der Abhängigkeit des einzelnen von lebenslangen Sozialleistungen des Staates.

## Klinische Aspekte des Symptomwandels

Unbestritten ist, daß sich der symptomatische Ausdruck seelischer Krankheiten wandelt. Bereits Freud sah die Neurosenbilder seiner Zeit als eine Art Ausdrucksverarmung an. In der Einführung zu „Eine Teufelsneurose im 17.

Jahrhundert" schreibt er: „Wir dürfen nicht erstaunt sein, wenn die Neurosen dieser frühen Zeiten im dämonologischen Gewande auftreten, während die der unpsychologischen Jetztzeit im hypochondrischen, als organische Krankheit verkleidet, erscheinen" (Freud 1923, S. 317). Die „unpsychologische Jetztzeit" ist als das Ergebnis eines unaufhörlich fortschreitenden gesellschaftlichen Entwicklungsprozesses zu verstehen. Wir haben Grund anzunehmen, daß unsere Epoche, was den Ausdruckscharakter betrifft, noch unpsychologischer geworden ist.

So übereinstimmend Veränderungen im Symptomwandel psychischer Erkrankungen beschrieben werden, so sehr unterscheiden sich die theoretischen Ansätze zu ihrer Erklärung, die die Einschätzung der gegenwärtigen Situation ebenso bestimmen, wie die künftiger Entwicklungen.

Sind die „klassischen Neurosen", die Freud unter dem Begriff „Übertragungsneurosen" beschrieb, quantitativ zurückgegangen, und an ihre Stelle Patienten getreten, die keine ausgeprägten hysterischen oder Zwangssymptome haben, sondern diffuse Gefühle von Angst, Depressivität oder psychosomatische Störungen, die sich aus älteren Konflikten der psychischen Entwicklung eines Individuums ergeben?

Eine wissenschaftlich zuverlässige Antwort kann auf diese Frage nicht gegeben werden. Epidemiologische Studien können nur grobe Orientierungsdaten liefern. Die übereinstimmenden Ergebnisse der großangelegten Studien des Mannheimer Zentralinstituts für Seelische Gesundheit geben eher Anlaß zur Zurückhaltung vor zu weitreichenden Schlußfolgerungen. Schepank (1982) und Häfner (1985) halten eine globale Zunahme psychogener Erkrankungen für unwahrscheinlich. Bei 27 Prozent der Stadtbevölkerung komme es zu psychogenen Erkrankungen. Nach ICD-Norm differenziert: 6 Prozent Psychoneurosen, 6 Prozent Persönlichkeitsstörungen, 15 Prozent psychosomatische und psychovegetative Störungen. Psychosen wurden aus dieser Untersuchung ausgeschlossen.[1] Die Mannheimer Studie war eine Kohortenuntersuchung, in der die Geburtenjahrgänge 1935, 1945 und 1955 erfaßt wurden. Der jüngste Geburtsjahrgang war nicht höher mit psychischen Krankheiten belastet als die beiden älteren Jahrgänge.

---

[1] Eine jüngst von der WHO weltweit in 15 Zentren durchgeführte Studie über die Häufigkeit psychischer Störungen bei Behandlungssuchenden von Allgemeinpraxen zeigt, daß trotz großer geographischer Unterschiede in der Prävalenz psychischer Erkrankungen im Mittel jeder vierte, die Allgemeinpraxis aufsuchende Patient, an einer psychischen Störung nach ICD 10 Kriterien leidet (Üstün und Sartorius 1995).

Ich praktiziere heute in einem Dorf am Südrand der Eifel. Die Patienten, die mich in meiner Praxis aufsuchen, sind überwiegend Angehörige der Mittelschicht. Die Strukturen der häuslichen Gemeinschaft und der sozialen Einbettung sind um vieles fester als bei Städtern. Die Lebenswelt ist traditionell vom Katholizismus geprägt. Meine Praxis befindet sich in der Klinik. Die Patienten, die zur stationären Aufnahme in die Klinik kommen, stammen aus den städtischen Ballungsgebieten der Regierungsbezirke Köln und Düsseldorf. Sie gehören zur Mittel- und Unterschicht. Sie kommen, weil sie auf unspezifische und/oder spezifische Überforderungen in der Lebens- und Arbeitswelt (Wunsch nach Selbstverwirklichung, Beziehungsabbrüche, Lärm, monotone Arbeitsabläufe, neue Technologien usw.), auf Lebensweltpathologien und auf soziale Marginalisierung (strukturelle Arbeitslosigkeit und Abschieben ins soziale Abseits) mit z.T. schweren psychopathologischen Regressionen, insbesondere psychosomatischen Symptombildungen, reagieren. „Klassische" Neurosen (Hysterien und Zwangsneurosen) sind jedoch keineswegs verschwunden. Im Gegenteil: Neues existiert neben Altem. Pluralismus auch hier.

Hinsichtlich der Symptomatik und der strukturellen Beschaffenheit sehe ich keine gravierenden Unterschiede zwischen den Angehörigen beider Patientengruppen, wobei deren Größe selbstverständlich sehr verschieden ist. Der Veränderung der äußeren Verhältnisse kommt hier wie dort neuroseauslösende Wirkung zu. Was sie im wesentlichen unterscheidet, ist a) die Schichtzugehörigkeit und b) die unterschiedliche Einbettung in das soziale Gefüge.

Von der relativen Häufigkeitsverteilung der Symptome, wie sie bei therapeutischer Inanspruchnahme in Klinik und Praxis anfallen, vermag ich jedoch ebenso wenig auf die Prävalenz und Inzidenz psychogener Erkrankungen in unserer Gesellschaft zu schließen wie auf deren Verfassung. Allenfalls würde ich anhand meiner Erfahrungen annehmen, daß der Anteil an Kranken, die unter funktionellen Störungen psychischen Ursprungs (nach ICD9-Kriterien) leiden, in meinem Patientengut ständig größer geworden ist. Wegen Selektionseffekten bedarf diese Aussage aber einer differenzierteren Betrachtung, für die an dieser Stelle kein Raum ist. Für diese Patienten ist es geradezu pathognomonisch, daß sie zunächst Außenkonflikte darstellen und keinen bzw. nur einen erschwerten Zugang zu ihrem inneren Erleben haben. Daß es sich um eine neurotische Symptomatik handelt, wird erst deutlich, wenn es gelingt, den psychodynamischen Hintergrund der Lebensgeschichte zu erschließen.

Allerdings stehen solche Überlegungen bei der Diagnostik und Behandlung unserer Patienten primär auch nicht im Mittelpunkt. Der Patient leidet an einem Symptom und sucht Hilfe. Über die Symptomsprache teilt er mit, was anders nicht ausgedrückt werden kann. Wir sehen es als unsere Aufgabe, gemeinsam mit dem Patienten das Unaussprechbare in Sprache zu übersetzen, um die im Symptom enthaltene Mitteilung einer anderen Lösung zuführen zu können. Ob dies überhaupt - und wenn ja, wie gelingen kann, läßt sich nicht – oder nur ausnahmsweise – aus der Art der Erkrankung ableiten. Dazu ein kurzes Beispiel:

Auf der Suche nach einem „geeigneten" psychoanalytischen Ausbildungsfall war ich dankbar, als mir ein Lehranalytiker eine „Hysterica", die in seinem Wartezimmer einen „klassischen" Anfall bekommen hatte, ankündigte. Er hätte nur kurz mit ihr gesprochen. Wegen mangelnder Behandlungskapazität gab er ihr meine Klinikadresse. Das Erstinterview fand im Winter statt. Die Patientin erschien wie vereinbart. Lachend teilte mir die Pförtnerin telefonisch das Eintreffen der Patientin mit. Sie warte in der Empfangshalle auf mich. Später erfuhr ich, daß sie beobachtet hatte, wie die ganz in Weiß gekleidete Frau vorgefahren war. Sie hatte nicht gleich das Auto verlassen, sondern gewartet, bis der Fahrer des Wagens – der Mann der Patientin – zwei Fußabtreter vor die Beifahrertür legte. Dann wäre sie ausgestiegen und auf dem Fußabtreter stehengeblieben. Der Mann hätte Eimer, Feudel, Schaufel und Besen aus dem Kofferraum des Autos geholt und den Weg zur Pforte gereinigt. Indem er jeweils den freien Fußabtreter vor sie hinlegte, wäre sie schrittweise näher gekommen. Bei der Begrüßung stand die annähernd 50-jährige Frau abgewandt in einer Ecke des Raumes. Die Begrüßung fiel schwer, weil sie sich nicht umdrehen „durfte". Während des Interviews hielt sie die Augen krampfhaft geschlossen, um mich nicht ansehen zu müssen. Zu Hause gehe es ihr gut. Seit 20 Jahren sei sie glücklich verheiratet. „Anfälle" hätte sie nur draußen. Sie zweifelte, ob sie regelmäßig zur Behandlung kommen könnte, weil das große Umstände mache. Wenn überhaupt so etwas wie Leidensdruck spürbar war, dann nur, weil ihr Arbeitsplatz, an dem sie hing, in Gefahr war.

Von ihrem Vorgesetzten, einem Kollegen, erfuhr ich später, daß sie – eine seiner Sekretärinnen – sich weigerte zu schreiben. Schrieb sie doch mal was, mußten die Briefe wegen Obszönitäten, die sie darin unterbrachte, zurückgehalten werden. Sie hätte ihm schon viel Ärger bereitet. Bald darauf wäre sie frühzeitig berentet worden.

Analytische Praxis läßt sich nicht auf theoretische Grundannahmen bauen, schon gar nicht dann, wenn diese sich ausschließlich am Symptom orientieren. Das klassifikatorische Vorgehen bewährt sich in der Praxis nur zum Teil, weil man die typische Kombination von Psychogenese, spezifischem Konflikt, Abwehrmechanismen und Symptomen in den meisten Fällen nicht findet. Das bedeutet jedoch nicht zugleich, pragmatischen Eklektizismus betreiben zu müssen.

Bei unserer Arbeit hat sich eine mehrdimensionale Diagnostik durchgesetzt, die sich an dem Modell von Mentzos (1984, S. 109) orientiert. Es umfaßt drei Dimensionen:

a) Die Art des zugrundeliegenden, zentralen Konflikts und der daraus entstehenden sekundären Konflikte;

b) die strukturelle Beschaffenheit des Ich, insbesondere die Frage nach Art und Ausprägung eventueller strukturelle Defizite;

c) die im Vordergrund stehenden Abwehr-, Sublimierungs- und Reparationsvorgänge bzw. Mechanismen, die insgesamt den charakteristischen Modus der Verarbeitung des Konfliktes darstellen.

Der Modus der Konfliktverarbeitung hängt zunächst einmal von den jeweiligen Abwehrvorgängen ab. Er beinhaltet jedoch mehr. Sowohl bei den Patienten, die meine Ambulanz aufsuchen, als auch bei denen, die stationär zur Behandlung kommen, ist eine zunehmende Tendenz zur Externalisierung von Konflikten zu beobachten. Gemeint sind im weitesten Sinne psychosoziale Kompromißbildungen (Heigl-Evers und Heigl 1979), die sowohl Formen der interpersonalen Abwehr (Mentzos 1976) als auch solche der institutionalisierten Abwehr einschließen. Ich denke dabei an Krankheitsverläufe wie diesen:

Ein 50-jähriger, äußerlich gesund wirkender Mann, leidet seit 15 Jahren an rascher Ermüdbarkeit, allgemeinem Schwäche- und Erschöpfungsgefühl, Schweißausbrüchen, flüchtigen Schmerzen von meist ziehendem Charakter in den Gliedmaßen und im Rücken sowie unter Ängsten. Er ist innerlich unruhig und betont überempfindlich gegen Geräusche und andere Störungen von außen zu sein. Objektiv finden sich: Zeichen vegetativer Übererregbarkeit und ein Fersensporn bds. Psychisch bietet der Patient das Bild eines leichten depressiven Verstimmungszustandes. Er wirkt außerordentlich kontrolliert und gehemmt.

Bei der Aufnahme bezog der Patient seit fast zwei Jahren Zeitrente. Jahre zuvor hatte er wegen genau derselben Beschwerden immer wieder monatelang mit der

Arbeit aussetzen müssen. Er war damals u.a. in ambulanter und stationärer psychiatrischer Behandlung mit den Diagnosen „Psychovegetative Störungen mit funktionellen Kreislaufbeschwerden", „Asthenische Persönlichkeit", „Depressive Reaktion" usw. Eine wesentliche Besserung war durch Schonung und allgemein roborierende Maßnahmen nicht zustande gekommen. Nach einem Aufenthalt in der Klinik konnte er jedoch seine Arbeit wieder aufnehmen, was nur möglich war, weil er Medikamente einnahm und ihm eine ganz leichte Tätigkeit zugewiesen wurde. Schon bald danach nahmen aber seine Beschwerden derart zu, daß er sich wieder krankmelden mußte. Schließlich wurde er nach mehreren gutachterlichen Untersuchungen vorübergehend zeitberentet und unserer Klinik zugewiesen.

Wie die Anamnese ergab, hatten sich die ersten Zeichen seines jetzigen Krankheitszustandes im Mai 1984 eingestellt. Er war damals Werkstattleiter. Bei einer Probefahrt verursachte er einen Unfall. Die Frage nach der Schuld konnte nicht sicher geklärt werden. Er stand vor einer Ampel und wollte links abbiegen. Die Ampel schaltete auf Grün, er fuhr langsam los. Plötzlich hörte er ein dumpfes Geräusch. Er hielt an und sah rechts neben seinem Fahrzeug eine 30-40 Jahre alte Frau liegen, die noch bei Bewußtsein war. Unfallzeugen beobachteten, daß sie versucht hatte, zwei kleine Kinder auf der gegenüberliegenden Straßenseite davon abzuhalten, den Zebrastreifen zu überqueren. Einige Stunden nach der Einlieferung ins Krankenhaus trübte die Frau ein. Sie wurde in eine andere Klinik verlegt und trepaniert. Nach dieser Operation besuchte er sie im Krankenhaus. Sie hätten miteinander gesprochen. Sieben Tage danach starb sie an den Folgen einer Lungenembolie. Die Gerichtsverhandlungen zogen sich mehr als ein Jahr hin. Die Schuldfrage blieb ungeklärt. Einige Wochen nach dem Unfallereignis trat erstmals ein „Anfall" auf. Er war an seinem Arbeitsplatz am Schreibtisch zusammengebrochen. Sein Arbeitgeber befand sich in einer Umstrukturierung. Er wurde in einen anderen Betrieb versetzt und verlor seinen Posten. Belastend kam die schwere Krankheit seiner Frau hinzu. Sie litt seit mehr als 30 Jahren unter Asthma. Im Zuge dieser Veränderungen verschlechterte sich ihre Krankheit. Man hatte sich darauf geeinigt, daß er Reparaturarbeiten an Fahrzeugen nicht mehr gewachsen war und nahm an, daß er sich seitens seines Arbeitgebers ungerecht behandelt fühlte.

Die Schuld an seinem Zustand suchte er in äußeren Ereignissen. Der Auslösersituation für die massive Verschlechterung seines Zustandes war bei vorangegangenen Untersuchungen und Behandlungen keine Bedeutung beigemessen worden. Er selbst hatte es im Laufe der Zeit „vergessen". Im Verlauf einer ambulanten psychotherapeutischen Behandlung sah er, was er zunächst nicht sehen konnte. Seiner Überforderung lag eine passive Einstellung seinem Vorgesetzten und Arbeitgeber gegenüber als Abwehr starker aggressiver Impulse zugrunde. Seine Symptomatik hatte die Bedeutung einer Selbstbestrafung nach einem phantasierten „Triebdurchbruch". Für ihn und seine Umwelt war sie zugleich die unbewußt gesteuerte Demonstration seiner Harmlosigkeit im Sinne einer Reaktionsbildung. Einer Reaktionsbildung gegen heftigste, besonders dem Vaterbild geltende Aggression.

Unter der Behandlung besserte sich sein Zustand. Der seiner Frau verschlechterte sich. Sein Rentenbegehren hatte er mittlerweile zurückgestellt. Der Hausarzt und ein erneut hinzugezogener Neurologe rieten ihm, doch die Rente zu beantragen. Vertreter des Arbeitsamtes und des Rentenversicherungsträgers äußerten sich gleichlautend. „Wie einer so dumm sein könne, wo er doch kurz vor dem Ziel stehe!"

Infantilisierungsprozesse in unserer verwalteten Welt gewinnen zunehmenden Einfluß. Sie sind so pathogen, weil sie einerseits schwer durchschaubar sind und andererseits wie der Schlüssel ins Schlüsselloch einer jederzeit reaktivierbaren infantilen Neurose passen. Sie zu erkennen, wird wegen der zunehmenden Labilisierung familialer Strukturen, die mit einem Verlust an Stabilität einhergeht, immer schwieriger. Hinzu kommt, daß sich das familiale Umfeld wandelt. Traditionelle Nahweltbedingungen (Verwandtschaft, Nachbarschaft usw.) lösen sich auf und werden durch „partikuläre Beziehungen zu entfernten Institutionen ersetzt" (Schülein 1989, S. 1018). Das sich schon früh in der Entwicklung des Individuums bildende heterogene Netz von Kontakten ist vielfältig, aber auch inkonsistent.

Ich glaube nicht, daß die Menschen früher gesünder waren und die Institutionen menschlicher. Der gesellschaftliche Wandel und damit der Abbau früher vorhandener institutionalisierter Abwehrformen hat bestehende strukturelle Mängel lediglich sichtbarer gemacht und gleichzeitig neue Formen von Abhängigkeit geschaffen. Schülein spricht von einer „basalen Matrix von psychischen Fehlentwicklungen/Konflikten", die unter „unterschiedlichen Bedingungen unterschiedlich konstelliert sind, andere Sinnzusammenhänge bilden und Funktionen haben, andere Erscheinungsformen annehmen – und anders wahrgenommen werden" (ebd., S. 1025).

## Zusammenfassung

Ich fasse zusammen: In der psychoanalytischen Praxis und in der Entwicklung der Theorie erschien biographisches Elend zunächst als Immergleiches. Als Repräsentant der bürgerlichen Gesellschaft blieb Freud im Gefängnis ihrer klassenspezifischen Wertvorstellung, z.b. jener des deutschen Idealismus. Mit Schiller war er der Meinung, daß innere Freiheit möglich sei, der Mensch Herr im eigenen Haus sein könne und solle. Daß dies eine entsprechende Sozialisation, einen hohen Grad von Bildung und eine bestimmte soziale Stellung voraussetzt, sah er nicht. Psychoanalyse wurde zur ungeschichtlichen Menschenkunde verkürzt. In der aktuellen Diskussion mündet das traditionelle Problem des Verhältnisses von Soziologie und Psychoanalyse in die Frage, wie sich Sozialstrukturelles im Psychischen auswirkt. Unterschiedliche Auffassungen darüber habe ich referiert.

Analytische Therapie begreife ich als „Emanzipation vom Objekt" (Loewald 1973) und als Versuch der Stärkung des Individuums. Die Arbeit am inneren Konflikt steht weiter im Mittelpunkt. Konflikte, die allerdings bei vielen unserer Patienten aus anderen Konfliktzonen als der ödipalen stammen. Das hohe Maß an Anerkennung der Individualität und damit des Selbstbewußtseins bringt eine Fülle von Abhängigkeits- und Abgrenzungsproblemen für den Einzelnen mit sich.

Wird neurotisches Elend in sozial anerkannten Formen funktionalisiert und fixiert, wird es psychoanalytisch gesehen unantastbar. Zum analysierbaren Problem wird ja nur, was als Quelle des Leidens und Konflikts betrachtet wird. Eine Psychoanalyse, die diesen Zusammenhang nicht durchschaut, wäre in ihrer therapeutischen Kraft gefährdet und konformistisch.

Freud hatte keinen Begriff von Gesellschaft. Für ihn war Soziologie angewandte Psychoanalyse. Damit besteht die Gefahr, konflikthaft erlebte gesellschaftlich organisierte Innerlichkeit nicht als solche zu erkennen, wenn sie kollektiv als „normal" eingestuft wird. Wird den Zusammenhängen zwischen Innen und Außen mehr Beachtung geschenkt, müssen auch Behandlungen, die hinsichtlich der Zielsetzung von einer umfassenden Aufarbeitung der Lebensgeschichte abweichen, nicht zwangsläufig auf „technische Hilfsdienste für isoliert begriffene Probleme des Nichtfunktionierens" (Horn 1976, S. 45) reduziert werden.

Die gesellschaftliche Form von Subjektivität verändert sich. Die Suche nach mehr Selbstbewußtsein ist nicht geringer geworden, im Gegenteil. Die so Suchenden sollten nicht Disziplinen überlassen werden, die sich auf das bloße Behaupten im Hier und Jetzt spezialisieren.

## *Literatur*

Eissler, K. R. (1969): The Present and the future of psychoanalysis. Int. I. Psychoanal., 50, S. 461–471.

Freud, A. (1972): Child analysis as a subspeciality. Int. I. Psychoanal., 57, S. 151–156.

Freud, S. (1923): Eine Teufelsneurose im siebzehnten Jahrhundert. GW XIII, S. 315–354.

Freud, S. (1937c): Die endliche und die unendliche Analyse. GW XVI, S. 57–99.

Häfner, H. (1984): Sind psychische Krankheiten häufiger geworden? Nervenarzt, 56, S. 120–133.

Heigl-Evers, A., Heigl, F. (1979): Die psychosozialen Kompromißbildungen als Umschaltestelle innerseelischer und zwischenmenschlicher Beziehungen. Gruppenpsychotherapie und Gruppendynamik, 14, S. 310–325.

Horn, K. (1976): Psychoanalyse und gesellschaftliche Widersprüche. Psyche, 30, S. 26–49.

König, H.-D. (1988): Von der vaterlosen zur mutterlosen Gesellschaft und darüber hinaus. Luzifer-Amor, 1, S. 55–87.

Kohut, H. (1977): Die Heilung des Selbst. Frankfurt/M. (Suhrkamp).

Lasch, C. (1979): Das Zeitalter des Narzißmus. München (Steinhausen).

Loewald, H. W. (1973): On internalization. Int. I. Psychoanal., 54, S. 9–17.

Mentzos, S. (1976): Interpersonale und institutionalisierte Abwehr. Frankfurt/M. (Suhrkamp).

Mentzos, S. (1984): Neurotische Konfliktverarbeitung. Einführung in die psychoanalytische Neurosenlehre unter Berücksichtigung neuer Perspektiven. Frankfurt/M. (Fischer).

Mitscherlich, A. (1973): Auf dem Weg zur vaterlosen Gesellschaft. München (Piper).

Moersch, E. (1978): Sozialpsychologische Reflexionen zum Symptomwandel psychischer Störungen. Psyche, 32, S. 403–419.

Reiche, R. (1991): Haben frühe Störungen zugenommen? Psyche, 45, S. 1045–1066.

Schepank, H. (1982): Epidemiologie psychogener Erkrankungen. Zs. psychosomat. Med., 28, S. 104–125.

Schülein, J. A. (1989): Symbiotische Beziehungen und gesellschaftliche Entwicklung. Psyche, 43, S. 1007–1028.

Thöma, H., Kächele, H. (1985): Lehrbuch der psychoanalytischen Therapie. Berlin, Heidelberg, New York, Tokyo (Springer).

Üstün, T. B., Sartorius, N. (1995): Mental Illness in General Health Care. Chichester, New York, Brisbane, Toronto, Singapore (John Wiley & Sons).

# Destruktivität und die psychoanalytischen Konzepte moralischer Regulation

*Roman Lesmeister*

Es sind in jüngster Zeit immer wieder Versuche unternommen worden, den besonderen Charakter und das besondere Ausmaß destruktiver Entgrenzung, das nach Meinung zahlreicher Autoren unsere Epoche bis in die unmittelbare Gegenwart hinein kennzeichnet, einer näheren Bestimmung zu unterziehen. Obgleich solche Versuche stets befrachtet sind mit der schwierigen Frage des Vergleichs und der unvermeidlichen historischen Befangenheit des Beobachters, hat sich doch ein gewisser Konsens darüber herausgebildet, daß die Erscheinungsformen von Gewalt und Zerstörung, für die – ohne Unterschiede zu verwischen – Auschwitz ebenso steht wie Bosnien, eine neue und spezifisch moderne Qualität des Schreckens offengelegt haben. Imre Kertész (1995, S. 13–14), ein ungarischer Schriftsteller, der als Jude Buchenwald überlebt hat, gelangt zu folgender Einschätzung, die hier stellvertretend für andere, ähnlich lautende stehen mag:

„Der Mord, der an die Stelle des früher Vorhandenen getreten ist – nicht als häufig vorkommende Unsitte, als Vergehen, als ‚Fall‘, sondern als Lebensform, als angenommenes und üblich gewordenes ‚natürliches‘ Verhalten dem Leben und den anderen Lebewesen gegenüber – der Mord als Weltanschauung, der Mord als Verhaltensform also ist zweifellos eine grundlegende Veränderung... Dagegen läßt sich anführen, daß die Menschenausrottung nicht gerade eine neue Erfindung ist; aber die *kontinuierliche,* die über Jahre, Jahrzehnte *systematisch* betriebene und so zum System gewordene Menschenausrottung, während nebenher das sogenannte normale, alltägliche Leben weiterläuft ...: dies, zusammen mit dem Sichgewöhnen, Sichgewöhnen an die Angst, dem Sichabfinden, innerlichen Abwinken, sogar Gelangweiltsein – das ist eine neue, sogar die allerneueste Erfindung. Denn damit – und das ist das Neue daran – ist es *akzeptiert.* Es hat sich erwiesen, daß die Daseinsform des

Mordens eine lebbare und mögliche Daseinsform, daß sie also *institutionalisierbar* ist. Möglicherweise ist es die irdische Bestimmung des Menschen, die Erde und das Leben zu zerstören. Doch dann handelt er vielleicht wie Sisyphos: Eine Zeitlang entschlüpfte er seiner Bestimmung, seiner Aufgabe, sprang dem Tod von der Schippe und ergötzte sich an dem, was er zerstören mußte: am Leben. So gesehen wäre alles Höhere an Form und Gedanken, das je geschaffen wurde, dieser Weigerung zu verdanken; Kunst, Philosophie, Religion, alles das Produkt eines plötzlichen Innehaltens, eines Zauderns angesichts der eigentlichen Aufgabe – der Zerstörung..."

Die vorgelegte Analyse enthält zweierlei: Erstens die Diagnose des institutionalisierten und akzeptierten Mordens und zweitens eine weitreichende Spekulation über das Motiv, das ein solches Verhalten möglich macht, ja sogar unausweichlich erscheinen läßt. Beide Aspekte sind für die psychoanalytische Betrachtung von Belang. Greifen wir, um an dieser Stelle in Kertész's düsteres Szenario einzusteigen, die von ihm beschriebene Indolenz heraus, das Sichgewöhnen, Sichabfinden, innere Abwinken – psychische Ausdrucksweisen, die das Akzeptieren des Mordens anzeigen. Den klinischen Erfahrungen folgend, wären wir geneigt, sie für das Resultat einer kollektiven Abwehrleistung zu halten. Einer Abwehrleistung, die sich leicht in Verbindung bringen ließe mit jener tiefgreifenden Erschütterung, die Freud (1915, S. 328 ff.) bewogen hat, von der „Enttäuschung des Krieges" zu sprechen. Die Enttäuschung, die Freud meint, beruht auf der von der Realität aufgenötigten Erkenntnis, daß auf den zivilisatorischen Fortschritt kein Verlaß ist, daß jederzeit Bedingungen eintreten können, unter denen die Sublimationen, die diesen Fortschritt getragen haben, wie Kartenhäuser in sich zusammenstürzen und den Blick freigeben auf eine archaische, von keinerlei kulturellen Einflüssen modifizierte Triebnatur. Die Enttäuschung ist Ausdruck und Folge der kränkenden Tatsache, daß Menschen unabhängig von ihrem zivilisatorischen und Bewußtseinsniveau unbegrenzt destruktiv sein können, und daß es keiner wie auch immer gearteten moralischen Anstrengung, keinem aufklärerischem Eifer und keinem internationalen Konfliktmanagement bisher gelungen ist, an dieser Möglichkeit grenzenloser Destruktivität irgend etwas zu ändern. Die Anfälligkeit für Kränkungen dieser Art ist nun seit Freuds Zeiten sicher nicht geringer geworden. Das Gegenteil ist der Fall. Wir haben Grund zu der Annahme, daß die hochgeschraubten ethisch-humanitären Standards, wie sie sich in den multilateralen Abkommen zur Friedenssicherung und den Bemühungen um Universalisierung der Menschenrechte niederschlagen, nicht nur zu einer höheren Sensibilität für Gewalt und Unrecht, sondern auch zu einer erhöhten Kränkbarkeit durch Gewalt und Unrecht geführt haben. Wir beobachten heute in den westlichen Gesellschaften, daß die Schere zwischen einem zunehmend anspruchsvolleren Ichideal – Frieden, Verständigung, humanitäre Verkehrsformen betreffend – und der Realität destruktiver Exzesse immer weiter auseinandergeht, was eine enorme Konfliktspannung erzeugt, die verarbeitet und, wenn die Verarbeitung den Einzelnen überfordert, mit defensiven Mechanismen bewältigt werden muß. Am Ende, und das ist das Paradoxe, bedarf es primitiver Verleugnung, um dem unlösbaren Konflikt zwischen ständig wachsender Verantwortung und realer Ohnmacht zu entkommen. Und natürlich der Angst. Daß in Bosnien unbeschreibliche Grausamkeiten von Menschen begangen wurden, die sich nicht an einen weit entfernten Ort kultureller Fremdheit abschieben lassen, die vielmehr in relativer identifikatorischer Nähe zu uns stehen und, so weit man sehen kann, im Durchschnitt keine auffälligeren Charakterpathologien bieten als wir auch, – diese Tatsachen wirken im Unbewußten nicht nur als Quelle von Enttäuschung oder Kränkung, sondern auch von schwerer Vernichtungsangst. Die Frage: Wer schützt die die Menschen in Sarajevo und an anderen Orten des sinnlosen Massensterbens vor ihren Angreifern? hieß auf unbewußter Ebene immer auch: Was schützt uns im Ernstfall vor uns selber, vor dem Durchbrechen unserer mörderischen Destruktionsneigung? Was schützt uns vor allem dann, wenn, wie Kertész feststellt, die Tötungsneigung vollkommen ichsynton geworden, im Ich sozusagen institutionalisiert worden ist, und kein noch so undeutlicher Konflikt mehr das Ungeheuerliche dieses Zustandes ins Bewußtsein bringt? Ich bin mit diesen Formulierungen bei meinem eigentlichen Thema angekommen, dem Problem des Aufbaus und der Leistung, aber auch des völligen Versagens aggressionsbegrenzender psychischer Strukturen. Kertész's wenig hoffnungsfrohe Hypothese über einen primären Destruktionstrieb und seine Vermutung, daß alles „Höhere", also auch das Moralische, als Ablenkung des ursprünglichen Zerstörenwollens entstünde, liegt von den genuin psychoanalytischen Auffassungen, die uns im weiteren beschäftigen werden, nicht allzu weit entfernt, auch wenn seine monistische Sicht die Frage außer Acht läßt, welche offenbar ebenso mächtigen Kräfte die Ablenkung denn immer wieder bewerkstelligen und den Menschen im Verlauf der Evolution vom definitiven Erreichen seiner angeblichen Bestimmung, der Zerstörung des Lebens und seiner selbst, erfolgreich abgehalten haben. Aber daß diese Arbeit mit der des Sisyphos treffend beschrieben ist, einer Arbeit also, die nie oder allenfalls für einen kurzen Augenblick zufriedenstellend gelingt und von enttäuschenden Rückschlägen gekennzeichnet ist, – dem kann, so glaube ich, kaum widersprochen werden.

In welchem Maß und wie unauflöslich aggressionsbegrenzende psychische Strukturen nach psychoanalytischem Verständnis in einen Kontext von Gewalt und Zerstörung verflochten sind, zeigt der Blick auf die Konstitutionsbedingungen jener Instanz, die unter Psychoanalytikern herkömmlich als Garant moralischer Ordnung gilt: das ödipale Über-Ich. Nirgendwo treten die ideellen Prämissen, die Freud zur Einführung des Über-Ich-Konzeptes im Rahmen des Instanzenmodells veranlaßt haben, deutlicher und eindringlicher in Erscheinung, als dort, wo er seiner meist kontrollierten Neigung zu weitreichender Spekualtion vielleicht erstmals in größerem Umfang nachgab und, angestoßen durch C. G. Jungs Mythenforschung, mit *Totem und Tabu* einen anthropologischen Entwurf vorlegte, dessen psychologisch-paradigmatischer Gehalt jenseits von Fragen historischer Faktizität bis heute nicht an Gültigkeit verloren hat. Das urgeschichtliche Szenario mit seinen dramatis personae ist bekannt, die Handlung nicht sonderlich kompliziert. Die Söhne erschlagen den tyrannischen Urvater, der alle Frauen für sich beansprucht, verzehren ihn und werden – ich möchte es einmal so sagen – an ihrer Tat irre. Sie trauern nicht etwa um den getöteten Vater, dafür gibt es im Freudschen Text keinen Hinweis. Wie der antike Orestes nach vollzogenem Muttermord, von den wütenden Erynnien bedrängt, zu Apollon flieht, um dort entsühnt zu werden, so greifen die Söhne unter dem Einfluß von Angst und persekutorischen Schuldgefühlen zu einer magischen Lösung, die Befreiung von den inneren Qualen verspricht – so, als ob der sterbende Vater mit dem letzten Atemzug einen Fluch über sie ausgesprochen hätte, dem sie nur auf diese Weise entrinnen zu können glauben. Sie „wiederrufen" ihre Tat, wie Freud (1912/13, S. 173) formuliert, indem sie sich einen symbolischen Vaterersatz schaffen, das Totemtier, das nicht getötet werden darf. Das „Schuldbewußtsein des Sohnes" (Freud, 1912/13, S. 173) erzeugt auf diesem Wege die beiden grundlegenden Tabus des Totemismus, das Vatermord- und Inzestverbot. Es sind die beiden Tabus, mit denen Freud (1912/13, S. 173) zufolge „die Sittlichkeit des Menschen beginnt". Die Erhöhung des getöteten Vaters, dessen Ersatzbildung im geheiligten Totem und die mit diesen Transformationen etablierten Regeln und Gebote bilden jenen Niederschlag im Ich, der sich zur Instanz des ödipalen Über-Ichs, des Gewissens, ausformt und aus dem im Prozeß einer fortschreitenden historischen Differenzierung alle Formen der Moral, Religion und kulturellen Wertordnung hervorgehen. Freuds Auffassung ist bekanntlich die, daß sich mit der Auflösung des Ödipuskomplexes im individuellen Schicksal der Kindheit der beschriebene strukturbildende

Vorgang wiederholt, wobei die Identifizierung mit dem väterlichen Gesetz, wie es im Über-Ich der Eltern niedergelegt ist, für die historische Kontinuität ethischer, religiöser und anderer Werte sorgt (vgl. Sandler, 1964).

Wir wissen nun, daß die Lösung, die Freuds vorzeitliche Söhne fanden, keine vertrauenswürdige, weil unbefriedigende war. Sie war und ist unbefriedigend in einem psychologisch wortwörtlichen Sinn, weil sie auf erheblichem Triebverzicht beruht und zwangsläufig den Zustand heraufbeschwören muß, den Freud Jahre später das „Unbehagen in der Kultur" nannte. Dieses Unbehagen ist gleichbedeutend mit einer erhöhten Anfälligkeit, die nur geeigneter Anreize und passender (politischer, ideologischer) Rechtfertigungen bedarf, um in einen Prozeß regressiver Entsublimierung umzuschlagen, der die aufgerichteten Hemmnisse hinwegfegt und das dahinter liegende archaisch destruktive Potential zur Verwendung freigibt. Das ist die eine Schwachstelle der Über-Ich-Moral, die bekanntere und leicht durchschaubare. Es gibt aber noch eine zweite, tiefer liegend und vertrackter. Robert Heim (1993) hat in einem Beitrag über *Vatermord und Dialektik der Aufklärung* in einfacher Klarheit darauf aufmerksam gemacht. Kulturleistung und damit auch ethisches Bewußtsein ensteht in Freuds Konzeption durch umwandelnde Verinnerlichung des toten Vaters, dadurch, daß dieser getötet und beim Totemmahl aufgegessen wird. Damit ist gesagt, daß das Über-Ich den Vater nur dann symbolisch vetreten kann, wenn der Vater wirklich tot ist. Der Vater *muß* umgebracht worden sein, damit die Identifizierung mit dessen symbolischer Ersatzbildung überhaupt stattfinden kann. Das zentrale Dilemma, das sich hier abzeichnet, besteht darin, *daß der Mord und das Mittel zu seiner Verhinderung nicht unabhängig voneinander sind.* Die Moral setzt die Übertretung voraus, und zwar nicht nur in einem einmaligen, konstitutiven Sinn, sondern grundsätzlich, vom Wesen her. Das Über-Ich als „Erbe des Ödipuskomplexes" begrenzt Aggression nicht nur, sondern zehrt gewissermaßen von ihr, ist auf sie als vitale Triebgrundlage regelrecht angewiesen. Bringt man diese genetische Verknüpfung mit der erwähnten Regressionsanfälligkeit zusammen, dann ergibt sich ein einigermaßen beklemmendes Bild, was die Chancen humanitären und ethischen Fortschritts anbelangt. Es sieht dann nämlich so aus, als sei auf den Ebenen individueller wie kollektiver Geschichte ein sich endlos wiederholender Kreislauf unvermeidlich, ein Kreislauf, der mit dem Mord seinen Anfang nimmt und über die Stationen: Schuldgefühl, Wiederherstellung des Gemordeten durch symbolische Ersatzbildung, zunehmendes Unbehagen mit der Ersatzbildung und regressive Entsublimierung in den erneuten Mord zurückläuft (vgl. Heim, 1993, S. 357). Man kann den Wiederholungszwang, der hier sichtbar wird, wie gewohnt kausal interpretieren: Die Macht des Primären, Triebhaften ist stärker als die Ersatzbildung und nimmt diese immer wieder in sich zurück. Man kann aber auch den finalen Standpunkt einnehmen, was nicht unbedingt in Freuds Sinne, aber trotzdem denkmöglich ist: Die Wiederkehr der Katastrophe ist notwendig, um die lebenserhaltenden kulturellen Ersatzbildungen vornehmen zu können. Kriege, Grausamkeiten und alles andere, was die Geschichte an Gewaltförmigkeit bereithält, wären dann – vergleichbar der Totemmahlzeit und den antiken Opferhandlungen – die blutigen rituellen Veranstaltungen, die gebraucht werden, um die Sublimationen zu erneuern (vgl. Giegerich, 1994). Ich will hier einen Eindruck von der Reichweite der möglichen Schlußfolgerungen vermitteln, die sich ergeben, wenn wir uns Freuds ödipalen Mythos der Geschichte zu eigen machen. Sein Mythos paßt auf die Geschichte, was nicht heißt, daß er deren einzig richtige Deutung lieferte. Er paßt auf die Geschichte, und er zeigt, was die ethische Problematik betrifft, keinen Ausweg aus der Geschichte. Man bekommt an dieser Stelle ein lebhaftes Bild davon, wie nachhaltig Freuds Denken vom Geist der griechischen Tragiker, die er liebte, beeinflußt war. Es gibt keinen Ausweg. Das von den Göttern, d. h. der Natur, den Trieben vorgezeichnete Gesetz erfüllt sich. Der Versuch, das Verhängnis zu umgehen, führt auf Umwegen genau in das Verhängnis hinein. Es gibt keinen Ausweg, nur den Zwang, nach dem unausweichlichen Scheitern wieder von vorn anzufangen. Der ewige Sisyphus. Das Über-Ich entkommt der Tragik der Geschichte nicht, es erweist sich als Bestandteil dieser Tragik, als Faktor, der den in *Totem und Tabu* konzipierten tragischen Ursprungsmythos der Kultur fortschreibt.

Es hat, so könnte man nun erleichtert vorbringen, am klassischen Konzept des Ödipalen und demzufolge auch am ödipalen Über-Ich eine ausgedehnte Kritik gegeben. Diese Kritik verweist auf eine Funktionsweise interner moralischer Regulation, die auf wesentlich anderen Voraussetzung als den bislang erörterten zu beruhen scheint. Vor allem die frühen Arbeiten Melanie Kleins (Klein, 1933) über die Gewissensbildung bei Kindern in prägenitalen Entwicklungsphasen haben die Führungsrolle des (klassisch-) ödipalen Über-Ichs ins Wanken gebracht und deutlich werden lassen, daß die Verhältnisse auf diesem Gebiet offenbar komplizierter liegen und eine längere Vorgeschichte haben, als Freuds Konzeption dies vorsieht Die äußerst kontroverse und bis heute eigentlich unabgeschlossene Diskussion über frühe Stadien des Ödipuskomplexes und der Über-Ich-Bildung haben auf Kleins Seites Mitte der dreißiger Jahre zur Einführung des Konzepts der depressiven Position geführt

(Klein, 1940). In der depressiven Position wird das Kind der Tatsache gewahr, daß das gute Objekt nicht hinreichend vor den eigenen destruktiven Impulsen – den neidvollen Angriffen auf den Körper der Mutter – geschützt werden kann. Es reagiert auf diese Erfahrung mit depressiver Angst, Schuldgefühl, Trauer und dem Bedürfnis nach Wiedergutmachung – einem emotionalen Muster also, das dazu geeignet ist, das Ausmaß objektaler Agression zu mindern und das gute Objekt vor Beschädigung, Zerstörung und das heißt letztlich vor dem Verlust zu bewahren. Klein hat damit einen von der klassischen Über-Ich-Theorie unabhängigen Modus der Aggressionsbegrenzung formuliert und in dieser Hinsicht, so könnte man etwas vereinfachend sagen, Freuds paternal geprägtem Strukturkonzept ein mehr maternal geprägtes Entwicklungskonzept zur Seite gestellt. Weil die depressive Position (noch) kein (sprachlich) symbolisiertes System verinnerlichter Werte und Normen darstellt, hat es berechtigte Zweifel daran gegeben, ob ihr die Funktion einer moralischen oder Gewissensinstanz im eigentlichen Sinne überhaupt zuzusprechen sei. Sicher läßt sich aber die Annahme vertreten, daß mit den Merkmalen der depressiven Position *primäre affektive Grundlagen* einer moralischen Strukturbildung beschrieben sind. In diesem Sinne sind auch Versuche zu verstehen, das Über-Ich-Konzept mit den Kleinschen Entwicklungskonzepten zu vereinen. Ein interessanter Vorschlag läuft z.B. darauf hinaus, die qualitative Beschaffenheit des Über-Ichs danach zu unterscheiden, ob dieses mehr von paranoid-schizoiden oder mehr depressiven Funktionsweisen geprägt ist. Im ersten Fall hätten wir es mit einem autoritär-sadistischen, von Gehorsam und Verfolgung geprägten, im zweiten Fall mit einem toleranteren Über-Ich zu tun, das persönliches Verantwortungsbewußtsein zuläßt (vgl. Hinshelwood, 1993, S. 151). Auch die Qualität des Schuldgefühls würde entscheidend differieren: Im ersten Fall persekutorisch und streng strafend, im zweiten Fall depressiv, d. h. Trauer und Wiedergutmachung zulassend.

Verweilen wir noch einen Augenblick bei Klein, um einige psychologisch markante konzeptionelle Unterschiede zwischen depressiver Position und Über-Ich herauszuarbeiten. Im Gegensatz zu Freuds Entwurf befinden wir uns in einer matriarchalen Szenerie, einem zur Vaterherrschaft alternativen Mythos. Am Anfang steht der Angriff auf den Körper der Mutter, das Phantasma des Muttermords. Klein verwendet keine eingängige mythologische Erzählung wie Freud; aber was sollte uns davon abhalten, ein vorgeschichtliches Drama zu erfinden, das vom mörderischen Neid der ersten Söhne und Töchter auf die omnipotenten Mutterfiguren handelt, die die sich im Besitz der Männer, des Phallus, der Gebärfähigkeit und anderer Kostbarkeiten befinden? Der reale Geschichtsverlauf würde sich, darin bin ich sicher, auch diesem Deutungsschema fügen. Wie auch immer – entscheidend im vorliegenden Zusammenhang ist, daß bei Klein eine Lösung gefunden wird, die aus dem paranoischen Modus, in dem Freuds vatermörderische Söhne gefangen scheinen, herausführt. Was den Übergang zur depressiven Position kennzeichnet, ist die hervorragende Bedeutung des guten Objektes und der mit ihm verbundenen libidinösen Kräfte, der Gefühle von Liebe und Dankbarkeit also. Das nun ganzheitlich erlebte Objekt wird geschützt, weil es auch geliebt wird; und wenn es nicht geschützt werden kann, dann können die Folgen der Aggression dank der liebevollen Verbindung, die zum ihm weiterbesteht, betrauert werden. Ich glaube, daß hier ein bedeutsamer Unterschied zur Verarbeitungsweise des klassischen Über-Ich-Modells liegt. Zwar wird betont, daß sich das Kind aus genitaler Liebe mit dem Über-Ich der Eltern identifiziert, und daß das Über-Ich auch liebende, fürsorgliche Aspekte aufweisen kann. Aber bezeichnenderweise fiel es doch immer schwer, die Liebe auf überzeugende Weise im Über-Ich unterzubringen (manche haben sie deswegen dem Ich-Ideal zugeordnet). Das Über-Ich ist trotz aller Bemühungen des Ruch des Strengen, Restriktiven, Strafenden nie los geworden. Und das hat seine Gründe. Im Über-Ich dominiert die Aggression, wenn auch in verwandelter Gestalt der väterlichen Gesetze. Ich erwähne nebenbei, daß Melanie Klein das Über-Ich für einen direkten Abkömmling, die erste Ablenkung des Todestriebes hielt. Man kann die Sache natürlich auch von der Abwehrseite her entwickeln. Danach stellt das Über-Ich eine Reaktionsbildung gegen Aggression dar und als Ersatzbildung (für das Verlorene) sogar eine Form des Ungeschehenmachens. Am besten, und damit wird man beiden Komponenten gerecht, faßt man es als zwanghafte Kompromißbildung auf. Zur Phänomenologie des Zwanghaften gehört auch die beschriebene – ich möchte sagen: schicksalsträchtige Verklebung von Impuls und Abwehr. Im Über-Ich ist der Vater zwar ermordet, aber es wird zäh an ihm festgehalten. Seine Leiche wird mitgeschleppt und zu ethisch-kulturellen Zwecken ausgeschlachtet. Ganz im Gegensatz dazu ist für den Modus der depressiven Position kennzeichnend, daß am Verlorenen nicht festgehalten und das Verlorene auch nicht ersetzt wird. Die Zerstörung des Objekts und die Aggression, die dazu geführt hat, werden nicht „wiederrufen", sondern anerkannt, und der eingetretene Verlust kann betrauert werden. Die entstandene Lücke wird nicht mit Moral – der symbolischen Wiederauferstehung des Vaters – aufgefüllt, *sondern die Bedingung des Moralischen liegt gerade im Offenhalten der Lücke, im Gewahrsein des Verlustes.* Zwar werden wir immer wieder die guten Objekte angreifen, ganz gleich, ob wir dafür den Todestrieb, schlechte Kindheitserfahrung oder eine Mischung aus beidem verantwortlich machen. Es sieht aber so aus, als strukturiere die depresssive Position ein Erfahrungsmuster, das es eher ermöglicht, die psychische und damit auch die äußere Realität des Bösen in vollem Umfang anzuerkennen, auf unsere diesbezüglichen Taten mit seelischem Schmerz zu reagieren und uns mit dem Erleben der Opfer zu identifizieren. Der depressive Modus gibt der moralischen Reaktion eine völlig andere Grundlage. Das potentiell aggressionsbegrenzende Moment hat nicht mehr den Charakter eines Verbotes (Gesetzes), wie gut internalisiert dieses auch sein mag. Es liegt mehr in einer Art Unvermögen oder Schwäche, die aus der inneren Beziehung zum Anderen resultiert; weniger im Gefühl, nicht zu dürfen, als nicht zu *können*.

Wenn wir unter psychoanalytischen Gesichtspunkten die Mechanismen moralischer Regulation und die Gründe ihres Scheiterns untersuchen, dann stoßen wir unvermeidlich auf den Zusammenhang von Aggression und pathologischem Narzißmus. Es gibt eine einflußreiche theoretische Linie, die insbesondere die schweren Formen destruktiver Entgrenzung auf pathologischen Narzißmus und die damit verbundenen Ichstrukturdefekte zurückführt. Die hier angesprochene Persönlichkeitsorganisation, so die Annahme, sei gekennzeichnet von der Ersetzung reifer, d. h. ödipaler psychischer Strukturen durch primitivere, präödipal-narzißtische, die eine hohen Grad an Idealisierung aufweisen. Spätestens seit der von Alexander Mitscherlich (1968) in den sechziger Jahren angestoßenen Diskussion über Vaterlosigkeit und fortschreitende Präödipalisierung der Gesellschaft wird ja das ödipale Über-Ich für eine Gabe mit Seltensheitswert gehalten und die Auffassung vertreten, die individuelle und gesellschaftliche Verhaltensregulierung erfolge in zunehmendem Maße auf narzißtischem Niveau. In den Kontext dieser Diskussion gehören die psychologisch wichtigen Unterschiede zwischen Über-Ich und Ich-Ideal, auf die in besonders akzentuierter Weise Chasseguet-Smirgel (1981, 183 ff.) aufmerksam gemacht hat, und die sich kurz etwa so umreißen lassen: Das Über-Ich als Erbe des Ödipuskomplexes und Repräsentant des väterlichen Gesetzes ist an der Realität orientiert, weil es aus der Erfahrung der Grenzen entsteht, an die das Kind mit seinen Triebwünschen stößt. Das Über-Ich ermöglicht das Erleben von Schuld und eröffnet den Zugang zu Ambivalenz und Konflikt. Das Ichideal hingegen, in das der primäre Narzißmus der frühestens Kindheit eingeflossen ist, strebt Vollkommenheit an. Es möchte einen Zustand von Grenzenlosigkeit, Ungebrochenheit und Konfliktlosigkeit verwirklichen – wenn es sein muß, auch auf Kosten der Realität.

Es möchte frei sein von Schuld und dem Makel des Bösen. Im Kern konserviert das Ichideal eine Mutterleibsphantasie, die Utopie von der „glatten Welt", die den Inzestwünschen keine Hindernisse mehr in den Weg stellt und alle Mittel zu deren Befriedigung, auch die aggressiven, erlaubt.Die Akzentverschiebung von Über-Ich zu Ichideal bedeutet dieser Sichtweise zufolge immer den Rückschritt auf ein undifferenzierteres psychisches Funktionsniveau, deren Symptome sich als Ichschwäche, Spielarten des Größenwahns, Perversion, Sucht und diffuse Gewaltbereitschaft bemerkbar machen. In der Fortführung dieser Überlegungen gelangt man leicht zu Konzepten wie denen des Größenselbst (Kohut) oder des destruktiven Narzißmus (Rosenfeld), in dem pathologisch destruktive Tendenzen narzißtisch idealisiert und das Böse mittels einer perversen Verkehrung in eine Repräsentanz des Guten, Idealen, Vitalen verwandelt wird.

Im folgenden werde ich die umrißhaft dargelegte Auffassung von den verheerenden Folgen narzißtischer Regression einer kritischen Betrachtung unterziehen und unter Berücksichtigung zeitgeschichtlicher Bezüge einige Inkonsistenzen dieser Sichtweise herausarbeiten. Dabei geht es mir um den Nachweis, daß die in Frage stehende Deutung 1) die narzißtische Regression in realitätsverzerrender Weise dämonisiert und den Blick auf die bedeutsamen narzißtischen Quellen der Moral verdunkelt; daß sie 2) die latente Pathologie und Gefährlichkeit unserer sogenannten Normalität schützt und rationalisiert; und daß sie schließlich 3) das Verständnis der psychischen Defizite, die hinter der sogenannten moralischen Krise der Gegenwart zu vermuten sind, mehr behindert als fördert.

*Zur ersten These:* Der einseitig negativen Wertung narzißtischer Regression widerspricht nichts offenkundiger als die Tatsache, daß die Präödipalisierung der westlichen Gesellschaften in den letzten Jahrzehnten begleitet war von einer wachsenden *Sorge um das Leben,* von einer feinnervigen Sensibilisierung für Leid, Grausamkeit und Unrecht, wie es sie im angeblich goldenen Zeitalter der ödipalen Vaterhelden so nicht gegeben hat. Man kommt an diesem Widerspruch nur vorbei, indem man die tiefgreifenden Veränderungen im ökologischen Bewußtsein oder in der Bereitschaft zur Anteilnahme an fremdem Leid ihrerseits wieder zu maskierten Ausgeburten einer paradiesischen Mutterleibsphantasie, eines grandiosen und deswegen gefährlichen Ideals von weltumspannender Harmonie und Friedfertigkeit erklärt. Nun kann kein Zweifel daran bestehen, daß die angesprochenen gesellschaftlichen und politischen Bewegungen nicht frei sind von der Tendenz, sich von purifizierten Selbstvorstellungen leiten zu lassen und alles Destruktive in äußeren bösen

Objekten unterzubringen, um sich so das Gütesiegel moralischer Überlegenheit zu verschaffen und die eigene Weste narzißtischer Reinheit unbefleckt zu
halten. Solche Tendenzen gibt es. Aber hier einen Teil bzw. die unvermeidli-
che Schattenseite des Vorgangs für das ganze zu nehmen, hieße, den Manifestationen eines bedeutsamen Bewußtseinswandels mit Ignoranz und verbohr-
tem Konservatismus zu begegnen. Läßt man die Voreingenommenheiten hinter sich, dann hat es nachhaltig den Anschein, als bewirke die beklagte Präödipalisierung (narzißtische Regression) eine Entbindung des guten Objekts,
eine Freisetzung primärer Liebe, die aufgrund ihrer Verwobenheit mit frühen
narzißtischen Modalitäten die Qualität des Unbedingten und Erhabenen
annimt, und die für Erhaltung und Weiterentwicklung menschlicher Lebens-
formen mindestens genauso wichtig ist wie die Realitätsorientierung des
Über-Ichs. Der Blick auf das historische Beispiel der großen bürgerlichen
Revolutionen, der Französischen vor allem, zeigt, daß die Werte und Normen, die bald zum rechtlichen und ethischen Bestand demokratischer Gesellschaften gehörten, ursprünglich hochbesetzte narzißtische Ideale (Ichideal-
bildungen) waren. Daß der Terror daneben existierte, hat am zukunfsträch-
tigen Wert dieser Ideale nie etwas geändert. (Ich kann hier die klinische Beobachtung einfügen, daß frühgestörte Patienten mit nichttriangulierter Struktur
häufig über ein unbestechliches moralisches Empfinden verfügen, das sich
durch Unbedingtheit, Absolutheit seiner Forderungen auszeichnet und sicher
nicht identisch ist mit den strengen Über-Ich-Vorläufern). Die hier angestellten Überlegungen führen zu dem überraschenden Schluß, daß die Anfänge
der Moral nicht in den Triebschicksalen der Objektbeziehungen, sondern im
Narzißmus liegen; daß die Moral nicht, wie Chasseguet-Smirgel meint, mit
der Erfahrung des Endlichen, Bedingten und Begrenzten (d. h. der Anerkennung der Realität und des Todes) beginnt, sondern mit der Erfahrung des
Unendlichen, Unbedingten, Grenzenlosen. Die Verankerung des Moralischen im Narzißmus ist wahrscheinlich auch die einzige psychoanalytisch
begründbare Gewähr dafür, daß das Gute nicht nur getan werden kann, um
den Verlust des Objektes oder der Liebe des Objektes zu vermeiden, sondern
daß es – sozusagen ohne Rücksicht auf Verluste – *um seiner selbst willen* getan
werden kann.

Ich will an dieser Stelle kurz darauf aufmerksam machen, wie weit die klassischen psychoanalytischen Begründungen der Moral doch entfernt liegen
von der seit der Aufklärung bis heute einflußreichsten Moralphilosophie, der
Ethik Kants. Das Gute nur aus einer wenn auch noch so verborgenen Angst
zu tun, es nur zu tun, um einen wie auch immer gearteten Verlust zu ver-

meiden, würde für Kant zu den „niederrangigen" ethischen Motivierungen gehören, ähnlich als täte man es eines materiellen Vorteils wegen. Der kategorische Imperativ setzt voraus, daß die vernunftbegabten Subjekte nicht unter dem Zwang der Natur – der physischen wie psychischen – handeln, sondern imstande sind, sich frei für das sittlich Gute eben dieses Guten wegen zu entscheiden. Das „moralische Gesetz in mir" (Kant, 1983, A 289, S. 300), das die transzendentale Grundlage einer solchen Entscheidung abgibt, hat in den klassischen psychoanalytischen Konzepten keine Entsprechung. In erkennbarer Nähe zu Kant befindet sich allenfalls C. G. Jung (1958, 1959), der mit seinem Begriff der „inneren Stimme" eine aus dem Unbewußten stammende, in ihrem Charakter allerdings zwiespältige moralische Verlautbarung des Unbewußten postuliert.

*Zur zweiten These:* Die Erklärungsmodelle der narzißtischen Regression tendieren dahin, die Ursachen bzw. strukturellen Bedingungen für die Erscheinungsformen schwerer Destruktivität in immer frühere Entwicklungsphasen zurückzuverlegen und die Pathologie dementsprechend in zumindest präpsychotischen Grenzbereichen anzusiedeln. Manche dieser Modelle führen extreme, schwer einfühlbare Formen von Haß, Aggression und Vernichtung in direkter Linie auf die Wirkung abgespaltener, von Größenwahn und Paranoia geprägter psychotischer Persönlichkeitsanteile zurück, wie Herbert Rosenfeld (1988, S. 388 ff.) dies mit seinem Konzept des destruktiven Narzißmus für das Verhalten der Deutschen unter der Naziherrschaft geltend gemacht hat (vgl. auch Canzler, 1994). Obgleich vieles für die klinische Evidenz dieser Erklärungsweise spricht, lassen sich doch Bedenken formulieren. So sind durchaus Zweifel angebracht, ob man die psychische Funktionsweise von Menschen, die sehr genau wußten, was sie taten, die in der Planung und Ausführung ihrer Taten einen bestechenden Realitätssinn erkennen ließen und denen, wie bei den Nürnberger Prozessen auch geschehen, die volle Verantwortung für ihre Taten zurechenbar war – ob man die psychische Funktionsweise solcher Menschen im eigentlichen Sinne psychotisch oder auch nur psychosenah nennen sollte. Neben der Problematik moralischer Schuldfähigkeit stellt sich hier die Frage, ob eine solche Deutung psychologisch wirklich sinnvoll bzw. notwendig ist. Die Ichveränderungen, die zur Akzeptanz eines terroristischen Regimes führen, müssen ja nicht unbedingt in einer pathologischen ichstrukturellen Regression bestehen. Sie können auch darin bestehen, daß die mehr oder weniger normalen, angepaßten Strukturen die herrschenden ideologischen Überzeugungen, Einstellungsmuster usw. schrittweise assimilieren, sie sozusagen in einem Prozeß schleichender Identifizierung zu einem Bestandteil ihrer Normalität machen. Anders ausgedrückt: Die Veränderung würde nicht auf einer defizitären Über-Ich-Funktion beruhen, sondern darauf, daß die Inhalte des Über-Ichs ausgetauscht werden gegen solche, die ein höheres Maß an narzißtischer und triebhafter (aggressiver) Befriedigung gewähren, und dies bei gleichzeitiger Aufrechterhaltung einer formalen Wertestruktur und der Realitätsprüfung. Die Deutschen waren, psychisch-strukturell gesehen, 1933 vermutlich nicht gestörter als 1923 oder 1945. Sie konnten aber spätestens ab 1933 genau die Dinge tun, die vorher im Bewußtsein schon bereitlagen (faschistisches Gedankengut gab es lange bevor der Faschismus politisch installiert wurde), aber im Über-Ich noch nicht legitimiert waren. Das *korrumpierte* Über-Ich, das z. B. Kestenberg (1995) zu Erklärung der Nazi-Phänomene heranzieht, ist nicht unbedingt das frühe, primitive, auf prägenitaler Trieborganisation beruhende bzw. auf dieses Niveau regredierte Über-Ich (vgl. Grunberger, 1974). Korrupt ist jemand, der seine Stellung und Autorität dazu benutzt, sich illegale Vorteile zu verschaffen. Ins Psychologische übersetzt heißt dies, daß wir damit rechnen müssen, daß auch die reifen psychischen Strukturen ihr kognitives und affektives Potential in den Dienst destruktiver Ziele stellen und daß, parallel dazu, spezifische Anpassungsprozesse in der Ichorganisation stattfinden, die dafür sorgen, daß dergleichen ohne den störenden Einfluß von Schuldgefühlen geschehen kann. Kurz: Um die schlimmsten Verbrechen zu begehen, müssen wir nicht erst sehr krank werden.

Ich möchte noch einen mir wichtig erscheinenden Vorteil der skizzierten Betrachtungsweise hervorheben. Sie erlaubt unter anderem eine zwanglosere Erklärung der verwirrenden Fusion von Normalem und Pathologischem, der eigentümlichen Bruchlosigkeit in den Lebenswelten der Agenten des Terrors und ihrer Mitläufer. Deren Fähigkeit, die Rollen des menschenverachtenden Sadisten und des liebenden Familienvaters scheinbar mühelos zu vereinen, hat ja schon vielen ein Rätsel aufgegeben. Die in diesem Zusammenhang häufig herangezogenen Annahmen über Spaltungsvorgänge und andere primitive Abwehrmechanismen sind nicht nur umständlich und in den meisten Fällen höchst spekulativ, sondern auch nicht ohne weiters mit den dokumentierten Phänomenen in Einklang zu bringen. Die innere Welt eines Adolf Eichmann oder Rudolf Höß, Kommandant in Auschwitz, ist nicht gespalten, sondern auf grauenhafte Weise integriert und konsistent (vgl. Arendt 1990; Höß, 1963). Es ist eine Welt, die eine grauenhafte „Banalität" (Hannah Arendt), Normalität des Bösen offenbart. Das ist das eigentlich Beunruhigende. Das eigentlich Beunruhigende rührt daher, daß die Hexenjäger des

Mittelalters, daß Höss und Eichmann eben nicht psychotisch, wahrscheinlich nicht einmal präpsychotisch waren, und daß es die heutigen Menschenschlächter in Bosnien auch nicht sind. Die Analyse ihrer Persönlichkeiten würde sicher Charakterpathologien aufdecken, aber vermutlich überwiegend solche, mit denen diese Personen unter anderen Umständen völlig unauffällig geblieben wären. Also noch einmal: Machen wir es uns mit dem Bösen nicht zu einfach, wenn wir es immer weitergehend pathologisieren und auf diese Weise den Sicherheitsabstand zu unserer sogenannten Normalität vergrößern? Und verharmlosen wir es letztlich nicht, wenn wir glauben, es benötige, um sich einzunisten, den Umweg über eine frühe, schwere Pathologie?

*Zur dritten These:* Die mit dem Schlagwort „Präödipalisierung der Gesellschaft" beklagte Erosion stabiler, handlungswirksam verinnerlichter Wertesysteme ist weitgehend identisch mit dem soziokulturellen Phänomen, das in der Sprache verwandter Disziplinen als „postmoderne Krise der Moral" (Baumann, 1993, S. 21) bezeichnet wird. Damit ist gesagt, daß es in moralischnormativer Hinsicht keine Gewißheiten mehr gibt, keine Urteile, die Anspruch auf absolute Gültigkeit erheben könnten. Es gibt nur noch Ambivalenz und Ambiguität. Die trennscharfe Unterscheidung zwischen Gut und Böse ist obsolet geworden, aber nicht etwa, weil die Menschen moralisch haltloser und verkommener wären als früher, sondern weil einfache Dichotomien sich mit hochkomplexer Realität und dem vorhandenen Niveau an Informiertheit und Bewußtheit nicht mehr vertragen. Der subdepressive Zustand des Zweifels und der Unsicherheit steht heute am ehesten im Einklang mit dem Realitätsprinzip. Das ist nun wieder eine buchstäblich unbefriedigende Lage, ein Unbehagen, das aber nicht mehr auf dem kulturell geforderten Triebverzicht beruht, sondern auf dem *Mangel an idealisierbaren positiven Objekten.* Wenn, wie ausgeführt, die moralische Ordnung über hochbesetzten Idealen aufgerichtet ist, dann deutet der Zerfall dieser Ordnung vor allem auf den Verlust der narzißtisch-idealisierten Basis. Die regressive Sehnsucht nach dem Ideal wäre dann nicht die fehlgeleitete Suche nach einem primitiven Ersatz, sondern müßte, ganz gleich, in welch entstellten Formen sie auch erfolgen mag, zuallererst als Suche nach etwas Notwendigem und Unverzichtbarem erkannt werden. Worin besteht dieses Notwendige und Unverzichtbare? Man kann sicher davon ausgehen, daß die innere Beziehung zu idealisierten Objekten (Selbstobjekten) unabdingbar ist, um sich in einem elementaren Sinn *lebendig* fühlen zu können. Diesem Bedürfnis, sich lebendig fühlen zu können, kommt offensichtlich hohe Priorität in der psychischen Ökonomie zu. Und wie Freud von den Trieben meinte, daß diese primär nicht das Objekt, sondern die Befriedigung suchten, so scheint auf der narzißtischen Regulationsebene, was die Sicherstellung des Gefühls von Lebendigkeit betrifft, eine vergleichbare „amoralische" Indifferenz in der Wahl der Mittel vorzuliegen. Mit anderen Worten: Wenn es auf den Pfaden des Guten nicht geht, dann eben auf denen des Bösen. Eine interessante aktuelle Illustration zum letztgenannten Modus liefert der amerikanische Spielfilm *Natural Born Killers*. Im mittlerweile schon bekannten Stil der Serienkiller zieht ein junges Paar, Mickey und Mallory, mordend durch die USA. Mickey und Mallory töten nicht etwa aus haßerfülltem Sadismus, und sie haben für ihre Taten auch keine Motive im üblichen Sinn. Das Töten ist für sie eher etwas Natürliches, was wie Essen, Trinken, Sex und andere lustbetonte Aktivitäten einen Aspekt des Sich-gut-Fühlens ausmacht. Große Teile der Öffentlichkeit reagieren mit Anteilnahme und Sympathie. Vor allem die jungen Leute sind begeistert vom freien, unabhängigen Lebensstil der beiden, identifizieren sich mit ihnen – alle wollen sein wie Mickey und Mallory. Besonders aufschlußreich ist das Schicksal eines ursprünglich Außenstehenden, eines Fernsehjournalisten, der nur berichten wollte, dann aber nolens volens als Aktiver in die finale Blutorgie mit hineingezogen wird. Noch verwundert darüber, wie leicht es ist, ein paar Menschen zu erschießen, teilt er vom Schlachtfeld aus dem Publikum – alles wird per TV live übertragen – schließlich voller Ergriffenheit mit: „Zum erstenmal fühle ich mich richtig lebendig!"

Viele, die sich über *Natural Born Killers* und eine Reihe ähnlicher Produktionen mit identischer Aussage geäußert haben (vgl. Der Spiegel, 1995, S. 147 ff.), stimmen darin überein, daß der Film einen spezifischen psychologischen Hintergrund von Destruktivität erfaßt, wie er für gegenwärtige Entwicklungen kennzeichnend ist. Die Fragen, die er aufwirft, berühren das Problem der postmodernen Moral, aber dieses Problem ist auf der Ebene der Moral nicht lösbar, wahrscheinlich nicht einmal verstehbar. Zum Komplex dieser Fragen, für die auch die Psychoanalyse, soweit ich sehe, noch keine überzeugenden Antworten bereithält, gehören die folgenden: Warum brauchen immer mehr Menschen zu einem immer früheren Zeitpunkt ihres Lebens Aggression und Gewalt, um sich, wenn auch nur vorübergehend, lebendig fühlen zu können? Warum müssen destruktive Imagines idealisiert oder in den Status der Natürlichkeit erhoben werden, um eine authentische Verbindung zum Selbst herstellen zu können? Welche psychischen und soziokulturellen Mechanismen sind dafür verantwortlich, daß das Gute banal, erbärmlich, kraftlos und das Böse faszinierend, vital und gesund erscheint? Nach einigen Umwegen wären wir mit diesen Fragen also wieder bei der sorgenvollen Diagnose angekommen, die Imre Kertész stellt, wenn er vom Mord als „Lebensform, als angenommene(m) und üblich gewordene(m) ‚natürliche(m)' Verhalten dem Leben und anderen Lebewesen gegenüber" spricht. Beunruhigen muß uns dieses Phänomen vor allem deshalb, weil das Ich darin die Aggression endgültig zu seiner Sache gemacht hat. Es hat die Lebensform gewählt, in der der moralische Konflikt zum Verschwinden gebracht ist; die Lebensform, die die von vielen bereits verkündete *Antiquiertheit* des moralischen Problems unter Beweis stellen und besiegeln würde.

## Literatur

Arendt, H. (1990): Eichmann in Jerusalem. Leipzig (Reclam).

Baumann, Z. (1993): Postmodern Ethics. Oxford (Blackwell).

Canzler, P. (1994): „Wir sind der Hammer!" – Psychoanalytische Betrachtungen zum politischen Radikalismus. In: Seidler, G. H. (Hg.), (1994): Das Ich und das Fremde. Opladen (Westdeutscher Verlag).

Chasseguet-Smirgel, J. (1981): Das Ichideal. Frankfurt (Suhrkamp).

Freud, S. (1912/1913): Totem und Tabu. GW IX, Fischer, Frankfurt.

Freud, S. (1915): Zeitgemäßes über Krieg und Tod. GW X, Fischer, Frankfurt.

Giegerich, W. (1994): Tötungen. Gewalt aus der Seele. Frankfurt (Europäischer Verlag der Wissenschaften).

Grunberger, B. (1974): Gedanken zum frühen Über-Ich. In: Psyche 24, 1974, S. 508–529.

Heim, R. (1993): Vatermord und Dialektik der Aufklärung. Psyche 47, 1993, S. 344–377.

Hinshelwood, R.D. (1993): Wörterbuch der kleinianischen Psychoanalyse. Stuttgart (Verlag Internationale Psychoanalyse).

Höß, R. (1963): Kommandant in Auschwitz. Frankfurt (Fischer).

Jung, C.G. (1958): Das Gewissen in psychologischer Sicht. GW X. Olten (Walter).

Jung, C.G. (1959): Gut und Böse in der Analytischen Psychologie. GW X. Olten (Walter).

Kant, I. (1983): Kritik der praktischen Vernunft. Werke in sechs Bänden, hg. v. Wilhelm Weischedel, Band IV. Darmstadt (Wissenschaftliche Buchgesellschaft).

Kertész, I. (1995): Meine Rede über das Jahrhundert. Hamburg (Hamburger Edition HIS Verlagsges. mbH).

Kestenberg, J. S. (1995): Prägenitale Grundlagen des moralischen und des korrupten Über-Ich. In: Tas, L. M., Wiesse, J. (Hg.), (1995): Ererbte Traumata. Göttingen (Vandenhoeck & Ruprecht).

Klein, M. (1933): Die frühe Entwicklung des Gewissens beim Kind. In: Klein, M. (1991): Frühstadien des Ödipuskomplexes. Frankfurt (Fischer).

Klein, M. (1940): Die Trauer und ihre Beziehung zu manisch-depressiven Zuständen. In: Klein, M. (1983): Das Seelenleben des Kleinkindes. Stuttgart (Klett-Cotta).

Mitscherlich, A. (1968): Auf dem Weg zur vaterlosen Gesellschaft. München (Piper).

Rosenfeld, H. (1988) Narzißmus und Aggression. In: Kutter, P. u. a. (1988): Die psychoanalytische Haltung. München/Wien (Internationale Psychoanalyse).

Sandler, J. (1964): Zum Begriff des Über-Ichs. Psyche 18, 1965, S. 721–743.

## *Magazine/Film*

Das Ende der Apokalypse. Der Spiegel 1995, 7, S. 174–176.

Natural Born Killers. Spielfilm, Regie: Oliver Stone. USA 1994

# Psychodynamische Überlegungen zum Thema Judith und Holofernes

*Der Künstler und sein Motiv zwischen Individuum und Gesellschaft*

*Rudolf Klußmann*

Das Buch Judith gehört den Apokryphen des Alten Testamentes an. Entstehungszeit und Verfasser des Buches sind unbekannt, wenn auch einiges dafür spricht, die historische Realität – sofern sie überhaupt angenommen werden kann – um 625 v. Chr. anzusetzen. Wegen der Ungewißheit der Datierung hat schon Luther mehr den symbolischen Gehalt der Erzählung betont. Er schreibt: „Denn Judith heißt Judäa, das ist das jüdische Volk, so eine keusche, heilige Witwe ist, das ist: Gottesvolk ist immer eine verlassene Witwe, aber doch keusch und heilig, und bleibt rein und heilig im Worte Gottes und im rechten Glauben, kasteiet sich und betet. Holofernes heißt: Prophanus dux, vel gubernator: Heidnischer, gottloser oder unchristlicher Herr oder Fürst ... Bethulia (welche Stadt auch nirgends bekannt ist) heißet eine Jungfrau. Anzuzeigen, daß zu der Zeit die gläubigen, frommen Juden sind die reine Jungfrau gewesen, ohn all Abgötterei und Unglauben." (Zitat nach Straten)

Damit setzte Luther Judith mit dem gesamten Volke Judäa gleich. Er strich die Geschichte möglicherweise aus dem Alten Testament, weil sie zu umfangreich war und weil in ihr zu eingehend von den weiblichen Vorzügen Judiths berichtet wird.

## Inhalt der Judith-Geschichte

Die Geschichte des Buches Judith sei kurz in das Gedächtnis zurückgerufen: Nebukadnezar von Assyrien war durch die Siege seines Feldherrn Holofernes so mächtig geworden, daß er befehlen konnte, alle Götter der Erde auszurotten und sich selber als Gott verehren zu lassen. Als die Israeliten dieses hörten, bekamen sie Angst um ihr Land, Jerusalem und seinen Tempel, erbaten Gottes Hilfe und rüsteten zum Widerstand. Holofernes umzingelte mit seinem Heer die Stadt Bethulia und sperrte den Bewohnern das Wasser ab. Diese verzweifelten, wollten sich bereits ergeben, als ihr Oberster Ozias sie bat, noch 5 Tage auf die Barmherzigkeit Gottes zu warten. Das Warten lohnte sich: Die überaus reiche, schöne Witwe Judith lebte – zurückgezogen, fastend, ein Bußgewand tragend – mit ihren Mägden eingeschlossen in einer Kammer. Sie hörte von der Gefahr und bot Ozias ihre Hilfe an. Judith betete lange und inbrünstig zum Herrn, der sie erhörte. Sie badete und salbte sich, zog ihre schönsten Kleider an und schmückte sich mit kostbarem Geschmeide. Als sie dann vor das Tor der Stadt trat, staunten alle über ihre Schönheit.

Sie traf Boten der Assyrer und bat sie um eine Begegnung mit Holofernes, um ihn über die Geheimnisse der Israeliten aufzuklären. Auf Grund ihrer Klugheit und Schönheit wurde ihr Wunsch erfüllt; sie konnte im assyrischen Lager ein- und ausgehen. Holofernes' Begierde ihr gegenüber wuchs. Der lud sie zum Mahl ein; Holofernes fühlte sich dermaßen beglückt, daß er dabei soviel trank wie nie zuvor in seinem Leben. Er schlief darüber ein; seine Diener verließen das Zimmer, Judith war mit ihm allein. Sie nahm das Schwert, das über Holofernes Bett hing, ergriff sein Haupthaar und hieb ihm den Kopf ab. Diesen ließ sie durch ihre Magd in einen Sack stecken, eilte damit zurück nach Bethulia und ließ das Haupt des Feldherrn an die Stadtmauer hängen. Die Assyrer waren bei dessen Anblick so bestürzt, daß sie die Flucht ergriffen. Sie wurden von den Israeliten verfolgt und entscheidend geschlagen. Israel war gerettet. Judith lebte weiter in Bethulia in „vollkommener Keuschheit", trat nur an Festtagen in großer Herrlichkeit hervor. Sie starb mit 105 Jahren.

Bei der Betrachtung des Judith-Themas möchte ich zunächst auf Parallelen in Kunst und Mythologie hinweisen, etwas später der Frage nachgehen, warum sich Künstler mit dieser Thematik befassen, Fragen nach der Geschlechterbeziehung nachgehen und aus dieser Perspektive schließlich das Bild von Rubens „Judith mit dem Haupt des Holofernes", das in der Braunschweiger Barockgalerie hängt, betrachten.

## Kunst und Mythologie

In den typologischen Handschriften des 14. Jahrhunderts wird Judith als Heldin neben Maria gestellt, die den Tod besiegt. Sie wird auch auf gleicher

Ebene gesehen wie Jahel, die Frau des Keniters Heber, die dem Kanaanäer-König Sisera einen Pflock durch die Schläfe treibt, als er (nach der Schlacht am Tabor) auf der Flucht vor der Prophetin Debora und dem Heerführer Barak in ihrem Zelt ausruht.

Die bildende Kunst hat sich für das Judith-Thema vom frühen Mittelalter bis ins 20. Jahrhundert hinein immer wieder interessiert. Der Sinngehalt des Themas hat sich jedoch geändert. Zunächst wurde die Person Judiths mit Demut, Keuschheit, Enthaltsamkeit in Verbindung gebracht und paßte somit in das theologisch-starre Weltbild des Mittelalters. Von der Renaissance an wurde Judith als erotisch anziehende Frau wahrgenommen. Seither verbindet sich mit ihrer Betrachtung die Vorstellung vom Liebestod. Darüber hinaus wird immer wieder betont, daß hier eine Frau den aktiven Teil in einer erotischen Beziehung übernimmt, wobei der dahinterstehende Konflikt tödlich endet.

In diesem Kontext sei als weitere biblische Gestalt Salome genannt, die die negative Seite des weiblichen Archetyps darstellt. Die Tochter von Herodias und ihrem Stiefonkel Herodes wurde von ihrer Mutter angestiftet, von deren zweiten Ehemann Herodes Antipas das Haupt Johannes des Täufers zu erbitten. Das war möglich, weil Salome die Gunst Herodes durch ihr Tanzen gewonnen hatte. Sie selber aber hatte sich auf das leidenschaftlichste von der Schönheit Johannes' angezogen gefühlt. Ihre Bitte um einen Kuß wurde jedoch schroff abgewiesen. Ihre Liebe schlug in Haß um, sie ließ Johannes enthaupten, konnte jetzt seine Lippen küssen und sich wenigstens im Angesicht des Todes mit ihm eins fühlen.

Einige wenige Hinweise auf die außerbiblische Mythologie zeigen die Thematik einer aktiven Frau bei Depotenzierung des Mannes auf. In der griechischen Mythologie spielt sie eine nicht zu geringe Rolle.

Da ist Uranos zu nennen, der mit Mutter Erde die Titanen zeugte, nachdem er seine aufständischen Söhne, die Zyklopen, in den Tataros geworfen hatte. Mutter Erde wollte sich für die Tat rächen und verleitete den Titanen Kronos, den siebten Sohn, den Vater zu entmannen. Er faßte die Genitalien des Vaters mit der linken Hand, schnitt sie mit einer steinernen Sichel ab und warf sie ins Meer. Die Blutstropfen der Wunde fielen auf die Mutter Erde, die die drei Erinnyen gebar, Furien, die den Vatermord rächen sollten.

Eine andere Geschichte, in der Frauen um verschmähte Liebe kämpfen, ist die des Orpheus. Die Thrakerinnen hatten ihm übelgenommen, daß er sich seit drei Jahren der Liebe zu den Frauen enthielt, Umgang nur mit Jünglingen pflegte und die Knabenliebe bei den Thrakern eingeführt hatte. Anläßlich eines Bacchusfestes erkannten ihn die Thrakerinnen und zerrissen den Musensohn.

In diesen Zusammenhang gehören auch Klytämnestra und die Gorgo Medusa. Immer wieder finden wir den Mythos der Gewalt, die Verstümmelungsthematik, das Symbol der Kastration.

Folgende Themenauflistung möge Sie auf die Diskussionsebenen auch des Judith-Themas einstimmen. Über ihren religiösen Inhalt hinaus enthält sie Fragen

- der Aggression und Macht,
- der Beziehung und Sexualität,
- Fragen des Sterbens und des Todes.

## *Persönliche Motivation des Künstlers, das Judith-Thema aufzugreifen*

Was mag nun einen Künstler dazu bewegen, diese Thematik aufzugreifen, sie faszinierend zu finden? Sind es die beruflichen Bedingungen, einen Auftrag zu bekommen und damit Geld und Ansehen zu erwerben? Spielen die gesellschaftlichen Gegebenheiten der jeweiligen Epoche wie die Zeitströmungen überhaupt eine besondere Rolle? Sollte die Interpretation auf einen Tyrannenmord zur Erhaltung von Glaube, Demokratie, ideellen Werten beschränkt bleiben? Oder gibt es Verbindungen zwischen dem Interesse des Künstlers an dieser Thematik und seiner persönlichen Lebensgeschichte?

Letzteres geht deutlich aus der Lebensbeshreibung der Malerin *Artemisia Gentileschi* hervor. Hier einige skizzenhafte Auszüge.

Sie wurde 1593 in Rom geboren und war das erste Kind von Orazio Gentileschi und seine Ehefrau Prudentia Montone. Die Mutter starb, als Artemisia elf Jahre alt war. Der Vater, angesehener Maler in Rom, starb sehr viel später mit 76 Jahren. Artemisia wuchs nach dem frühen Tod der Mutter mit dem Vater und ihren drei Brüdern auf, schloß sich aber – wohl als Mutterersatz – ihrer Nachbarin Tutia (und deren Tochter)

*Artemesia Genteleschi*

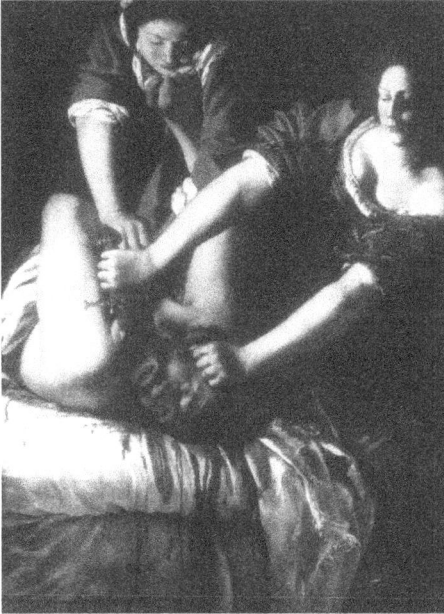

*Artemisia Genteleschi:*
*Judith enthauptet Holofernes*

an. Die beiden Familien zogen in ein gemeinsames Haus. Tassi, Freund und Kollege Orazios, befreundete sich mit Tutia, in der Hoffnung, Artemisia allein treffen zu können. Dieses gelang und endete mit einer Vergewaltigung. Tassi versuchte, sie zu trösten, versprach, sie zu heiraten – tat es aber nicht. So berichtete Artemisia alles ihrem Vater, der einen Prozeß gegen ihn anstrebte, um Artemisias Ehre wieder herzustellen. Es stellte sich heraus, daß Tassi bereits verheiratet war, und er konnte sich nur aus der Affäre ziehen, indem er Artemisia der Prostitution bezichtigte. Artemisia wurde im Verlauf des Prozesses von zwei Hebammen in Gegenwart eines Notars auf ihre Jungfräulichkeit hin untersucht, mußte Foltern erdulden, wurde verspottet. Tassi seinerseits hatte schon vorher vor Gericht gestanden und war von seiner Schwester wegen Inzests mit der Schwägerin angeklagt und stand unter dem Verdacht, daß er seine Frau hat ermorden lassen – ganz unschuldig konnte er somit wohl nicht sein!

Die aufgrund der historischen Daten eindeutigen Zusammenhänge wurden patriarchalisch-hierarchisch gelöst: Tassi wurde zu acht Monaten Haft verurteilt. Sein Ruf litt jedoch keineswegs. Er wurde weiterhin als Maler und Gesellschafter an höchsten Stellen geschätzt. – Artemisia aber versuchte, ihre inneren Konflikte mit steter Auseinandersetzung mit sich selbst zu lösen. So befassen sich die meisten ihrer Werke mit dem Geschlechterkonflikt aus der Sicht der Frauen. Artemisias Frauengestalten drücken deren inneres psychisches Drama aus. Auffallend ist die Betonung der Solidarität und Kameradschaft der dargestellten Frauen, die bewußt auf ein gemeinsames Ziel hin handeln. Soll hier eine Kompensation der eigenen betrogenen Freundschaft zu einer Frau – aktuell Tutia, weiter zurückliegend die Mutter – betont und damit bearbeitet werden?

So kann die Auseinandersetzung mit Judith und ihrem Schicksal durchaus eine Antwort auf erlittenes Unrecht sein und damit den Versuch bedeuten, sich aus der patriarchalischen Unterdrückung zu befreien. Artemisia beschreibt den Weg aus der Opferrolle der Frau, indem sie sich mit Judith identifiziert. Die Künstlerin bleibt nicht auf der Ebene des Kampfes stehen, sondern findet zu einer versöhnlichen Lösung des Mann-Frau-Konfliktes im Sinne einer Entwicklung zu Autonomie und Selbstverantwortlichkeit der handelnden Person.

Wenn wir bei Artemisia die Möglichkeit einer inneren Konfliktbewältigung in der mehrfachen Auseinandersetzung mit der Judith-Thematik betont haben, so scheint es bei *Caravaggio* anders gewesen zu sein. Caravaggio, enger Freund des zehn Jahre älteren Orazio Gentileschi, entwickelte eine realistische Malweise, die als Caravaggismus bezeichnet wird. Es wird berichtet, daß er oft durch die Kneipen zog, häufiger in Raufereien verwickelt war, nach einem handgreiflichen Streit sogar die Insel Malta verlassen mußte; 1606 tötete er bei einer Auseinandersetzung einen Widersacher und mußte Hals über Kopf Rom verlassen. So wird nachvollziehbar, daß Caravaggio in seiner Judith-Ikonografie einen abscheulichen Mord so drastisch schildert wie kaum ein anderer Künstler. Es hat den Anschein, als betone er die historische Dimension der Tat, ohne den persönlichen Anteil Judith's zu berücksichtigen. Judith scheint abgestoßen von ihrem Tun, vollbringt nur das, was zur Rettung ihres Volkes nötig ist. Es erhebt sich die Frage, ob Caravaggios affektgeladene Gewaltthemen und der expressive Realismus nicht aus der Persönlichkeit des Malers gleichsam herausgeflossen sind, ob er sein erhebliches aggressives Potential in seine Kunst einbrachte.

Noch deutlicher scheint dieser persönliche Anteil in der

*Christofano Allori:*
*Judith mit dem Haupt des Holofernes*

Judith-Ikonografie von *Cristofano Allori* herauszukommen. Allori hat sich in dem Kopf des Holofernes selber porträtiert, identifiziert sich mit dem Opfer der grausamen, verführerischen und gebliebten Frau. Seine eigene Geliebte hat er in der Gestalt der Judith nachempfunden, die Dienerin als deren Mutter. Für Allori muß das Spannungsfeld von Liebe und Tod besonders ausgeprägt gewesen sein. Es spiegelt sich in den eigenen sexuellen Wunschphantasien und den damit verbundenen (Kastrations-) Ängsten wieder.

*Donatello* hat in seiner Bronzefigur „Judith" die Geschlechterspannung ebenfalls deutlich dargestellt. Die Körper von Judith und Holofernes scheinen unauflöslich ineinander verschlungen. Judith überragt Holofernes, hat ihn an seinem Haarschopf ergriffen, zieht seinen Oberkörper hoch und stützt ihn mit ihrem linken Bein ab. Ihr rechter Unterschenkel und Fuß verschwindet fast zwischen den Beinen von Holofernes, an seinem Genitale. Ihr Zeigefinger liegt auf der Stirn. Es sieht so aus, als wolle *Donatello* darauf hinweisen, daß Judith Holofernes dadurch vollständig beherrscht, daß sie ihn an allen wesentlichen Punkten seiner Männlichkeit triumphierend berührt. Die leidenschaftliche Verschränkung beider Figuren zeigt sich daran, daß *Donatello* den Kopf des Holofernes gleichsam in den Schoß von Judith legt, auch die Anordnung der Kleidung Judiths auf das enge Verschlungensein beider dargestellter Personen deutlich macht. Leidenschaft und Sinnlichkeit werden in dieser Bronzegruppe deutlich ausgedrückt.

Das Judith-Thema wurde von Künstlern zu Zeiten mehr aufgegriffen, als das Individuum – und damit die Frau – eine größere Rolle in der soziopolitischen Diskussion und Akzeptanz spielte und an Bedeutung gewann. Ich erinnere an die Zeit der Reformation, die dem Aufbegehren gegen die Väter entsprang. Die industrielle Revolution stärkte das Patriarchat, gleichzeitig aber widersetzten sich die Frauen diesem Druck, gründeten Vereine wie „Women's Trade Union League" oder die „Women's Social and Political Union". Zur gleichen Zeit setzten sich Maler wie Klimt, Moreau und Beardsley, aber auch der Literat Oscar Wilde mit der Salome/Judith auseinander.

Die Verbindung zwischen der künstlerischen Darstellung und dem individuellven Hintergrund läßt sich in vier Punkte fassen:

1. Aus der ganz *persönlichen Perspektive* heraus scheint uns das Judith-Thema insbesondere von Artemisia Gentileschi, Allori und Caravaggio gestaltet worden zu sein;
2. Einen *politischen* Hintergrund finden wir vor allem bei Lukas Cranach. Das Judith-Motiv war zu der Symbolgestalt des 1530 gegründeten Schmalkaldischen Bundes erwählt worden: als eine der Erretterinnen

Isreals und Präfiguration Marias wurde Judith mit drohendem und mahnendem Schwert dargestellt und symbolisierte damit die Kraft und Macht der protestantischen Fürsten gegen den Kaiser und die katholischen Stände.

3. Einem eher *ideellen Kontext* möchte ich die Bronzegruppe Donatellos zuordnen. Seine Judith wurde zu einem Wahrzeichen der Stadt Florenz. Das geschah wohl deshalb, weil das Allgemeinbewußtsein der Bildungsbürger in ihr die Vorstellung einer alttestamentarischen Heroin wiederfand, die als Retterin und Befreierin ihres Volkes auch Florenz zu schützen vermöge. Allerdings für unser Thema besonders interessant ist, daß die Bronzegruppe von der ursprünglichen Stelle entfernt und durch den David Michelangelos ersetzt wurde. Unter diesem Punkt drei möchte ich auch Rubens Gemälde „Judith mit dem Haupt des Holofernes" einordnen.

4. Der letzte von mir zu erwähnende Punkt bezieht sich auf den Begriff der *„femme fatale"*, der mit der Frage verbunden ist: „Wer bist du, Weib?" Mit dem „Rätsel Weib" sind Namen wie Lulu und Salome verbunden. Sie gewinnen um die Jahrhundertwende vehement an Interesse. In den künstlerischen Darstellungen etwa eines Klimt und Beardsley wird spürbar, daß sich Männer mit ihren Problemen hinter der aufgegriffenen Thematik verbergen.

## *Kampf der Geschlechter*

Die Psychoanalyse ist auf dem Boden eines aufklärerischen und gleichzeitig materialistisch-naturwissenschaftlichen Denkens erwachsen. In ihr findet sich die Geschlechterprägung wieder wie sie seit Jahrtausenden festgeschrieben ist. So ist das Alte Testament eine Sammlung von Schriften, die von Männern in einer von Männern beherrschten Gesellschaft geschrieben worden ist. Sie sprechen von Ereignissen und Aktivitäten, in die fast ausschließlich Männer engagiert sind (Krieg, Kult, Regierung) und von einem eifersüchtigen Gott. Die Frau wurde als Besitz des Mannes betrachtet. Die Bibeltexte sind durch den Blick des Schreibers zu sehen, und der war abhängig von einer patriarchalisch geordneten sozialen Welt.

Schon Kant (1784) als Vorreiter einer durch und durch männlich geprägten bürgerlichen Gesellschaft, befand kategorisch, daß ein „Frauenzimmer" weder befähigt noch berechtigt sei, „Bürger oder Mitgesetzgeber" zu heißen. Auch die Wissenschaft ist patriarchalisch geprägt. Sind Freud's Theorien über den Ödipus-Komplex und den Penisneid „Mythen dieses Patriarchats"?

Das Freud'sche „Kaleidoskop der Weiblichkeitsentwürfe" reicht – nach Christa Rohde-Dachser – von einer Weiblichkeit als Defizienz („Penislosigkeit") zum Inbegriff von Lust und Begierde, von der Imago der geborgenheitsvermittelnden „Großen Mutter" bis zum Aspekt des „Verschlingens". Damit wird sie der Todesvorstellung näher gerückt als derjenige des Lebens und der Liebe. Die Freud'sche Psychoanalyse kommt damit zu einem doppelt negativ getönten Weiblichkeitsbild:

– der kastrierenden Frau und
– der furchtbaren Frau im Sinne der Gorgo Medusa.

Türcke geht weiter und weist auf den Doppelaspekt der Frau hin: „Die Frau als vollwertiges Subjekt anzuerkennen, mag das patriarchalisch schlechte Gewissen nur in einer garantiert unberührbaren, von aller Sexualität abgezogenen Person, die zugleich Unfrau und Überfrau ist, gleichsam die weibgewordene Quadratur des Kreises. Jungfrau und Mutter sein. . . Ergebenheitsmiene gegen Maria, böser Blick gegen Eva".

Um mit diesen bedrohlichen, der Frau unterstellten Eigenschaften fertig zu werden, muß der Mann zu Abwehrmechanismen greifen. Seine Größenvorstellungen – die zum Patriarchat führten – sind hier ebenso nachvollziehbar wie die Idealisierung der Frau, vor allem dann, wenn sie sich dem männlichen Prinzip unterordnet, ihm dient.

Bei Judith ist das anders. Als Frau gilt sie als schwach, zumal als Witwe enttäuscht und frustriert, – wobei sich die Männer in der schwierigen Situation in Bethulia noch schwächer fühlen müssen. Judith ordnet sich dem Willen Gottes unter, dient, aber herrscht zugleich. Gott hat sich die „schwache Frau" als Werkzeug erwählt. Damit kann er umso deutlicher zeigen, wer er eigentlich ist und daß der Glaube an ihn der einzig richtige Weg ist. Darüber hinaus wird psychologisch bestätigt, daß derjenige beschämt wird, – hier Nebukadnezar/Holofernes – der sich einbildet, etwas Besonderes, gar gottähnlich zu sein.

Der Hintergrund der Idealisierung wird dort deutlich, wo Judith als „femme fatale" dargestellt wird wie bei Gustav Klimt. Bedrohlich wirkt dabei nicht die blutrünstige Enthauptung selber; vielmehr tritt die Lust mit ihrem eigenen Geltungsanspruch ganz in den Vordergrund. So wird Judith etwa bei Klimt nicht als aktive Heldin dargestellt, die den von seinen erotischen Gefühlen ergriffenen Mann tötet, sondern sie ist es, die von ihren erotischen

Gefühlen überwältigt wird. Deshalb erscheint sie unberechenbar und bedrohlich. Das Faszinans aber liegt in der Herausforderung des Schicksals. Der
phantasierte Umgang mit der „femme fatale" verspricht vollkommene – und
damit idealisierte – Erfüllung, die zwar nie erreicht werden kann, aber in ihrer
narzißtischen illusionären Verklärung höchste Befriedigung für den Anbeter
verspricht. Diese illusionäre Frau verheißt Glück und verweigert es gleichzeitig. Die Ebene einer reifen Objektbeziehung wird nicht erreicht.

Hinter dem „Rätsel Weib", steht eine zentrale kollektive Abwehrkonstella-
tion des Patriarchats: die Frau wird gleichsam zum Auffangbecken, zum
„Container" – der vom Mann nicht akzeptierten negativen, bösen, aggressiven Erlebniswelt, die er in seiner Grandiosität nicht sehen will und kann. Die
Schwierigkeit, mit diesen projizierten Inhalten umzugehen und fertig zu werden, liegt darin, daß das patriarchale Subjekt den eigenen dunklen Seiten
begegnen und damit mit der eigenen Endlichkeit, dem eigenen Tod, konfrontiert würde. Das erscheint ihm unerträglich.

## Zu Rubens Bild „Judith mit dem Kopf des Holofernes"

Die große Kunst eines Rubens weist uns den Individuations- wie Partner-
schaftsweg mit einem hohen, ideellen Anspruch. Wenn wir uns sein Bild
„Judith mit dem Haupt des Holofernes" anschauen, dann können wir die
Basisthematik der Geschlechterbeziehung, des Geschlechterkampfes und
deren Lösung folgendermaßen nachvollziehen.

Aus dem Gesichtsausdruck Judiths können wir viel ablesen. Sie tötet in
starker Erregung.

Triumph und Scham – die Röte auf ihren Wangen als Ausdruck von
Scham und/oder Erregung – mischen sich, der „Gewissenskonflikt" wird
nachvollziehbar: so kann man aus der rechten Gesichtshälfte Abscheu und
Ekel ablesen, aus der linken mit dem leicht heraufgezogenen Mundwinkel
eher das Lächeln einer schönen Frau. Ahnte hier Rubens bereits, daß die rechte Körperhälfte eher der ratio, die linke der emotio zugerechnet wird? Man
kann sogar fragen, ob Judith nicht das Haupt des Holofernes mehr zur
Bewunderung als zur Verabscheuung dem Betrachter zeigt.

Holofernes und sein Schicksal wird durch die Tat Judiths erst bedeutend.
Erleben wir Judith trotz ihres grausamen Handelns nicht auch als wahr,
schön, anziehend, begehrenswert? Scheint es uns nicht so, daß die Feindseligkeit zwischen den beiden Gegnern in dem Moment des Tötens aufge-

*Peter Paul Rubens: Judith und Holofernes*

hoben wird? Sind wir nicht von dem Bild in solch einem Maße fasziniert, weil wir ahnen, daß sich in ihm Liebe und Tod zu einer höchst möglichen Einheit v e r s c h m o l z e n haben? Die Feindseligkeit zwischen den beiden Gegnern wird aufgehoben in dem Moment des Tötens; Eros und Thanatos haben sich zu ihrer höchst möglichen Einheit verschmolzen.

Auf einer sehr viel weniger abgehobeneren, realeren Ebene repräsentiert sich für mich die zweite Frau des Rubensbildes, die Dienstmagd. In dem biblischen Text ist sie bei der Tat der Judith nicht anwesend, Judith ist mit Holofernes allein. Auf dem Bild faßt die Magd Holofernes Kinn mit ihrem Daumen sichtbar beinahe zärtlich an, ihr Lächeln weist in die gleiche Richtung. Dennoch wird ihre Alterserfahrung im Gesicht ebenso spürbar wie in der Tatsache, daß die übrigen Finger in dem Bereich der Halswunde verschwunden, nicht zu sehen sind. Die Magd wendet sich dem Kopf des Holofernes zu als erlebe sie die Todesnähe anders als die den Betrachter anschauenden, von Holofernes wegblickende Judith. Im Sinnbild der alten Frau, der Greisin, finden wir das Reich des Todes; in ihr ahnen wir die Nähe des Grabes und verstehen es als Schoß, aus dem Neues hervorgeht. Das Motiv des Todes als Wendepunkt in das Leben wird in dem Rubensbild besonders gut nachvollziehbar.

Tod und Leben sind auf ihm eng verknüpft dargestellt und haben auf den jeweiligen Betrachter eine jeweils entsprechende persönliche Wirkung. Im Gesicht des Hauptes von Holofernes spiegelt sich der Tod ohne Verspannung, als Annahme, wider. Lediglich der Mund zeugt andeutungsweise von Leiden. Wichtig in diesem Zusammenhang sind auch die Lichtverhältnisse: Licht und Schatten grenzen sich in der Mitte des Gesichtes voneinander ab. Leben und Tod sind getrennt, vereinen sich aber zu einem höheren Ganzen, werden zu einer Gestalt.

Kommt die Auseinandersetzung mit dem Judith-Thema dem innerpsychischen Wunsch nach Emanzipation auch des Mannes, des männlichen Künstlers nach, um einen Ausgleich zwischen den Geschlechtern zu finden? Kann sie nur in Form einer narzißtischen Krise eine Lösung finden, in der beide Beiteiligten den Tod finden?

Fassen wir zusammen: Das Judith-Thema zieht sich durch die Kulturgeschichte der Menschheit hindurch und findet seine besondere Aufmerksamkeit in Zeiten aufkeimender Individualität, besonders während und nach der Reformation und Gegenreformation und im 19., auch noch 20. Jahrhundert. Wir haben gesehen, daß der ursprüngliche Inhalt – der Verteidigung des Glaubens gegenüber heidnischer Eroberung – im Laufe der Zeit nur noch eine Nebenrolle spielt und von anderem, auch archaischem Konfliktpotential überspielt wird. Wir können davon ausgehen, daß eine patriarchalisch orientierte Gesellschaft die Geschichte wie Mythologie geschrieben hat. Dabei kam und kommt es zu einer Diskriminierung und Unterdrückung des Weiblichen. Der Grund dafür mögen „Männerphantasien" sein, die aus der Projektion der sexuell-aggressiven Seite des Mannes auf die Frau stammen. Mit dieser Projektion (und Darstellung derselben im Sinne kultureller Äußerung) kann der Mann seine eigene Angst vor Kastration, Vernichtung, Tod hinanhalten, indem er sie in verschiedenen kulturellen Darstellungen der Wissenschaft, Kultur und Zivilisation, – und eben auch in der Mythologie – zum Ausdruck bringt. .

Die psychologische Ikonologie des Rubensbildes „Judith mit dem Haupt des Holofernes" weist über diese Furcht und Gegnerschaft der Geschlechter hinaus. Die Ambivalenz von Ekel und Abscheu einerseits und Scham andererseits in Judiths Gesicht, die Licht- und Schattenseite mit dem entsprechenden Ausdruck in der Physiognomie des Holofernes, die Einbeziehung des Ausdrucks von persönlicher Erinnerung und Lebenserfahrung wie dem Bewußtsein von Todesnähe bei der Dienstmagd weisen jedoch bei Rubens über einen Geschlechterkampt hinaus.

Eros und Thanatos gehen hier in seltener Vollendung eine Verbindung ein, die offenbar einem tieferen, archaischen Wunsch der Menschen entspricht.

# Literatur

Bird, P. (1974): Images of Women in the Old Testament, In: R. R. Ruether, Religion and Sexism, New York.

French, M. (1985): Jenseits der Macht.

Freud, S. (1924): Untergang des Ödipuskomplexes, GW Bd. 13, Imago Publishing, London.

Freud, S. (1933): Neue Folgen der Vorlesung zur Einführung in die Psychoanalyse, GW Bd 15, Imago Publishing, London.

Georgen, H. T. (1984): Die Kopfjägerin Judith – Männerphantsie oder Emanzipationsmodell? In: Frauen, Kunst, Geschichte. Zur Korrektur des herrschenden Blicks, Gießen.

Gorsen, P. (1980): Venus oder Judith? Zur Heroisierung des Weiblichkeitsbildes bei Lukas Granach und Artemisia Gentileschi, In: artibus et historiae (rivisita int. di arti visive e cinema) No. I, Venezia, Wien.

Gould, Davis E. (1990): Am Anfang war die Frau, Ullsteinnnn, Frankfurt, Berlin.

Hatz, M. (1972): Frauengestalten des Alten Testaments in der bildenden Kunst von 1850 bis 1918. Eva, Dalila, Judith, Salome, Diss., Heidelberg.

Hellmann, M. (1992): Judith – eine Frau im Spannungsfeld von Autonomie und göttlicher Führung, Peter Lang, Frankfurt.

Kerenyi, K. (1966): Die Mythologie der Griechen, Bd. I und II, dtv, München.

Klußmann, R. (1983): Gichtkranke historische Persönlichkeiten, Zschr. psychosom. Med. 29, S. 162–173.

Koepplin, D., Falk, T. (1974): Lukas Cranach, Birkhäuser, Basel.

Liess, R. (1977): Die Kunst des Rubens, Waisenhaus-Buchdruckerei und Verlag, Braunschweig.

Mitscherlich-Nielsen, M. (1989): Psychoanalyse als Aufklärung – nur für Manner?, In: (Hg.) Karola Brede, Was will das Weib in mir?, Kore, Freiburg.

Mitscherlich-Nielsen, M. (1990): Psychoanalyse und Feminismus – Widerspruch oder Ergänzung?, In: (Hg.) Christa Rohde-Dachser, Zerstörter Spiegel, Vandenhoeck & Ruprecht, Göttingen.

Neunzig, H. A. (1994): Femme fatale – femme fragile, In: Programmheft der Bayerischen Staatsoper, Spielzeit 1994/95, Alban Berg: Lulu.

Probst, A., Peterich, E. (1964): Die biblischen Geschichten, dtv, München.

Ranke-Graves, R. v. (1960): Griechische Mythologie, Bd. I und II, Rowohlt, Hamburg

Richter, U. (1991): Die Rache der Frauen, Kreuz, Stuttgart.

Rohde-Dachser, Ch., Meyer zur Capellen, R., 1990: Prothesengott und Muttermacht, In: (Hg.) Christa Rohde-Dachser, Zerstörter Spiegel, Vandenhoeck & Ruprecht, Göttingen.

Rohde-Dachser, Ch. (1991): Expeditionen in den dunklen Kontinent, Springer, Heidelberg, Berlin.

Stolzenwald, S. (1991): Artemisia Gentileschi, Belser, Stuttgart, Zürich.

Straten, A. (1983): Das Judith-Thema in Deutschland im 19. Jahrhundert, Minerva Publikation, München.

Türcke, Ch. (1991): Sexus und Geist, Philosophie im Geschlechterkampf, Fischer, Frankfurt.

Zagermann, P. (1988): Eros und Thanatos, Wiss. Buchges. Darmstadt.

# Geschlechtspezifische Verarbeitung von Aggression

# Aggression in weiblichen und männlichen Lebensentwürfen

*Christa Rohde-Dachser*

Über die Rolle der Aggression in männlichen und weiblichen Lebensentwürfen gibt es innerhalb der Psychoanalyse seit längerer Zeit eine lebhafte Debatte. Insbesondere wird darüber diskutiert, ob Frauen tatsächlich „friedfertiger" sind als Männer oder ob sich die Aggression bei Frauen lediglich anderer Ausdrucksmittel bedient. Ein systematischer Vergleich von männlicher und weiblicher Aggression wurde meines Wissens bis heute aber nicht vorgenommen. Dies gilt insbesondere für die unbewußten Motive aggressiven Verhaltens.

Das psychoanalytische Forschungsprojekt, über das hier berichtet werden soll, nimmt diese Fragestellung auf. Es befaßt sich primär mit unbewußten Phantasien von Männern und Frauen, die sich der direkten Beobachtung entziehen und unter anderem dadurch charakterisiert sind, daß sie abgewehrte Inhalte thematisieren. Unbewußte Phantasien kreisen um infantile Wünsche, die früher einmal als verboten erlebt wurden und deshalb verdrängt werden mußten. Sie gehen dabei eine unlösbare Koppelung mit jenen aggressiven Impulsen ein, mit denen das Kind auf ihr Scheitern reagiert. Im Unbewußten bestehen die verdrängten Wünsche und die mit ihnen verbundenen Wut und Haßgefühle jedoch fort und können unerkannt auch verhaltenswirksam werden. Die Aggression kann dabei unterschiedliche Schicksale erleiden. Sie kann sich vorwiegend gegen das eigene Selbst oder gegen die Außenwelt richten. Sie kann aktiver oder passiver Natur sein. Sie kann sich hinter opfervoller Selbstaufgabe verstecken, sich in beleidigtem sozialen Rückzug äußern oder in diffuse Schuldgefühle münden. Und sie kann durch die Hoffnung überlagert werden, daß der ursprüngliche Wunsch sich irgendwann doch noch einmal erfülle.

In dieser Arbeit will ich den Schicksalen dieser Aggression aber nicht weiter nachgehen. Ich möchte mich statt dessen ihren Entstehungsbedingungen zuwenden.

## *Das Frankfurter Forschungsprojekt*

Berichtet werden soll über erste Ergebnisse eines mehrjährigen Forschungsprojekts, das am Institut für Psychoanalyse der Universität Frankfurt durchgeführt wurde. Im Rahmen dieser Untersuchung wurden bis heute mehr als 40 Männer und Frauen im Alter von 20 bis 50 Jahren interviewt. Die Probandinnen und Probanden wurden auf ganz unterschiedliche Weise gewonnen: durch Bekanntmachung an verschiedenen Hochschulen und Akademien, durch Vermittlung von Bekannten und durch Einwerben bei Vorträgen und Seminarveranstaltungen. Die Interviews wurden von zwei weiblichen und zwei männlichen Intervierwern durchgeführt, teilweise gegen Honorar, um sicher zu gehen, daß wir ein möglichst unterschiedlich motiviertes Publikum erreichten.

Die Interviews dauerten in der Regel 40–50 Minuten. Im Anschluß an das Interview wurde ein projektiver Test durchgeführt: Wir legten den Probandinnen und Probanden 13 Bilder aus dem TAT (Thematic Apperception Test) vor, zu denen sie jeweils eine Geschichte erfinden sollten. Die Bilder waren so ausgewählt, daß sie vor allem aggressive Phantasien stimulierten. Ein Teil der Probanden und Probandinnen erhielt zusätzlich die Leertafel aus dem TAT, die die Möglichkeit bietet, eine völlig eigene Geschichte zu erfinden.

Die Interviews selbst waren nicht strukturiert. Lediglich die Eingangsfrage war inhaltlich vorgegeben. Sie lautete: „Was sind die wichtigsten Wünsche in Ihrem Leben? Was tun Sie, um diese Wünsche durchzusetzen? Und was tun Sie, wenn sich dem Hindernisse in den Weg stellen?" Anschließend wurden die Probandinnen und Probanden aufgefordert, dazu etwas aus ihrem Leben zu erzählen, was ihnen besonders wichtig erschien.

Die Auswertung erfolgte mit Hilfe der psychoanalytischen Textinterpretation, bei der in strenger Orientierung an dem vorher sorgfältig transkribierten Text Schritt für Schritt vom manifesten auf den latenten Inhalt geschlossen wird. Die Auswertungsgespräche fanden in Gruppen statt, an der Mitarbeiterinnen und Mitarbeiter des Instituts für Psychoanalyse und Studierende aus verschiedenen Fachbereichen der Universität Frankfurt teilnahmen.

Dabei wurde auch die in den Gruppendiskussionen unbewußt hergestellte Szene mit in die Interpretation einbezogen.

Für die Auswertung war es notwendig, das umfangreiche Textmaterial entsprechend zu reduzieren. Systematisch ausgewertet wurden die Eingangssequenzen der Interviews und die ersten Redebeiträge von Interviewer/in und Probandin/in, vier oder fünf Erzählungen aus dem Interview, und die ersten zwei Geschichten des TAT.

Wir erhielten auf diese Weise eine Reihe psychoanalytisch interessanter Fallschilderungen. Schwieriger war es, diese Fallschilderungen miteinander zu vergleichen, ohne dabei die psychoanalytische Ebene zu verlassen. Während der fortschreitenden Auswertung der Interviews und des TAT schälten sich dann aber in den Schilderungen unserer Probanden und Probandinnen Ähnlichkeiten heraus, auf denen auch der Vergleich jener 16 Interviews (8 männliche, 8 weibliche Probanden) beruht, über den ich hier berichten möchte.

## Der Übergang von der Zweier- zur Dreierbeziehung – eine geschlechtsspezifische Perspektive

Die Eingangsfrage nach den Wünschen unserer Probanden und Probandinnen und den Schwierigkeiten bei der Durchsetzung dieser Wünsche führte zu meiner eigenen Überraschung auf der latenten Textebene sehr schnell zur Darstellung einer Dreiecksbeziehung, die mit der Vorstellung von Trennung und Verlust verbunden war und als hochgradig konflikthaft erlebt wurde. Was verloren schien, war eine phantasierte Zwei-Einheit mit der Mutter, auf die ein narzißtischer Anspruch bestand, der an der Anwesenheit eines Dritten (des Vaters) scheiterte. Gleichzeitig war dieser Dritte aber lebensnotwendig, nicht nur, weil erst durch sein Dazwischentreten der Wunsch nach der verlorenen Zwei-Einheit mit der Mutter überhaupt erfahrbar wurde. Er verhinderte durch seine Anwesenheit auch die Erfüllung des Wunsches, die einer Rückgängigmachung der Individuation gleichkommen und den psychischen Tod bedeuten würde.

Der Anspruch auf die Wiederherstellung der verlorenen Zwei-Einheit mit der Mutter verdichtete sich auf der latenten Ebene der von uns untersuchten Interviews mit intensiven ödipalen Wünschen. Die unbewußten Phantasien, in denen diese ödipalen Wünsche Gestalt gewannen, waren mit kindlich-konkretistischen Vorstellungen über den eigenen Körper, den Geschlechtsunterschied und die Urszene durchsetzt. Und sie waren über weite Strecken geschlechtsspezifisch geprägt

Ich möchte als erstes einige Textsequenzen referieren, die zeigen können, um welche Dreiecksstrukturen es sich dabei handelt. Allerdings wird es nicht immer ganz leicht sein, in der gebotenen Kürze darzustellen, wie aus dem jeweiligen manifesten Text auf den latenten Inhalt geschlossen wurde.

Ludolf, einer unserer männlichen Probanden, ging in seiner ersten Antwort auf die Eingangsfrage ganz unerwartet auf seine erste Ehe ein, die schon vor 10 Jahren geschieden wurde.

> „Wenn ich die eheliche Beziehung aus der ersten Ehe nehme", so begann er. „Ich habe versucht, mit der Diskussion mit meiner ersten Ehepartnerin zurechtzukommen. Leider verschloß sie sich immer sehr. Ich hatte den Eindruck, bei ihr ging die Jalousie runter, und eine Diskussion war nicht mehr möglich. Und so stand also eines Tages jeder auf seiner Seite. Die Diskussion war nicht mehr möglich, die inneren Beziehungen lagen im Argen und wir sind einfach auseinandergelaufen. Ich habe das außergewöhnlich bedauert, denn ich war sehr gern verheiratet, aber, aber ich konnte mit meiner Frau nicht mehr in den Dialog treten, das war bitter."

Marvin, ein anderer Proband, antwortete auf die Frage nach den wichtigsten Wünschen in seinem Leben ganz spontan: „Die Scheidung meiner Eltern, zum Beispiel, die hab' ich gespürt. Die hab' ich hinterher auch ausgelebt, im Kindergarten, durch Aggression – im Kindergarten." Der heute 30-jährige Proband war damals vier Jahre alt.

Ein dritter Proband, den wir Ulli nennen wollen, erzählte von einer Klavierlehrerin, die ihm, als er noch nicht zur Schule ging, Spaß am Klavierspielen beigebracht hatte. „Wir haben dann vierhändig gespielt, da hatte ich wirklich Freude." – "Aber", so fuhr er fort, „aus schulischen Gründen wurde das dann leider eingestellt."

In diesen Schilderungen geht es um die Erfahrung einer Trennung, mit der etwas verloren wird, das offenbar so kostbar ist, daß sein Verlust mit Schmerz und Wut quittiert wird. Eine vorher fraglose Verbindung reißt ab, mit dem Ergebnis, daß – in Ludolfs Worten – „jeder auf seiner Seite steht". Die Trennung wird dabei von außen induziert – bei Marvin durch den neuen Stiefvater, den er haßt, bei Ludolf durch die Ehefrau, die die Jalousie herunterläßt und (dies wissen wir aus dem Interview) sich anderen Männern zuwendet, bei Ulli durch die „Schule", die bewirkt, daß das vierhändige Klavierspielen eingestellt wird.

Auf der latenten Ebene ist diese Trennungserfahrung mit ödipalen Wünschen an die Mutter verbunden und mit dem Haß auf den Dritten, der ihre Erfüllung verhindert. Wir vermuten, daß in diese ödipalen Dreiecksstrukturen auch die präödipalen Erfahrungen des Kindes eingegangen sind, die ihnen ihre jeweils spezifische Färbung verleihen (vgl. dazu auch Loewald 1980; Rohde-Dachser 1987).

Im folgenden möchte ich über die Narrative männlicher und weiblicher Probanden sprechen, um zu zeigen, welche unbewußten geschlechtsspezifischen Verarbeitungen von Aggression in ihnen sichtbar werden.

## *Aggression in den Narrativen männlicher Probanden*

In den Narrativen männlicher Probanden ging es, wenn sie sich einem männlichen Interviewer gegenüber sahen, sowohl auf der Inhalts- als auch auf der Beziehungsebene vor allem um die konflikthafte Auseinandersetzung mit einer Autoritätsperson, die als Repräsentanz des „störenden Dritten" verstanden werden kann. Gleichzeitig ist dieser Dritte aber auch eine väterliche Identifikationsfigur, die in der Lage ist, den Jungen aus der Welt der Mutter herauszuführen. „Wer von uns ist stärker oder besser, wer bestimmt über mich, wer setzt die Maßstäbe" – und nicht zuletzt – „wer von uns wird gewinnen" – diese und ähnliche Themen bestimmten über weite Strecken das Feld. Am Beispiel von Marvin, dessen Eröffnungsstatement ich bereits geschildert habe (es ging dort um die Scheidung seiner Eltern, als er selber vier Jahre alt war), läßt sich dies besonders deutlich zeigen.

Marvin bezeichnet sich bereits in seinem ersten Redebeitrag als aggressiv, obwohl er – so seine eigenen Worte – als Kind immer von einem friedlichen Elternhaus geträumt habe. Statt dessen wurde er mit einem Stiefvater konfrontiert, den er von Anfang an ablehnte. Das habe der Stiefvater gespürt und darauf auch ihn abgelehnt. Marvin gebraucht in dieser und den folgenden Schilderungen insgesamt fünfmal das Wort „ablehnen". „So dominierende Männer, das konnte ich nicht haben, das konnt' ich nicht verkraften, das hab' ich abgelehnt", schildert er, aber gleich danach auch: „Ich habe das unbewußt mitgemacht – obwohl ich noch so klein war, mitgemacht".

Bei der Auswertung dieser Textpassage haben wir in unserer Gruppe länger überlegt, warum Marvin hier von „mitmachen" spricht. Auf der manifesten Ebene bedeutet „mitmachen" zunächst sicherlich, daß Marvin durch die Scheidung der Eltern und die Anwesenheit des Stiefvaters sehr viel mitgemacht hat. Seine Aggression läßt sich auf der bewußten Ebene auf diese Weise gut erklären. Auf der latenten Ebene heißt der gleiche Ausdruck sehr wahrscheinlich aber auch, daß Marvin „mitmachen" wollte – im ödipalen Sinne „mitmachen", und zwar in der Identifizierung mit dem aggressiven Stiefvater vor allem in der Urszene, in der es um den sexuellen Besitz der Mutter geht. Die einzige Kindheitserinnerung Marvins an seinen leiblichen Vater ist, daß er der Mutter verboten hat, Marvin mit zum Weihnachtsmarkt zu nehmen, auf den dieser sich so gefreut hatte (wobei der „Weihnachtsmarkt" in dieser Deckerinnerung wahrscheinlich ebenfalls ein Symbol für die Urszene ist). Auch nach der Scheidung ändert sich nichts an diesem Verbot. Es kommt sofort ein Stiefvater ins Haus, der als genau so verbietend erlebt wird und dem Marvin sich zunächst eher zähneknirschend unterordnete.

Marvin blieb aber nicht immer der kleine Junge. Als er stärker wurde, fing er an, das, was er als seinen Besitz ansah, gegenüber seinem Stiefvater zu verteidigen. Als Marvin 16 Jahre alt war, gab es eine Familienfeier, bei der sein Stiefvater eine von Marvins Schallplatten nahm und sie auflegen wollte. „Dabei hielt er" – so Marvin – „seinen Finger drauf. Und das konnt' ich überhaupt nicht haben... Ich hab' ihm dann gesagt: ‚So was kann ich nicht haben, das mach' mit deinen eigenen Platten, aber nicht mit meinen.' Und da hat er zum erstenmal Widerspruch gehört, und von da an fing es allmählich an, zwischen uns besser zu gehen." Marvin ist, so könnte man auch sagen, zu einem Mann herangewachsen, den man ernst nehmen muß. Er ist im Begriff, die Rolle des Stiefvaters zu übernehmen.

Eine ganz ähnliche Form der Auseinandersetzung färbte latent auch die Beziehung zum Interviewer. „Bei mir war es nie so, daß ich unbedingt zum Psychologen mußte", sagte Marvin mehrmals. Das Signal, das damit an den Interviewer gerichtet wurde, heißt: „Ich brauche dich nicht (so wie ich auch den Stiefvater nicht gebraucht habe)." Die zahlreichen Schilderungen aggressiver Auseinandersetzungen mit Gleichaltrigen, die der im Vergleich zu Marvin eher zierlich gebaute Interviewer während des weiteren Gesprächs über sich ergehen lassen mußte, zeigten sehr deutlich, daß Marvin sich in diesem Gespräch auch mit dem aggressiven, ängstigenden Stiefvater identifizierte. Das Übertragungsthema ist hier ödipaler Natur. Es geht um die Frage, wer über den anderen siegt und damit „Herr im Hause" ist.

Der zweite Proband – wir wollen ihn Dieter nennen – beginnt seine Schilderung mit „internen Querelen um eine Kinderferienfahrt". Er selbst (heute 26-jährig) hat ehrenamtlich viele solcher Kinderferienfahrten organisiert. Nun kommen Leute vom Trägerverein, die versuchen, „diejenigen, die diese Fahrten angefangen haben" (der Proband spricht vom „alten Team") herauszudrängen. Sie wollten die Sache – so der Proband – „jetzt von offizieller Seite in die Hand nehmen". Dieter hatte damit plötzlich einen "Machtblock" vor sich, gegenüber dem er sich durchsetzen mußte. Dabei ging es vor allem darum, in welches „Haus" man fahren solle. Der Proband hatte ein „Haus" für die Kinderferienfahrt besorgt, die Leute vom Trägerverein ebenfalls (ein anderes „Haus"). „Wir" – so der Proband, ganz mit dieser Situation identifiziert, „werden uns die Ferienfahrt nicht vermiesen lassen. Wir fahren in unser Haus." Wenn man für das „Haus" hier die Mutter einsetzt, dann geht der von Dieter geschilderte Kampf auf der latenten Ebene darum, wer auf die Wahl des Hauses (der Mutter) die älteren Rechte hat, der Sohn oder der Vater. Dieter ist überzeugt, daß seine Position rechtens ist (es ist ja – so klingt die nachgeschobene Entschuldigung – nur eine „Kinderferienfahrt").

Mit den Mitteln der psychoanalytischen Textinterpretation läßt sich auch diese Erzählung als eine ödipale Dreiecksgeschichte übersetzen. Auch hier kämpft der Proband auf der latenten Ebene mit allen Mitteln gegen einen Machtblock an. Insbesondere aus seinen TAT-Geschichten erfahren wir aber auch, daß Dieter sich in dieser Auseinandersetzung von Kastrationsangst bzw. Angst um seine sexuelle Potenz bedroht fühlt. In der ersten Geschichte des TAT, in der es um einen Jungen geht, der vor einer Geige sitzt, schildert Dieter, wie dieser Junge auf einer „halben Geige" gut spielen gelernt und sich – so unsere Interpretation – ganz offensichtlich mit der sexuellen Überlegenheit des Vaters (der auf einer „ganzen Geige" spielt) abgefunden hat. Er ist, so könnte man diese Geschichte bis hierher deuten, ja noch ein Kind.

Dieters TAT-Geschichte geht aber noch weiter. Der Junge soll nun abends zum erstenmal auf einer Dreiviertel-Geige spielen, also dem Erwachsensein und damit auch der Konkurrenz mit anderen Männern ein Stück näher rücken. In der Geschichte äußert der Junge Zweifel, ob er dem gewachsen sei. „Wie wird das aber heute abend wirklich werden mit der 3/4-Geige?", läßt Dieter den Jungen in seiner Geschichte fragen. "Ich weiß gar nicht mehr, ob ich dann noch Geige spielen kann."

Damit deutet sich gleichzeitig eine Tendenz zur Unterwerfung unter den Interviewer an, nach dem Motto: „Ich bin mit meiner halben Geige eigentlich zufrieden. Die 3/4-Geige spiele ich nur, weil andere es von mir verlangen. Die ganze Geige (die Mutter) überlasse ich Dir. Du bist die Autoritätsperson, die ich anerkenne. Zwischen uns gibt es keine Konkurrenz." Die Möglichkeit der aggressiven Auseinandersetzung zwischen Interviewer und Proband wird hier zwar ventiliert, dann aber vermieden, weil sie zu angstbesetzt ist. Der Proband steckt noch mitten in der Auseinandersetzung mit dem störenden, potenten Vater, der sich ihm als „Machtblock" entgegenstellt und ihn aus seinem „Haus" vertreiben möchte. Dieter traut sich eine ebenbürtige Potenz noch nicht zu, ist aber entschlossen, den Kampf aufzunehmen.

Anders, wenn es sich um weibliche Interviewer handelt. Hier geht es auf der latenten Ebene vor allem um die Gekränktheitsreaktion des Sohnes, die der verräterischen ödipalen Mutter gilt. Dabei scheint sich in der Interaktion zwischen Interviewerin und Proband ein Stück weit die Beziehung zu wiederholen, die sich auch zwischen dem Probanden und der ödipalen Mutter abspielte. In den hier beschriebenen Interviews, die alle von mir durchgeführt wurden, etablierte sich meist eine eher erotisch getönte Beziehung, und ich selber war im Nachhinein oft überrascht, wie ich als Interviewerin diese Rolle mitspielte und bereit war, dem Probanden die Führung zu überlassen. Wahrscheinlich stimulierte die Eingangsfrage nach den Wünschen des Probanden bei beiden Beteiligten unbewußt Hoffnungen auf eine doch noch mögliche Erfüllung. Je länger das Gespräch dann dauerte, ohne daß sich auf der Beziehungsebene eine solche Wunscherfüllung anbahnte, desto stärker aktivierten die Probanden wieder ihre alte Abwehrstrategie, nach dem Motto: „Ich brauche nichts", „ich lasse niemand an mich heran", „von Dir kann ich nichts erwarten" oder auch „keiner liebt mich". In meiner Gegenübertragung entstand oft das Gefühl, dem Probanden für sein in der Interview-Situation eher atmosphärisch spürbares Mißbehagen eine Entschädigung schuldig zu sein.

Ein Proband – wir wollen ihn Torsten nennen – schilderte mir gegenüber als eine seiner ersten Kindheitserinnerungen die Erfahrung mit einem Goldfisch. Torsten liebte nach seinen eigenen Worten seine Mutter früher über alles und hatte schon als kleines Kind versucht, sie vor dem Vater zu beschützen, auch wenn er dafür von diesem hart bestraft wurde. Er fühlte sich dabei im Recht; offensichtlich ging er auch davon aus, daß er ein Anrecht auf die Mutter hatte. Die Mutter allerdings zog die Kinder, die sie angeheiratet hatte, ihrem eigenen Sohn deutlich vor. Sie habe dies jedoch, so Torstens Entschuldigung, nur getan, um nach außen hin möglichst gerecht zu erscheinen. Eines Abends lag er – drei- oder vierjährig – im Bett und hatte wie immer große Angst vor den Schatten an der Decke, die von den Autos verursacht wurden, die am Haus vorbeifuhren. „Die Mutter war weg, ich war alleine, und ich hatte tierische Angst." Die Schatten, so habe er immer gedacht, sind etwas, was von der Decke herunterkommen und ihn in irgendeiner Weise beeinträchtigen oder verletzen könnte. „Es gab da ein Goldfischglas, und ich bin dann vor lauter Angst zu diesem Goldfischglas gegangen und hab' mir 'nen Goldfisch rausgeholt und mit ins Bett genommen und wollte den so liebhaben, also Schutz haben. Und der zappelte irgendwie so, ich dachte irgendwie: ‚Na ja gut, der mag mich auch nicht‘, und hab ihn dann totgemacht. Das war 'ne Sache, der war dann ganz kalt und so, und dann hab' ich anschließend Ärger gekriegt.“

Diese Szene hat auf der latenten Ebene alle Charakteristika einer Urszene: Die Mutter ist abwesend, das Kind fühlt sich ausgeschlossen und allein. Es phantasiert, wo Mutter und Vater sind und was sie zusammen tun. Die „Schatten“ an der Decke (unter der Decke?) stehen sehr wahrscheinlich für Beobachtungen des Kindes, aus denen es seine eigenen Vermutungen speist. Es sieht die Schatten, die Mutter „zappelt“ (so wie später der Goldfisch), und er spürt die Angst vor einer körperlichen Beschädigung (Kastration) im Zusammenhang mit diesen Phantasien. Dann aber wird Torsten aktiv: Er steht auf und holt sich den Goldfisch in sein Bett. Er will ihn liebhaben, so wie der Vater die Mutter liebt. Als er feststellt, daß er nicht wieder geliebt wird, tötet er den Goldfisch. In dieser Tötung des Goldfisches ist mit großer Wahrscheinlichkeit auch der Haß auf die Mutter symbolisiert, der damals anders keinen Ausdruck finden konnte.

Torsten schildert aber auch, wie er – nunmehr 16-jährig – zum Ärger seiner Mutter nur mit dem, was er auf ein Fahrrad packen konnte, von zu Hause ausgezogen sei und bis heute seine jetzt über 70-jährige Mutter in ihrer Weiblichkeit immer wieder einmal auf subtile Weise kränke. Manifest zeichnet sich der buchstäblich mörderische Haß auf sie lediglich in der Kindheitserinnerung ab, die wir „Goldfisch-Episode“ nannten. Der Frage, ob Torsten auch mich in der Übertragung als seinen „Goldfisch“ ansah, mit allen damit zusammenhängenden Konsequenzen, möchte ich an dieser Stelle lieber nicht weiter nachgehen.

Es gab aber auch Probanden, die sich auf eine sehr viel grundsätzlichere Weise weigerten, die beschriebene Dreieckssituation zu akzeptieren. Ein fast dreißigjähriger Proband mit dem Code-Namen Franz stellte sich mir im Interview auf der Übertragungsebene als ein kleiner Junge dar, der immer noch die mütterliche Zuwendung suchte, die er früher von seiner Oma bekommen hatte. Daneben entwarf der Proband das Bild einer Mutter, die mit ihrem Mann, von dem erst auf Nachfrage zu erfahren war, daß es sich dabei auch um seinen Vater handelte, in der Wohnung über der Oma lebte. Dieser Proband hatte sich im wahrsten Sinne des Wortes ein Narrativ seiner Kindheit zurechtgezimmert, in dem es keine Dreieckssituation gab. Er und die geliebte Oma wohnten in diesem Narrativ im Parterre des Hauses, die Mutter mit ihrem Mann in der Wohnung darüber. Der Proband selber hatte zum Zeitpunkt des Interviews keine Partnerin, spielte aber gerne Fußball (sein Vater war Fußballtrainer). Kurz vor dem Interview träumte er, daß er mit den Leuten aus seiner Mannschaft Fußball spielte. „Und dann hat irgendeiner einen Steilpaß nach vorne geschlagen und ich bin hinterhergelaufen und hab' versucht, den zu kriegen, und bin dabei irgendwie ausgerutscht und in so 'nen Maulwurfshügel 'reingefallen, und dann irgendwie nach unten gefallen, ganz nach unten. Und dann bin ich in so 'nem komischen Verließ 'rausgekommen. Da sah es so aus wie in 'nem Kerker, so (lacht) aus irgendwelchen Ritterfilmen, die man so kennt. Da kann ich mich noch 'n bißchen dran erinnern, aber fragen Sie mich nicht, was das zu bedeuten hat."

Der Kerker, in den dieser Proband im Traum gerät, während er mit seinen Kameraden Fußball spielt und dabei Steilpässe abfangen möchte, hat vordergründig sicher etwas mit der Angst vor männlicher Konkurrenz zu tun. Im Traum ist es aber die Mutter, hier durch die Erde symbolisiert, die ihn einholt und ins Verließ stürzen läßt. Das Ausmaß an Aggression, das diese innerpsychische Konstellation begleitet und sich unter der Decke einer habitualisierten Anspruchshaltung auch auf die Invierwerin richtete, läßt sich erahnen. Es kulminiert im TAT in Vergewaltigungsphantasien, verbunden mit der Übertragungsbotschaft an die Interviewerin: „Laß die Finger von mir, sonst wirst Du mich kennen lernen."

Im Zentrum des männlichen Ödipuskomplexes, wie er in diesen Narrativen auftaucht – so können wir zusammenfassend sagen – steht die Kränkung durch eine Mutter, die sich im Rahmen der ödipalen Dreieckskonstellation einem anderen zuwendet und damit die exklusiv phantasierte, narzißtische Mutter-Sohn-Beziehung aufkündigt. Die Aggression des Sohnes über diesen mütterlichen Verrat wird auf der manifesten Ebene als Kampf mit dem Vater als störendem Dritten ausgetragen. Dieser Kampf führt gleichzeitig von der Mutter weg in eine männliche Welt, in der es vor allem um Konkurrenzverhalten geht. Auf der latenten Ebene ist dieser Kampf allerdings bereits ein Abwehrmanöver, das geeignet ist, die Aggression des Sohnes zu binden, die ursprünglich der verräterischen Mutter galt.

## Aggression in weiblichen Narrativen

Gibt es vergleichbare weibliche Phantasien? Die Antwort auf diese Frage erwies sich im Rahmen unserer Auswertung schwieriger als erwartet. Die von uns untersuchten Probandinnen zeigten auf den ersten Blick – anders als die männlichen Probanden – eine Vielzahl widersprüchlicher Verhaltensweisen, die einen solchen Vergleich erschwerten. Gemeinsam war den von uns befragten Frauen zunächst lediglich, daß sich fast alle bereits in der Eingangsszene des Interviews in einer Art Mangelsituation präsentierten.

Dies zeigte sich unter anderem in der häufigen Verwendung des Wortes „nicht" bereits in den ersten Gesprächssequenzen des Interviews. „Ich habe mich nicht durchsetzen können und auch nicht durchsetzen sollen" (Emma), „mehr Wünsche fallen mir nicht ein" (Cloe), „ich weiß jetzt nicht", „mir gelingt das meistens nicht" (Dora), „ich bin damit nicht fertig geworden"; „ich habe viele Sachen nicht gesagt" (Kim), „es geht nicht mehr" (Margaret), oder auch bei einer sonst recht erfolgsbewußten Probandin: „Es hieß zu Hause, daß ich nicht musikalisch bin" (Viola). Wir haben dieses weibliche „Nicht" in der psychoanalytischen Textübersetzung zunächst als Ausdruck einer Entbehrung interpretiert, die – genau wie für den Jungen – dem Verlust der phantasierten Einheit mit der Mutter gilt. Die Erfahrung dieser Trennung und der Sehnsucht nach der Wiederherstellung einer ungetrübten harmonischen Zweierbeziehung mit der Mutter ist – wie auch beim Jungen – mit der Anwesenheit eines symbolischen Dritten, des Vaters, verbunden. Auf diese Weise ist auch die Beziehung der Tochter zur Mutter in einer Dreiecksstruktur repräsentiert, die ödipale Züge aufweist und mit der Erfahrung verbunden ist, daß es zwischen den Eltern eine sexuelle Beziehung gibt, aus der die Tochter ausgeschlossen ist. Für die Tochter heißt dies, daß die Mutter nicht nur die Tochter liebt, sondern noch einen anderen: den Vater, und daß dieser im Rahmen der sexuellen Beziehung zur Mutter Vorrechte genießt, die der Tochter nicht zustehen und sie der exklusiven Liebe der Mutter berauben. Äußerungen unserer Probandinnen, die sich als Penisneid interpretieren lassen, sind in unseren Interviews deshalb oft mit der unbewußten Phantasievorstellung gekoppelt: „Wenn ich wäre wie Vater oder Bruder und sexuell so ausgestattet wie sie, könnte ich Mutters Liebe wiedergewinnen und brauchte keine Konkurrenz zu fürchten."

Sehnsucht nach der Wiederherstellung einer als verloren phantasierten Einheit mit der Mutter und der Neid auf den Vater, der für diese Entzweiung verantwortlich gemacht wird, beschreiben aber nur einen – wenn auch wichtigen – Ausschnitt der weiblichen ödipalen Phantasie. Zum weiblichen ödipalen Phantasieszenarium gehört auch der Wunsch nach einem Kind, einem „Wunschkind", wie eine unserer Probandinnen es formulierte. Dieser ödipale Wunsch ist sehr viel konflikthafter, als man dies etwa für Abelin's Madonnenkonstellation sagen könnte, in der es um ein Abbild der Mutter-Tochter-

Konstellation geht, die außerhalb des ödipalen Kontexts angesiedelt ist (vgl. Abelin 1980). In den von uns untersuchten Interviews finden wir nicht nur das kleine Mädchen, das in der Identifikation mit seiner Mutter mit der Puppe spielt und sich in der damit verbundenen Rollenumkehr gleichzeitig auf sein späteres Mutterdasein vorbereitet. Wir treffen vor allem auf ein kleines Mädchen, das von Neid auf die Mutter erfüllt ist, und zwar nicht nur wegen ihrer sexuellen Beziehung zum Vater, sondern insbesondere auch wegen ihrer Möglichkeit, schwanger zu sein und Kinder zu gebären, während das Mädchen selbst „an die Peripherie" (Lilja) verbannt wird und zum Warten verurteilt ist. Ödipale Wünsche folgen – wie alle infantilen Wünsche – aber dem Lustprinzip, und das Lustprinzip kennt das Wort „Warten" nicht.

In den Formulierungen unserer Probandinnen taucht, wenn sie von ihrer Mutter sprechen, deshalb nicht zufällig immer wieder das Wort „ich auch" auf, das auf der latenten Ebene den Wunsch abbildet, es der Mutter in jeder Hinsicht gleich zu tun. Das „ich auch" kann mit Hilfe der psychoanalytischen Textinterpretation von daher auch als eine unbewußte Mitteilung an die Mutter bzw. die Interviewerin gelesen werden: „Ich will das gleiche wie du: den Vater, Kinder, die Möglichkeit, schwanger zu werden, usw., und zwar jetzt und gleich."

Der Generationsunterschied ist in dieser Phantasiewelt aufgehoben; alles ist möglich. Die Vorstellung, warten zu müssen, wirkt auf das Mädchen demgegenüber wie ein unausgesprochenes Verbot der Mutter, mit dem die Mutter nicht nur den Vater, sondern auch das ödipale „Wunschkind" für sich beansprucht und die Tochter an die Peripherie verbannt. Wenn man weiter bedenkt, daß Mütter in aller Regel das Genitale ihrer Tochter nicht in den affektiven vorsprachlichen Austausch einbeziehen (vgl. Lerner 1976), es also nicht auf die gleiche Weise bestätigen wie den Körper des Mädchens sonst, dann wird die Mutter für das Mädchen in diesem Entwicklungsstadium leicht zu jenem „Verfolger ohne Gesicht" (Torok 1964), der ihre sexuelle Entfaltung hindert. Auf diese Weise entstehen „brave", „pflegeleichte" Mädchen. Die damit unweigerlich verbundene Neidthematik, die narzißtische Wut auf die Mutter, die für diesen „Wartezustand" verantwortlich gemacht wird, und die damit verbundenen (unausgesprochenen) Scham- und Schuldgefühle führen dazu, daß das Mädchen seine ödipalen Wünsche nunmehr dem Vater zuwendet. Die Mutter wird damit aber nicht wirklich verlassen. Nicht nur die Bindung an die Mutter, sondern auch die Phantasie des Einsseins mit ihr bestehen fort. Das bedeutet gleichzeitig, daß auch der Neid und der Haß der Tochter auf die Mutter fortbestehen und auf dem Hintergrund der mangelnden Trennung von Mutter und Tochter sehr oft zum Selbsthaß werden, in den auch die eigene Weiblichkeit mit einbezogen ist (vgl. Tyson 1994).

Auf der unbewußten Ebene steht der Erfahrung des „Nicht", das zu diesen Neid- und Haßgefühlen der Mutter gegenüber führt, eine narzißtische Phantasie gegenüber, in der alles möglich ist. Wie weit dieses weibliche „Alles" unmittelbar der Identifizierung mit einer frühen, als allmächtig phantasierten Mutter entspringt oder erst später als Größenphantasie zur Abwehr der eigenen Aggression errichtet wurde, läßt sich hier nicht abschließend beantworten. Wir können aber vermuten, daß Identifizierungen mit der frühen „allmächtigen" Mutter später auch in den Dienst der Abwehr gestellt werden. Die Aggression, die immer wieder in diese Zwei-Einheit mit der Mutter einbricht, wird aber offenbar als so gefährlich erlebt, daß der Vater auch auf den Plan gerufen wird, um als Schutz vor diesen aggressiven Impulsen zu fungieren, die ohne einen solchen neutralisierenden Dritten die Mutter-Tochter-Beziehung vergiften würden.

Freud verglich den weiblichen Ödipuskomplex einmal mit einem „Hafen" (Freud 1933, S. 138). Wenn wir diesen Vergleich aufnehmen, dann ist es hier vor allem ein Hafen, der Schutz vor den aggressiven Stürmen bietet, die die Mutter-Tochter-Beziehung zu verderben drohen. In dieser ödipalen Dreiecksbeziehung wird es auch möglich, den Kampf mit der Mutter aufzunehmen, der dann als Konkurrenz um den Vater ausgetragen wird, mit allen Höhen und Tiefen, die eine solche Konkurrenzbeziehung mit sich bringt. In den von uns untersuchten Interviews inszenierten die Probandinnen solche ödipalen Szenen allerdings ausschließlich mit männlichen Interviewern, während sie mit weiblichen Interviewern eine eher symbiotische Beziehung einzugehen suchten, die zu einem Bündnis gegen die außenstehenden Männer einlud. Vermutlich haben wir es hier mit einem verbreiteten weiblichen Abwehrverhalten zu tun, das die Möglichkeit schafft, die ödipale Konkurrenz mit der Mutter und das Eintauchen in eine symbiotische Beziehung mit ihr nebeneinander auszuleben, ohne sich mit den Widersprüchen zwischen diesen beiden Beziehungsformen auseinandersetzen zu müssen.

Nach unserer Erfahrung ist es ungeheuer schwer, gegenüber den archaisch anmutenden Formen weiblicher Aggression eine extrinsische (beobachtende) Position beizubehalten. Wir machten während der Auswertung jedenfalls immer wieder die Erfahrung, daß uns diese beobachtende Haltung wieder entglitt und wir uns in einem Zirkel von projektiven Identifizierungen wiederfanden. Für die ödipale Aggression gegenüber der Mutter, die sehr viel eindeutiger in der Dreiersituation verankert ist, galt dies nicht in gleichem Ausmaß. Der Hafen des weiblichen Ödipuskomplexes scheint auch unter dieser Perspektive ein Ort zu sein, der allen Beteiligten Sicherheit gewährt.

Ein Ort, um mit dem Vater in Konkurrenz zu treten, ist er nicht. Auf unsere Frage, was die größte Kränkung in ihrem Leben gewesen sei, antworteten die männlichen Probanden in der Mehrzahl, daß es die Erfahrung war, von ihrem Vater als Gegner nicht ernst genommen zu werden. Die Probandinnen hingegen empfanden es häufiger als die größte Kränkung, den Vater nicht mehr als vollkommen oder allwissend zu erleben. Der reale Vater wurde nach einer solchen Enttäuschung von ihnen deshalb auch meistens vom Podest herabgeholt. Die Idealisierung des Vaters (oder einer Vaterersatzfigur) wird dadurch aber nicht zurückgenommen. Einem Ideal aber strebt man nach; man wird mit ihm aber nicht in eine Konkurrenzbeziehung treten. Dies dürfte einer der Gründe dafür sein, daß Töchter mit ihren Vätern offenbar nicht in gleicher Weise konkurrieren wie die Söhne. Jedenfalls fanden wir dafür kein Beispiel in unseren Interviews. Die Frauen blieben Töchter, in ihrer Selbst-Definition vor allem Vater-Töchter. Eine Probandin, die vordergründig besonders intensiv nach Selbständigkeit strebte, schloß ihr Interview mit den Worten ab: „Wie schön ist es doch, daß Frauen jetzt auch bei der Heirat ihren eigenen Namen behalten können – auch wenn es der Name des Vaters ist."

Wie Frauen dabei gleichzeitig das Bild der Mutter – der guten, allmächtigen ebenso wie der (in unserem Beispiel) in der Urszene zerstörten Mutter – in sich tragen und in der Übertragung auch dem Interviewer sichtbar zu machen versuchen, möchte ich zum Schluß mit Hilfe einer Geschichte zeigen.

Sprechen möchte ich von Rosa, einer jungen Frau, die in unserem Projekt von einem männlichen Analytiker interviewt wurde, dem sie sich in einer durchaus verführerischen Weise näherte, gleichzeitig bestrebt, ja nur alles besonders gut zu machen. Ihren TAT begann Rosa mit einer Geschichte von einer Zaubergeige, die wunderbare Töne hervorbrachte, so, als wollte sie den Interviewer einladen, sich auf dieser Zaubergeige mit ihr forttragen zu lassen. Die weiteren Geschichten des TAT glichen durchaus einer solchen Zauberreise. Schließlich kam Rosa dabei auch an die Leertafel des TAT, zu der sie eine eigene Geschichte erfinden sollte. Rosa tat dies und erzählte:

„Ja, das ist die Geschichte eines weißen Blattes, das darauf wartet, entdeckt zu werden. Vor langer Zeit wuchs aus einem kleinen Keim in einem großen Wald ein wunderbarer Baum. Der Baum war höher als alle anderen Bäume des Waldes, und er stand da mit einer Riesenkrone – und jedes Tier, das an ihm vorüberkam, fühlte sich irgendwie an diesem Baum geborgen. Er war ein stummer Zuhörer, und manchmal antwortete er mit dem Rascheln der Blätter. Aber dann, das war lange vor der Zeit, bevor die Menschen gräßliche Maschinen erfanden, um Wälder zu roden, die Natur zu zerstören und sonstigen Unsinn mit der Natur zu betreiben. Und wie das Schicksal es wollte, mußte dieser Baum eines Tages weichen für eine Straßentrasse quer durch den Urwald. Aber das Holz sollte nicht einfach nutzlos liegenbleiben. Immerhin. Und so wurde dieses Holz auf seiner langen Reise von Brasilien über Finnland bis nach Deutschland, also bis hierher, wurde der Baum zunächst entblättert, entrindet, Teile von ihm wurden zu Streichhölzern verarbeitet, aber andere Teile, besonders gute, nämlich der Kern dieses Baumes, wurden zu diesem wunderbaren Blatt Papier verarbeitet, damit es jetzt hier liegen kann, um entdeckt zu werden, daß man darauf entweder eine Geschichte beschreiben oder dieses Bild darauf entstehen lassen kann. Ja, wenn man genau hinguckt, kann man die Geschichte des Baumes auch auf diesem Blatt allein in den Linien, die darin stehen, erkennen."

Rosa vermittelte dem Interviewer mit dieser Beschreibung nicht nur ihre eigene ödipale Geschichte. Die Geschichte ist auch eine Botschaft – von einem großen mütterlichen Baum (vielleicht könnte man sagen, einer mütterlichen Imago), der in einem Wald stand, eine Krone hatte und alle anderen Bäume überragte. Viele Tieren fanden unter diesem Baum Schutz und Geborgenheit. Der Baum war stumm, aber das Rascheln der Blätter, mit dem er antwortete, klang fast wie Musik. Das war vor ganz langer Zeit, als es noch keine Maschinen gab, wie sie in der Regel von Männern erfunden werden. Später mußte auch der Baum diesen Maschinen weichen. Die Maschinen werden eingesetzt, um eine Straßentrasse durch den Urwald zu legen und dort – so Rosa – auch sonst mit der Natur allen möglichen Unsinn zu treiben. Der Kontakt des Baumes mit den „Maschinen" (ein Symbol wahrscheinlich für die Urszene) führt dazu, daß der Baum gefällt wird. Er verliert dabei seine Krone und wird zu verarbeitbarem Holz.

Die nächsten Bilder dieser Geschichte zeigen, was mit ihm weiter geschieht. Er wird auf eine hochaggressive Weise bearbeitet: entblättert, entrindet und schließlich zu Streichhölzern verarbeitet – ein Bild unter anderem auch für die aggressive Zerstörung der mütterlichen Imago, die in der ödipalen Urszene ihre Krone verlor, so wie Rosa sich in der Identifikation mit dieser Szene wahrscheinlich auch selbst in ihrer Weiblichkeit überwältigt und beschnitten fühlte. Der Kern des Baumes aber konnte nicht zerstört werden. Er wurde zu einem weißen Blatt Papier verarbeitet, auf dem man die

Geschichte des Baumes lesen kann, bis zurück zu seinen Anfängen. Es muß nur jemand darauf aufmerksam werden. Dieser andere ist hier der Interviewer, vor dem das Blatt ausgebreitet wird. Nunmehr haben auch Sie die Geschichte gehört und können sehen, was Sie in den Linien des Blattes erkennen.

## *Literatur*

Abelin, E. L. (1980). Triangulation, the role of the father and the origins of core gender identity during the rapprochment subphase. In: Lax, R., Bach, S., Burland, J. (eds.): Rapprochment, pp. 229–252. New York (Jason Aronson) 1980.

Freud, S. (1933). Die Weiblichkeit. In: Neue Folge der Vorlesungen zur Einführung in die Psychoanalyse. GW XV, S.119–145. Frankfurt/M. (Fischer).

Lerner, H. E. (1976): Elterliche Fehlbenennung der weiblichen Genitalien als Faktor bei der Erzeugung von „Penisneid" und Lernhemmungen. Psyche 34 (1092–1104) 1980.

Loewald, H. W. (1980). Das Dahinschwinden des Ödipuskomplexes. In: Psychoanalyse. Aufsätze aus den Jahren 1951–1979. Stuttgart (Klett-Cotta) 1986, S. 377–400.

Rohde-Dachser, C. (1987). Die ödipale Konstellation bei narzißtischen und bei Borderlinestörungen. Psyche 41 (773–799).

Torok, M. (1964): Die Bedeutung des „Penisneides" bei der Frau. In: J. Chasseguet-Smirgel (Hrsg.). Psychoanalyse der weiblichen Sexualität, S. 192–232. Frankfurt/M. (Suhrkamp) 1974.

Tyson, P. (1994). Bedrock and beyond: An examination of the clinical utility of contemporary theories of female psychology. J Amer Psychoanal Assoc 42 (447 – 467).

# Die „Medea-Phantasie"

Eine unbewußte Determinante archaischer
Aggressionskonflikte bei einigen
psychogen sterilen Frauen[1]

*Marianne Leuzinger-Bohleber*

## *Einleitung*

N ach Heinz Kohut (1973) ist die menschliche Aggression am gefähr-
lichsten, wenn sie sich an die archaische Konstelllation des grandiosen
Selbst bindet und in narzißtische Wut mündet, die weder vor der
Destruktion des Objekts noch des Selbst zurückschreckt. Er hat diese menschlichen Grenz-
zustände an
Kleist's Mich-
ael Kohlhaas
illustriert. Ich
möchte im fol-
genden disku-
tieren, daß mir
die „Medea"
als literarische
Figur wie ein
w e i b l i c h e s
Pedant dazu
e r s c h e i n t .
Jedenfalls ent-
hüllten jahre-
lange und in-
tensive Psy-
choanalysen
mit einigen

*Aus dem Basler Medeasarkophag*

psychogen

sterilen Frauen eine unbewußte Phantasie, die Grenzzustände weiblicher Destruktivität beinhaltet und die ich am besten als „Medea-Phantasie" verstehen konnte. – Es war in der Tat eine tief unbewußte Phantasie – die 10 Frauen, von denen ich hier berichte – fielen zu Beginn der Behandlung geradezu durch ihre kühle, zurückhaltende und kontrollierte Art auf, die – auf den ersten Blick – zudem oft als ausgesprochen „weiblich-fügsam" imponierte. Sie gehörten zu jenen Analysandinnen und Analysanden, die sich kaum bewußt sind, warum sie eine Psychoanalyse beginnen. Sie konnten sich erst im Laufe der Behandlung eingestehen, daß ihre Sterilität die unbewußte Hauptmotivation für das Aufsuchen therapeutischer Hilfe gewesen war: zu Beginn der Behandlung wurde die psychogene Kinderlosigkeit noch weitgehend verleugnet, vielleicht aufgrund der vorbewußten Ahnung, daß dieses Symptom mit angsterweckenden und sozial tabuisierten Seiten der eigenen Weiblichkeit verbunden war. Doch nicht nur für diese Analysandinnen erwies es sich als schwierig, hartnäckige Widerstände gegen eine „Reise in diesen dunklen Kontinent" zu überwinden, auch bei mir erschwerten intensive und immer wiederkehrende Gegenübertragungsgefühle, z.B. der Wunsch, wegzuschauen, über gewisse klinische Phänomene nicht weiter nachzudenken, die Einsicht in diese unbewußte, weibliche „Wahrheit". Im Zentrum der unbewußten Phantasie stand die Überzeugung, daß die weibliche Sexualität mit der Gefahr verbunden ist, daß unkontrollierbare zerstörerische Impulse belebt werden könnten, die sich gegen das autonome Selbst, den Liebespartner und vor allem gegen die Produkte der Beziehung zu ihm, gegen die eigenen Kinder richten (vgl. dazu auch Quinodoz, 1991, p.47), eine Phantasie, die ich als „Medea-Phantasie" charakterisieren und beschreiben möchte. Gerade weil eigene Gegenübertragungsreaktionen mein analytisches Verständnis dieser unbewußten Phantasie immer wieder erschwerten und mir z.B. die präzise Wahrnehmung einzelner Komponenten der unbewußten Psychodynamik vernebelten, erwies sich für mich das Nachdenken über Medea, als berühmte mythische Frauengestalt in der Dichtung, als ausgesprochen hilfreich, vermutlich u.a. wegen der darin enthaltenen, tiefen Einsichten in das weibliche Unbewußte:

„Wir (d.h. die Psychoanalytiker und die Dichter) schöpfen wahrscheinlich aus der gleichen Quelle, bearbeiten das nämliche Objekt, ein jeder von uns mit einer anderen Methode, und die Übereinstimmung im Ergebnis scheint dafür zu bürgen, daß beide richtig gearbeitet haben.", schreibt Freud (1907) in seiner Arbeit zu Jensens „Gradiva" zum Vergleich des Psychoanalytikers und einem Dichter (GW VII, S. 120). Ich möchte daher im folgenden versuchen, dem Rat Freud's zu folgen und „den Gesetzen des Unbewußten", wie sie im literarischen Werk, in der Medea Tragödie, nicht „wissenschaftlich", sondern künstlerisch gestaltet sind, nachzugehen, einzelne Komponenten davon herauszugreifen und diese zum Verständnis meiner klinischen Beobachtungen beizuziehen.[2]

Bei der Genese dieser Phantasie war bei diesen Frauen die bekannte Dialektik zwischen Biologie und Kultur eindrücklich zu beobachten.[3] Die Medea-Phantasie basierte auf Körperphantasien zur weiblichen Biologie und Anatomie, die u.a. auf charakteristisches weibliches Rollenverhalten in unserer Gesellschaft projiziert wurden, und – reintrojiziert – wiederum als Bestätigung der unbewußten Körperphantasien dienten – ein folgenschwerer circulus vitiosus. Zudem scheinen bei den hier vorgestellten Frauen (5 Analysandinnen, eine Jugendliche aus einer Kinder- und Jugendlichenanalyse, vier Frauen aus Psychotherapien) spezifische frühinfantile Traumatisierungen zu einer übermäßigen Stimulation archaisch destruktiver Triebimpulse beigetragen zu haben, die in die zentrale unbewußte „Medea-Phantasie „ eingebaut worden waren.

Analytiker verschiedenster theoretischer Orientierung betrachten auch heute noch die unbewußte Phantasie als ein Kernkonzept der Psychoanalyse (siehe u.a. Shapiro, 1987). Inderbitzin (1987) faßt kurz zusammen, welche charakteristischen Merkmale unbewußter Phantasien von Abend und andern Teilnehmern eines Panels der American Psychoanalytic Association zu diesem Thema aufgeführt wurden, eine Auffassung, der ich mich im folgenden anschließen möchte:

„In his (Abend, M.L.-B.) clinical formulations he thinks of unconscious fantasies as an especially useful variety of compromise formation: they are elaborate embodiments of the elements of instinctual conflict, and they give specific shape to certain manifestations of thoughts, feelings and behaviors whose precise origins and structures psychoanalysis seeks to explain. Both actual experiences and the intrinsic qualities and characteristics of the mental apparatus contributes to the formation of the unconscious fantasies which Abend thinks of as incorporating real or distorted perceptions, interpretations of experience and memory." (p.824).[4]

Doch so einig sich viele Analytiker über die Relevanz unbewußter Phantasien auch sind, so stark divergieren ihre Meinungen über deren Genese. Bekanntlich lokalisieren z.B. Kleinianische Analytiker die Entstehung unbewußter Phantasien im 1. Lebensjahr, eine Hypothese, die z.Zt. im Zusammenhang mit dem interdisziplinären Dialog zwischen der Psychoanalyse und der Neuen Säuglingsforschung kontrovers diskutiert wird (vgl. u.a. Beland, 1989, Blum, 1989, Stern, 1985, Dornes, 1993). Die detaillierten Beobachtungen und Hypothesen zur möglichen Genese der Medea-Phantasie bei verschiedenen Analysandinnen scheinen mir daher auch für diesen aktuellen Diskurs von Interesse.

Außerdem betrachte ich meine Arbeit auch als einen Beitrag zum Bemühen vieler Autoren und Autorinnen der psychoanalytischen Community um ein vertieftes Verständnis von Weiblichkeit, auch von sozial tabuisierten weiblichen Konflikten, wie die Vielzahl von Publikation zu diesem Thema zeigt (vgl. Literaturverzeichnis). Es übersteigt den Rahmen meiner Arbeit, die Ergebnisse dieser Studien hier zu diskutieren, ich muß auf sie verweisen (siehe z.B. die ausgezeichnete tabellarische Zusammenstellung des heutigen Stands der Diskussion zur Weiblichkeit in der psychoanalytischen Literatur von Cherazi, 1988). U.a. scheinen sich in neuerer Zeit auch psychoanalytisch orientierte Feministinnen nicht nur mit frauenfeindlichen Themen in der äußeren Realität, der psychoanalytischen Theorie u.ä. zu befassen, sondern sich vermehrt auch der Frage zuzuwenden, welche Dimensionen in der inneren Realität der Frauen selbst eine produktive Entfaltung ihrer weiblichen Lebensentwürfe erschweren (vgl. u.a. Arbeiten von J. Benjamin, M. Gambaroff, M. Mitscherlich-Nielsen, M. Nadig, E. Reinke, Ch. Rhode – Dachser, E.S. Polluda-Korte). Die „Medea-Phantasie", auf die ich mich hier konzentrieren möchte, scheint mir eine solche unbewußte, „innere" Dimension psychischen Erlebens darzustellen.

Bei den folgenden Überlegungen beziehe ich mich vor allem auf eine antike Darstellung der „Medea" in der gleichnamigen Tragödie von Euripides[5]. Verschiedene psychoanalytische und psychiatrische Autoren nehmen Bezug auf diese griechische Tragödie. Freud selbst erwähnt Medea nur einmal, nämlich in „Bruchstück einer Hysterie-Analyse"(1895), als er deren Beziehung zu Kreusa vergleicht mit Doras Verhältnis zu Frau K. (S. 222). Wittels (1944) spricht erstmals vom „Medea-Komplex" und definiert ihn als unbewußten Haß der Mutter auf ihre heranwachsende Tochter. Stern (1948) hält Wittels entgegen, daß Medea keine Töchter, sondern zwei Söhne hatte und charakterisiert selbst den Medea-Komplex als Todeswünsche gegen den eigenen Nachwuchs im allgemeinen, verbunden mit Rachegefühlen gegenüber dem Vater des Kindes. Rheingold (1967) nimmt an, daß Tötungsimpulse gegen eigene Kinder bis zu einem gewissen Grade bei allen Müttern festzustellen sind. Orgel und Shengold (1968) befassen sich vor allem mit dem todbringenden Geschenk der Medea und heben hervor, daß Kreusa der ödipalen Verführung nicht widerstehen kann und mit ihrem Tod das Übertreten des Inzesttabus sühnt.[6] Greenacre (1950) betont, daß nicht nur ödipale, sondern auch präödipale Traumatisierungen die Entwicklung des „Medea-Komplexes" begünstige. Auch Friedman (1960) weist in ihrer Falldarstellung einer Frau mit zwanghaften Tötungimpulsen gegen ihr jüngstes Kind auf deren „geringes Selbstwertgefühl" und ihre narzißtische Bedürftigkeit hin, die sie ebenfalls auf prägenitale Störungen, vor allem in der frühen Mutterbeziehung der Patientin, zurückführt. Babazanis und Babazanis (1992) haben zwei ausführliche Falldarstellungen vorgelegt: eine zur Psychotherapie mit einer Mutter, die in einer psychotischen Depression ihren sechsjährigen Sohn ermordete; die andere zur Kindertherapie mit deren siebenjähriger Tochter. Die Autoren thematisieren darin bezugnehmend auf das Medea-Drama die transgenerative Vermittlung von weiblicher Gewalt und Destruktion. Schließlich hat kürzliche Warsitz (1994), u.a. bezugnehmend auf den psychoanalytischen Strukturalismus von Anne Juranville (in der Tradition von J.Lacan), Euripides' Medea zum Verständnis der Psychodynamik weiblicher Melancholie beigezogen.

Bei einer nochmaligen Lektüre von Euripides' Tragödie war für mich faszinierend, wie in dieser antiken Tragödie außer ödipalen Aspekten auch unbewußte Konflikte literarisch gestaltet sind, die wir aus der heutigen psychoanalytischen Sicht auf prägenitale, archaische Weiblichkeitskonflikte zurückführen (vgl. dazu auch Tyson, 1991). Ich kann hier diese Analogien nur zusammenfassend skizzieren und zum Verständnis der hier fokussierten unbewußten Phantasie beiziehen (3.). Doch zuerst soll als klinischen Einstieg anhand einer Traumanalyse illustriert werden, wie ich in einer Psychoanalyse mit einer vierzigjährigen Frau erstmals anhand eines Traumes auf die unbewußte Medea-Phantasie aufmerksam gemacht wurde (2.), die sich viel später in der Übertragungsneurose manifestierte, was ich in diesem Rahmen nur anhand einiger exemplarischer Beispiele andeuten kann (3). Auf einige Hypothesen zur möglichen Genese der Medea-Phantasie kann ich hier nur zusammenfassend verweisen und muß aus Zeit und- Diskretionsgründen auch darauf verzichten , diese anhand ausführlicher Behandlungsberichte von Psychoanalyse mit psychogen sterilen Frau klinisch abzustützen (vgl. dazu Leuzinger-Bohleber, 1994).

## Eine Traumanalyse zum Thema [7]

Im dritten Jahr der Behandlung steht diese Analysandin gleichzeitig mit einer jungen, anorektischen Frau, die sich im Termin geirrt hat, vor meiner Praxistür. Sie sieht, daß ich diese Patientin wegschicken muß; sie selbst geht lächelnd ins Behandlungszimmer und sagt nach einer langen Pause, wie schön sie es finde, daß ich sie der anderen Frau vorgezogen habe. Nach einer weiteren Pause fällt ihr ein, daß sie einen „merkwürdig verworrenen, unverständlichen und beängstigenden Traum" gehabt hat.

### Traum

*„Ich war am Autofahren. Mein Mann und meine drei Brüder waren dabei. Wir wollten in die Ferien fahren. Wir kamen in eine merkwürdige Stadt, Gordes, die real in Fankreich liegt- sie war aber in Italien. Es hat alles nicht gestimmt. Wir wollten essen gehen, aber ich wollte nicht in die Stadt hinein, sondern drum herum fahren. Ich hatte einen genauen Plan in der Hand, mit einem klaren Viereck, das war ein Moor, zu dem wir hinfahren mußten. Dahinter war direkt das Meer.*
*Ich kann mich an kein Gespräch im Traum erinnern. Es war furchtbares Wetter. Ich bin in eine Sackgasse geraten und mußte umkehren. Der Boden war schlammig, rutschig und kurvig.- Ja und jetzt fällt mir noch was ein - plötzlich war der Boden voll von Salatköpfen, nein, es waren kleine Hauswurzgewächse mit harten Platten. Ich bin wie verrückt gerast- und ja, dann kam plötzlich eine Kurve, und ich wurde von einem schwarzen Sportwagen überholt, der mich bedrängte. Ich konnte nicht mehr ausweichen und fuhr in rasendem Tempo über die Pflanzen hinweg, sodaß ich alles niederwalzte. Es hat gespritzt vor Schlamm und Lehm. Dahinter kam ein sehr blaues Wasser. Es war noch nicht das Meer, es war erst der Langensee, wir waren noch nicht richtig da."*

Als erstes assoziiert sie dazu, Italien sei für sie mit Ferne, wilder Natur, Wind und Meer verbunden. Dort habe sie als junge Frau oft Urlaub gemacht - einmal - mit 17 Jahren - zusammen mit einer Freundin - und habe sich heftig verliebt. Ein junger Mann übte eine starke sexuelle Anziehung auf sie aus - doch habe sie, aus Angst vor einer grenzenlosen Leidenschaft, den Kontakt zu ihm abgebrochen. Im Gegensatz zu ihrer Freundin, die ihrem „Italien-Freund" ins Ausland nachzog, sei sie „nach Hause", in ihr kleines Dorf in Österreich, zurückgekehrt.

Aus der Behandlung weiß ich, daß ihre adoleszente Loslösung sie ein Jahr später in eine schwere Krise führte: nach einem Suizidversuch wurde sie in eine Psychiatrische Klinik eingewiesen. Nach Überwindung dieser Krise zog es sie ins Ausland. Sie lebt nun weit weg von ihrem Heimatdorf in einem fremden Land. Ich denke an die Anfangsszene mit der anorektischen, adoleszenten Frau und bin gespannt, was Frau M. mir mit diesen Assoziationen mitteilen will.

Sie spricht nun lange über ihre stabile Ehe, die sie, im Gegensatz zu der erwähnten Freundin, führt. Kürzlich habe sie erfahren, daß diese einen Sohn geboren habe, obschon sie alleine lebe- was die kinderlose Analysandin mit großem Neid erfüllt. Die Kinderfrage erinnert sie an „Gordes"- an einen gordischen Knoten in unserer bisherigen Behandlung.

Unbewußt war die Kinderlosigkeit der Patientin die Hauptmotivation, eine Analyse zu beginnen. Sie befand sich während der Erstinterviews in einer schweren suizidalen Krise. In der Psychoanalyse stellt sich heraus, daß sie damals ihre unbewußte Phantasie erkannte, ihre „geistigen Produkte" , die sie als Schriftstellerin kreierte, seien „ihr Kind" . Ebenfalls erst in den letzten Wochen wurde mir anhand verschiedener Beobachtungen in der Übertragung deutlich, daß die Wahl von mir als Analytikerin (berufstätig und Mutter kleiner Kinder) auch einen Versuch darstellte, diese Phantasie durch Identifikation mit mir auf andere Weise psychisch zu erhalten. In den letzten Monaten rückte trotz heftigem Widerstand ihr schmerzlicher Neid auf meine Mutterschaft ins Zentrum der analytischen Arbeit und konfrontierte sie schließlich mit dem bisher tief abgewehrten eigenen Kinderwunsch.

Nach einer Pause sagt Frau M. nachdenklich: „Moor" – etwas Gefährliches, in dem man versinken-kann, aber auch faszinierend – die schönen Moore in Finnland – die Natur... die Symbiose von Wasser und Land... die eigenartige Pflanzen- und Tierwelt. (nach einer Pause) – die Moorleiche – es gibt keinen Grund im Moor – da versinkt man ganz langsam – die Moorleichen bleiben über Jahrhunderte erhalten, wie Leute, die in eine Gletscherspalte gefallen sind" – „Und wir haben in der letzten Stunde von ihrer Erstarrung – ihrem „Totstellreflex" gesprochen, um sich gegen die schmerzlichen und heftigen Gefühle zu immunisieren, mit denen Sie sich in dem Streit mit ihrem Mann wegen der Kinderfrage konfrontiert sahen. Sie haben gesagt, Sie möchten diese Gefühle am liebsten „auf Eis legen..."[8]-(nach einer Pause): „Merkwürdig, dieser Gegensatz zwischen der Stille und Zeitlosigkeit im Moor und der rasenden Bewegung im anderen Teil des Traumes." Der „Sportwagen" fällt ihr ein. „Er war schwarz, aber kein Leichenwagen, sondern ein sehr chices Modell..." (Pause) – „ Ich denke grad, es war wohl mein Mann, der den Wagen lenkte."– Sie spricht darauf davon, daß dieser Sportwagen sie in Gefahr bringt, in eine unausweichliche Situation, in der sie „Leben niederwalzt". Sie habe eine ungeheure Wut auf diesen Fahrer empfunden, weil er sie in eine solche ausweglose, abhängige Lage gebracht habe. Darauf schweigt Frau M. lange und sagt schließlich, daß die Hauswurzgewächse, die sie niederwalzt, „semper vivum" heißen.

Dies läßt uns verstehen, daß das Traummotiv mit ihrem aktuellen Ehekonflikt zusammenhängt. Der oben erwähnte wiederauftauchende Kinderwunsch führte zu massiven Eheproblemen, da ihr Ehemann, ein erfolgreicher Filmemacher, dezidiert keine Kinder wollte. (Sie erlebte übrigen diesen Kinderwunsch und mich, die ich an diesem Thema blieb und damit ihre Lebenskonstruktion als Frau in die analytische Reflektion miteinbezog, als „bedrängend, „aus der Bahn werfend" etc). In dem von mir erwähnten Streit, der zu der anschließenden wochenlangen „Erstarrung" der Analysandin geführt hatte, hatte er ihr einmal mehr an den Kopf geworfen, sein einziger Wunsch sei, „sein Leben einigermaßen anständig hinter sich zu bringen und das Elend auf dieser Welt nicht weiterzugeben". Bewußt hatte Frau M. diese Entscheidung ihres Mannes akzeptiert. In den letzten Monaten der Analyse war jedoch sichtbar geworden, daß sie nun die darin enthaltene schwere Depression ihres Mannes erkannte. In ihren Assoziationen zum „Sport- Leichenwagen" , der mitverursachte, daß sie das „semper vivum" niederwalzte, wurden ihre Wut, ja sogar ihre Todeswünsche gegen den Ehemann sichtbar.- Sukzessiv näherte sie sich der Einsicht in ihren eigenen Anteil an diesem „Ehe-Komplott". Ihr Partnerwahl war unbewußt u.a. dadurch motiviert, daß dieser Mann dezidiert keine Kinder bekommen wollte und sie dadurch vor archaischen Ängste schützte, sie könne selbst- in „wahnsinniger" Raserei- zur Mörderin ihrer eigenen Kinder werden, eine Phantasie , die, wie sich in der späteren analytische Arbeit herausstellt, vielfach determiniert war und u.a. mit heftigen Todeswünschen auf ihre kleineren Geschwister (die drei Brüder im Traum) zusammenhängen— aber auch mit der Phantasie, die Mutter habe die beiden vor ihr totgeborenen Geschwister umgebracht. Sie war Ersatz für das zweite dieser toten Kinder. An dies alles mußte ich sogleich denken, als ich die beiden Frauen vor dieser Sitzung vor der Tür stehen sah und eine davon wegschicken mußte. Ich empfand den Traum daher wie ein Geschenk an mich (ich behalte sie, nicht das Geschwister, doch war ich während der Stunde auch absorbiert von der Frage, welche Phantasien bei meiner Analysandin ausgelöst wurden, daß ich eine anorektische (bedürftige, kranke) Patientin wegschickte („sie umbrachte"). Am Ende der Stunde sprach ich dies an: „ Im Traum zerstören sie das „semper vivum"– und ich habe eine bedürftige Frau, die zu mir wollte, weggeschickt."– Frau M. reagierte nicht direkt auf diese Deutung, doch ihre Assoziationen in den nächsten Stunden bestätigen die darin enthaltene Hypothese. Sie berichtete von einem Telefongespräch mit ihrer Mutter, die ihr sagte, daß sie nach den beiden Totgeburten wegen schweren Depressionen zwei Jahre lang medikamentös behandelt worden sei. Darauf sei sie nur mit großer Mühe überhaupt wieder schwanger geworden. Die Schwangerschaft mit der Patientin sei von Komplikationen gekennzeichnet gewesen- sie hätte wegen eines drohenden Aborts monatelang liegen müssen. Auch im ersten Lebensjahr der Patientin hätten sie „ihre Depressionen eingeholt"– sie wurde mit Antidepressiva behandelt.

Viele Monate später tauchen anhand einer anderen Traums, in dem Frau M. in einem langen dunklen Schiffsbauch eine Leiche wegschaffen muß und entdeckt, daß dort noch viele andere Leichen liegen, kindliche Phantasien über den weiblichen Körper der Mutter, ihren eigenen Körper, wie auch zur eigenen Geburt auf. Die Mutter, depressiv mit Migräne im Bett liegend, hatte dem Vorschulkind erzählt, sie sei an ihrer Nachgeburt fast verblutet . Als sie davon in der Stunde erzählte, sagte Frau M. spontan „ Ich kam zwar noch heile raus aber sie hatte noch die frühere Nachgeburt drin.." korrigiert sich dann sogleich. Wir vermuten, daß anhand dieses bizarren Einfalls eine kindliche Phantasie sichtbar wurde, in der sie sich ausmalte, daß sich in der Nachgeburt noch ein Teil des toten Geschwisters im mütterlichen Körper erhalten hatte. Geburt war folglich eng mit dem Thema Tod verbunden (bzw. mit der Frage: „Wer bringt da wen um ?– die Mutter das Kind- oder das Kind die Mutter?")[9].

In der analytischen Arbeit wird, erstmals durch diesen Traum, aber später anhand einer Vielzahl klinischer Beobachtungen, deutlich, daß ihre „psycho-soziale Sterilität"[10], auch ein unbewußter Schutz vor sexueller Leidenschaft darstellte, sowie vor phantasierten mörderischen Impulsen gegenüber potentiellen Kindern und vor tiefen, demütigenden Abhängigkeitsgefühlen vom Liebespartner, alles charakteristische Merkmale des Medea-Dramas, wie ich gleich aufzuzeigen versuche.

# „Den Menschen ist die Lieb' ein großer Fluch..."
## (Medea, V. 329): Der Medea-Mythos

Euripides nimmt in seiner Tragödie, die im Jahre 431 v. Chr. in Athen uraufgeführt wurde, den Medea-Mythos Mythos auf und modifiziert ihn in charakteristischer Weise. Ich greife in meiner Zusammenfassung die wesentlichen Motive der Handlung heraus, die für mein Verständnis der unbewußten Phantasie bei den hier diskutierten Frauen hilfreich waren[11]:

Jason bekommt von seinem Oheim Pelias seinen väterlichen Thron in Jolkos nur unter der Bedingung zurück, wenn er ihm das Goldene Vlies aus Kolchis zurückholt. Mit den berühmtesten Helden Griechenlands, den sogenannten Argonauten, tritt er die gefährliche Fahrt zum Schwarzen Meer an.

In Jolkos herrscht König Aetes, der Vater der zauberkundigen Medea. Als Medea, Priesterin und Tochter der Halbgöttin Hektate, den Fremdling im Palaste ihres Vaters erstmals sieht, steht – so die Sage – Amor hinter dem Helden und schießt seinen Pfeil mitten in das Herz der Königstochter. Von diesem Pfeil getroffen, wehrt sie sich mit allen ihr zur Verfügung stehenden Kräften gegen die überwältigende Leidenschaft, verflucht den Fremdling und sein Erscheinen- ohne Erfolg - die Liebe zu Jason obsiegt schließlich. So kann sie seine Bitte, sich mit ihm gegen ihren Vater zu verbünden, nicht zurückweisen - sie gibt ihm eine Salbe, die ihm übermenschliche Kräfte verleiht und ihn unverwundbar macht. Sie singt den Drachen in den Schlaf, damit ihn Jason töten und ihm das Vlies entreißen kann. Sie verrät ihm die List, wie er zwei wilde Stiere bändigen und vor den Pflug spannen und die Giganten, die aus den Furchen wachsen, besiegen kann, indem er einen Stein zwischen sie wirft und sie sich gegenseitig im Streit darum selbst umbringen. Anschließend flieht Medea mit Jason. Als die Argonauten von ihren Verfolgern unter der Führung von Medea's Bruder eingekreist werden, lockt Medea ihren Bruder in eine Falle und liefert ihn Jason's Schwert aus. Als ihr Vater von der gelungenen Flucht und dem Tod seines Sohnes erfährt, zerreißt er sich vor Wut selbst in Stücke. In der Sage ist das nun folgende tragische Schicksal Medeas' die Rache für diesen zweifachen Mord.

Zurück in Jolkos verjüngt Medea zunächst Jasons alten Vater, in dem sie ihn zerstückelt und mit Zauberkräften in einem Kessel kocht und verführt die Töchter des Pelias, mit ihrem Vater das Gleiche zu tun. Doch um sich an dem Unrecht, was dieser Jasons Hause zugefügt hat, zu rächen, gibt sie ihnen die falschen Kräuter, sodaß Pelias nicht mehr zum Leben erwacht. Jason und Medea müssen daraufhin fliehen und werden in Korinth vom König Kreon aufgenommen. Um sich und seinen beiden Söhnen aus der Ehe mit Medea eine bleibende Zufluchtsstätte zu sichern, verläßt Jason Medea und will sich mit Kreons Tochter Kreusa vermählen. Medea stellt sich versöhnt, schickt aber der neuen Frau Jasons ein verzaubertes Gewand und Diadem. Als Kreusa beides anlegt, wird sie, zusammen mit dem herbeieilenden Vater, vom Feuer verzehrt. Doch nicht genug der Rache: Medea tötet schließlich, um Jason zutiefst zu treffen, ihre beiden Söhne und entflieht am Schluß der Tragödie mit den Leichen ihrer Kinder auf einem Drachenwagen durch die Luft. Es ist ihr Großvater Helios, der Sonnengott, der sie auf diese Weise aus dem Feindesland rettet. In ihrem Dialog mit Jason ist sie gleichzeitig erfüllt von Schmerz und Trauer über den Tod ihrer Kinder, aber auch voll von Genugtuung, sich damit an ihrem Ehemann gerächt zu haben (zur vollständigen Zusammenfassung des Mythos siehe u.a. Kerényi, 1992).

Im folgenden möchte ich einige charakteristische Merkmale dieser Tragödie herausgreifen.

*a) „.. die Fremde... in der Fremde..."*
Medea wird sowohl von Euripides, wie später von Grillparzer, als Fremde aus einer wilden, archaischen Welt am schwarzen Meer stammend, geschildert. In Euripides Drama beklagt Medea beim Chor der Frauen von Korinth ihr Schicksal als Frau und erwähnt in diesem Zusammenhang das einzige Mal ihre eigene Mutter:

*„Sind doch wir Fraun das Allerunglückseligste...*
*Mit Gaben sonder Ende müssen wir zuerst*
*Den Gatten uns erkaufen, ihn als unsern Herrn*
*Annehmen; dies ist schlimmer noch als jenes Leid.*
*....*
*Sie sagen wohl, wir lebten sicher vor Gefahr*
*Zu Hause, während sie bestehn der Speere Kampf.*
*Die Toren! Lieber wollte ich dreimal ins Graun*
*Der Schlacht mich stürzen als gebären einmal nur.*
*Doch nur von mir gilt solche Rede, nicht von dir;*
*Denn du hast eine Heimat hier, ein Vaterhaus,*
*Genuß des Lebens, einen Kreis von Freundinnen.*
*Ich bin verlassen, ohne Heimat, bin verhöhnt*
*Vom Manne, der aus fremdem Lande mich geraubt;*

*Nicht Mutter [12] hab'ich, Brüder, Anverwandte nicht,*
*Zu denen fliehend ich entrönn'aus dieser Not." (V 234 - 259 , Unterstreichnung, d.V.)*

Sie verflucht ihre Weiblichkeit, ihre Abhängigkeit von der Gunst ihres Mannes, um den sie zuerst werben muß, den sie selbst weder zurückweisen, noch verlassen darf und der sie dem Gebären aussetzt, das sie schlimmer empfindet als jedes männliche Kämpfen.- Doch fällt in dieser Textstelle nicht nur ihr Neid auf Männer auf (vgl. Penisneid), sondern auch, daß sie in ihrem Hadern mit der eigenen Weiblichkeit weit weg von ihrer Heimat „keine Mutter hat", an die sie sich in ihrer Not wenden kann.

Diese Formulierung erinnert an eine bekannte Problematik von Frauen „in der Fremde". Ob sich eine Tochter in der Fremde einsam und verlassen, ihren Nöten hilflos ausgesetzt fühlt, ist nicht nur von ihrer äußeren, sondern auch von ihrer inneren Realität abhängig, z.B. ob sie auf eine gute, tragende Mutterrepräsentanz rekurrieren kann (vgl. dazu u.a. Pines, 1988). Fehlen solche „guten Objekte" in der inneren und- in der Fremde- auch in der äußeren Realität (reale Mutter, Freundinnen), ist man, wie Medea, der eigenen inneren „bösen Mutter" vermehrt ausgesetzt: Medea wird nun zur rasenden Hexe und Mörderin ihrer eigenen Kinder.

Wie Frau M., lebten die meisten der hier diskutierten Frauen „in der Fremde". Frau M sagte dazu: „ Es wäre für mich völlig unmöglich, wie meine Brüder in der Nähe meiner Mutter zu leben: ich käme mir dauernd von ihr kontrolliert und verfolgt vor." Ihre Flucht vor der „realen Mutter" stand in Zusammenhang mit einer ausgeprägten Spaltung in ihrer Mutterrepräsentanz, wie wir dies u.a. in der Übertragung zu mir beobachten konnten. Besonders eindrücklich waren diese Übertragungsmanifestationen als sie im 5. Jahr ihrer Analyse doch noch versuchte sich ihren Kinderwunsch zu erfüllen. Immer wieder empfand sie mich als omnipotente, mächtige „Fee" (eine „nur gute Mutter"), die ihr magisch ein Kind in den Bauch zaubern könnte (vgl. Medeas Mutter: Mondgöttin, Frauengottheit), die sich aber plötzlich in eine „böse, verfolgende Hexe" verwandeln konnte. So war sie nach einer Stunde völlig verzweifelt und gequält von suizidalen Gedanken, als ich ihren Wunsch problematisierte, an einer internationalen Buchmesse teilzunehmen, statt zu den analytischen Sitzungen zu kommen und ihren wichtigen Termin beim Gynäkologen (inmitten der hormonellen Behandlung) wahrzunehmen: sie fühlte sich durch meine Konfrontation „zerstört" und für ihre (männlichen) Karrierewünsche zutiefst bestraft.

Erst als diese Spaltungsprozesse in der Mutter- und Selbstrepräsentanz der analytischen Arbeit zugänglich wurden, konnte sie sich einer passiv-weiblichen Position (u.a. einer „guten Mütterlichkeit") sukzessiv annähern, was übrigens verbunden war mit einem schmerzlichen Prozeß der Schuld und Scham (darüber, was sie sich selbst, ihrer Mutter und mir mit diesen Spaltungen angetan hatte) und der intensiven Trauer um die dadurch verlorene Lebenszeit.

Das Motiv „die Fremde in der Fremde" führt noch zu einer weiteren Weiblichkeitsthematik. Freud (1926) bezeichnete bekanntlich die Weiblichkeit als „dunklen Kontinent". Alle die hier vorgestellten Frauen erlebten die eigene Weiblichkeit als „das Fremde" in ihnen, [13]als dunkle, wilde, gefährliche Welt, die es mit allen Mitteln zu verleugnen oder wenigstens rigide zu kontrollieren galt. Ziel der Psychoanalyse war u.a. die Reise zu diesem dunklen Kontinent - um das Abgespaltene, Fremde dem Ich wieder zu erschließen und dadurch auch Projektionen auf das Fremde außerhalb und innerhalb der eigenen Person zu erkennen. In diesem Zusammenhang spielten Phantasien über das „dunkle" Körperinnere des weiblichen Genitals eine entscheidende Rolle. Im Gegensatz zum männlichen Genitale kann das kleine Mädchen seine Geschlechtsorgane nur zum Teil erkunden und in seinen Funktionen ausprobieren und beobachten: sie sind im Körperinneren- im Dunklen- verborgen. Kestenberg (1988) charakterisiert diese Phantasien aufgrund ihrer vielen Beobachtungen von Mädchen folgenderweise:

„Mädchen empfinden sich als offenes System, folglich sind sie weniger darauf bedacht, ihre Körperoberfläche intakt zu halten. Anderseits haben sie Angst, ihr Inneres könnte herausfallen und einen Zustand der Leere erzeugen. Sie sind länger anhaltenden Zuständen innerer Erregtheit unterworfen; obschon sie sich davon frei machen wollen, empfinden sie Leere und Traurigkeit, wenn diese Gefühle sie verlassen. Beim Onanieren reibt der Knabe Haut an Haut, während das Mädchen Schleimhäute berührt und weiches Gewebe betastet, das nachgibt und nicht die Vorstellung fester Formen vermittelt." (p. 351/52).[14]

Diese Körperphantasien, des weiblichen Genitals als „offenes System", als „vages, weiches, unstrukturiertes inneres Organ" prädestinieren, meiner klinischen Erfahrung nach, sowohl zu einer besonderen Sensibilität für vage Selbst- und Objektgrenzen (die oft enge psychische Verschmelzung der Selbst- mit der Mutterrepräsentanz) wie auch zu Phantasien über das zerstörbare und zerstörerische innere Genitale (vgl. z.B. Traum vom Schiffsbauch mit den Leichen bei Frau M.) (vgl. dazu auch Bernstein, 1993).

Wie schon kurz angedeutet, waren bei Frau M. diese vielschichtigen Phantasien zudem durch frühe Identifikationen mit dem weiblichen Körperbild der Mutter geprägt, was schwerwiegende Folgen hatte. In ihrer Wahrnehmung lehnte die Mutter ihren weiblichen Körper weitgehend ab und erlebte Sexualität, Schwangerschaft und Geburt als erniedrigend, beängstigend - und sich selbst als „Opfer" ihres Vaters, der „schuld war an der mühseligen Schwangerschaft, den schlimmen Geburten und der Totgeburt".

### b) „Rasend vor Sehnsucht und Lieb'..." (V.23)
Medea ist das Opfer des Amors: wegen ihrer sexuellen Leidenschaft verläßt sie Mutter und Schwester, tötet Vater und Bruder und wird, nach unsäglichem Leiden und schwersten Kränkungen, zur Mörderin der eigenen Kinder.

Unbewußt existierte für die hier diskutierten Frauen eine analoge „Wahrheit"- sie könnten von sexueller Leidenschaft überwältigt und - ein Opfer des Amor- in tragische, nicht mehr autonom zu steuernde Konflikte hineingetrieben werden ( zur analogen Angst vor weiblicher Leidenschaft in verschiedenen Kulturen, die u.a. die Klitorektomie motiviert, siehe u.a. Kulish, 1991).

In eindrücklicher Weise stießen wir im 4. Behandlungsjahr von Frau M. auf diesen Aspekt der Medea-Phantasie.[15] Nachdem die Ehekonflikte eskalierten und Frau M. während Monaten mit den Abgründen von Haß, Entwertung und Neid auf den erfolgreichen Ehemann ihre Analysestunden füllte, verliebte sie sich leidenschaftlich in einen anderen Mann und genoß erstmals intensiv die sexuelle Erfahrung mit ihn. Doch bald wurde deutlich, wie sehr sie diese Leidenschaft auch bedrohte: „Ich habe Angst, von einer Woge weggeschwemmt zu werden, die alles zerstört, was ich hab', mein Zuhause, meinen Beruf, ja irgendwie sogar meine Analyse."- Als tragische Bestätigung dieser unbewußten Befürchtung erlebte sie, daß ihr Mann in dieser Zeit einen lebensbedrohlichen Herzinfarkt erlitt.

### c) „... auf den ich all mein Hoffen setzt, mein ganzes Glück...."(V): die verlassene Königstochter
Sexuelle Leidenschaft war bei diesen Frauen verbunden mit einer tiefen Angst vor Abhängigkeit von ihrem Liebespartner. Medeas Geschichte erscheint in diesem Kontext wiederum paradigmatisch: aus Leidenschaft zu Jason verläßt sie ihre Heimat, ihre Familie, alles, was sie hatte: „auf den ich all mein Hoffen setzt, mein ganzes Glück.." , klagt sie den Frauen von Korinth. Im fremden Land ist sie- eine Königstochter aus Kolchis- total abhängig von der

Gunst Jasons und seiner Liebe.

In der Sage steht Medeas´ Vater, König Aetes, für Brutalität und Jähzorn, aber auch für einen patriarchalischen absoluten Anspruch auf Frau und Tochter. Diese Charakteristika erinnern mich an Teile der Vaterrepräsentanz der hier beschriebenen Frauen. Alle hatten mir zu Beginn der Behandlung vermittelt, daß ihre frühinfantilen Traumatisierungen wesentlich in der ausgeprägten ödipalen Verführung durch ihre Väter und der anschließenden abrupten Vertreibung aus dem ödipalen Paradies (z.B. durch den Tod des Vaters bei Frau M..) bestanden. Erst viel später in der analytischen Arbeit verstanden wir, daß diese Väter für die Patientinnen aus verschiedensten Gründen nur ungenügend als „Dritte in der frühen Triangulierung" zur Verfügung standen, und daher ihre Töchter kaum in ihrem Loslösungsprozeß von der frühen (depressiven) „Mondgöttin- Mutter" unterstützen konnten , möglicherweise ein Grund für die mangelhafte Entwicklung sicherer Selbst- und Objektgrenzen, aber auch einer ungenügenden Integration von Aggression und Libido.- Diese Schwäche in der Entwicklung stabiler Grenzen zwischen Selbst und Objekt war ein psychodynamischer Hintergrund für die schweren Abhängigkeits- und Autonomiekonflikte dieser Frauen, die ihre aktuellen Objektbeziehungen zu ihren Liebespartnern bestimmte.[16] Sie erlebten ihre Weiblichkeit nicht wie u.a. Reiche (1988) dies postuliert, als potente Generativität und Kreativität, sondern als verbunden mit einer archaischen Triebhaftigkeit, einer Gefahr für die Selbst- und Objektgrenzen, das Liebesobjekt aber auch für die Kultivierung aggressiver Impulse (vgl. Medea als „Barbarin" im Gegensatz zu der hellenischen Kreusa).

### d) Die wahnsinnige Kindesmörderin

Medea wird als Kindesmörderin zu einem Urbild weiblicher Zerstörungswut, die in ihrer Rache keine Grenzen mehr kennt und über Tod und Leben entscheidet. In Euripides Darstellung werden für Medea ihre Kinder zum Mittel der Rache am Ehegatten, der sie so sehr gekränkt hat.

*„Denn Feindes Hohn ertragen kann ich nimmermehr.."*

„Denn lebend schaut er nimmermehr die Söhne, die
Ich ihm geboren; auch die Neuvermählte soll
Ihm keine Kinder schenken, da die Schlimme schlimm
Hinsterben wird, ein Opfer meiner Zauberei.
O wähne niemand, daß ich schwach und feige sei

Und ruheliebend! Immer war ich andrer Art,
Furchtbar den Feinden und den Freunden wohlgesinnt.
Denn solcher Menschen Leben krönt der höchste Ruhm."
  Und als die Chorführerin mahnt:
„Du willst es wagen, dein Geschlecht zu morden, Frau?"
entgegnet Medea:
„So kränk'ich meinen Gatten auf das bitterste." (V. 782-802)

In dieser Passage ist die archaisch prägenitale Welt dargestellt „furchtbar den Feinden, und den Freunden wohlgesinnt: Mörderin den Feinden, Retterin und Lebensspenderin den Freunden (sie verspricht z.b. dem unfruchtbaren Athener König Kinder, wenn er sie aufnimmt).

Bei den hier diskutierten Analysandinnen existierte eine unbewußte Wahrheit, daß „Mütter" die Macht der Entscheidung über Leben und Tod zukommt, eine Macht, die Angst vor Vernichtung provozierte und daher- in den verschiedensten Versionen- zu einer Abwehr der eigenen Mutterschaft führte.

Immer wieder hatte Frau M. auf der Couch die Phantasie, sie sei wie mit einer Nabelschnur mit mir verbunden: jederzeit könne ich diese durchtrennen. Die unbewußte Überzeugung, als Muttter könne man über Leben und Tod entscheiden, stand vermutlich u.a. in Zusammenhang mit kindlichen Phantasien, die durch die Erzählungen der Mutter stimuliert worden waren, ihr Geschwister sei in ihrem Bauch gestorben. Ihre Sterilität schützte sie unbewußt davor, als Mutter in eine analoge Situation einer (phantasierten) Kindesmörderin zu geraten. Die Bearbeitung dieser Phantasien in der Behandlung (auch der darin enthaltenen infantilen Todeswünsche gegen Geschwister) führten dazu, daß die schweren Menstruationsbeschwerden von Frau M. (Bauchkrämpfe, Übelkeit, z.T. Migräne) sukzessiv verschwanden.

Eine andere Facette der gemeinsamen Arbeit jener Monate war, daß wir anhand einer Serie von Träumen von siamesischen Tierzwillingen auf ihre unbewußte Überzeugung stießen, ihr Körper sei nach wie vor ein Teil des mütterlichen (bzw. verschmolzen mit mir), die ihr (u.a.als Rache für ihre ödipalen Wünsche) kein gesundes Kind gönne. Erst als wir ihren projizierten Neid in diesen Phantasien erkannten, wurde ihr hochambivalenter Kinderwunsch der analytischen Arbeit zugänglich.

Zusammenfassend kann die unbewußte Medea-Phantasie bei den hier untersuchten Frauen phänomenologisch folgenderweise charakterisiert werden: Die eigene Weiblichkeit bedeutet „Macht über Leben und Tod". Damit verbunden sind archaische Ängste vor der eigenen Destruktivität – auch vor dem potentiellen Impuls, das eigene Kind umzubringen. Der weibliche Körper wird als hoch ambivalent erlebt oder weitgehend abgelehnt und ist mit vorwiegend negativen Körperphantasien verbunden. Die weiblichen Körperfunktionen werden nicht als potent und lustvoll wahrgenommen, sondern als unheimlich, unzuverlässig und potentiell destruktiv. Die weiblichen Genitalien sind unbewußt Sinnbild von „blutiger Zerstörung" , von heimlichem Unheil für sich, den eindringenden Penis, sowie für potentielle Kinder. Außerdem gehört der eigene weibliche Köper unbewußt der Mutter und nicht sich selbst. In diesem Zusammenhang stehen auch unbewußte Attacken auf die Generativität des mütterlichen Körpers- und- in Identifikation damit- auf die (potentiellen) Produkte der eigenen Weiblichkeit.

Zudem wird das Frausein (und zwar sowohl die sexuelle Leidenschaft wie auch die Mutterschaft) als existentielle Abhängigkeit vom Mann und Vater des (potentiellen) eigenen Kindes erlebt – eine Erfahrung von Ohnmacht und tiefer Kränkung, oft ein Grund für einen ausgeprägten Penisneid. Sowohl Sexualität als auch Mutterschaft sind daher konflikthaft und scheinen in den Phantasien mit der Gefahr verbunden, die eigenen Selbst- und Objektgrenzen zu verlieren und von intensiven libidinösen und/ oder aggressiven Affekten überflutet zu werden. Besonders die Verbindung von Sexualität und Mutterschaft wird sowohl für das Selbst wie für das Objekt als bedrohlich erlebt.[17]

Psychogene Sterilität und Frigidität sind eine mögliche Folge dieser unbewußten Phantasie bei diesen Frauen[18].

Abschließend noch eine Bemerkung zur Genese dieser unbewußten Phantasie formulieren: Bei allen hier diskutierten Frauen war relativ zuverlässig rekonstruiert worden, daß ihre Mütter während des ersten Lebensjahres an schweren Depressionen (z.T. Postpartumdepressionen) litten und z.T. monatelang mit Antidepressiva behandelt wurden, was die Atmosphäre der frühen Mutter-Kind Interaktion wesentlich bestimmte. In meiner ausführlicheren Arbeit (Leuzinger-Bohleber, 1994) habe ich die theoretischen Frage diskutiert, wie solche Erfahrungen zur Entwicklung einer unbewußten Phantasie beitragen können. Bezugnehmend auf psychoanalytische Forschungen, Ergebnisse der neueren Gedächtnisforschung und der empirischen Säuglingsforschung wurde postuliert, daß diese traumatischen Erfahrungen (insbesondere die intensiven Affekte) vermutlich in präsymbolischen, sensomotorisch-affektiven Schemata (RIGs nach Stern, 1985) gespeichert wurden und nachträglich, im Zusammenhang mit erneuten Traumatisierungen in der weiblichen Identitätsentwicklung (nach dem Erwerb der Symbolisierungsfähigkeit) symbolisiert wurden und nun als semantisch und strukturell differenzierte, symbolisierte unbewußte Phantasie im Gedächtnis der Patientinnen ihren Niederschlag fanden. Die Medea-Phantasie wurde daher als Produkt solcher präsymbolischer und symbolischer, traumatischer Erfahrungen betrachtet, die zu einem Teil der weiblichen Selbstrepräsentanz verschmolzen waren und unerkannt die Erfahrungen mit der eigenen weiblichen Identität wesentlich bestimmten.

Aus Zeit- und Diskretionsgründen konnte hier nicht darauf eingegangen werden, wie sich die Medea-Phantasie sukzessiv in der Übertragung manifestierte, und wie durch die psychoanalytische Bearbeitung dieser Phantasie die dadurch determinierten neurotischen Symptome verschwanden, für uns immer noch das wichtigste psychoanalytische Wahrheitskriterium. Die Entdeckung der versteckten Winkel des „dunklen Kontinents Weiblichkeit" war eine zwar schmerzliche, aber für mich berührende und eindrucksvolle Erfahrung in diesen Psychoanalysen, eindruckvoll wie die allmähliche Integration bisher tabuisierter Seiten der eigenen Weiblichkeit in Selbst- und Selbstideal: eine sukzessive Aufhebung der Spaltung der Mutterrepräsentanz in „gut" und „böse „ und der unbewußten Selbstbildes einer Hexe- und einer Heiligen. Dadurch wurde das unbewußte Selbstbild dieser Frauen schließlich relativiert, ein Selbstbild, das sich in der Äußerung von Jason über Medea spiegelt: „eine Löwin, nicht ein Weib, von wilder Art als Skylla tief im Meeresfeld Tyrrhenias."

## Zusammenfassung

In dieser Arbeit wurden archaische Weiblichkeitskonflikte von 10 Frauen (5 Analysandinnen, 1 Jugendliche in Analyse und 4 Psychotherapiepatientinnen) diskutiert. Spezifische, immer wiederkehrende Beobachtungen in der Übertragungs-/Gegenübertragungsszene führten zur Entdeckung einer unbewußten Phantasie, der „Medea-Phantasie", einem zentralen Teil der unbewußten Selbstrepräsentanz dieser Frauen. Diese Phantasie zentrierte sich um die unbewußte „Wahrheit", daß weibliche Sexualität, Leidenschaft und Mutterschaft mit der Gefahr verbunden sind, in einen tiefen regressiven Prozeß hineingezogen zu werden, durch den unkontrollierbare destruktive Impulse gegen sich selbst, den Liebespartner und vor allem gegen eigene Kinder freigesetzt werden könnten. Psychogene Frigidität und Sterilität waren mögliche Folgen damit verbundener Ängste und Konflikte. Die verschiedenen Komponenten dieses unbewußten Phantasie-Systems wurden, bezugnehmend auf die antike Frauengestalt der Medea von Euripides, herausgeschält und mit einer Traumanalyse aus einer Psychoanalyse illustriert. In der ausführlichen Fassung der Arbeit (Leuzinger-Bohleber, 1994) wurden einige Hypothesen zur Genese dieser unbewußten Phantasie formuliert. Bei den hier diskutierten Frauen war relativ zuverlässig rekonstruiert worden, daß ihre Mütter während des ersten Lebensjahres an schweren Depressionen (z.T. Postpartumdepressionen) litten, was die Atmosphäre der frühen Mutter-Kind Interaktion wesentlich bestimmte. Der theoretischen Frage wurde nachgegangen, wie solche Erfahrung zur Entwicklung einer unbewußten Phantasie beitragen können. Bezugnehmend auf psychoanalytische Forschungen und Ergebnisse der neueren Gedächtnisforschung wurde postuliert, daß diese traumatischen Erfahrungen (insbesondere die intensiven Affekte) vermutlich in präsymbolischen, sensomotorisch-affektiven Schemata gespeichert wurden und nachträglich, im Zusammenhang mit erneuten Traumatisierungen in der weiblichen Identitätsentwicklung (nach dem Erwerb der Symbolisierungsfähigkeit) symbolisiert wurden und nun als semantisch und strukturell differenzierte, symbolisierte unbewußte Phantasie im Gedächtnis der Patientinnen ihren Niederschlag fanden. Die Medea-Phantasie wurde daher als Produkt solcher präsymbolischer und symbolischer, traumatischer Erfahrungen betrachtet, die zu einem Teil der weiblichen Selbstrepräsentanz verschmolzen waren und unerkannt die Erfahrungen mit der eigenen weiblichen Identität wesentlich bestimmten.

## Literatur

Auhagen, U. (1975): Weiblichkeit, Mütterlichkeit und Gegenübertragung. Psyche, 29, 568–579.

Babatzanis, J./Babazanis, G. (1992): Fate and the personal myth in Medea's plight: filicide. In: The Personal Myth in the Psychoanalytic Theory. Ed. Hartocollis, P./Davidson, G.I. Madison: Int. Univ. Press, 234–254.

Badinter, D. (1991): Die Mutterliebe. Geschichte eines Gefühls vom 17. Jahrhundert bis heute. München: Piper.

Balint, A. (1962): Liebe zur Mutter und Mutterliebe (1939), Psyche, 16, 481–496.

Barante, I. (1984): „Das einzigartige Mütterliche". Jahrbuch der Psychoanalyse, 16, 73–93.

Beebe, B./Lachmann, F: M: (1988): Mother-infant mutual influence and precursors of psychic structure. In Frontiers in Self Psychology. Ed.: A. Goldberg, Hillsdale, NJ: The Analytic Press, 3–25.

Beland, H. (1989): Die unbewußte Phantasie. Kontroversen um ein Konzept. Forum Psychoanal. 5, 85–98.

Benjamin, J. (1990): Die Fesseln der Liebe. Psychoanalyse, Feminismus und das Problem der Macht. Frankfurt: Roter Stern.

Bernstein, D. (1993): Weibliche genitale Ängste und Konflikte und die typischen Formen ihrer Bewältigung. Psyche, 47,6, 530–560.

Blum, H. (ed.) (1977): Female Psychology. New York: Univ. Press, 139–157.

Bohleber, W. (1992a): Identity and the self: Interactional and intrapsychic paradigm. Significance of infant research for psychoanalytic Theory. In „Two Butterflies on My Head..." Ed. Leuzinger-Bohleber, M./Schneider, H./Pfeifer, R. New York: Springer, 107–133.

Brede, K. (ed.) (1987): Befreiung zum Widerstand. Aufsätze zu Feminismus, Psychoanalyse und Politik. Frankfurt: Fischer.

Caldwell, R: S. (1976): Primal Identity. Int. Rev. Psycho-Anal. 3, 417–434.

Chasseguet-Smirgel, J. (ed) (1974): Psychoanalyse der weiblichen Sexualität. Frankfurt: Suhrkamp. – (1976): Freud and female sexuality: the consideration of some blind spots in the exploration for the „Dark Continent". Int. J. Psycho-Anal., 3, 275–287. – (1988): A woman's attempt at a perverse solution and its failure. Int.J. Psycho-Anal., 69, 2, 149–163.

Cherazi, S. (1988): Zur Psychologie der Weiblichkeit, Psyche, 42, 4, 307–328.

Chodorow, N. (1985): Das Erbe der Mütter. Psychoanalyse und Soziologie der Geschlechter. München: Frauenoffensive.

Clancy, W. J. (1993): Review of Isreal Rosenfield: the Intervention of Memory (siehe unten). Unpubliziertes Manuskript.

Dalsimer, K. (1986): Female Adolescence. Psychoanalytic Reflections. New York: Yale Univ. Press.

Dennet, D. C. (1994): Philosophie des menschlichen Bewußtseins. Hamburg: Hoffmann und Campe.

Dornes, M. (1993): Der kompetente Säugling, Frankfurt: Fischer. – (1994): Können Säuglinge phantasieren? Vortrag, gehalten am 21.1.1994 am Sigmund Freud Institut Frankfurt.

Edelmann, G. M. (1987): Neural Darwinism: the Theory of Neural Group Selection. New York: Basic Books.

Eicke.-Sprengler, M. (1988): Über Schuld- und Schamgefühle bei Frauen, Zeitschrift für psychoanal. Theorie und Praxis, 1, 77–94.

Emde, R.N. (1983): Dialogue from Infancy. New York. Int. Univ. Press.

Escoll, Ph.J. (1991): Prologue and epilogue to: Contemporary issues in female psychology. Psychoanal. Inquiry, 11,4, 421–427; 602.

Euripides (1854): Medea. Trans. A. Buckley. London: Pohl. Used translation: Coleridge, D.P.: „The plays of Euripides". In Great Books of the Western World. Ed. R.N. Hutchins, 5. London: Encyclopaedia Brittanica, 1952.

Fast, I. (1984): Gender idenity. A differentiational model. London: Analytic Press.

Fischer, R.M.S. (1991): Pubescence: A psychoanalytic study of one girl's experience of puberty. Psychoanal. Inquiry, 11, 4, 457–480.

Fonagy, P./Moran, G.S./Target, M. (1993): Aggression and the psychological self. J. Psycho-Anal., 74, 471–485.

Freud, S. (1985): Studien über Hysterie. GW, I, 75–312.

Freud, S. (1907): Der Wahn und die Träume in W. Jensens „Gradiva", GW, VII, 29–122.

Freud, S. (1909): Bemerkungen über einen Fall von Zwangsneurose. GW, VII, 379–463.

Freud, S. (1921): Massenpsychologie und Ichanalyse. GW, XII, 71–161.

Freud, S. (1926): Die Frage der Laienanalyse. Unterredungen mit einem Unparteiischen. S.E. 20, 183–250.

Friedmann, A.R. (1960): Group psychotherapy in the treatment of the Medea complex. Acta Pschotherapeutica et Psychosomatica, 8, 457–461.

Gaertner, B. (1992): Die Anbahnung der Mutter-Kind-Beziehung während der Schwangerschaft. Doctoral theses, 1992, Shall be published in: Beltz-Verlag, Basel.

Gambaroff, M. (1987): Sag mir, wie sehr liebst du mich. Frauen über Männer. Hamburg: Rowohlt.

Gillespie, W. (1975): Freuds Ansichten über die weibliche Sexualität. Psyche, 9, 29, 789–805.

Giovacchini, S.L. (1979): The dilemma of becoming a women. In Female Adolescent Deveopment. Ed. M. Sugar, New York: Brunner/Mazel, 253–273.

Goldschmidt, O. (1973): Die funktionale Sterilität der Frau. Psyche, 27, 1, 69–87.

Granzow, St. (1994): Das autobiographische Gedächtnis. Stuttgart: Quintessenz Verlag.

Greenacre, Ph. (1950): Special problems of early female development. Psychoanal. Study Child, 5, 122–138.

Groen-Prakken, H. (1990): Nicht sehen, nicht verstehen und die weibliche Identität. Zeitschrift für psychoanal.Theorie und Praxis, 5, 4, 296–311.

Grossman, K. E. (1987): Die natürlichen Grundlagen zwischenmenschlicher Bindungen. Anthropologische und biologische Überlegungen. In: Niemitz,C. (Hg.): Erbe und Umwelt. Frankfurt a.m.: Suhrkamp, 200–236.

Grossman, W: I./Stewart, W. A. (1976): Penis envy: From childhood wish to developmental metaphor. J. Amer. Psychoanal. Assn. 24, 193–212.

Hagemann-White, C. (1978): Frauenbewegung und Psychoanalyse, Psyche, 32, 8, 732–764.

Hagglund, T. B./Piha, H. (1980): The inner space of the body image. Psychoanal. Q. 49, 2, 256–284.

Herzog, J. M. (1994): Die Begegnung mit dem Vater in der analytischen Situation. Vortrag am 9.5.1994 vor der Frankfurter Psychoanalytischen Vereinigung.

Hirshberg, L. M. (1989): Remembering: Reproduction or construction? Psychoanalysis and contemporary thought, 12, 3, 343–383.

von Hoff, D., Leuzinger-Bohleber, M. (1995): Versuch eine Begegnung. Psychoanalytische und textanalytische Verständigungen zu Elfriede Jelineks Buch „Lust". unveröffentlichtes Manuskript, eingereicht bei der Zeitschrift Psyche.

Inderbitzin, L. B. (1989): Unconscious fantasy. J. Am. Psychoanal. Ass., 37, 3, 823–837.

Jacobson, D. (1964): The Self and the Object of World. London: The Hogart Press.

Jordan, J. P. (1990): Inner space and the interior of the maternal body. Int. Rev. of Psycho-Anal. 17, 4, 433–445.

Kerènyi, K. (1992): Die Mythologie der Griechen. Bd. 2: Die Heoren Geschichten. Stuttgart: Deutscher Taschenbuch Verlag, 197–219.

Kernberg, O. (1976): Object-relations Theory and Clinical Psychoanalysis. New York: Jason Aronson. – (1987): Projection and projective identification: Developmental and clinical aspects. J. Am. Psychoanal. Ass., 35,4, 795–821.

Kestenberg, J. C. (1988): Der komplexe Charakter weiblicher Identität. Psyche, 42,4, 349–365.

Kittler, E. (1992): „Anna Selbdritt": Zum Problem der Mutterschaft während der Analyse. Zeitschrift f. psychoanal. Theorie und Praxis, VII, 4, 398–420.

Köhler, L. (1990): Neuere Ergebnisse der Kleinkindforschung. Ihre Bedeutung für die Psychoanalyse. Forum der Psychoanalyse, 6, 32–51. – (1994): Die Bedeutung der Säuglingsforschung für die Psychoanalyse Erwachsener. Vortrag für das Forum „Das reale und das rekonstruierte Kind" bei der Tagung der DPV in Hamburg am 14. 5. 1994.

Kohut, H. (1973): Überlegungen zum Narzißmus und zur narzißtischen Wut. Psyche, 27, 513–554.

Kostner-Sanders, Th./Groen-Prakken, H. (1988): Über die weibliche Identität und

Sexualität, Zeitschrift für psychoanalytische Theorie und Praxis, 113–123.

Koukkou, M./Lehmann, D. (1989): Informationsverarbeitende Hirnprozesse und kognitiv-emotionale Entwicklung: Eine pschophysiologische Betrachtung. In: H.M. Weinmann (Ed.): Aktuelle Neuropädiatrie. Berlin: Springer, 376–386.

Krause, R./Steimer-Krause,E./Ullrich, B. (1992): Use of Affect Research in Dynamic Psychotherapy. In: Leuzinger-Bohleber, M./Schneider, H./Pfeifer, R. (eds.): „Two Butterflies on My Head..." (siehe unten), 277–293.

Krystal, H. (1968) (ed.): Massive Psychic Trauma. New York: Int. Univ. Press.

Kulish, N. M. (1992): The mental representation of the clitoris: the fear of female sexuality. Psychoanal. Inquiry, 11,4, 480–511.

Lampl-de Groot, J. (1982): Thoughts on psychoanalytic views of female psychology, 1927–1977. Psychoanal. Q., 51, 1, 1–19.

Langer, M. (1988): Mutterschaft und Sexus. Körper und Psyche der Frau. Freiburg: Kore Verlag.

Lebovici, S. (1983): Der Säugling, die Mutter und der Psychoanalytiker: Die frühen Formen der Kommunikation. Stuttgart: Klett-Cotta, 1990.

Lester, D. P./Notman, M.T. (1986): Pregnancy, developmental crisis and object relations: psychoanalytical considerations. Int. J. Psychoanal., 67,3, 357–367.

Leuzinger-Bohleber, M. (1984): Nora – Die Analyse einer Zwölfjährigen. arbeitshefte kinderpsychoanalyse. WZ II, Heft 4, 29–90. – Dumschat, R. (1992): Separation, Autonomie und Trauer. Eine zentrale Dimension spätadoleszenter Identitätsbildung bei heutigen Studentinnen? In: Leuzinger-Bohleber, M., Mahler, E.(Hrsg): Phantasie und Realität in der Spätadoleszenz. Opladen: Westdeutscher Verlag, 162–202. – (1994): Psychoanalyse und neuere Gedächntisforschung. Aspekte eines interdisziplinären Dialogs. Unveröffentlichtes Manuskript. – (1994): Die „Medea-Phantasie"- eine unbewußte Determinente archaischer Weiblichkeitskonflikte bei einigen psychogen sterilen Frauen. Unveröffentlichte Arbeit zum Erwerb der ordentlichen Mitgliedschaft in der Deutschen Psychoanalytischen Vereinigung. (1996), Erinnerung in der Übertragung. – Zum interdisziplinären Dialog zwischen Psychoanalyse und biologischer Gedächtnisforschung. Erscheint in Psychotherapie, Psychosomatik, Medizinische Psychologie.

Lewis, M. D. (1993): A Neo-Piagetian interpretation of Melanie Klein's theory of infancy. Psychoanalysis and Contemporary Thought, 1993, 519–559.

Lichtenberg, J. C. (1983): Psychoanalysis and Infant Research. Hillsdale, New Jersey, The Analytic Press.

Lichtenstein, H. (1977): The Dilemma of Human Identity. New York: Jason Aronson.

Lorenzer, A. (1981): Was ist eine unbewußte Phantasie? In: A. Schöpf (Hg.): Phantasie als anthropologisches Problem. Würzburg: Königshausen und Neumann, 213–224.

Mahler, M. (1972): Symbiose und Individuation. Stuttgart: Klett.

Mahler-Bungers, A. (1988): Der Trauer auf der Spur. Zu Elfriede Jelineks: Die Klavierspielerin. In: Cremerius, J./Mauser, W./Pietzckar, C./Wyatt, F. (Hg.). Masochismus in der Literatur. Freiburger literaturpsychologische Gespräche, Bd. 7, Kreuzbaum u. Neumann.

Mann Kulsih, N. (1991): The mental representation of the clitoris: The fear of female sexuality. Psychoanal. Inquiry, 11,4, 511–537.

de Mause, L. (ed.) (1977): Hört ihr die Kinder weinen. Eine psychogenetische Geschichte der Kindheit. Frankfurt a.M.: Suhrkamp.

Mayer, D. L. (1991): Towers and enclosed spaces: A preliminary report on gender differences in children's reactions to block structures. Psychoanal. Inquiry, 11, 4, 480–511.

McDougall, J. (1991): Sexual identity, trauma and creativity. Psychoanal. Inquiry, 11, 4, 559–582.

Mertens, W. (1992): Entwicklung der Psychosexualität und der Geschlechtsidentität, Bd. 1, Stuttgart: Kohlhammer.

Meyer zur Capellen/Werthmann, A./Widmer-Perrenoud, M. (1993): Die Erhöhung der Frau. Frankfurt a.M.: Suhrkamp.

Mitschell, J. (1974): Psychoanalyse und Feminismus. Frankfurt a.M.: Suhrkamp.

Mitscherlich-Nielsen, M. (1975): Psychoanalyse und weibliche Sexualität. Psyche, 9,29, 769–789. – (1978): Zur Psychoanalyse der Weiblichkeit, Psyche, 32, 8, 669–659.

Molfino, F. (1993): Neutralität, Bisexualität und Androgynie des Psychoanalytikers. Psyche, 47, 6, 560–574.

Montgrain, N. (1983): On the vissitudes of female sexuality, the difficult path from „anatomical destiny" to psychic representation. Int. J. Psychoanal., 64, 169–187.

Moser, U./v. Zeppelin, I. (Ed.) (1991): Cognitive-Affective Processes. New Ways of Psychoanalytic Modeling. Berlin: Springer.

Nadig, M. (1986): Zur Ethnopsychoanalytischen Erarbeitung des kulturellen Raums der Frau, Psyche, 40, 193–219. – (1986): Die verborgene Kultur der Frau. Ethnopsychoanalytische Gespräche mit Bäuerinnen in Mexico. Frankfurt a.M.: Fischer.

Orgel, S./Shengold, L. (1968): The fatal gift of Medea. Int. J. Psychoanal. 49, 379–383.

Parin, P./Morgenthaler, F./Parin-Mattéy, G. (1963): Die Weißen denken zu viel. Psychoanalytische Untersuchungen bei den Dogon in Westafrika. Zürich: Atlantis.

Person, E: S./Ovesey, L. (1993): Psychoanalytische Theorien zur Geschlechtsidentität. Psyche, 47, 6, 505–530.

Pfeifer, R./Leuzinger-Bohleber, M. (1986): Application of cognitive science methods to psychoanalysis: A case study and some theory. Int. Rev. Psychoanal., 13, 221–240.

Pfeifer, R./Leuzinger-Bohleber, M. (1992): A dynamic view of emotion with an application to the classification of emotional disorders. In: Leuzinger- Bohleber M., Schneider, H., Pfeifer, R. (eds.) (1992): „Two Butterflies on My Head..." Psychoanalysis in Ihe interdisciplinary Scientific Dialogue. Berlin: Springer, 215–245.

Piers, M. W. (1976): Das Problem des Kindermords. Psyche, 30, 5, 418–436.

Pines, D. (1988): Wozu Frauen ihren Körper unbewußt benutzen. Zeitschrift für psychoanal. Theorie und Praxis, 1, 94–113. – (1990): Pregnancy, miscarrage and abortion. A psychoanalytic perspective. Int. J. Psychoanal. 71,2, 301–309. – (1993): A Women's Unconscious Use of her Body. A Psychoanalytical Perspective. London: Virago Press.

Poluda-KorteE.S. (1992): Freud und die Töchter. Versuch einer Emanzipation von patriarchalischen Vorurteilen in der Psychoanalyse. In: Jahrbuch der Psychoanalyse, 29, 92–139. Stuttgart: frommann-holzboog.

Prokop, U. (1980): Weiblicher Lebenszusammenhang. Von der Beschränktheit der Strategien und der Unangemessenheit der Wünsche. Frankfurt: Suhrkamp.

Psychoanalytisches Seminar Zürich (ed.) (1987): Bei Lichte gesehen wird es finster. FrauenSichten. Frankfurt: Suhrkamp.

Quinodoz, C. (1991): „Ich habe Angst, mein Kind zu töten" oder: ausgesetzter Ödipus, adoptierter Ödipus. Zeitschrift für psychoanal. Theorie und Praxis, 6, 1, 47–62.

Quinodoz, J. M. 1986): Identifizierung und Identität der weiblichen Homosexualität. Zeitschrift für psychoanal. Theorie und Praxis, 1, 82–95.

Raguse-Stauffer, B. (1990): Psychoanalytische Überlegungen zu Klimakterium und Menopause. Zeitschrift für psychoanal. Theorie und Praxis, 4, 322–336.

Reinke-Köberer, D. (1978): Zur Diskussion über die psychosexuelle Entwicklung der Frau, Psyche, 32, 8, 695–732.

Renik, O. (1984): An example of disavowal involving the menstrual cycle. Psychoanal. Q., 53, 4, 523–533.

Resnik, P.J. (1970): Murder of the newborn. A psychiatric review of neonaticide. Amer. J. Psychiat. 126, 10.

Rheingold, J. C. (1964): The Fear of Being a Women. A Theory of Maternal Destructiveness. New York: Grune & Stratton.

Rhode-Dachser, Ch. (1991): Expeditionen in den dunklen Kontinent. Berlin: Springer.

Rosenfield, I. (1988): The Intervention of Memory: A New View of the Brain. New York: Basic Books.

Roth, G. (1992): Neuronale Grundlagen des Lernens und des Gedächtnisses. In: Schmidt, S. J. (Hrsg): Gedächtnis. Probleme und Perspektiven der interdisziplinären Gedächtnisforschung. Frankfurt a.M.: Suhrkamp, 127–159.

Rotmann, M. (1978): Über die Bedeutung des Vaters in der „Wiederannäherungsphase", Psyche, 32, 1105–1147.

Sandbank, T. (1993): Psychoanalysis and maternal work-some parallels. Int. J. Psychoanal. 74, 4, 715–729.

Sander, L. W. (1988): The Event-Structure of Regulation in the Neonate-Caregiver System as a Biological Background for Early Organization of Psychic Structure. In Frontiers of Self Psychology. Ed. A. Goldberg. Hilldale: The Analytic Press, 64–77.

Sandler, J./Dare, Ch. (1973): Der psychoanalytische Begriff der Oralität. Psyche, 27, 8, 770–788.

Sayers, J. (1989): Melanie Klein and mothering – a feminist perspective. Int. Rev. Psychoanal. 16, 3, 363–377.

Schaule, A. (1982): Tötungshandlungen von Müttern an ihren eigenen Kindern unter besonderer Berücksichtigung des Medea-Komplexes. München: Med. Diss.

Schmidt-Hellerau, C. (1988): Das Rätsel der Weiblichkeit, Psyche, 42, 4, 289–307.

Schmukler, A. G./Garcia, D. D. (1990): Special symbols in early female oedipal development: fantasies of folds and spaces, protuberances and concavities. Int. J. Psychoanal. 71, 2, 309–321.

Schteingart, A. (1986): Weiblichkeit und psychoanalytischer Prozeß. Unveröffentlichtes Manuskript zur Erlangung der ordentlichen Mitgliedschaft der Schweizerischen Gesellschaft für Psychoanalyse.

Seitlage, C. F./Bemesderfer, S./Rosenthal, J./Afterman, J./Spielman, P.M. (1991): The appeal cacle in early mother-child interaction: nature and implications of a finding from developmental research. J. Amer. Psychoanal. Assn. 39, 4, 967–987.

Shengold, L. (1963): „The parent as Sphinx." J. Amer. Psychoanal. Assn. 11.

Silver, C. (1991): Freud, Gisela, Silberstein, and the repudation of femininity. Psychoanal. Inquiry, 11, 4, 441–457.

Spence, D. P. (1982): Narrative Truth and Historical Truth. Meaning and Interpretation in Psychoanalysis. New York: Norton.

Spitz, R. (1972): Vom Säugling zum Kleinkind. Stuttgart: Klett.

Stern, E. S. (1948): The Medea complex: the mother's homicidal wishes to her child. Journal of mental Science, 94, 321–331.

Stern, D. (1985): The Interpersonal World of the Infant. New York: Basic Books.

Stoller, R. J. (1976): Primary feminity. J. Amer. Psychoanal. Assn., 24, 59–78.

Sugar, M. (Ed.) (1979): Female Adolescent Deveopment. New York: Brunner/Mazel.

Thomä, H. (1957): Männlicher Transvestitismus und das Verlangen nach Geschlechtsumwandlung. In: Thomä, H. Schriften zur Psychoanalyse. Vom spiegelnden zum aktiven Psychoanalytiker. Frankfurt: Suhrkamp, 1981, 317–366.

Tustin, F. (1988): Autistische Barrieren bei Neurotikern. Frankfurt a.m.: Nexus.

Tyson, Ph. (1991): Some Nuclear Conflicts of the Infantile Neurosis in Female Development. Psychoanal. Inquiry, 11, 4, 582–602.

Walde, Ch. (1993): Medea, eine Frauengestalt der Antike. Unpublished manuscript.

Wallerstein, J./Blakeslee, S. (1989): Gewinner und Verlierer. Frauen, Männer, Kinder nach der Scheidung. Eine Langzeitstudie. München: Droemer Knaur.

Warsitz, P. R. (1994): Medeas Schwermut. Zur Psychodynamik der Melancholie. Erscheint in fragmente.

Winnicott, C. W. (1971): Playing and Reality. London: Tavistock Publications.

Wittels, F. (1944): Psychoanalysis and literature. In Psychoanalysis Today. Ed. Lorand. New York: Covici-Friede.

Young-Bruehl, D. (1991): Rereading Freud on female development. Psychoanal. Inquiry, 11, 4, 427–441.

Zeul, M. (1988): Die Bedeutung des Vaters für die psychosexuelle Entwicklung der Frau. Psyche, 42, 4, 328–349.

Zwiebel, R. (1992): Der Schlaf des Analytikers. Die Müdigkeitsreaktion in der Gegenübertragung. Stuttgart: Verlag Internationale Psychoanalyse.

## *Anmerkungen*

[1] Dieser Vortrag ist eine verkürzte und veränderte Version meiner Arbeit zum Erwerb der ordentlichen Mitgliedschaft in der Deutschen Psychoanalytischen Vereinigung (Leuzinger- Bohleber, 1994).
Ich danke Dr.Dinora Pines und meinen Kolleginnen und Kollegen der von ihr geleiteten Supervisionsgruppe sehr, daß ich einige der hier diskutierten Analysandinnen dort vorstellen konnte und viele produktive und wichtige Anregungen erhielt. Ebenfalls danken möchte ich Dr. Christina Walde, daß sie mir ihre altphilologische Kompetenz im interdisziplinären Dialog zur „Medea" zur Verfügung stellte.
Auch Ingrid Behrens, Sybille Drews, Martin Dornes, Rotraut De Clerk, Michaela Grüntzig, Hildegard Lahme-Gronostaj, Renée Meyer-zur-Capellen, Regula Schiess, Peter Riedesser, Ursula Walter und vor allem Werner Bohleber danke ich herzlich für die kritische Lektüre meines Manuskriptes.

[2] Ich weiß, daß dies methodisch nicht unumstritten ist, u.a. weil eigene Projektio-

nen die Wahrnehmung des literarischen Werks verzerren können. Daher war ich froh, daß Frau Dr. Walde mir im interdisziplinären Dialog zu „Medea" dank ihres altphilologisches Expertenwissens, solche Projektionen ansatzweise zu korrigieren.

3 Vgl. u.a. Freud (1937) „...denn für das Psychische spielt das Biologische wirklich die Rolle des unterliegenden, gewachsenen Felsens" ( p.96 ff.).

4 Arlow (1995) charakterisiert unbewußte Phantasien in analoger Weise: „ Die Funktion der unbewußten Phantasie ist nicht auf die Befriedigung von Trieben beschränkt. Wie schon erwähnt, enthält die Form der unbewußten Phantasie Elemente, die beiträge aus dem Es, Ich und Überich widerspiegeln. Unter diesen kann die Abwehrfunktion des Ichs die voherrschende Rolle bei der Organisation der Phantasie üernehmen". (S. 154)

5 Walde(1993) zeigte kürzlich auf, wie faszinierend diese Frauengestalt schon in der Antike für verschiedene Dichter war, die in ihren verschiedenen literarischen Werken je unterschiedliche Charakteristika der Medea hervorhoben (z.b. Sophokles, Seneca, Ovid u.a.). Auch in modernen Romanen taucht das Motiv des Kindermords als verzweifelte Reaktion von Frauen auf massive Kränkungen durch ihre Liebespartner immer wieder auf z.B. bei Elfriede Jelinek's Roman: „Lust" oder in Max Frisch frühem Roman „Die Schwierigen oder j 'adore ce qui me brûle" (vgl. von Hoff und Leuzinger-Bohleber, 1995).

6 Aus der nichtpsychoanalytischen Fachliteratur sei die Studie von Schaule (1982) erwähnt. Er untersuchte 35 Frauen mit Tötungshandlungen an ihren eigenen Kindern und bezog sich dabei auf den „Medea-Komplex".

7 Das Traummaterial wird mit Einwilligung der Analysandin veröffentlicht, ist aber dennoch aus Diskretionsgründen aktiv verschlüsselt.

8 Viel später stellt sich in der analytischen Arbeit heraus, daß dieses Traumbild auch ein Hinweis auf ein unbewußtes Körperschema ist: das weibliche Genitale wird von ihr erlebt, als etwas „ohne Grund", „worin man versinken kann", in dem der Samen des Mannes und unzählige Kinder tot aufbewahrt werden.

9 Ich kann in diesem Rahmen nicht auf die Entfaltung der Medea Phantasie in der Übertragungsneurose weiter eingehen: es war sehr eindrücklich, wie sie die Analyse in jenen Monaten sowohl als lebendbedrohende Schwangerschaft und Geburt und mich als „omnipotente Mutter" erlebte, die die Macht habe, über Leben und Tod der Analyse zu entscheiden, indem ich entweder selbst die Behandlung abrupt beende oder sie zu lange in der Behandlung behalte (sie wollte in dieser Zeit die Analyse abbrechen).

10 Aus Vorsicht verwende ich hier den Begriff „psychosoziale Sterilität" , da bei dieser Analysandin aufgrund der angedeuteten Lebensumständen im Gegensatz zu den anderen Patientinnen nicht genau diagnostiziert werden konnte, ob es sich bei ihr auch um eine „psychogene Sterilität" handelte.

11 Die Frage, wie wir zu unseren analytischen Erkenntnissen gelangen und welche Rolle dabei unsere theoretischen Konzepte spielen, berührt bekanntlich ein schwieriges theoretisches Problem. Für mich selbst sind in diesem Zusammenhang

u.a. die Arbeiten von Fritz Morgenthaler und Ulrich Moser wichtig, in denen sie von der Dialektik des analytischen Erkenntisprozesses, bzw. von einem ständigen, sensiblen Pendeln zwischen theoretischem Verständnis und neuen, klinischen Beobachtungen sprechen ( siehe auch Leuzinger-Bohleber, Schneider u. Pfeifer, 1992, Zwiebel, 1992).

12  Bei Euripides ist dies die einzige Textstelle, in der Medeas Mutter erwähnt wird. Nach Auskunft von Walde (1994) ist aber die Beziehung zur Mutter auch in keinem andern uns erhaltenen antiken Medea Text thematisiert worden. Ursprünglich war Medea eine Göttin. Später gab es zwei konkurrierend Versionen: a) Medea als Tochter der Quellnymphe Iduia und b) Medea als Tochter der Mond- und Unterweltsgöttin Hekate, einer typischen Frauengottheit. Wenn Medea in antiken Dramen eine Vertraute hat, ist dies nie die Mutter, sondern ihre Schwester (Apollonius Rhodios, Argonautica) . Walde schreibt dazu: „Daraus kann man nicht unbedingt auf eine Abwesenheit der Mutter schließen, da- wenn irgendwo in der antiken Literatur eine Frau Rat in Frauendingen suchte- sie in den meisten Fällen ihre Amme fragen wird oder eine andere Vertraute, nicht aber die Mutter (bedingt durch die antike Erziehungspraxis): Gerade Euripides versucht immer wieder zu zeigen: auf die Eltern ist sowieso kein Verlaß, die Bindung zwischen Kind und Erzeugern eher fragil. Ich denke auch, daß es ein Charakteristikum der Medea ist, daß ihre Gegner meistens Männer sind." (Brief,20.4.94). Auf eine weitere Problematik kann ich in diesem Rahmen nicht eingehen: „Medea" ist eine literarische Frauengestalt, die ein Mann, Euripides, entworfen hat, folglich auch geprägt sein könnte durch männliche Wahrnehmungen und Ängste vor starken, leidenschaftlichen Frauen („die omnipotente Mutter"?) (vgl. dazu u.a. Meyer-zur Capellen, Werthman, Widmer-Perrenoud, 1993).

13  Viele Psychoanalytiker und Ethnopsychoanalytiker (u.a. Kestenberg,1988, Parin, Parin-Mattey, Morgenthaler, 1963, Nadig, 1986, Ticho, 1991, p.142 ff.) haben auf diese komplexe Wechselwirkung zwischen äußerer und innerer Realität bei der Gestaltung von weiblicher Sexualität und Mutterschaft hingewiesen

14  Mayer (1991) replizierte die empirischen Studien zum unterschiedlichen Spielverhalten von Mädchen und Jungen von Erikson (1950) und Roiphe und Galenson (1981). Sie bestätigte die früheren Befunde, daß Mädchen im Vorschul- und Grundschulalter eher Innenräume konstruhieren bzw. vorziehen, Jungs eher Türme. Sie sieht darin einen Indikator für die Wahrnehmung der unterschiedlichen Geschlechtsorgane bzw. des Körperschemas von Mädchen und Jungs.

15  Bei allen hier vorgestellten Analysandinnen, fand ich- jeweils in idiosynkratischen, spezifischen Inhalten gekleidet, eine strukturell analoge unbewußte Phantasie über den zerstörerischen Charakter leidenschaftlicher sexueller Gefühle : Frigidität oder, wie bei Yvonne in Frisch´s Roman, „Die Schwierigen", eine rigide Abspaltung zwischen sexueller Leidenschaft und zärtlicher Beziehung zu Mann und Kind waren die Folgen.

16  U.a. hat Zeul (1988) anhand eines Fallberichts einer Frau mit schweren Migrä-

neattacken die Bedeutung des Vaters für die psychosexuelle Eintwicklung des Mädchens diskutiert. Rotmann (1978) betont die Rolle des Vaters in der Wieder-annäherungs-phase und Herzog (1994) in der analytischen Situation selbst.

[17] Dies führt auch zu einer Störung der weiblichen Kreativität , die, nach McDougall (1991) auf einer unbewußten Phantasie der Produktivität sowohl von Vater wie Mutter beruht. „... to create artistic or intellectual „children" one must uncons-ciously assume the reproductive role of both parents, be both the fertile womb and the fertilizing penis." (p.567).

[18] Es ist mir wichtig zu betonen, daß meine Beobachtungen lediglich in den Behand-lungen von 10 Frauen gewonnen wurden und keinerlei Generalisierungsanspruch erhoben wird. Möglicherweise handelt es sich um eine sehr spezifische Gruppe von Frauen, die eine analoge frühkindliche Traumatisierung im ersten Lebensjahr (medikamentös behandelte, depressive Mütter) erlitten.

# Hänsel, Gretel und Hexe
# Aggressive Übertragung im Dienste der Progression

*Gabriele Harten*

## Einleitung

D as Thema beginnt für mich mit zwei szenischen Metaphern. Wie schon aus dem Titel ersichtlich, greife ich dafür auf einzelne Szenen aus einem bekannten Märchen zurück. Ich betrachte so Hänsel einerseits und Gretel andererseits auf ihrem Weg vom Objekt- zum Subjektstatus gegenüber der Hexe, weil sich in diesen „märchenhaften" Bildern m. E. generelle Aspekte des geschlechtsspezifischen Prozesses der inneren Ablösung vom infantilen Mutterbild wiederfinden lassen. Was im Mythos des Märchens anschaulich in-szeniert, d.h. in äußere Handlung umgesetzt ist, beschreibt zugleich das, was sich innerlich, im Bereich der unbewußten Phantasien konflikthaft ereignet und – im Falle von durch Fixierung entstandenen Blockaden – auch festgehalten wird. Dabei zeigen sich, wie ich meine, ein weibliches und ein männliches Muster im Entwicklungskonflikt der Mutter gegenüber – mit ganz unterschiedlichen Varianten der Aggression im jeweiligen Dialog.

Mein Ausgangspunkt war folgender: Mir fiel im dialogischen Geschehen der Übertragung auf, wie sehr sich männliche und weibliche Formen des Liebe-Haß-Konflikts bezogen auf das infantile Mutterbild voneinander abheben. Auch in der Ausdrucksweise von Aggression, wie sie in diesen Zusammenhang gehört, fand ich geschlechtstypische Differenzen. Aus männlicher Perspektive scheint dabei die Sicherung einer gewissen – inneren wie äußeren – Mindestdistanz besondere Bedeutung zu haben. Aggression ist dabei vonnöten; ohne aggressive Abgrenzung kann die Sicherung der eigenen Grenzen offenbar nicht vonstatten gehen. Dabei dominieren von seiten des Mannes meist eher defensive, hinhaltende Distanzierungen, die aber durchaus offen aggressive Elemente in der begleitenden Vorstellung beinhalten und auch als aggressiv in der Wirkung erlebt werden – nicht nur von Müttern und Therapeutinnen sondern gerade auch von Partnerinnen. Ich erinnere dabei nur an den typischen Stoßseufzer von Frauen bezogen auf ihre Männer: „Ich komme nicht an ihn heran!"

Aus weiblicher Sicht, wiederum bezogen auf die Ablösung vom Mutter-Introjekt, geht es m. E. eher um ein inneres Tauziehen, eine Art von halbbewußter Ambivalenz, zwischen regressivem Sog, der Verschmelzung mit dem Mutterbild, ihrem Wunsch und Tadel, und offensiver Aggression mit dem Ziel, zu einem endgültigen Schnitt zwischen Mutter und Selbst zu gelangen. Die schuldhafte Verarbeitung dieses massiv aggressiven Impulses trägt aus meiner Sicht bei zu dem, was als typisch weibliche Art der Zurückhaltung und (Über)Güte erscheint.

In diesem Kontext sehe ich Gretel im Haus der Hexe hausfrauliche, mütterliche oder gar hexenhafte Tätigkeiten verrichten und das mit erstaunlicher Perfektion, so als stünde sie dem Ich-Ideal der Hexe doch sehr nahe. Es ist bekannt, wie diese Verstrickung endet: in einer Art von aggressivem Durchbruch oder auch Befreiungsschlag stößt Gretel die Hexe in den Ofen und ist sie so ein für alle Mal los! Eine wahrhaft märchenhaft eindeutige Lösung.

Hänsel, und damit komme ich zum zweiten Bild, befindet sich derweil selbst in Gefangenschaft – wiederum bietet sich die Märchen-Szene für das Verständnis auch des intrapsychisch fixierten Konflikts an. Er befindet sich ganz direkt in der Gefahr, an Umfang zuzulegen, sichtbar zu wachsen, nur um so zu einem Leckerbissen für die verschlingende Hexe zu werden. Er wehrt sich mit distanzschaffender List hinhaltend erfolgreich gegen den Hunger und die Gelüste der Hexe, was tragischerweise identisch ist mit erfolgreicher Abwehr gegen das eigene Reif-sein bzw. Sich-zu-voller-Größe-Entfalten. Ein Bild, das man sich gleichsam im äußeren wie inneren Dialog erstarrt, also ohne weitere Bewegung ins Unendliche verlängert vorstellen kann.

Soweit zunächst die beiden Märchen-Szenen. In den Behandlungen kommen natürlich jeweils individuelle Bezüge ins Zentrum, ich konfrontiere meine Patienten auch nicht mit Märchenbildern. Sie dienen mir hier nur als Hilfsmittel für die Zusammenfassung von Mustern, wie sie sich aus meiner Sicht in dem jeweilig Individuellen häufig wiederfinden. Die bildhafte Form macht es mir dabei leichter, die Konfliktebene nicht eindeutig auf eine Stufe der Triebentwicklung und der dazugehörigen Ich-Entwicklung zu beziehen.

Eine solche Zuordnung erscheint mir in Bezug auf die Aggression in der Sohn-Mutter- und Tochter-Mutter-Dyade nämlich nur schwer möglich. Am ehesten zentriert es sich aus meiner Sicht bei dem Mann um die Aktualisierung der beginnenden ödipalen und (regressiv-) analen Konfliktstufe, für die Frau im hier entwickelten Zusammenhang eher um Übergänge zwischen oraler und analer Ebene – und das auf dem Hintergrund der Tatsache, daß das Mädchen – um mit einem abgewandelten Wort von Freud zu sprechen – im Verlauf seiner Entwicklung länger im präödipalen Hafen der Bindung mit der Mutter verbleibt als der Junge (vgl. Freud 1931).

Es klang vielleicht bereits an, daß ich die eingangs bildlich beschriebenen, aggressiven Aspekte der Übertragung hier nicht als einen weitmöglichst auszuschaltenden Störfaktor verstehe, sondern eher als Katalysator zur Eröffnung von in tiefer Verdrängung verbliebenen Infantilszenen. So gesehen, kommt es mithilfe des Übertragungsgeschehens im Verlauf einer Psychoanalyse erneut zur Entfaltung der oben skizzierten Konfliktvarianten. Im günstigsten Falle unterscheidet sich diese Entfaltung von einfacher Wiederholung dadurch, daß sie zu einer „Verflüssigung" der fixierten Szenen beitragen kann, eine notwendige Voraussetzung für weitere Progression.

Ietswaart spricht im gleichen Zusammenhang von „szenisch verdichteten verdrängten Konflikten" (Ietswaart 1995, S. 141), wobei er die unbewußte Phantasie, gemäß dem sog. Zeigarnik-Effekt, als gleichsam in der fixierten infantilen Szene zum Stillstand gekommen und daher als unerledigte Handlung im Gedächtnis fortlebend, betrachtet. Erst wenn auf dem Wege der Übertragung der Stillstand überwunden und die unbewußte Phantasie flüssig wird, ist, so Ietswaart, seelisches Wachstum möglich. Und er fügt noch eine Metapher hinzu, in der, wie ich meine, ebenfalls wesentliche Aspekte des psychoanalytischen Geschehens veranschaulicht sind: „Die Übertragung ist das Scharnier, in dem sich die Tür dreht. Betrachten wir die unbewußte Phantasie als eine Tür, die in einer bestimmten Position zum Stillstand gekommen ist . . . Entsprechend ist die Übertragung der Drehpunkt, an dem die unbewußte Phantasie in Bewegung gebracht wird. Der Widerstand, der in der Übertragung häufig auftritt, ist ein Teil dieser Scharnierfunktion" (a. a. O., S. 152).

Die Übertragung, selbst ein Übergangsraum, nach Freud ein „Zwischenreich zwischen der Krankheit und dem Leben, durch welches sich der Übergang von der ersteren zu letzterem vollzieht" (Freud 1914, S. 135), wird so zum Raum für die Wiederaufführung und möglichst auch Wiedereröffnung der fixierten Erfahrung.

## Exkurs: Hexe

An dieser Stelle möchte ich in einem kurzen Exkurs darlegen, warum ich auch die bereits erwähnte Hexe als ein Zwischenwesen sehe, mit entsprechender Bedeutung als Übergangsfigur für die Wiederentfaltung der infantilen Szene im Kontext der Übertragung. Warum Zwischenwesen? Zur Erläuterung meiner Sichtweise zunächst ein Rückgriff auf die etymologische Bedeutung des Wortes Hexe. Der erste Bestandteil ist „hag", was laut Kluge soviel ist wie „das an das Gehöft angrenzende, aber nicht mehr voll zu ihm gehörende Gebiet" (Kluge 1989, S. 308). Auch der altnordische und ähnlich der mittelhochdeutsche Ausdruck für Hexe, zu übersetzen etwa als „Zaunreiterin", weisen hin auf eine Bedeutung als Übergangs- oder Konfliktfigur. Und das im Zusammenhang mit Sexualität: „haga", so Polomé, (1987, in Kluge 1989) habe irgendetwas mit Sexualität zu tun. Im norwegischen Dialekt gibt es schließlich einen gemeinsamen Ausdruck für „Hexe" und „Elfe": „tysia", der Wortbedeutung nach heißt das „Schamzauberin", (a.a.O.), womit sich noch eine Variante für die Hexe als Zwischenwesen ergibt. Jacoby bezieht sich schließlich auf die englische Bedeutung von „hag" als „häßliches altes Weib" und „Scheusal" und er spricht von der „Hexe als Symbol des Verschlingenden" (Jacoby et al 1978). Ähnliches fand ich bei Dieckmann, er nennt es „fressende Mutterliebe – die Eigenpersönlichkeit des werdenden Menschen verschlingend". Und er fährt fort: „Wenn wir sehr ehrlich mit uns selber sind, dann werden wir sogar entdecken, daß wir alle in mehr oder minder großem Maße solche Züge in uns finden." (Dieckmann 1978, S. 60). Die ambivalente Mütterlichkeit erscheint hier also als geschlechterübergreifende, ubiquitäre Größe. Als regressiven Aspekt des Mütterlichen könnte man sich die sonst (auch per Spaltung) getrennten Anteile noch ganz miteinander verwoben vorstellen – man gelangt so zu einer „Form und Vorstufe der Liebe", die „in ihrem Verhalten gegen das Objekt vom Haß kaum zu unterscheiden" ist, so Freud zur Entwicklung von Liebe und Haß in „Triebe und Triebschicksale" (Freud 1915, S. 231). Und noch einmal bietet sich die Assoziation „Hexe" an, wenn es im gleichen Text heißt: „Als erste . . . derselben (der Vorstufen der Liebe, G. H.) erkennen wir das sich Einverleiben oder Fressen, eine Art der Liebe, welche mit der Aufhebung der Sonderexistenz des Objekts vereinbar ist, also als ambivalent bezeichnet werden kann. Auf der höheren Stufe der prägenitalen sadistisch-analen Organisation tritt das Streben nach dem Objekt in der Form des Bemächtigungsdranges auf, dem die Schädigung oder Vernichtung des Objekts gleichgültig ist" (a.a.O.).

## Die männliche Perspektive

Bei vorherrschender Spaltung des Mutterbildes scheinen die Zwischenwesen zwischen Frau und Mutter – wie es für das Phantasiewesen der Hexe schon anklang – die Notwendigkeit der Vermeidung, die Berührungsverbote, das Tabu zu potenzieren. Dabei gilt für das „Tabu" ja ein Spektrum von Bedeutungen, das von Verehrung bis hin zu Abscheu reicht (vgl. Freud 1912/13). Eine spannungsreiche Ambivalenz, die m.E. auch kennzeichnend ist für eine bestimmte Phase der Mutter-Übertragung des männlichem Patienten. Diese Übertragung richtet sich dabei auf ein Gegenüber, das selbst in mehrfacher Hinsicht Zwischenwesen ist – sowohl zwischen Frau und Mutter stehend, als auch, im allgemeineren Sinn, eine Verbindung zwischen dem Damals und dem Heute repräsentierend.

## Fallbeispiel

Bei einem jetzt 37jährigen Angestellten, seit gut 350 Stunden bei mir in Analyse, fallen Übertragungswiderstand und hochambivalente Mutter-Übertragung gleichsam zusammen. „Du bist es nicht", dieses Motto zieht sich durch die Geschichte seiner Beziehungen mit überwiegend etwas älteren Frauen und wurde auch in der Übertragung mir gegenüber erneut entfaltet. Dahinter fanden sich im Verlauf dieser bereits längerdauernden Analyse fixierte Liebe-Haß-Ambivalenz bei ausgeprägt zwanghafter Symptomatik, aber auch starke masochistische Impulse auf dem Hintergrund von negativ ödipaler Fixierung. Derzeit ringt dieser Patient noch einmal ganz grundsätzlich um seine sexuelle Orientierung, auf anderer Ebene um seine Liebesfähigkeit; bewußtseinsfähig wurden diese Themen erst nachdem die Möglichkeit zu Distanzierung in der Übertragung als gesichert erlebbar war. Darin, in diesem häufig wiederholten Ausloten der eigenen Grenzen und der Möglichkeit, Nähe und Distanz zu kontrollieren, war die konfliktreiche Ablösung vom infantilen Mutterbild repräsentiert. Die Reinszenierung dieses Konflikts führte schließlich zurück auf eine wohl zentrale infantile Szene, die ich hier nur stichwortartig erwähnen kann: „Badewanne", so hat der Patient diese Szene betitelt. Gemeint sind hier sowohl die Erinnerung an konkrete Situationen, als auch bildhafte Zusammenhänge, wie sie sich für ihn im Laufe des Durcharbeitens in immer ergänzter, neuer Bedeutung ergaben. Ausgangspunkt war die Erinnerung an Badesituationen u. a. im Alter von etwa 8 Jahren mit so gegensätzlichen Gefühlen wie: wohlig warm, angenehme Empfindungen und Grenzverletzung durch die den Jungen waschende Mutter; spürbarer Zwiespalt dabei: immer drinbleiben oder schnell aussteigen? – und dann die Frage: kann ich aussteigen, läßt sie mich? Sein Grundgefühl bis heute beschreibt der Patient als „Peter-Pan-Sehnsucht". Das Hänsel-Thema läßt sich auch hier, im individuellen Konflikt um die Themen von potentieller Grenzverletzung und der Not zu Grenzsicherung, wiederfinden. Dabei entspricht die Botschaft vom Kind bleibenden Peter Pan nahezu der, die Hänsel zum Selbstschutz listig ausdrückt: „Ich bin ja noch nicht soweit!" In der Übertragung fand sich als Ausdruck dessen im Erleben des Patienten mir gegenüber eine besondere Nähe von passiv erotischen Wünschen und Ekel. In Zeiten, in denen diese Mischung intensiv wiederauflebte, mußte ich von seiner Seite mit Kommentaren wie diesem rechnen: „Sie sind alt, fett und mächtig – wie meine Freundin".

Auch weitgehende Vermeidung der Mutter-Übertragung ist mir begegnet. Ein jetzt 32jähriger Student – mit massivem inneren Zwiespalt zwischen regressiven Wünschen und Ängsten, wies mich als Übertragungsfigur lange in enge Grenzen und nutzte dabei ein Bild, das im Verlauf der Analyse wichtig blieb: ich sei als Analytikerin für ihn so etwas wie ein „Bademeister". Es sei gut, daß ich da draußen stehe, quasi als neutrale Instanz, die zur Not, aus der Distanz zu Hilfe kommen könne. Inzwischen, nach gut 200 Stunden Analyse, gibt es zusätzliche Bilder, die weitere Aspekte der Übertragung beschreiben. So kam der Patient bspw. vor einiger Zeit auf den Einfall, mich als „Therapeuse" zu bezeichnen. Das, so erläuterte er mir, erinnere ihn an „Friseuse" und sei ja vielleicht so zu verstehen, daß ich ihm inzwischen ruhig mal den Kopf waschen dürfe, wobei die Anlehnung an die Friseuse wohl sicherstellte, daß ich dabei nicht die Macht habe, zu weit zu gehen. Die ursprünglich strikt vermiedene, hochambivalente Mutter-Übertragung konnte hier mithilfe einer neuen, mit etwas aggressiver Entwertung gewürzten Übertragungs-Gestalt doch noch eröffnet werden.

Einem anderen Patienten gelang es schließlich in der Übertragungsbeziehung zu mir, notfalls die Vaterfigur zu Hilfe zu holen, die er als Junge real vermißt und ersatzweise am ehesten in Gestalt seiner Fußballtrainer gefunden hatte. Jetzt selbst als Trainer tätig, zeigte er mir in Phasen, in denen er sich von seinen alten, auf die Mutter bezogenen Ängsten und Ambivalenzen erneut sehr bedrängt sah, schon mal – um in der Fußballsphäre zu bleiben – die gelbe oder auch die rote Karte. D. h., mit Hilfe seiner sportlichen Autorität fiel es ihm leichter, Widerstand, aber auch sein großes Distanzbedürfnis in der therapeutischen Beziehung auszudrücken. Zunächst geschah dies indirekt, quasi angehängt an die sportlichen Notwendigkeiten (das nächste Training, das nächste Spiel machten eine inhaltliche, oder auch formale „Auszeit" nötig), dann zunehmend auf die Übertragungsbeziehung selbst bezogen. Auch hier bahnte also die agierende Re-Inszenierung den Weg für die bewußte Bearbeitung und das männlich konnotierte Thema „Fußball" diente auch als Nähe-Distanz-Regulativ in der Übertragung.

Kann so ein subjektiv unentbehrlicher Ausweg im psychoanalytischen Prozeß offengehalten werden, dann kommt es meiner Erfahrung nach eben nicht zu einer Fixierung sondern zu einer Verringerung der Abwehr an dieser Stelle. Ein tieferliegendes, bis dahin vermiedenes oder erst jetzt zu bewältigendes Thema kann also nach der Distanzsicherung langsam in Sicht kommen. Die Nähe-Distanz-Regulierung verstehe ich dabei als dynamischen Bestandteil des Übertragungsgeschehens, der von Bedeutung bleibt und sich eben nicht von vornherein – bspw. durch Vorgabe eines „offenen Raumes", wie Sander es nannte (vgl. Sander, zitiert nach Benjamin 1993, S. 127) – überflüssig machen ließe.

In den erwähnten Beispielen ging es jeweils um das Gefühl von Bedrohung der eigenen Integrität und in der Folge um Vermeidung. Den Rahmen dafür bildet die noch präödipale und schon ödipale Dyade mit der Mutter – wobei die Seite des Vaters noch ausgeklammert bleibt. Das führt zurück zum Ausgangspunkt: der Szene des Hänsel. Fenichel hält die Kastrationsangst des Jungen in der phallischen Phase für direkt vergleichbar mit „der Angst, gefressen zu werden, in der oralen oder der Angst, seines Körperinhalts beraubt zu werden, in der analen Phase" (Fenichel 1983, S. 115). Ich gehe davon aus, daß sich in Phasen mit tieferer Regression diese Ebenen in der Übertragung noch einmal vermischen. Die daraus resultierende Intensivierung von Ängsten und Abwehr bildet m. E. auch den Hintergrund für die o. b. besonderen Distanzbedürfnisse.

Mögliche Folgen der fixierten Mutterbindung möchte ich noch anhand einer kurzen literarischen Selbstdarstellung skizzieren. Elias Canetti beschreibt im ersten Band seiner Autobiographie – „Die gerettete Zunge"- seine enge und prägende Mutterbeziehung in der Zeit seiner Jugend: „Alle Autorität konzentrierte sich in ihr. Ich glaubte ihr blind, es bereitete mir ein Glücksgefühl, ihr zu glauben, und sobald es um etwas Folgenreiches und Gewichtiges ging, erwartete ich ihren Spruch wie andere den eines Gottes oder den seines Propheten. Ich war zehn, als sie mir das zweite, große Tabu

auferlegte, nach jenem viel früheren gegen das Töten, das vom Großvater ausging. Dieses richtete sich gegen alles, was mit geschlechtlicher Liebe zusammenhing: Sie wollte es möglichst lange vor mir verborgen halten und über-
zeugte mich davon, daß ich nicht daran interessiert sei. Ich war es damals
wirklich nicht, aber ihr Tabu behielt seine Kraft während der ganzen Züricher
Zeit, ich war beinahe 16 und hörte immer noch weg, wenn die Kameraden
über die Dinge sprachen, die sie am meisten beschäftigten. Ich war dann
nicht so sehr von Abscheu erfüllt – höchstens manchmal und bei besonders
drastischen Gelegenheiten -, sondern von „Langeweile". Ich, der ich Langeweile nie gekannt hatte, beschloß, daß es langweilig sei, von Dingen sprechen
zu hören, die es gar nicht wirklich gäbe, und noch mit 17 in Frankfurt erregte ich das Staunen eines Freundes, als ich behauptete, daß Liebe eine Erfindung der Dichter sei,..." (Canetti 1977, S. 257 f.)

Canetti war schließlich, um bei seiner Metapher zu bleiben, in der Lage,
seine Zunge zu retten. Für Frauen stellt sich das Problem anders, und doch
geht es auch um Vergleichbares.

## *Die weibliche Perspektive*

„Zungen aus Stein", unter diesem Titel erschien in Deutschland ein Prosa-
band von Sylvia Plath, die fast 30 Jahre nach Canetti in eine ganz andere Kultur hineingeboren wurde. In der gleichnamigen Kurzgeschichte beschreibt sie
eine junge Frau mit spürbarem autobiographischen Bezug. Am Beginn dieser
Geschichte heißt es: „Die reine Morgensonne schien durch die grünen Blätter der Topfpflanzen in den kleinen Wintergarten, verbreitete Frische und
Sauberkeit, und das Blumenmuster auf der chintzbezogenen Couch sah in
dem frühen Licht kindlich und rosa aus. Das Mädchen auf dem Sofa, in den
Händen ein gestricktes schiefes, rotes Viereck, fing an zu weinen, weil alles
falsch war." (Plath 1991, S. 76). Sylvia Plath wird als eine der aufregendsten
Poetinnen unseres Jahrhunderts bezeichnet. Sie beendete ihr Leben 30jährig
durch Selbstmord und autobiographische Dokumente, „ihre Briefe an die
Familie, zumeist an die Mutter, spiegeln die erschreckenden Strapazen einer
jungen Frau," – so der Klappentext des Briefbandes – „die in einem extrem
leistungs- und wettbewerbsorientierten System ständig um Anpassung und
Erfolg ringt" (a.a.O.). Ihre „Zungen aus Stein" stehen in anschaulichem
Gegensatz zu Canettis „geretteter Zunge". Das Scheitern an den Wechseln
zwischen zu eifrigem Wollen, der übergroßen Bemühtheit – die dann

umkippt in das grundsätzliche Gefühl des „Alles ist falsch!"- und existentiellen Selbstzweifeln zieht sich durch ihr Werk und ihr Leben.

Mit diesem Stimmungsbild bin ich bei der weiblichen Sicht auf das Thema angelangt: Gretel im Haus der Hexe, quasi als deren Selbstverlängerung tätig. Jedes Ergebnis, jede Leistung führt zu erhöhter Anforderung und damit zu neuen Selbstzweifeln. Selbstüberforderung bis hin zum Sich-anpassen an das schier Unmögliche, das kann jenseits von märchenhaften, schlagartigen Lösungen einem Weg in die subjektive Ausweglosigkeit gleichkommen.

Lyn Brown und Carol Gilligan haben in einer gemeinsamen Untersuchung – im Deutschen unter dem Titel: „Die verlorene Stimme" erschienen – die Herausbildung dieser Aspekte in der Persönlichkeit von Mädchen und jungen Frauen untersucht. Ihr Fazit bleibt auf der Ebene von Beschreibung, als typische Muster bezeichnen sie dabei u.a. „das perfekte Mädchen" und „die Tyrannei des Netten und Freundlichen" (Brown, Gilligan 1994). Neeti, eine im Rahmen dieser Längsschnitt-Studie mehrmals interviewte Schülerin erklärt mit 12 Jahren z.B.: „Es ist einfach unhöflich, gemein zu sein. Also lächle ich einfach immer" (a.a.O., S. 217). Die Autorinnen sehen den Hintergrund der mädchenspezifischen Pubertätskrise, wie sie sich aus den Tiefeninterviews ergab, in einer „relationalen Sackgasse", in der der Wunsch, zu sagen, was man fühlt und weiß, in Widerspruch geraten ist zu dem Wunsch, Beziehungen zu haben, Beziehungen nicht zu stören und niemanden zu verletzen (a. a. O.). In einer zugrundeliegenden unbewußten Phantasie mögen Autonomiebestrebungen als zerstörerisch erlebt werden – bezogen auf die Einheit und so auch auf die per Identifizierung mit der Mutter erworbenen Selbstanteile. Unterwerfung unter die Gewissensgebote, und das heißt: ständiges Ringen um die Annäherung an das aus der Verbindung mit der Mutter heraus entstandene Ideal-Ich, kann diese zerstörte Einheit wiederherstellen und die Separierungsängste und -wünsche für eine Weile besänftigen. Auf dieser Grundlage wird die Ablösungsaufgabe zum Kampf gegen Identifizierung, – ein Prozeß des „dysidentifying", wie Greenson es bezeichnete (vgl. Greenson 1954), unter besonders erschwerten Bedingungen.

Ein deutliches Beispiel für Überanpassung im Sinne von Reaktionsbildung – also Freundlichkeit, Bemühtheit oder Besorgtheit, die quasi verschlungen sind mit andrängenden Gegenimpulsen – ist mir im Rahmen einer tiefenpsychologisch fundierten Therapie mit einer 51jährigen Frau begegnet.

## *Fallbeispiel*

Diese Frau (Beamtin, verheiratet, mit 20jähr. Tochter) fühlte sich von ihrer Mutter seit langem, dabei zunehmend grob, entwertet und mißachtet. In die Psychotherapie kam die Patientin wegen depressiver Verstimmungen und einzelner somatischer Beschwerden, wie Magenschmerzen, Kopf- und Ohrendruck. Sie hatte sich in ihrem Beruf bislang wohlgefühlt, war vom Typ her aktiv und sportlich, jetzt aber subjektiv kaum noch arbeitsfähig und belastbar. Auch ihre Ehe litt darunter, schien aber stabil. Es erwies sich dann, daß hinter den auf den Kopf bezogenen Körperbeschwerden eine massive Angst der Patientin stand, einen lebensbedrohlichen Hirntumor zu haben. Im Verlauf der Behandlung ergab sich ein Zusammenhang zu dem o. g. Mutter-Konflikt. Nie habe sie, so die Patientin, den Vorstellungen ihrer Mutter entsprochen. Zierlicher habe sich die Mutter ihre Tochter gewünscht, und: weiblicher, lustiger, freundlicher – etwa so, wie die Cousine es doch schaffte zu sein (Die Figur der Cousine – und das gemeinsame Ich-Ideal von Mutter und Tochter, das wäre, so meine ich, ein eigenes, durchaus interessantes Thema). Die Patientin schwankte im Laufe ihres erwachsenen Lebens gegenüber der Mutter ständig zwischen großer Bemühung und Trotz. Letzteres ging mit z. T. ich-dystonen, aber heftigen Schuld- und Minderwertigkeitsgefühlen einher und erforderte also einen großen psychischen Kraftaufwand. In solchen Phasen ging es ihr besonders schlecht, ein Zustand, der dann abgelöst wurde durch eine psychische Aufhellung und Linderung der Körperbeschwerden auf dem Hintergrund von erneuter Bemühung um die Mutter. Bei diesen Bemühungen spielten, so vermute ich, bestimmte demonstrative oder quasi rituelle Handlungen eine besondere Rolle; in diesem Falle bündelte sich vieles in dem Akt des Fensterputzens für die Mutter. Es kam der Patientin selbst zeitweise absurd vor und inzwischen kann sie sogar darüber lächeln – über das Ausmaß, in dem sie die Fenster der kleinen Wohnung ihrer Mutter wienerte bzw. traktierte. Es konnte sozusagen gar nicht genug (weg-)geputzt werden, um die andrängenden aggressiven Gegenimpulse zu bannen. – In einer frühen Phase der Behandlung hatte die Patientin einmal die intensive Befürchtung, der Mutter könnte ja während der einwöchigen Busreise, auf der sie sich zu der Zeit befand, etwas zustoßen. Die dieser Befürchtung zugrundeliegende Aggression konnte jedoch erst in einem späteren Therapieabschnitt der Bearbeitung zugänglich gemacht werden. Jetzt war dem der seit längerem erste offene Streit zwischen beiden vorangegangen. Die Patientin hatte dabei türenknallend die Wohnung der Mutter verlassen und erwachte am nächsten Morgen aus einer Traumsequenz, in der sie, wie sie sich nur zögernd erinnerte, die Mutter deutlich „in ihrem Blute auf dem Bett liegen sah". In den folgenden Tagen steigerte sich dann die wiederaufgeflammte Angst, es könne der Mutter nach dem Streit ja wirklich etwas zugestoßen sein, womöglich sei sie einfach umgekippt, sei ihr Kreislauf doch nicht mehr so stabil. Es kam also zu einer Angstreaktion auf die in dem Bild gebündelte Impulsseite. Tatsächlich ließ sich hier ein verdrängter Todeswunsch bezogen auf die Mutter auf- oder besser wiederfinden. Im Zuge der weiteren therapeutischen Bearbeitung konnte die Patientin diese Phantasie langsam bewußt werden lassen und sich mit der Intensität ihres Mutter-Konflikts konfrontieren. „Du oder ich", so lautete wohl dabei das ins Dunkle verbannte Motto; dem entsprachen unbewußter Todeswunsch auf der einen und (auf sich selbst bezogene) unbewußte Todesangst auf der anderen Seite.

So handelt es sich hier wohl um eine empfindliche Kippfigur: immer wieder folgt auf den Wunsch nach eigener Grenzfindung oder überfällige Abgrenzung erneut das Aufgehen in der Identifizierung – und die undenkbare, unaussprechliche Frage bleibt also bestehen: Tötet mich die Aggression, der Todeswunsch gegen meine Mutter nicht auch selbst? Im allgemeinen, und so auch bei der erwähnten Patientin, bleibt daneben die ausgeprägte Sehnsucht nach der schützenden, umfassenden Mutter ebenso wach. Äußere wie innere Trennungen werden – wie in der Kinderzeit – immer wieder durch symbolische Akte der „Wiedervereinigung" überwunden. Eine jetzt 42jährige Patientin, Musikerin, hatte z. B. als kleines Mädchen unbewußt eine Möglichkeit zur magischen Aufhebung des Getrenntseins von der Mutter entwickelt. So gelang es ihr (ab dem Alter von 5 Jahren etwa) nach entsprechendem Klimpern und Probieren auf dem Klavier, einige der Melodien, die die Mutter immer spielte, wiederzufinden und damit auch die häufig abwesende Mutter symbolisch herbeizuholen – etwa im Sinne von: diese Melodien, das sind wir, wieder symbiotisch vereint und durch nichts zu trennen.

Für Frauen geht es offenbar immer wieder darum, die Aggression – und zwar Aggression im Sinne von Aufkündigung oder Zerstörung der exklusiven Verbundenheit – in Schach zu halten. Eine Gratwanderung für die verschiedene Abwehrtechniken zumindest kurzfristig wohl als hilfreich anzusehen sind. Ein Weg zur Angstreduktion im typisch tochterartigen Umgang mit Aggression – auch in der Übertragung – ist vielleicht in der Verschiebung auf ein Detail zu sehen. Es ist zum Teil schwer, die kleinen Zeichen überhaupt wahrzunehmen, in denen aber – so meine These – der große Brocken der thematisierten Aggression enthalten und symbolisch verdichtet ist. Dabei macht sich, bei eigentlich gelungener Reaktionsbildung, der abgewehrte Gegenimpuls doch ganz kurz bemerkbar; mit anderen Worten: es wird unbewußt die innerlich erlebte Durchbruchsgefahr zum Ausdruck gebracht – aber nur blitzartig und verschoben auf etwas Nebensächliches. So habe ich in einem Fall die Erfahrung gemacht, daß ein wutblitzender, quasi vernichtender Blick bei der Begrüßung für Monate der einzige klare Hinweis darauf war, daß die betreffende Patientin nicht nur freundliche Gefühle mir gegenüber empfand. Mithilfe der jeweils ganz kurzen, aber sehr heftigen Reaktion auf kleine Verspätungen von mir konnte sie mir zunächst stellvertretend ausdrücken, wie verächtlich und voller Enttäuschung sie sich auch mir gegenüber wieder erlebte. Die Verschiebung – weg vom Generellen und hin zu einem Detail, über das sie dann auch ihr Selbstbild positiv von mir abheben konnte (sie war immer pünktlich – ich war es nicht!) erleichterte hier sichtlich die Eröffnung der aggressiven Dimension in der Übertragungsbeziehung zu mir.

Worin besteht nun der Kern des zugrundeliegenden Konflikts? Carol Gilligan sieht in einer früheren Arbeit – ihr Titel lautete: „Die andere Stimme"- (ähnlich wie Nancy Chodorow) das spezifisch weibliche Dilemma darin, daß bei Mädchen  – eben durch das So-sein-wie-Mutter – das Erleben von Bindung mit dem Prozeß der Identitätsbildung verschmilzt (vgl. Gilligan 1982, Chodorow 1994). Der Mutter-Tochter-Konflikt kann so ganz unter dem Aspekt der präödipalen Verstrickung gesehen werden – unabhängig von den nachfolgenden Dreieckskonflikten, wobei diese Konflikte aber eine der o.g. vergleichbare Ambivalenz begründen und bereits vorhandene Fixierungen intensivieren können. Ich zitiere noch einmal Freud, hier zu den Folgen, die der Objektwechsel dann für die Mutter-Tochter-Beziehung hat: „... die Mutterbindung geht in Haß aus. Ein solcher Haß kann sehr auffällig werden und durchs ganze Leben anhalten, er kann später sorgfältig überkompensiert werden, in der Regel wird ein Teil von ihm überwunden, ein anderer Teil bleibt bestehen" (Freud 1933, S. 129).

Es scheint, als wenn es so etwas wie einen unauflöslichen Kern gibt in der Mutter-Tochter-Beziehung, eine bleibende Fixierung. Anders als im Märchen ist der Konflikt mit der Gefahr der Selbstauflösung und der nicht sicher erreichbaren Separierung von der Mutter im weiblichen Erleben ja nicht, auch nicht per aggressivem Kraftakt, auflösbar. In der Realität verbleiben diese Impulse in der Regel in der Abwehr – ein unfreiwilliger Beitrag zu depressiver bzw. autoaggressiver Symptombildung. Eine mildere, auch allgemeinere Folge sehe ich darin, daß für uns Frauen das Heraustreten aus einem gemeinsamen Kontext so häufig erschwert bleibt.

## Aspekte der Gegenübertragung

Ich plädiere dafür, bei Männern wie Frauen intensive Übertragung auch im Hinblick auf die bedrohlichen Anteile des infantilen Mutterbildes zu erwarten und sich hier auf – wie Körner es nannte – eine Arbeit in und nicht nur an der Übertragung, aus entsprechend abgehobener Position, einzulassen (Körner 1989). Die dazugehörige Gegenübertragung und eigene Übertragungen sind dann aus meiner Sicht ebenfalls leichter bewußt zu erfassen und damit eher flexibel. Hartnäckige und schwer bewußtseinsfähige Gegenübertragungs-Varianten im genannten Kontext können wiederum anhand der beiden Märchen-Szenen veranschaulicht werden. Da ist zum einen die mütterliche Position gegenüber dem noch gefangenen Hänsel, dem noch abhängigen Sohn. Die hier noch oral-sadistischen und schon genital-verführerischen mütterlichen Aspekte können sich – wenn auch abgemildert – im Gegenübertragungs-Erleben so auswirken, daß vonseiten der Analytikerin oder auch des Analytikers Signale zurückgesandt werden mit dem Tenor: „es ist mir eine Lust, dich wachsen zu sehen. Wenn du noch etwas weiter bist, wirst du mir noch mehr Freude und Lust bereiten können!" So nahe an der Empathie können also – wenn man die Wirkung betrachtet – die Bedrohung der Integrität des Selbst und die Phantasie von ewiger Gefangenschaft liegen.

Auch wenn man auf den Gegenpol, die Seite der Liebe im Rahmen eines solchen Übertragungsgeschehens abhebt, bleibt das große Schutzbedürfnis ein ganz zentraler Aspekt der Verbindung. Christa Marahrens-Schürg beschrieb diese Konstellation 1993 in einem Vortrag über die männliche Übertragungsliebe, den sie mit einem Freud-Zitat betitelte: „,Niemals sind wir ungeschützter als wenn wir lieben... (S. Freud)' – Männliche Übertragungsliebe weiblich gesehen" (Marahrens-Schürg).

Bezogen auf die weiblich/weibliche Dyade im psychoanalytischen Prozeß hieße dann die aus vielleicht unbewußt bleibender Gegenübertragung resultierende Botschaft (aus der in präödipaler Bindung verharrenden Mutter-Position heraus) an die eifrig bemühte Grete, die noch ganz dyadisch gebundene Tochter etwa: „Du bist wie ich! D.h., du entwickelst dich den mir vertrauten Empfindungen und Grenzen entsprechend in noch weitergehender Annäherung an mich, richtest dich aus nach meinem (besser: unserem) Ideal-Ich – und wenn du es gut machst, wirst du (wieder) ganz in mir aufgehen!"

Doris Bernstein erwähnte in einem behandlungstechnischen Aufsatz diese Gefahr der projektiven Selbstverlängerung vonseiten der in Gegenübertragung oder eigener identifizierender Übertragung befangenen Analytikerin.

Ein weiteres mögliches Problem sieht sie in der therapeutischen Dyade zwischen Frauen darin, daß es bei der Therapeutin im Zusammenhang mit einer Aktualisierung von Konkurrenzempfindungen der eigenen Mutter gegenüber zu einer Verschiebung dieser Empfindungen auf die Patientin oder – häufiger noch – auf die Mutter der Patientin kommen kann. (Bernstein 1993). Das hieße dann, es wird ein unbewußtes Abwehr-Bündnis geschlossen auf der Grundlage des Agierens der Analytikerin.

## Zusammenfassung

Die bildhafte Entfaltung zur schrittweisen Re-Integration verdrängter Aggression in der Übertragung kann, wie ich meine, zur Auflockerung von Fixierungen beitragen im Sinne der von Ietswaart so bezeichneten „Verflüssigung" einer basalen traumatischen Szene (Ietswaart 1995). So kann hier eine Veränderung in Richtung auf ein Mehr an Flexibilität in Gang kommen. Erleben und Ausdruck von Aggression im Kontext der Dyade mit der Mutter sind dabei m.E. auf männlicher Seite gekennzeichnet durch hinhaltende, zur Not auch trickreiche, aber letzlich doch wahrnehmbare Abgrenzung; auf weiblicher Seite scheint demgegenüber eine unauflösbare Ambivalenz zu dominieren, bei der hinter Freundlichkeit und Anpassungsbereitschaft „ein ganz anderer Film"(so die Bezeichnung einer Patientin) quasi ständig mitläuft, aber nur schwer ausgedrückt werden kann. Unabhängig von den hier postulierten geschlechtsspezifischen Varianten führt ein Wieder-vertraut-Werden mit den eigenen aggressiven Anteilen in der Übertragung nicht unbedingt zu sofortiger Abschwächung dieser Impulsseite. Vielmehr kommt es aus meiner Sicht zu einem nach und nach angstfreieren Sich-Einlassen auf diese Dimension und eine größere Beweglichkeit: die Aggression kann kommen und gehen. Sie muß nicht mühsam präsent gehalten werden, unterliegt aber auch erneuten Abwehrversuchen nicht so leicht. In meiner Wahrnehmung geht mit einem solchen Schritt zur Annahme der zuvor zensierten, eigenen Aggression ein Schritt der Ablösung vom Gegenüber in der therapeutischen Dyade einher.

Die eingangs umrissenen Märchenszenen repräsentieren also ein bestimmtes Stadium im Ablösungskonflikt der jeweiligen Dyade Sohn-Mutter und Tochter-Mutter. Sie müssen im Übertragungsgeschehen noch einmal aufgerollt und dadurch dem Bewußtsein zugänglich werden, bevor die abgewehrten – aber durch regressive Lösungen ja nicht entbehrlich werdenden – progressiven Impulse Raum finden und nachfolgende Fixierungsstellen bearbeitet werden können. Mit anderen Worten: die Hexe muß zunächst ihren ganzen Zauber und Schrecken entfalten, bevor sie, hier also: die Gestalt der mütterlichen Omnipotenz, überwindbar wird und dem ödipalem Dreieck Platz machen kann.

Mein Fazit rekurriert noch einmal auf die Ebene der Märchenwelt und bezieht sich abschließend auf noch ein Wesen aus dieser Sphäre: Ich denke, wir sind auf therapeutischer Seite in der Gefahr, unbewußt in die Rolle des Wolfes zu geraten, der sich, um Einlaß bei den sieben Geißlein zu erhalten, seine Pfote mithilfe von Mehl harmlos schminkt. Vielleicht ist es demgegenüber hilfreicher und letztlich ungefährlicher, sich im Übertragungsgeschehen auch bewußt auf die hier als „Hexe"bezeichnete Übertragungsfigur einzustellen und einzulassen.

## *Literatur*

Benjamin, J. (1993): Phantasie und Geschlecht. Stroemfeld, Basel/Frankfurt a. M.

Bernstein, D. (1993): Gender Specific Dangers in the Female/Female Dyad in Treatment. In: ders. (1993): Female Identity Conflict in Clinical Practice (Hrsg. N. Freedman u. B. Distler) Jason Aronson Inc., Northvale, New Jersey/London.

Brown, L. M., Gilligan C. (1992): Die verlorene Stimme. Dt. Campus, Frankfurt a. M./New York 1994.

Canetti, E. (1977): Die gerettete Zunge. Geschichte einer Jugend. Hanser, München

Dieckmann, H. (1978): Gelebte Märchen. Gerstenberg, Hildesheim.

Fenichel, O. (1928): Die Entwicklung der Triebe und die kindliche Sexualität. In: Psychoanalytische Neurosenlehre, Bd. I. Ullstein, Berlin/Wien 1983.

Freud, S. (1912/13): Totem und Tabu. GW, Bd. 9.

ders. (1914): Erinnern, Wiederholen, Durcharbeiten. GW, Bd. 10.

ders. (1915): Triebe und Triebschicksale. GW, Bd. 10.

ders. (1931): Über die weibliche Sexualität. GW, Bd. 14.

ders. (1933): Die Weiblichkeit. GW, Bd. 15.

Gilligan, C. (1982): Die andere Stimme – Lebenskonflikte und Moral der Frau. Dt. Piper, München/Zürich, Neuaufl. 1988.

Greenson, R. (1954): The struggle against identification. Journal Amer Psychoanal Assoc. 2, S. 200–217.

Ietswaart, W. L. (1995): Die unbewußte Phantasie in der Übertragung. Psyche 49, S. 141–158.

Jacoby, M. et. al. (1978): Das Böse im Märchen. Bonz, Fellbach.

Kluge, F. (1989): Etymologisches Wörterbuch der deutschen Sprache. 22. Aufl., de Gruyter, Berlin/New York.

Körner, J. (1989): Arbeit an der Übertragung? Arbeit in der Übertragung! Forum Psychoanal 5, S. 209–223.

Märchen der Brüder Grimm. Th. Knauf Nachf., Berlin 1937.

Marahrens-Schürg, C. (1993): „Niemals sind wir ungeschützter als wenn wir lieben" (S. Freud) – Männliche Übertragungsliebe weiblich gesehen. Vortragstext, DPG-Arbeitstagung, Göttingen.

Plath, S. (1952): Zungen aus Stein. Dt. Fischer TB, Frankfurt a. M. 1991.

dies. (1975): Briefe nach Hause 1950–1963. Dt. Fischer TB, Frankfurt a. M. 1992

Rölleke, H. (Hg.): Die wahren Märchen der Brüder Grimm – Erstauflage 1812/15. Fischer TB, Frankfurt a. M. 1989.

# Camille Claudel und Auguste Rodin Liebe, Kreativität, Haß und Zerstörung

*Anette Kersting*

## Camille Claudel

C amille Claudel war eine für ihre Zeit sehr ungewöhnliche Frau, attraktiv, begabt und selbstbewußt. Sie wählte sich in einer Zeit, in der das Rollenverständnis für die Frau ein Dasein als Haus-, Ehefrau und Mutter vorsah, den Beruf der Bildhauerin, der, nicht nur durch die damit verbundenen körperlichen Anforderungen, den Männern vorbehalten war. Nach kurzer Berühmtheit erkrankte die Künstlerin an einer paranoiden Psychose und verbrachte die letzten 30 Jahre ihres Lebens in einer geschlossenen psychiatrischen Anstalt.

Ich möchte mich in meinem Beitrag mit dem tragischen Schicksal dieser außergewöhnlichen Frau beschäftigen, die an ihrer individuellen Lebensgeschichte, ihrer Begabung, aber auch den geltenden gesellschaftlichen Normen zerbrach und dabei auch die Zusammenhänge zwischen positiver, selbstbejahender Aggression, vernichtender Selbstdestruktivität und seelischer Erkrankung aufzeigen. Dabei möchte ich die Kunstwerke Claudels und Rodins als Phantasieszenarien verstehen, in denen unbewußte konflikthafte Strebungen in verschlüsselter Form zum Ausdruck kommen.

Camille Claudel (Abb. 1) kommt am 8.12.1864 zur Welt. Etwa ein Jahr zuvor ist ein älterer Bruder kurz nach der Geburt verstorben. Die Mutter ist demnach wenige Monate nach dem Tod ihres ersten Kindes erneut schwanger geworden. Eine Mutter, die noch mit der Trauer um den verstorbenen Sohn beschäftigt ist, kann sich nur schwer auf eine neue Schwangerschaft einstellen. Vielleicht wünschte sie sich auch einen weiteren Sohn, der sie über den erlittenen Verlust hinwegtrösten könnte. Der Name Camille, der auch von einem Mann getragen werden könnte, könnte ein Hinweis auf einen solchen Wunsch der Eltern sei.

Die später in den Briefen der Mutter an Camille Claudel ausgedrückte massive Ablehnung ihrer ältesten Tochter ist möglicherweise bereits in der frühen Kindheit begründet. Die spätere Beziehung zwischen Mutter und Tochter läßt sich anhand eines Briefes der Mutter auf die Bitte der Tochter um eine Entlassung aus der Anstalt illustrieren. So schreibt die Mutter am 20.10.1915 an den Direktor der Anstalt Montdevergues, der ebenfalls eine Entlassung Camille Claudels vorgeschlagen hatte.

„Sie zu mir zu nehmen oder wieder in ihre alte Wohnung zu bringen... kommt nie und niemals in Frage. ... Wenn ein Zuschlag zu zahlen ist,damit sie es etwas mehr komfortabel hat, so ist mir das nur recht, aber ich flehe Sie an, behalten Sie sie. ... Sie hat alle Laster, ich will sie nicht wiedersehen, sie hat uns schon zu viel angetan."(Paris 1989, S. 124).

*Abb. 1: Camille Claudel, 1886*

Für die Situation des Säuglings würde dies bedeuten, daß die Mutter zwar äußerlich anwesend, innerlich aber abwesend ist (Green 1993).Eine solche emotional nicht existente Mutter hat für die kindliche Entwicklung eines Kern-Selbstgefühls und die Bildung einer eigenen sicheren Identität fatale Folgen. Das Kind kann sein Selbst nur wahrnehmen, wenn es durch die Mutter zurückgespiegelt wird, und es nimmt es so wahr, wie die Mutter es sieht (Bohleber 1992, S. 350). Kohut spricht von der „glücklichen Reaktion der Mutter auf das ganze Kind", die so wichtig dafür ist, daß sich aus dem fragmentierten Selbst ein kohärentes Selbst entwickeln kann (Kohut 1976, S. 143).

Eine solche Mutter-Kind-Beziehung, die von Nicht-Existenz, oder sogar Ablehnung, Enttäuschung bis hin zu Haß geprägt ist, hat Camille Claudel die Bildung einer eigenen sicheren Identität erheblich erschwert und damit vielleicht eine Voraussetzung für die spätere psychotische Erkrankung geschaffen.Möglicherweise hat die Kreativität der späteren Künstlerin auch hier eine ihrer Wurzeln, indem sie die Funktion eines Selbstheilungsversuchs erfüllt. Für Camille Claudel ist die Erschaffung des künstlerischen Werks ein Beweis ihrer Existenz und somit eine Möglichkeit, die frühe Beziehung zur Mutter, in der sie sich als nicht-existent erleben mußte, zu kompensieren.

Die Mutter, Hausfrau der Oberschicht eines Landstädtchens, kann sich Abweichungen von den gesellschaftlichen Normen und ihrem Rollenverständnis nicht vorstellen. In ihre eigenwillige Tochter Camille, die schon als Kind die Familienangehörigen in Ton porträtiert, kann sie sich nicht einfühlen (Paris 1989, S. 23). Wie erwähnt, geben die wenigen Briefe, die die Mutter der Tochter oder den Anstaltsärzten später sendet, ein Zeugnis der Beziehung der Mutter zu ihrer Tochter. Aus ihnen spricht auch kalter Haß, der der ödipalen Konkurrenz um den Ehemann, bzw. Camilles Vater entstammt. Aus der engen Beziehung zwischen Vater und Tochter ist die Mutter zeitlebens ausgeschlossen. Für sie hat die Tochter Camille, die Bildhauerin wird, unverheiratet mit einem älteren Mann zusammenlebt, der offiziell noch eine andere Lebensgefährtin hat, nur Schande über die Familie gebracht. Sie fühlt sich zu ihrer zweiten Tochter, die auch ihren Namen, Louise, trägt hingezogen. Louise benimmt sich so, wie man es von einem Mädchen um die Jahrhundertwende erwartet.

Im Gegensatz zur Mutter erkennt der Vater die Besonderheit seiner ältesten Tochter. Er ermöglicht ihr Kunstunterricht. Später zieht die Familie nach Paris, damit die 17-jährige eine private Kunstakademie und ihr vier Jahre jüngerer Bruder Paul, ein Gymnasium besuchen können. Der Vater, der nun auch mütterliche Funktionen für Camille Claudel übernimmt, bietet ihr die Möglichkeit ihn zu idealisieren, sich mit ihm zu identifizieren und sich so von der präödipalen Mutter loszulösen (Benjamin 1992, S. 825). Für den Vater hat die Tochter die Funktion eines Selbstobjekts. Er vermittelt ihr unbewußt seine eigenen heimlichen Wünsche und Vorstellungen, wie eine ideale Frau für ihn zu sein habe (Rohde-Dachser 1990). Claudel gerät in die Rolle einer Zweitfrau für den Vater, eine Position, aus der heraus eine Hinwendung zur Mutter und die Chance einer Identifizierung mit ihr, die den Aufbau einer sicheren weiblichen Identität ermöglicht, zusätzlich verhindert. Das Dilemma, das für Camille Caudel durch diese unbewußt an sie herangetragenen Erwartungen des Vaters entsteht, ist auf die Kurzformel zu bringen:" Sei autonom, aber bleibe meine Tochter und ordne Dich meinen Zielen unter. „ Der Weg zur Entwicklung einer eigenen sicheren Identität ist also auch von seiten des Vaters verbaut.

Derartig durch präödipale Konflikte vorbelastet, kann die ödipale Phase nur auf der Ebene eines strategischen Ödipuskomplexes (Rhode-Dachser 1987, S. 778) durchlaufen werden. Der strategische Ödipuskomplex ist durch konkurrierende Dyaden gekennzeichnet, im Unterschied zu einem vollständigen (reifen) Ödipuskomplex, bei dem jede Beziehung des Dreiecks von dem jeweils Dritten akzeptiert wird.

Das dyadische Beziehungsmuster findet sich auch in der Beziehung zwischen Camille und dem Bruder Paul, der später ein bekannter Schriftsteller werden wird und den sie in ihrer Kindheit in seinen literarischen Neigungen unterstützt. Als Alternative zur Beziehung zum Vater erfüllt diese Beziehung eine wichtige kompensatorische Funktion für Camille Claudel, da sie in dieser Selbstobjektbeziehung die dominierende Position einnimmt.Die Beziehung zu Rodin hat als Vorbild die Beziehung zu Vater und Bruder.

## Auguste Rodin

Auguste Rodin (Abb. 2) wird am 17.11.1840 geboren und wächst zusammen mit einer zwei Jahre älteren Schwester auf, zu der er eine ähnlich enge Beziehung hat wie Paul zu seiner Schwester Camille. Die Schwester gibt ihm Anregungen und unterstützt ihn in seinen künstlerischen Neigungen. Ihr Tod 1862 stürzt ihn in eine tiefe Krise. Zwei Jahre später verliebt er sich in ein Modell, Rose Beuret. Sie wird bald seine Lebensgefährtin, die ihm zwar keinen intellektuellen Austausch, dafür

*Abb. 2: Auguste Rodin, 1880*

*Abb. 3: Danaide. Rodin, 1885*

aber eine zuverlässige Unterstützung bei der Bewältigung der alltäglichen Lebensaufgaben bietet. Heiraten wird er sie erst wenige Tage vor ihrem Tode (Febr. 1917).

1883, im Jahr der ersten Begegnung zwischen Claudel und Rodin hat Rodin nach Jahren verletzender Enttäuschungen bereits eine gewisse Berühmtheit erreicht. Rodin, der Claudel zunächst in Vertretung ihres bisherigen Lehrers unterrichtet, ist von der willensstarken Frau, ihrer Schönheit, Intelligenz und ihrer künstlerischen Begabung fasziniert.Sie wird seine Ateliergehilfin und Geliebte. In Claudel findet er die Unterstützung die ihm in der Jugend die Schwester gegeben hat, so legt er auf ihre Kritik an seinen Kunstwerken größten Wert. Sie ist eine Quelle der Inspiration, eine faszinierende Frau und Geliebte.

Rodins Weiblichkeitsbild veranschaulicht eine seiner Skulpturen, die „Danaide" (Abb. 3), für die Camille Claudel Modell gestanden hat.Die griechische Mythologie beschreibt die Danaiden als Frauen, die sich der erzwungenen Verehelichung mit den Ägyptern zunächst durch Flucht zu entziehen suchen. Als ihre Verfolger sie aufspüren, sehen sie nur noch eine Möglichkeit der Gegenwehr: in der Hochzeitsnacht ermorden sie ihre Gatten. Zur Strafe mußten sie in der Unterwelt Wasser in ein durchlöchertes Faß, das „Danaidenfaß" schöpfen. Rodin sucht in den Frauen weniger das Andere, sondern eher das Echo eigener Anschauungen (Berger 1990, S. 20). Seine Danaide ist eine Gebeugte, sich Hingebende und sich Unterwerfende (Holderberg, Mielke 1995, S. 28). Erschöpft davon, auf ewig einen Krug ohne Boden zu füllen. Ebenso versucht er, sich das Eigenwillige in Camille Claudel zu unterwerfen.

## Die gemeinsame Zeit

Camille Claudel findet in Rodin einen Gefährten, dem sie ähnlich wie dem Bruder zur Seite stehen kann. Die Aufnahme einer Liebesbeziehung bedeutet für sie aber auch den Versuch einer Ablösung vom Vater und damit den Versuch, ihr an ihn abgetretenes Selbst zurückzunehmen. Dieses Heraustreten aus den Strukturen patriarchalischen Denkens führt nach Rhode-Dachser (1991, S. 281) neben existentieller Angst auch zu massiven Schuldgefühlen, da die Tochter sich damit etwas anmaßt, was sie eigentlich als männlich und damit dem Vater zugehörig definiert: als seinen Besitz, den ihm die Tochter raubt.Die Ablösung ist mit schwersten Schuldgefühlen und der Gefahr eines Identitätsverlusts verbunden.

Mit der Beziehung zu Rodin versucht Camille Claudel sich vom Vater zu lösen, indem sie einen neuen „Gott" an seine Stelle setzt. Sie idealisiert ihn, findet in ihm einen Lehrer, mit dessen Kunst sie sich identifizieren kann und der sie als Schülerin fördert, aber sie auch ähnlich dem Vater als Selbstobjekt benutzt. Als Ateliergehilfin modelliert sie wesentliche Teile seiner Skulpturen, das Werk erscheint jedoch später unter seinem Namen, eine Gepflogenheit, die damals zwischen Meister und Ateliergehilfe (-in) üblich war.Camille Claudels Kunst geht in der seinen auf. Eine Förderung als eigenständige Künstlerin erfolgt nicht. Die Erwartungen Rodins an Camille Claudel entsprechen also wieder der bekannten Kurzformel: „Ich liebe Dich wegen Deiner Eigenständigkeit, aber ordne Dich meinen Wünschen unter."

Es besteht jedoch noch ein weiterer Konflikt: Camille Claudel muß zunehmend erkennen, daß sie als Geliebte Rodins, auch wenn dieser sie und nicht Rose Beuret mit zu gesellschaftlichen Anlässen nimmt, niemals gesellschaftliche Anerkennung erlangen wird – weder als Künstlerin, noch als Frau.Um ihre Existenz als Frau und Künstlerin miteinander zu vereinbaren versucht sie, die Beziehung zu Rodin zu legalisieren. Der Verlöbnisvertrag, geschlossen am 2. 10. 1888, gibt Einblick in die symbiotisch-narzißtische Künstlerbeziehung: In diesem Vertrag sichert Rodin Camille Claudel zu, künftig nur *ihre* Kunst zu unterstützen und sich mit keiner anderen Frau einzulassen.Weiter wird eine 6-monatige Reise nach Italien geplant, „der Beginn einer unauflöslichen Beziehung, nach welcher Mlle. Camille meine Frau sein wird". Camille Claudel verspricht im Gegenzug Rodin bis zum Beginn der Reise bis zu viermal im Monat in ihrem Atelier zu empfangen (Berger 1990, S. 119).

In einer Ehe mit Rodin wäre Camille Claudel als verheiratete Frau gesellschaftlich akzeptiert und könnte weiterhin ihre Kunst ausüben. Mehrere

*Abb. 4: Der Gedanke. Rodin, 1888*

Abtreibungen, die vermutlich stattgefunden haben (Grunfeld 1993, S. 248), könnten ein weiterer Grund für ihren verzweifelten Versuch gewesen sein, Rodin mit Hilfe des Verlöbnisvertrags zu mehr Verbindlichkeit zu verpflichten.

Rodin unterzeichnet den Vertrag zwar, hält ihn aber nicht ein.

Im selben Jahr stellt Rodin Claudel als „La pensee", den Gedanken (Abb. 4) dar. Sie verfällt in Grübeleien und wirkt oft in sich gekehrt. Auf ihre Heiratswünsche deutet die eigenartige Kopfbedeckung hin, eine bretonische Brauthaube. Der Kopf ist in Marmor eingeschlossen, der Materie, die Camille Claudel am liebsten für ihre Arbeit benutzte, und demonstriert auch ihr Eingeschlossensein in die Gedanken, das Rodin intuitiv erspürte.

## Trennung

Durch die allmählich bekanntwerdende Beziehung Claudels zu Rodin kommt es in den familiären Beziehungen Claudels zu einem offenen Bruch zwischen ihr und der Mutter. Claudel bezieht 1888 eine eigene Wohnung, arbeitet weiterhin im Atelier Rodins und lebt auch zeitweise mit ihm zusammen. Der Beziehungskonflikt spitzt sich infolgedessen zu. Claudel liebt Rodin, ist aber nicht länger bereit, sich zu unterwerfen, was einem Selbst- und Identitätsverlust gleichkäme. Sie verlangt eine Tren-

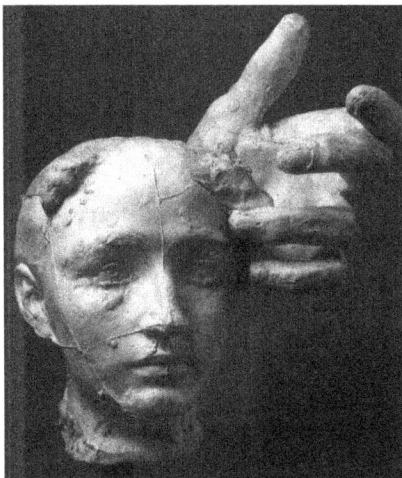

*Abb. 5: Assemblage*

nung von Rose Beuret, was für Rodin nicht akzeptabel ist. Für Camille Claudel ist diese Haltung nicht hinzunehmen. Sie zieht sich zunehmend zurück, nähert sich wieder an, bis sie 1892 das gemeinsame Atelier verläßt.

In diesem Jahr entsteht eine weitere Skulptur Rodins die die intrapsychische Situation der Künstlerin darstellt (Abb. 5, „Assemblage"): Er kombiniert den Gipsabdruck eines älteren Kopfmodells von Claudel mit der Hand eines anderen Kunstwerks. So entsteht ein doppelter Eindruck: Der einer beschützenden und einer bedrohenden Gebärde.Der Schutz, den Camille Claudel bei Rodin gesucht hat, stellt gleichzeitig eine Bedrohung dar.

Nach der künstlerischen Trennung von Rodin beginnt für Camille Claudel eine neue Phase ihres künstlerischen Werks. Ihre Skulptur, „Walzer" (1892) wird einer ihrer größten Erfolge, sie beginnt eine kurze Romanze mit Debussy, beides Ausdruck des Versuchs der Ablösung und Individuation, der jedoch scheitern muß. Obwohl ihre Werke die Abgrenzung zu Rodin deutlich erkennen lassen, halten die Kritiker daran fest, sie vorwiegend als Schülerin Rodins zu sehen. Die Finanzierung ihres kostspieligen Berufs ist nicht leicht, zugesagte staatliche Ankäufe finden aus nicht bekannten Gründen immer wieder doch nicht statt.

1893 schafft Claudel die Skulptur „Clotho" (Abb. 6). Clotho ist eine der drei Schicksalsparzen der griechischen Mythologie, die das Leben des Menschen bestimmen. Clotho spinnt den Faden des Lebens, den eine Dritte abschneidet. Die selbst erst 28-jährige Camille Claudel stellt Clotho als ein altes Weib dar, das sich in den von ihr gesponnenen oder als Haare auf dem Haupt gewachsenen Schicksalsfäden selbst verstrickt. Clotho steht als Symbol für die Verstrickung der Bildhauerin, sie verfängt sich verzweifelt in den Schlingen eines unlösbaren Konflikts. Die Legalisierung der Beziehung zu Rodin, die ein gesellschaftlich anerkanntes Leben als seine Frau, Künstlerin und vielleicht auch Mutter bedeuten würde, scheint nicht

*Abb. 6: Clotho. Claudel, 1893*

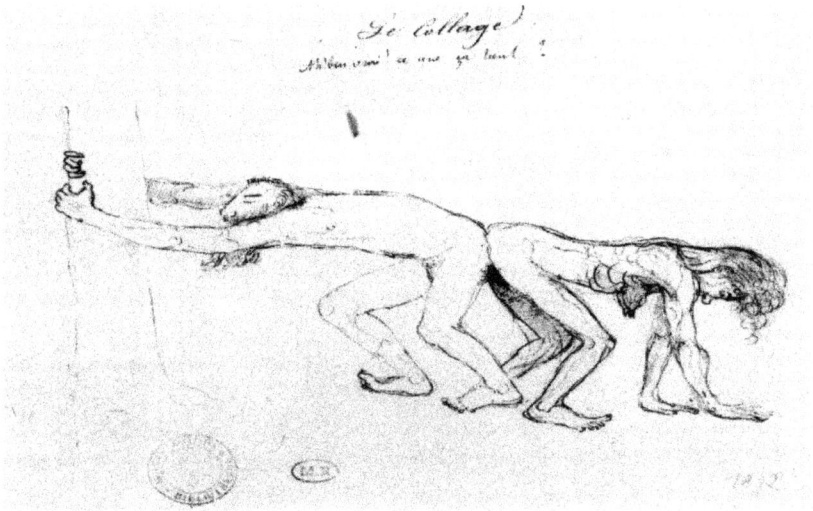

*Abb. 7: Le Collage. Claudel, ca. 1992*

möglich. Rodin ist nicht dazu bereit, sich von Rose Beuret zu trennen und sich ausschließlich Camille Claudel zuzuwenden. Die bisherige Beziehungsform aufrecht zu erhalten und weiterhin das Leben als Ateliergehilfin und Mätresse eines berühmten Bildhauers zu führen und dafür eigene Wünsche und Möglichkeiten (nicht nur künstlerischer) Selbstverwirklichung aufzugeben, ist Camille Claudel nicht möglich, da dies für sie mit der Gefahr eines Selbst- und Identitätsverlusts verbunden wäre. Es bleibt ihr nur der Rückzug.

Das Ausmaß der Enttäuschung und der Haßgefühle, die für Camille Claudel mit der Trennung vom Liebesobjekt Rodin verbunden sind, lassen drei Zeichnungen, die sie ca. 1992 erstellt, erahnen. In einer dieser Zeichnungen, „Le collage" (Abb. 7) kleben Rodin und Bereut mit den Gesäßen aneinander, sie auf allen Vieren mit hängendem Kopf und hängenden Brüsten, er im Versuch loszukommen, indem er einen Baumstamm umklammert. Le collage ist im Französischen, im Argot, ein Begriff, der für das Festkleben eines Paares verwandt wird, obwohl beide Partner eigentlich auseinanderstreben. Claudel legt Beuret die Worte :" Die Verklebung- hach, sie hält wirklich!" in den Mund. Bei der Betrachtung des Bildes fällt auf, daß sich Camille Claudels Aggressionen mehr gegen Rodins Partnerin als gegen Rodin selbst richten. Noch wird das Liebesobjekt vor dem Haß geschützt.

Mit Rodins Beziehung zu Rose Beuret hat sich für die Künstlerin auch die Beziehungserfahrung der konkurrierenden Dyaden wiederholt. Wie die ent-

*Abb. 8: Das reife Alter I. Claudel, 1894*

wertete Mutter so schien auch die Lebensgefährtin Rodins zunächst keine ernsthafte Rivalin zu sein, die die Grandiosität der Tochter und ihre exklusiv-dyadischen Beziehungswünsche infrage stellen könnte. Der vorschnelle Sieg muß nun äußerster Beschämung und Enttäuschung weichen, denn sowohl der Vater als auch Rodin versuchen eine Beziehung zu zwei Frauen aufrecht zu erhalten: Zu einer Gefährtin, die den gesellschaftlichen Rollenvorstellungen entspricht und einer zweiten Gefährtin, die das Besondere und Außergewöhnliche repräsentiert.

Das „Reife Alter" (1894, Abb. 8) ist ein Symbol des Dreiecksdramas. Dargestellt sind eine ältere Frau, ein Mann und eine junge Frau, die die Hand des Mannes an ihre Brust preßt und sehnsüchtig zu ihm aufschaut. Der Mann wendet sich von ihr ab und umfaßt mit seinem rechten Arm die Alte. Diese geht auf ihn zu, umfaßt ihn und hält die rechte Hand geballt, als Ausdruck willensstarker Energie. Sie verteidigt ihn wie ihren Altbesitz gegen die Versuchungen der Jüngeren.

Im selben Jahr bricht Claudel die sexuelle Beziehung zu Rodin ab. Eine Zweitfassung der Skulptur von 1898 (Abb. 9) zeigt, daß der Kontakt abgerissen ist. Die junge Frau und die beiden anderen stehen jetzt auf zwei unterschiedlich hohen Bodenschollen.

Rodin versucht weiterhin den Kontakt zu Claudel aufrecht zu erhalten, indem er Aufträge von Sammlern vermitteln will. Diese Art der Unterstützung ist wieder eine, die Claudels Ruf als Rodinprotege und nicht ihre Anerkennung als eigenständige Bildhauerin fördert. Als sie dann noch in den kulturpolitischen Auseinandersetzungen zwischen die Fronten gerät und von Rodin-Anhängern für eine Kampagne für dessen Balzac-Statue benutzt wird, distanziert sie sich öffentlich von Rodin. Den Kampf um Autonomie und Anerkennung als Frau und Künstlerin kann sie jedoch nicht gewinnen. Gelang ihr eine Absage an ihre „töchterliche Existenz" vor Jahren dadurch, daß sie Rodin an die Stelle des Vaters setzte, so ist sie jetzt nicht mehr dazu in der Lage, die Leere zu füllen und die existentielle Angst zu bewältigen, die mit der Aufgabe ihres komplementärnarzistischen Status verbunden sind. Hinzu kommt der Wegfall sämtlicher stabilisierender Faktoren. Der Vater unterstützt die Tochter zwar weiterhin finanziell, wendet sich aber innerlich mehr dem erfolgreicheren Sohn zu. Von Mutter und Schwester erhält Camil-

*Abb. 9: Das reife Alter II, Claudel, 1898*

le Claudel nur Ablehnung, beide sehen in ihr eine Person, die Schande über die Familie gebracht hat, und auch für den Bruder ist der Beruf der Bildhauerin eine absolute Unmöglichkeit für eine alleinstehende Frau. Er versucht zwar trotzdem zu ihr zu stehen, kann aber wenig helfen, da er als Diplomat vorwiegend im Ausland lebt.

Claudel sucht auch keine Unterstützung bei gleichgesinnten Bildhauerinnen, so gab es z. B. in Paris zu jener Zeit eine Bewegung, in der Frauen versuchten auch für Frauen die Teilnahme an der staatlichen Kunstakademie zu erkämpfen. Sie hat keine Freundinnen, wohl auch, weil sie in ihrer Ursprungsfamilie nie die Erfahrung von Unterstützung und Verständnis von seiten der Mutter oder der Schwester machen konnte.

## Rückzug und Krankheit

Nach 1900 stellt sich diese Frau, die so vehement auf ihrem Eigenen beharrt hat, zunehmend in Frage. Sie schreibt in einem Brief an ihren Galeristen:

„... wenn noch Zeit wäre, die Korporation zu wechseln, würde ich das vorziehen. Ich hätte besser daran getan, mir schöne Hüte und Kleider zu kaufen... als mich meiner Passion hinzugeben."(Flagmeier 1990, S. 53).

Noch erfolgen bis 1906 regelmäßige Beteiligungen an den Salonausstellungen, die künstlerische Produktivität läßt jedoch nach, zur letzten Einzelausstellung kommt es 1908. Die Künstlerin zieht sich zurück, bis dahin, daß sie ihre Werke zerstört. Ihre lebensbejahende durchsetzungsfähige positive Aggression wandelt sich in vernichtende Selbstdestruktivität. Stellte die künstlerische Kreativität für Camille Claudel einen narzißtischen Reparationsversuch dar, so gelingt dies nun nicht mehr. Die Ichfunktionen sind nicht mehr dazu in der Lage, die Künstlerin vor dem Ansturm überwältigender Affekte zu schützen. Vollzog sich der künstlerische Prozeß zuvor, wenn die Gefahr der Auflösung des Ichs durch überwältigende Reize kleiner geworden war (Niederland 1987, S. 352), so kommt es jetzt zu weiterer Regression und psychotischer Dekompensation

Von 1905 an verfällt Claudel zunehmend der paranoiden Psychose. Sie zerstört ihre Werke, beschuldigt Rodin öffentlich, sie bestohlen zu haben und fühlt sich von ihm verfolgt und bedroht. Ein Bekannter beschreibt einen Besuch (1905):

„Ich fand eine vor Angst zitternde Camille. Sie sagte: „Diese Nacht haben zwei Individuen meine Fensterläden zu sprengen versucht. Ich habe sie erkannt. Zwei Italiener, Modelle von Rodin. Er hat ihnen befohlen, mich umzubringen. Ich bin ihm im Weg, er will mich verschwinden lassen."(Paris 1989, S. 77).

Paul Claudel beschreibt seine Schwester in einer Tagebucheintragung: „Camille ist verrückt. Die Tapeten in langen Streifen von den Wänden gerissen, ein einziger kaputter Sessel, furchtbarer Schmutz. Sie selbst fett, besudelt, ununterbrochen redend mit einer monotonen, metallisch klingenden Stimme."(Flagmeier 1990, S. 64–65).

In einem Brief an ihren Bruder Paul schreibt Camille Claudel im Dezember 1909:

„Er (Rodin) besitzt die Unverfrorenheit mich am Ende meiner Karriere in der Abhängigkeit von der finanziellen Unterstützung meiner Eltern zu belassen, nachdem er sich über zwanzig Jahre meiner künstlerischen Ideen bedient hat. Der miese Kerl nimmt mich nach Strich und Faden aus und teilt mit seinen Künstlerkollegen, die ihm als Gegenleistung Orden verschaffen, Ovationen und Bankette bereiten. Die Ovationen dieses Herrn haben mich alles gekostet, und für mich bleibt nichts, nichts."(Paris 1989, S.112).

Im Folgenden möchte ich mich auf eine psychodynamische Betrachtungsweise der Wahnerkrankung beschränken, wohlwissend daß damit sicher nicht das ganze Ausmaß der Erkrankung erschöpfend zu erklären ist. Ich möchte mich in meinen Ausführungen Mentzos anschließen, der zwar nicht einen Konflikt als die Ursache der Psychose sieht, für den aber der Prozeß, der zur Psychose führt, die Struktur und Dynamik eines Konfliktes besitzt (Mentzos 1992, S. 17). Die nicht zu verein-

*Abb. 10: Claudel in der Anstalt, 1930*

barenden „Bipolaritäten", wie Mentzos sie nennt, bestehen für Camille Claudel in dem Wunsch nach einer symbiotischen Beziehung zu dem Objekt, der entweder mit einer Auflösung der Ichgrenzen und Selbstaufgabe verbunden ist, oder einem narzißtischen Rückzug mit absoluter Einsamkeit und existentieller Angst. Die Wahnbildung, in der sie im Zentrum von Rodins Interesse steht, ersetzt für Camille Claudel die Objektbeziehung. Es besteht im Erleben der Künstlerin eine intensive Beziehung, obwohl sie sich in der Realität von Rodin zurückgezogen hat. Noch 1930, lange nach Rodins Tod (1917)schreibt sie zum „17. Jahrestag meiner Entführung" aus der psychiatrischen Anstalt an den Bruder:

„Dies alles entspringt Rodins teuflischem Gehirn. Er hatte nur den einen Gedanken, ich könnte nach seinem Tode als Künstlerin zu höherem Ansehen gelangen und größer werden als er. Er mußte mich auf Biegen und Brechen, nach seinem Tod wie in seinem Leben, in seinen Klauen behalten."(Paris 1989, S. 140).

Das Ich wird von aggressiven Affeken überflutet, vor denen Camille Claudel das Liebesobjekt zuvor geschützt hat, um es nicht zu zerstören. In der Wahnbildung können sie jetzt zum Ausdruck kommen, indem aus dem intrapsychischen Konflikt ein interpersoneller wird. Der Wahn verschafft dem Ich Feinde und somit eine Berechtigung für die Aggressivität. Die produktive Wahnsymptomatik stellt eine Verbindung her zwischen dem fragmentierten Kernselbst und den abgespaltenen Anteilen, die über die Verlagerung nach außen auch die Verbindung zu abgespaltenen Inseln der Realität herstellen (Milch u. Putzke 1991, S. 276). Die Psychose ist der Versuch, doch noch zu einer Integration nicht kompatibler Selbstanteile zu gelangen. Das Wahnthema ist aber auch ein letzter Versuch Camille Claudels auszudrücken, was ihr ein Leben lang wiederfahren ist. Ohne mütterlich-weiblichen Rückhalt, vom Vater und dem geliebten Mann für eigene narzißtische Zwecke benutzt und in eigener Entwicklung nicht gefördert, an den gesellschaftlichen Normen zerbrochen, bleibt nur noch der Ausweg in den Wahn, um zu überleben.

Am 2.3.1913 stirbt Claudels Vater. Direkt danach unternimmt Paul Claudel die Schritte zur Einweisung seiner Schwester in eine psychiatrische Anstalt. Am Morgen des 10.3.1913 dringen zwei Männer in die Wohnung der Künstlerin ein und bringen sie in die Anstalt.

Die nun folgenden Jahre sind schnell zusammengefaßt: Camille Claudels Wahnthema bleibt bestehen. Den Berichten der Anstaltsärzte ist zu entnehmen, daß Aggressivität und Heftigkeit im Verlauf der Jahre abnehmen, wie häufig zu beobachten im Verlauf einer Psychose. 1915 erscheint es dem verantwortlichen Arzt möglich, Claudel zu entlassen. Der Vorschlag wird von der Mutter und der Schwester Camille Claudels, die sie beide nicht ein einziges Mal in der Anstalt besuchen, vehement abgelehnt. Auch die Bitte

*Abb. 11: Der Walzer, Claudel, 1893*

Camille Claudels, in eine Anstalt in der Nähe von Paris verlegt zu werden, wird nicht erfüllt.

Claudel stirbt am 19. Oktober 1943, nachdem sie 30 Jahre in einer geschlossenen Anstalt verbracht hat.

Beschließen möchte ich meinen Beitrag mit einer Skulptur, die ich persönlich für die schönste halte und die vielleicht die Beziehungswünsche Camille Claudels ausdrückt, dem „Walzer" (Abb. 11). Er entstand in der Zeit, nachdem Camille Claudel Auguste Rodins Atelier verlassen hatte.

Es handelt sich um die Darstellung eines tanzenden Paares. Bei der Betrachtung spürt man den Rhythmus, die Harmonie und den Rausch des Walzers. Zwei Körper befinden sich miteinander im Gleichklang und sind dennoch voneinander getrennt.

## *Literatur*

Benjamin, J. (1992): Vater und Tochter: Identifizierung mit Differenz. Ein Beitrag zur Geschlechter-Heterodoxie. In: Psyche, 1992, S. 821–846.

Berger, R. (1990): Camille Claudel in ihrer Zeit. In: Berger R. (Hrsg.) 1990. Camille Claudel 1864–1943. Skulpturen, Gemälde, Zeichnungen. Hamburg (Ed. Stadtbaukunst) S. 10–33.

Bohleber, A. (1992): Identität und Selbst. Die Bedeutung der neueren Entwicklungsforschung für die psychoanalytische Theorie des Selbst. In: Psyche, 1992, S. 336–365.

Flagmeier, R. (1990): Chronik. In: Berger R. (Hrsg.) 1990. Camille Claudel 1864–1943. Skulpturen, Gemälde, Zeichnungen. Hamburg (Ed. Stadtbaukunst) S. 53–69.

Green, A. (1993): Die tote Mutter. In: Psyche III, 1993, S. 205–240.

Grunfeld, F. (1993): Rodin. Eine Biographie. Berlin (Henschel).

Holderberg, A., Mielke, E. (1995): Schlaglichter. Weibliche Aggressivität – Männliche Zuschreibungen – Weibliche Identifikation. In: Hamburger Arbeitskreis für Psychoanalyse und Feminismus (Hrsg.): Evas Biß: Weibliche Aggressivität und ihre Wirklichkeit. Hamburg (Kore) S. 15–44.

Kohut, H. (1973): Narzißmus. Frankfurt a.M., Suhrkamp.

Milch, W. E., Putzke, M. (1991): Auswirkungen der Kleinkindforschung auf das Verständnis von Psychosen. In: Forum der Psychoanalyse, Bd. 7, Heft 4, 1991, S. 271–281.

Niederland, E. G. (1978): Psychoanalytische Überlegungen zur künstlerischen Kreativität. In: Psyche 1978, S. 329–354.

Paris, R.-M. (1989): Camille Claudel 1864–1943, Frankfurt a.M., Fischer.

Rohde-Dachser, C. (1987): Die ödipale Konstellation bei narzißtischen und Borderlinestörungen. In: Psyche 1987, S. 773–799.

Rohde-Dachser, C. (1990): Über töchterliche Existenz. Offene Fragen zum weiblichen Ödipuskomplex. In: Zeitschrift f. Psychosom. Med. u. Psychoanalyse 4, 1990, S. 303–315.

Rohde-Dachser, C. (1991): Expedition in den dunklen Kontinent. Heidelberg, Springer.

# Der Angriff auf den weiblichen Körper

*Edda Uhlmann*

Der Angriff auf den weiblichen Körper, mit dem ich mich hier beschäftigen möchte, geschieht in Form operativer Eingriffe. Mir war aufgefallen, daß Frauen immer wieder Operationen erwähnten, die in einem bestimmten Zusammenhang mit dem weiblichen Lebenszyklus und der weiblichen Genitalität zu stehen schienen. Bei Helene Deutsch (1948) fand ich den Hinweis, daß Mädchen in der Adoleszenz häufig am Blinddarm operiert würden; dann stieß ich auf den Aufsatz von Vera King (1992), in dem sie diese Blinddarmoperationen in Zusammenhang bringt mit Konflikten bei der psychischen Aneignung der Innergenitalität in der weiblichen Adoleszenz.

Ich will eine kurze Fallvignette aus meiner Praxis anführen: Die Patientin berichtet von einer Blinddarmoperation im Alter von 20 Jahren. Vorangegangen waren erste sexuelle Erfahrungen mit verschiedenen Männern, wovon sie völlig überfordert gewesen sei. Dann habe sie Bauchschmerzen bekommen und nach einer kurzen Phase der Ratlosigkeit sei ihr dann zur Blinddarmoperation geraten worden. Der Chirurg empfahl nach der Operation, daß sie sich räumlich von ihrer Mutter trennen sollte. Sie hatte von Kindheit an häufig Blasenentzündungen gehabt und war in diesem Zusammenhang sehr beängstigenden Untersuchungen ausgesetzt gewesen. Großmutter und Mutter hätten ihr immer gedroht, sie würde unfruchtbar, wenn sie ihre Blase nicht vor Entzündungen schützte. Zur psychoanalytischen Behandlung kommt sie wegen Depressionen, die einsetzten, nachdem ihr erstes Kind, eine Frühgeburt, einige Wochen nach der Geburt gestorben war. Parallel zur beginnenden psychoanalytischen Behandlung lief zunächst noch eine Behandlung bei einem männlichen Therapeuten, die als Krankengymnastik begonnen hatte. Die diffusen Körperschmerzen und Verspannungen der Patientin brachten den Behandler zu Interventionen am Körper dieser Frau, die eine beängstigend invasive Tendenz hatten. Um ihre Unterleibsbeschwerden zu behandeln, schlug er ihr eine Darmmassage vor, die rektal vorgenommen werden sollte. Dazu kam es nicht mehr, weil sie es vorher in der Analyse zur Sprache brachte.

Ein weiteres kurzes Beispiel: Ein Frau, Ende 30, kommt in eine Beratungsstelle. Zögernd fragt sie den männlichen Berater, ob er ihr Problem wohl hören wolle, denn es ginge um Frauensachen; dann erzählt sie von einer bevorstehenden Entfernung der Gebärmutter. Sie hat zunächst große Angst vor dem Eingriff selber, aber auch der Gedanke, daß ihr Mann sie hinterher vielleicht nicht mehr als Frau erleben würde, was Auswirkungen auf seine Potenz haben könnte, beunruhigt sie sehr.

Meine Überlegungen werden im folgenden darum kreisen, wie die Frau bei Konflikten hinsichtlich der Integration ihrer weiblichen genitalen Potenzen Erlösung sucht, indem sie sich mit ihrem als krank und bedroht erlebten Körper dem Mann in Gestalt des Arztes anbietet, sich notfalls etwas Beunruhigendes, Nicht-Integrierbares, Dysfunktionales, wegschneiden läßt. Außerdem stelle ich die Frage, welches Interesse an diesem sado-masochistischen Arrangement der Geschlechter nicht nur die Frau, sondern auch der Mann haben könnte.

Zunächst möchte ich einen Ausflug in die Geschichte machen.

Im Februar 1895 nahm Fließ, zu der Zeit engster Freund von Freud, an einer der ersten von Freud psychoanalytisch behandelten Patientinnen einen chirurgischen Eingriff vor. Die Patientin war Emma Eckstein, die Freud wegen einer hysterischen Gehstörung behandelte. Es ist nirgends klar niedergeschrieben, warum die beiden Männer übereinkamen, die Frau müsse operiert werden. Der Berliner Hals-, Nasen- und Ohrenarzt Wilhelm Fließ kam also nach Wien gereist und entfernte bei Emma Eckstein die Nasenmuschel. Nach der Operation, Fließ war zu dem Zeitpunkt schon wieder in Berlin, traten Komplikationen auf. Die Blutungen hörten nicht auf, Freud zog andere Kollegen hinzu, und es stellte sich heraus, daß in dem Hohlraum, der durch die Entfernung der Nasenmuschel entstanden war, ein halber Meter Gaze zurückgeblieben war; beim Entfernen des Gazestreifens kam es zu schweren Nachblutungen. Es wurde eine Nachoperation vorgenommen, auch danach kam es noch mehrmals zu starken Blutungen, und die Heilung verzögerte sich. Freud war sehr besorgt um die Patientin, eine zeitlang fürchtete er sogar, sie könnte sterben.

Die Diskussion über die Bedeutung von Emma Eckstein und die an ihr vorgenommene Operation beginnt erst 1966 mit einem Aufsatz von Max

Schur. Max Schur hatte Zugang bekommen zu Briefen Freuds an Fließ, die bis dahin nicht veröffentlicht waren, und für Schur stellte sich, als er von der Operation und den sich anschließenden Komplikationen las, ein Zusammenhang her zwischen diesen Ereignissen und Freuds Irma-Traum. (Die Operation war im Februar 1895 vorgenommen worden und hatte sich mit ihren Folgen bis in den Mai hingezogen; im Juli desselben Jahres träumte Freud den Irma-Traum.)

Der Irma-Traum gilt als Initialtraum der Psychoanalyse, und die Interpretationen und Diskussionen um diesen Traum dauern bis heute an. Zum manifesten Traum hier nur soviel: Es geht um eine Arzt-Patientin-Beziehung, der Träumer macht der Frau Vorwürfe und untersucht dann die etwas Widerstrebende in der Mundhöhle. Dort entdeckt er merkwürdig krause Gebilde wie Nasenmuscheln. Die Entdeckung, die er in dem weiblichen Mund macht, bringt ihn dazu, noch drei weitere ärztliche Kollegen herbeizurufen, so daß die Patientin nun von insgesamt vier Männern umringt ist, die ihren Körper untersuchen und sich darüber austauschen.

Freud gibt in seinen Einfällen zum Traum keinen direkten Hinweis auf die vorangegangene Operation, die ihn so beschäftigt hatte, aber über Fließ sagt er: „Sollte dieser Freund, der in meinem Leben eine so große Rolle spielt, in dem Gedankenzusammenhang des Traumes weiter nicht vorkommen? Doch; er ist ein besonderer Kenner der Wirkungen, welche von Affektionen der Nase und ihrer Nebenhöhlen ausgehen, und hat der Wissenschaft einige höchst merkwürdige Beziehungen der Nasenmuscheln zu den weiblichen Sexualorganen eröffnet. (Die drei krausen Gebilde im Hals bei Irma.) Ich habe Irma von ihm untersuchen lassen, ob ihre Magenschmerzen etwa nasalen Ursprungs sind. Er leidet aber selber an Naseneiterungen, die mir Sorge bereiten..." (Freud, 1900, S. 122) Die Frau, die hinter der Irma aus dem Traum steht, hat Freud von Fließ untersuchen lassen; seine Patientin Emma Eckstein hat er von Fließ operieren lassen, und wenn man die Schriften von Fließ hinzuzieht, kann man das Motiv für die Operation erschließen: „Onanierende Mädchen werden gewöhnlich auch dismenorrhoisch. Für sie gibt es durch die nasale Behandlung nur dann endgültige Erfolge, wenn sie der Verirrung wirklich entsagen. Von den Schmerzen ex onanismo möchte ich einen wegen seiner Wichtigkeit besonders hervorheben: den neuralgischen Magenschmerz. Er tritt recht früh bei Onanistinnen auf und kommt bei ‚jungen Damen' ebenso häufig wie die Onanie selber vor" (zit. nach Masson, 1986, S. 98). An anderer Stelle heißt es: „Es erleidet noch eine andere Localität der Nase eine typische Veränderung durch die Onanie und zwar ist dies die linke mittlere Muschel, wesentlich in ihrem vorderen Drittel... Exstirpiert man gründlich diese Partie der linken mittleren Muschel, was leicht mit einer geeigneten Knochenzange ausgeführt wird, so schafft man den Magenschmerz dauernd fort" (Masson, 1986, S. 98 f).

Da ist die enge Gemeinschaft zweier Männer, die sich mit dem Körper einer Frau beschäftigen und an diesem Körper einen Eingriff vornehmen, der auf das weibliche Genitale und die Möglichkeit zur Selbstbefriedigung zielt; hinter der Entfernung der Nasenmuschel scheint die Amputation der Klitoris auf. Ich verstehe die operative Handlung in diesem Fall als einen Akt der sadistischen Bemächtigung des weiblichen Körpers mit seiner sexuellen Potenz durch den Mann, hier in ärztlicher Rolle. Außerdem wird der weibliche Körper auch als Projektionsfläche genutzt für männliche Kastrationsangst und Kastrationswünsche, die am weiblichen Körper ganz konkret ausagiert werden; ich erinnere in diesem Zusammenhang an die Sorge Freuds um die Nase von Fließ, die in den Einfällen zum Traum erwähnt ist. Material dazu, daß es um die lustangstvolle Beschäftigung mit dem eigenen Körper, mit der eigenen Nase und der Nase des Freundes ging, gibt es in den Briefen aus der Zeit reichlich.

Die Operation ist auch heute in der psychoanalytischen Literatur noch Thema, und zwar im Zusammenhang mit Freuds Irma-Traum. Die Suchfrage ist dabei, ob hinter der Irma aus dem Traum Emma Eckstein und damit die Operation steht oder nicht. Die Komplikationen, die sich nach der Operation ergaben und Freuds vermutete Enttäuschung an dem idealisierten Freund wegen des ärztlichen Mißgeschicks sind allerdings viel mehr Gegenstand der Beschäftigung als der Anlaß für den Eingriff. Wenn es um das Motiv für die Operation geht, klingt es merkwürdig nebulös, wie z.B. bei Max Schur: „Fließ diagnostizierte einen etwas pathologischen Befund und schlug einen chirurgischen Eingriff vor" (Schur, 1973, S. 103). Eissler schreibt in einem Aufsatz: „Er (Fließ) führte bei Emma Eckstein eine Nasenoperation durch, in der Überzeugung, dieser Eingriff werde einige Symptome der Patientin kurieren" (1987, S.969). In einem weiteren Aufsatz, der in der Psyche zu diesem Thema erscheint, benennt der Autor Peters zwar deutlicher, was gemacht wurde, aber er stellt diesen Eingriff dann in einen recht eigenwilligen Kontext. Er zieht ein anderes Beispiel für ungewöhnliche Therapiemethoden zum Vergleich heran, nämlich die Malaria-Behandlung der progressiven Paralyse durch Wagner-Jauregg, wofür dieser schließlich den Nobelpreis erhalten habe (vgl. Peters, 1989, S. 839f).

Eissler und Peters versuchen außerdem nachzuweisen, daß die Operation für den Arzt-Patientin-Traum Freuds keine Rolle gespielt haben kann. Dieser

Versuch erinnert mich an das Verschwindenlassenwollen von Indizien, die auf einen peinlichen Vorfall verweisen. Der peinliche Vorfall wäre der, daß es einen Punkt gegeben hat, an dem die männliche Phantasie über die Beherrschbarkeit des weiblichen Körpers umschlug in eine konkrete Manipulation am weiblichen Körper.

Der Irma-Traum ist wie ein Schlüsseltext über das Verhältnis zwischen den Geschlechtern, exemplifiziert an der Spezialform Arzt-Patientin. Freud spricht in seinen Einfällen zum Traum vom Ideal der gefügigen Patientin (vgl. Freud, 1900, S. 115). Ob nun Freud eine Verbindung zur Operation bei Emma Eckstein bewußt war oder nicht, die historische Abfolge bleibt: Es gab zunächst einen Eingriff am Körper der Frau, der im Zusammenhang stand mit der weiblichen Sexualität, es geht im Traum um die Beschäftigung der männlichen Ärzte mit dem Frauenkörper und die nachfolgende psychoanalytische Theoriebildung ist – hinsichtlich des Arrangements der Geschlechter – ein Versuch, sich der Frau mit ihrer sexuellen Potenz zu bemächtigen durch eine an ihrem Geschlecht vorgenommene Kastration.

In Wien gab es zu Freuds Zeiten noch einen anderen Operateur, der sich in besonderer Weise mit dem weiblichen Körper beschäftigte: Ein Professor Halban versetzte bei Frauen die Klitoris näher an den Harnröhrenausgang. Im Kontext der psychoanalytischen Gemeinschaft spielt diese Operation eine Rolle, weil eine der Gründerinnen, Marie Bonaparte, sich von Halban dreimal an der Klitoris operieren ließ. Diese Eingriffe an ihrem Körper lassen sich nicht nur verstehen aus den intrapsychischen Bedingungen auf seiten Marie Bonapartes' und dem vorhandenen Operationsangebot auf medizinischer Seite, sondern sie sind auch eingebettet in die Beziehungsdynamik zwischen ihr und ihrem Analytikervater Freud und sind Ausdruck davon, wie der Weiblichkeitsentwurf der Psychoanalyse, dem sie unterworfen war, den sie ihrerseits aber auch aktiv mitgestaltete, wirksam werden kann.

Ich fahre fort mit einigen biographischen Notizen zu Marie Bonaparte. Ihr Einstieg in die Analyse bei Freud im Jahre 1925 ist enthusiastisch. An einen Freund schreibt sie: „Die Psychoanalyse ist das Ergreifendste, was ich je erlebt habe. Ich bin, wie man auf deutsch sagt, gepackt! Aber vollständig" (zit. nach Bertin, 1989, S. 288). Sie hofft, mithilfe der Analyse „Penis und Orgasmusfähigkeit" zu bekommen (S. 289).

Auch Freud ist sehr angetan von ihr, in einem Brief an einen Kollegen schreibt er, die Prinzessin mache eine sehr schöne Analyse (S. 289). Nach 1½ Jahren Analyse läßt sie sich zum ersten Mal von Halban in Wien an der Klitoris operieren. Aus ihren Aufzeichnungen geht hervor, daß die Operation zusammenfällt mit dem Ende der ersten großen Begeisterung an der Analyse. Freud kritisiert sie wegen der Operation und sie schreibt ihm, daß sie verzweifelt sei wegen ihrer Dummheit. In einem weiteren Brief mahnt Freud sie dann, sie könne sich viel mehr Freiheiten herausnehmen, wenn sie nicht Analytikerin werden wolle. Marie Bonaparte wehrt sich und schreibt, daß sie keine Nonne sein wolle; am liebsten möchte sie die Psychoanalyse hinwerfen (S. 308f). Wie man weiß, ist sie eine getreue Anhängerin Freuds und eine Mitgestalterin der psychoanalytischen Gemeinschaft und der Theorie geblieben, aber sie hat gegen Ende der Analyse auch eine große Enttäuschung formuliert. Im Januar 1929 schreibt sie: „Die Arbeit ist leicht und die Sinnlichkeit schwierig...Die Psychoanalyse kann mir höchstens die Kraft zum Verzicht geben, und ich bin 46 Jahre alt. Die Analyse hat mir den Frieden, den Geist des Herzens gegeben und die Fähigkeit zu arbeiten, aber nichts in körperlicher Hinsicht. Ich denke an eine zweite Operation. Muß ich auf Sexualität verzichten? Nur arbeiten, schreiben, analysieren? Doch die vollkommene Keuschheit erschreckt mich." (Bertin, S. 314)

1930 suchte sie wieder Professor Halban auf, beklagte sich, daß die Stelle, an der vorher die Klitoris war, empfindlich sei. Es wurde eine erneute Operation vereinbart; Halban schlug vor, bei der Gelegenheit die Gebärmutter gleich mit zu entfernen. Marie Bonaparte war einverstanden, bereitete sich aber mit Todesangst auf diese Operation vor. 1931 läßt sie noch eine dritte Operation an ihrer Klitoris vornehmen.

Immer wieder beschäftigte sie sich auch mit der Klitoris-Amputation afrikanischer Frauen. Bei einem Aufenthalt in Kairo sah sie sich in einem Krankenhaus solche Frauen an. 1948 veröffentlichte sie einen Artikel „Bemerkungen zur Beschneidung". Darin schreibt sie, daß die Beschneidung ein Angriff auf die männliche Seite der Frau und ein gesellschaftlicher Mechanismus zur Unterdrückung der weiblichen Sexualität sei. 1951 erscheint ihr Artikel „Die Sexualität der Frau" (vgl. Chasseguet-Smirgel, 1974). Darin hält sie den Männlichkeitskomplex der Frau für eine primäre Bildung aufgrund anatomischer Bedingungen, festgemacht an der Existenz der Klitoris als einem verkümmerten männlichen Organ. In der weiblichen Entwicklung spiele die Klitoris zunächst als passives, dann als aktives Lustorgan in der Beziehung zur Mutter eine Rolle, bei der Hinwendung des Mädchens zum Vater müsse die mit der Klitoris verbundene aktive, phallisch-sadistische Erotik aufgegeben werden. Dem kleinen Mädchen müsse es gelingen, um die Klitoris zu trauern. Die Hinwendung des Mädchens zum Vater sei verknüpft mit dem Wunsch, symbolisch vom Vater kastriert zu werden, und dieser Akt werde vom Mädchen erotisiert.

Auf dem Hintergrund dieses theoretischen Entwurfs zur weiblichen psychosexuellen Entwicklung lassen sich die operativen Eingriffe am eigenen Genitale an die Adresse des analytischen Vaters gerichtet folgendermaßen übersetzen: „Ich opfere dir den Teil an meinem Genitale, den du als phallisch erklärst, und so kastriert muß dann doch eine schmerzlich-lustvolle Vereinigung möglich sein". Marie Bonaparte war Freud schon von dem französischen Psychiater Laforgue angekündigt worden als eine Frau mit starkem Männlichkeitskomplex und Freud hatte ihr auch sehr bald nach Beginn der Analyse gesagt, den wesentlichen Konflikt ihres Lebens, das Nebeneinander von männlichen und weiblichen Komponenten, werde sie behalten, aber da sie selber einen Mann in sich trage, habe sie die Möglichkeit die Männer zu verstehen (Bertin, S. 287). Sie wollte wohl mehr. Die wiederholten operativen Eingriffe lassen sich auch als ein verzweifeltes Aufbegehren verstehen. Was dem Professor Freud nicht gelang, nicht gelingen konnte, denn da stand ihm seine am weiblichen Genitale per Definition vorgenommene Zweiteilung im Wege, konnte ja vielleicht dem anderen Wiener Professor gelingen. Marie Bonaparte meinte, an ihr sei etwas nicht dicht genug beieinander, nämlich Klitoris und Vagina, und das verhindere ein Erleben von Lust. Die anatomische Sprache verstehe ich als metaphorischen Ausdruck für eine Schwierigkeit bei der Assimilation von Objektrepräsentanzen: Vater- und Mutterimagines konnten nicht zusammenkommen und eine Paar-Repräsentanz bilden. Den individuellen biographischen Hintergrund der Marie Bonaparte will ich nicht ausführen; mir geht es hier um das Zusammenspiel von psychoanalytischem Weiblichkeitsentwurf und Operation. Sie prangert zwar einerseits die Beschneidung afrikanischer Frauen an als eine Attacke gegen die weibliche Sexualität. In ihrem Text zur weiblichen psychosexuellen Entwicklung weist sie aber der Frau eine Trauerarbeit zu, die in deren Anatomie gründen soll – das kleine Mädchen müsse die Klitoris aufgeben und darum trauern; zugleich zeigt sie eine Möglichkeit der Trauerabwehr im masochistischen Erleben auf – die Klitoris werde als vom väterlichen Penis geschlagen erlebt und die Hinwendung zum Vater als lustvolles Kastrationserlebnis.

Neben dem Aufbegehren gegen die gesellschaftliche Unterdrückung weiblicher Sexualität formuliert sie letztendlich ein Entwicklungsmodell, in dem die Hinwendung der Frau zum Mann nur als Selbstkastration und Unterwerfung – mit der Opfergabe Klitoris – gedacht werden kann. Es ist das Geschlechterarrangement aus der Sicht einer Vater-Tochter in der Psychoanalyse; damit meine ich die Sicht einer Frau, die die Entwicklung der weiblichen Sexualität in Identifikation mit und in Unterwerfung unter den psychoanalytischen Vater formulierte.

Ich komme jetzt zu einem eigenen Fallbeispiel:

Eine 33-jährige Frau, Hausfrau und Mutter dreier Kinder, kommt zur Behandlung wegen depressiver Verstimmung. Sie gibt an, seit zwei Jahren so antriebslos zu sein, daß sie kaum aufstehen mag. Alles was sie früher mit großer Begeisterung getan hätte, nämlich unermüdlicher Einsatz für ihre Kinder und perfekte Haushaltsführung, mache ihr jetzt Mühe und sie spüre nur noch eine große Leere. Vor zwei Jahren sei ihr bei einem operativen Eingriff eine Speicheldrüse entfernt worden. Auch am Tag, als sie zum Erstgespräch kam, hatte sie bereits einen Gang zum Arzt hinter sich, da sie plötzlich tief beunruhigt war wegen ihrer Brust. Während der analytischen Behandlung alterniert die Angst um ihre Brust mit beunruhigenden Wahrnehmungen am Hals. Dort hämmert und pocht es, und sie versucht ständig, ihren Hals tastend zu kontrollieren. Mir erzählt sie davon zunächst allerdings nichts, stattdessen fehlt sie nach sechswöchiger Behandlung ohne mich zu benachrichtigen. Erst im Nachhinein erfahre ich, daß sie überstürzt ins Krankenhaus gegangen ist, wo ihr wiederum eine Speicheldrüse entfernt wurde. Diagnostiziert wird eine Entzündung. Das nach dem Eingriff zunächst vorherrschende Hochgefühl währt nicht lange, bald blubbert, hämmert und pocht es wieder im Hals, nach weiteren 1$^1$/$_2$ Jahren wird wieder ein operativer Eingriff vorgenommen. Diesmal wird die Speicheldrüse entfernt, die nicht, wie ihr gesagt worden war, beim allerersten Eingriff, zwei Jahre vor der Analyse, entfernt worden war. Diesmal bin ich zwar vorher eingeweiht, aber in meinen psychotherapeutischen Möglichkeiten lahmgelegt. Die Patientin in ihrer Panik zitiert mehrere Ärzte, die ihr alle zur Operation raten, wenn auch nicht mit solcher Dringlichkeit, wie sie es dann durchführen läßt.

Ihre tiefe Lustlosigkeit, deretwegen sie zur Analyse gekommen war, hatte sich auch in einem Erlöschen ihrer sexuellen Lust ausgedrückt, weshalb auch der Ehemann ihr sehr zu einer Behandlung geraten hatte. Anfangs sehr verhalten erzählt sie mir, daß sie nicht immer sexuell so empfindungslos gewesen sei. Vorsichtig deutet sie an, daß zunächst eigentlich ihr Mann viel größere sexuelle Probleme gehabt hätte. Er hätte, bevor sie auftauchte, noch nie mit einer Frau sexuell verkehren können. Sie habe sich sehr um ihn bemüht, und dann wäre es möglich gewesen. Es sei bei ihm immer so schnell gegangen, und sie hätte sich selber stimulieren müssen, um auf ihre Kosten zu kommen. Kurz bevor es zum ersten operativen Eingriff während der Analyse kommt, gesteht der Mann ihr, daß er vor ihrer Lust immer Angst gehabt hätte, bei ihm ginge es dann noch schneller.

In der Analyse stellte sich eine Übertragungskonstellation her, in der die Patientin, in Identifikation mit einer zerstörerischen und ohnmächtig machenden Mutter, mich, auf die sie die hilflosen Selbstanteile projiziert hatte, hinter sich herlaufen ließ. Während also in der Frau-Frau-Beziehung zwischen uns vorwiegend die negativen und gefährlichen Aspekte der Mutter-Tochter-Beziehung in Szene gesetzt wurden, war das Ideal eines guten Vaters, der sie vor der Zerstörungskraft des bösen Mutter-Introjekts retten könnte, auf verschiedene Ärzte projiziert.

Vor dem 2. Eingriff, 1 $^1/_2$ Jahre später, hatte sich in der Übertragung ein sadomasochistisches Beziehungsmuster aus der Tochter-Vater-Beziehung etabliert, das mit den neagtiven Anteilen aus der Mutterbeziehung ständig alternierte. Ihre mörderische Wut auf die Mutter konnte sie nur in Identifikation mit einer phallisch-sadistischen Vaterimago zum Ausdruck bringen. Damit aber wurde auch die Kampfszenerie zwischen Vater und Tochter wiederbelebt, die, ihrer Erinnerung nach, eingesetzt hatte, als sie in die Schule gekommen war und sich bald eine Lese-Rechtschreib-Schwäche zeigte. Der Vater sei furchtbar enttäuscht gewesen von ihr. Die Schulaufgaben, bei denen er ihr helfen wollte, wurden zu Szenen entsetzlicher Demütigung, wobei sie vor Scham, Wut und Angst völlig blockiert war. In der Adoleszenz, als sie sich ihrer Macht und Kontrollmöglichkeiten sicherer war, rächte sie sich. Sie provozierte ihn, der zu Jähzorn neigte, so lange, bis sie das Glitzern in seinen Augen sah und wußte, nun muß sie aufhören, sonst würde er handgreiflich. Sie genoß seine Wutausbrüche und verachtete ihn zugleich dafür.

Eine Variante, in der dieser Geschlechterkampf verhüllt wurde, offenbarte die Patientin in einem Tagtraum, den sie seit Jahren träumte, um sich in eine gute Stimmung zu versetzen. Die Vorlage für diesen Tagtraum bildete ein Arzt, und zwar ein Uruloge, bei dem ihre Tochter in Behandlung gewesen war. Der Tagtraum in ihren Worten: „Ich treffe mich mit ihm, wir sitzen bei ihm im Garten, er nimmt mich an die Hand, will mir was zeigen. Wir kommen dann ins Schlafzimmer und schlafen zusammen. Es gab andere Frauen, aber mit denen hat er Schwierigkeiten gehabt, weil er impotent war. Mit mir klappt es, und er will mich bei sich behalten.“

Die Frau mit ihrer weiblichen sexuellen Potenz ist in dieser Phantasie ausgelöscht, stattdessen macht sie sich zur Ergänzung des Mannes, womit sie Anteil an seiner Potenz hat und zugleich die Kontrolle darüber. Er ist ihr Penis oder sie ist sein Penis, je nach Sichtweise, nur zweigeschlechtlich ist dieses Paar nicht mehr. Diese Beziehungsphantasie enthält u.a. auch eine Wiedergutmachungsgeste hinsichtlich vorhandener Rache- und Zerstörungswünsche gegenüber dem Penis. Aber nicht nur die destruktiven Impulse gegenüber der männlichen Potenz, auch die eigene sexuelle Entfaltung wird schuldhaft und angstvoll erlebt, weil die Frau damit aus ihrer töchterlichen Position, in der sie phallisch-narzißtisches Komplement des Vaters ist, heraustreten würde.

In der Operation wird die weibliche Unterwerfung unter den Mann agiert, wobei er ihr das wegschneiden soll, was sie ängstigt und womit sie ihn im Gegenzug zu versöhnen hofft. Der Kontext im Leben dieser Frau, in dem ihre Beschwerden, dann die Operation und die nachfolgende Depression zuerst auftraten, ist bedeutsam: Ihre prokreative Potenz, in der sowohl Triebseite als auch Narzißmus Befriedigung fanden, konnte und wollte sie nicht weiter ausleben; ihre sexuelle Lust, die sie, wie ich sehr viel später in der Analyse erfuhr, in der späten Adoleszenz außerordentlich intensiv erlebt hatte, war ihr in dem beschriebenen Arrangement mit dem Ehemann völlig abhanden gekommen, nicht zuletzt, weil sie erlebt hatte, daß sie für ihn damit eine Bedrohung war. Andere Möglichkeiten, ein eigenes Begehren schuldfrei und dennoch in Beziehung zu leben, schien ihr nicht mehr zur Verfügung zu stehen. Das nicht mehr Lebbare wurde dann zu einer als phallisch und gefährlich imaginierten Potenz, die sie los werden wollte. Die Operationen waren auf seiten der Frau ein Versuch, mit ihrem Opfer den Vater/Mann zu versöhnen und damit einen unbeschädigten und idealisierbaren Vater zu etablieren, der sein Messer sicher und kontrolliert zum Einsatz bringen kann, das Gegenbild zum unkontrolliert jähzornigen Vater, das sie in sich trug. In dem auf den Arzt projizierten Bild eines rettenden und schützenden Vaters ist der gefürchtete Sadismus des Vater-Mannes ins Gütige gewendet und die gefürchtete Schwäche dem Weiblichen und damit der Selbstrepräsentanz zugeschlagen.

Es ging mir in meinem Vortrag darum, bestimmte Operationen im Hinblick auf das darin zum Ausdruck kommende Geschlechterverhältnis zu untersuchen. Nach meiner Ansicht verschafft sich hier ein männliches Kontroll- und Bemächtigungsbedürfnis, in der Medizin institutionell verankert, Handlungsmöglichkeit. Die psychodynamischen Konflikte, die damit abgewehrt werden können, haben zu tun mit Neid auf die prokreative weibliche Potenz, Angst vor der weiblichen Lust und vor dem Unbekannten und Unheimlichen des weiblichen Körpers, sowie mit eigener Körperangst, die auf diese Weise projektiv abgehandelt werden kann.

Die Konflikte auf weiblicher Seite haben zu tun mit Schwierigkeiten bei der Aneignung und Integration sexueller Potenz im weitesten Sinne. Auf welchem psychodynamischen Mutter-Tochter-Untergrund diese Konflikte entstehen, habe ich hier außer Acht gelassen, ebenso die unterschiedlichen Konnotationen, die der jeweils geopferte Teil des weiblichen Körpers hat, je nachdem welche Selbst- und Objektrepräsentanzen betroffen sind. Ich habe meinen Fokus hier nur auf das heterosexuelle Geschlechterarrangement gerichtet, in welchem die Frau aus Angst vor autonomer, selbstbestimmter Sexualität, bei deren Realisierung sie fürchtet, kein männliches Gegenüber mehr zu haben, sich identifiziert mit der Besorgnis um seine Potenz, um sein Begehren; und das bedeutet eine Identifikation mit der männlichen Angst vor dem weiblichen Begehren.

Mit einem sexuellen Körper, den sie nicht ganz als ihren eigenen empfindet, bietet sie sich ihm mit ihrer Opfergabe an, die ihn stärken und versöhnen soll. So gestärkt und idealisiert durch sie, braucht er sie nicht mehr zu fürchten und dafür soll er ihr Schutz bieten vor ihren Ängsten.

## *Literatur*

Bertin, C. (1982): Die letzte Bonaparte. Freiburg (Kore) 1989.

Chasseguet-Smirgel, J. (Hg.),(1964): Psychoanalyse der weiblichen Sexualität. Frankfurt (Suhrkamp) 1977, S. 42–45.

Deutsch, H. (1944): Psychologie der Frau. Bern 1948.

Eissler, K. (1985): Abschied von Freuds „Traumdeutung". In: Psyche 41, 1987, S. 969–986.

Freud, S. (1900): Die Traumdeutung. GW II/III.

King, V. (1992): Geburtswehen der Weiblichkeit – Verkehrte Entbindungen. In: Flaake, K., King, V. (Hg.), (1992): Weibliche Adoleszenz. Frankfurt, New York (Campus).

Masson, J.M. (1984): Was hat man dir, du armes Kind, getan? Hamburg (Rowohlt) 1986.

Peters, U.H. (1988): Irma – Emma – Martha – Anna. In: Psyche 43, 1989, S. 830– 848.

Schur, M. (1972): Sigmund Freud – Leben und Sterben. Frankfurt (Suhrkamp) 1973.

# Die Faszination der Gewalt. Über die gebrochene Identität der „aufgeklärten" iranischen Frau

*Mohammad Ebrahim Ardjomandi*

„...es ist höchst merkwürdig, mit welchen Lehren die Mohammedaner ihre Erziehung beginnen. Als Grundlage in der Religion befestigen sie ihre Jugend zunächst mit der Überzeugung, da es den Menschen nichts begegnen könne, als was ihm von einer alles leitenden Gottheit längst bestimmt wurden; und somit sind sie denn für ihr ganzes Leben ausgerüstet und beruhig und bedürfen kaum eines weiteren."

„Sodann ihren Unterricht in der Philosophie beginnen die Mohammedaner mit der Lehre, daß nichts existiere, wovon sich nicht das Gegenteil sagen lasse; und so üben sie den Geist der Jugend, indem sie ihre Aufgaben darin bestehen lassen, von jeder aufgestellten Behauptung die entgegengesetzte Meinung zu finden und auszusprechen, woraus eine große Gewandheit im Denken und Reden hervorgehen muß."

Johann Peter Eckermann:
Gespräche mit Goethe in den letzten Jahren seines Lebens.

„Wende Dein Herz wohin Du immer willst in der Leidenschaft,
Nicht ist die Liebe außer zum ersten Geliebten."

Abu Tammam, arabischer Dichter, verstorben 845.

## Der ödipale Konflikt und deren Bewältigungsstrategien

Der ödipalen Konflikt im iranischen Kulturraum zeichnet sich dadurch aus, daß nicht der Jüngere, den älteren, den Vater tötet, um seine Stelle einzunehmen, sondern es ist der Vater, der nach dem Leben des Sohnes trachtet, seine Versöhnungsangebote ablehnt, um ihn schließlich zu vernichten. Hierfür lassen sich zahlreiche Belege in der präislamischen, auch religiösen Literatur Irans und im iranischen Nationalepos Schahnameh (Das Buch der Könige) finden. Die Eroberung Irans durch die Araber zwischen 642 und 652 und die darauf folgende Islamisierung Irans tat diesen etablierten unbewußten Phantasien über die Beziehung der Elten zu ihren Kindern keinen Abbruch. Vielmehr fanden die muslemischen Iraner bald Wege und Möglichkeiten, das unbewußte kulturelle Erbe in der neuen Religion einzubinden. Das Schiitentum, seit 1501 offizielle Staatsreligion im Iran, ist eine iranisierte Version des Islams. Der Märtyrertod, die Tötung des Jüngeren durch den älteren, der Glaube an den verborgenen Imam und die damit verbundenen messianischen Heilserwartungen, wesentliche Merkmale der Schi'a ist das in den Islam hinübergerettete iranische Erbe. In der islamischen mystischen Philosophie Sufitum und in der iranischen Theosophie begegnet uns u.a. das altiranische Kulturgut, das religiöse Denken des Zervanismus, die Lehre Zarathustras's, deren Eschatologie, die Endzeit und die Ankunft des Erlösers, deren strenger Dualismus sowie der spätere manichäische Gnostizismus.

Um der Angst vor Vernichtung durch den Vater bzw. der Mutter zu entgehen, haben die iranischen Söhne und Töchter eine ganze Reihe spezifischer interpersoneller Abwehr- und Anpassungsmechanismen entwickelt, die für alle Beteiligten bindend sind, die die alltäglichen Interaktionen zwischen Kindern und Eltern gestalten und die auch in dem kulturell bzw. gesellschaftlich Unbewußten verankert sind. Sie schaffen jene Gesetze, jene Rahmenbedingungen, die notwendig sind, um die Destruktivität zu binden und eine einerseits von Zärtlichkeit und Fürsorge getragene Beziehung der Eltern zu ihren Kindern und andererseits eine durch den Respekt geprägte Haltung der Kinder ihren Eltern gegenüber zu ermöglichen. Sie bestimmen auch die Beziehungen zwischen den Partnern, zwischen den Frauen und Männern im allgemeinen und definieren ihre sozialen Rollen. Das wesentliche Merkmal dieser Rahmenbedingungen ist die Etikette, die sich vor allem sprachlich manifestiert und die Interaktion zwischen den Familienmitgliedern, den gleichrangigen sozialen Gruppen bzw. zwischen den Autoritäten und den untergeordneten reguliert. Der Anthropologe William O. Beeman hat in seinem umfassenden Buch „Sprache, sozialer Status und Macht im Iran" anhand von zahlreichen differenzierten Beispielen herausgestellt, wie sich die sprachlichen Formulierungen, Träger der Etikette in alltäglichen Interaktionen zwischen gleichrangigen, niederen und ranghohen Personen verändern und wie bindend diese für alle sozialen Schichten und Personen sind. Die Etikette manifestiert sich aber auch im Gestus, in symbolischen und ritualisierten Handlungen. Das Verlassen der Etikette wird stets als befremdend und häufiger als bedrohlich erlebt, als ein Akt der Unhöflichkeit und der Feinseligkeit, die aggressive verbale Auseinandersetzungen oder destruktive Handlungen zur Folge haben kann. Die Etikette verpflichtet die Söhne und die Töchter, die Eltern zu respektieren und deren Wort als das Gesetz anzuerkennen. Die Etikette bestimmt aber auch die Grenzen zwischen den Partnern. Der Respekt dient der Abwehr der Kastrations- und der Vernichtungsangst, der Bindung der eigenen und der fremden destruktiven Impulse.

In meinern früheren Arbeiten aus den Jahren 1990 und 1993 habe ich dargelegt, daß der Aggression der Eltern den Kindern gegenüber stets eine narzißtische Kränkung, ein Akt der Beschämung vorausgeht, an dem die Kinder entweder direkt oder indirekt beteiligt sind. Daß sein erstgeborener Sohn Sal als Albino geboren ist, erlebt z.B. der mythische Ritter Ssam als einen Akt der Beschämung. Andere Ritter könnten auf ihn zeigen und sagen, er habe nur einen Greisen zeugen können. Diesen projektiv erlebten Akt der Fremdbeschämung versucht Ssam dadurch ungeschehen zu machen, daß er den Neugeborenen trotz des Widerstandes der Mutter und der Amme in den Bergen aussetzt. Spätere Folgen sind massive Schuldgefühle und ein Akt der Wiedergutmachung.

Die Internalisierung und Etablierung eines reifen, sozialen über-Ichs geht in dem iranischen Kulturraum mit der gleichrangigen Konsolidierung beider Affekte, der Schuld und der Scham, einher. Die iranische Kultur nimmt eine Mittelstellung ein zwischen der vorwiegend von Schuld getragenen christlich-mitteleuropäischen Kultur und der ostasiatischen Schamkultur.

## Die Bedeutung der Religion

Der Orientalist Josef van Ess, hat 1984 die These aufgestellt, daß der Islam keine autonome Moral kenne. Fragen der Ethik würden seit jeher nicht durch Rekurs auf das Gewissen geregelt, sondern durch Verweis auf die Tradition, auf das Wort Gottes und das Vorbild des Propheten. Allein im Iran haben sich die Erinnerungen an die frühislamischen Philosophen Alfarabi, Avicenna und Averroes erhalten, die versuchten die Ideen der „Nikomachischen Ethik" und der platonischen „Politeia" im arabischen Gewande heimisch zu machen. Natürlich wären und seien sich Musleme darüber im klaren, daß es so etwas wie ein Gewissen gebe. Aber nur in der Mystik würden sich Ansätze ähnlich dem „Seelenfünklein" bei Meister Eckehart finden. Was es nicht gebe, sei das Gewissen als autonome Instanz. Denn das Gewissen könne sich ja nur auf Gott berufen oder von ihm angehört werden; Gott aber sei auch Urheber jener Gesetze, denen man aus Gewissensgründe den Gehorsam verweigern würde. Ein Moslem handele nicht nach dem Gewissen, sondern nach dem Willen Gottes. Nicht Glaubensformeln seien es, durch die ein Moslem seine Identität erfahre, sondern bestimmte Handlungen, die er in derselben Art wie sein Nächster – und meist zusammen mit ihm – vollziehe. Es gebe im Islam nichts, was dem Credo vergleichbar wäre. Der Moslem vollziehe ritualisierte Handlungen in der Öffentlichkeit mit den anderen Gläubigen im Sinne einer Orthopraxie (S. 74– 77).

Diesen Behauptungen widerspricht auch der Theologe Hans Küng nicht, der gemeinsam mit dem genannten Autor das Buch „Christentum und Islam" verfaßt hat. M.E. irren sich hier beide Autoren. Sie verkennen die Bedeutung und die unbewußte Dimension der Rituale und der Etikette, deren Wahrung gerade Ausdruck eines von Scham und Schuld bestimmten internalisierten reifen Gewissens ist. In der Opferung eines Tieres bei der Wallfahrt nach Mekka sieht van Ess keinen identifikatorischen Akt mit dem Stammvater Abraham, sondern ein kommemoratives Verhalten. Die Symbolik werde nicht bemüht und wenn dies einmal geschehe, sei sie diffus und begrifflich (S. 80). Auch diesen Thesen widerspricht Hans Küng nicht. Die Autoren verkennen hier die unbewußte Dimension der rituellen Handlung. Wenn ein iranischer Vater seinen in der Ferne lebenden Sohn zu besuch bekommt, opfert er ihm ein Tier, dessen Fleisch er unter den Armen verteilt. Er signalisiert damit unbewußt in Identifikation mit Abraham, daß er gegenüber dem Sohn keine bösen Absichten hegt, daß er das Aggressive durch die Tötung des Opfertieres erledigt hat, daß der Sohn sich im väterlichen Haus sicher fühlen kann, da ihn nur noch die liebevollen und zärtlichen Gefühle des Vaters begleiteten. Dieses magisch anmutende Ritual ist Ausdruck der Reaktionsbildung und des Ungeschehenmachens, der aus der Aggresivität resultierenden unbewußten Schuldgefühle, die im Über-ich verankert sind. Nach dem islamischen Glauben hat einst Abraham nicht seinen Sohn Isaak sondern den jüngeren Sohn Ismail's auf Geheiß Gottes opfern wollen. Später baute er gemeinsam mit Ismail zu Ehren Gottes die Ka'aba, das später zum höchsten islamischen Heiligtum wurde. Bei der Wallfahrt nach Mekka schlachtet jeder Pilger in Erinnerung an die beabsichtigte Tötung Ismails durch Abraham ein Opfertier und identifiziert sich durch diese rituelle Handlung mit dem Stammvater Abraham. Daß Abraham Ismail nicht tötete, sondern mit ihm gemeinsam ein Haus zu Ehren Gottes baute, zeugt von Sublimierung der Destruktivität im Dienste der Kultur.

Für den Moslem decken sich das Gewissen und das Gesetz Gottes. Das Gesetz Gottes verschafft jene Rahmenbedingungen, die den gleichrangigen und gleichwertigen männlichen und weiblichen Mitgliedern der Gemeinschaft der Gläubigen, der „Umma", ein im Idealfall von Destruktivität freies Zusammenleben ermöglicht. Der Islam kennt keine Erbsünde. Adam habe zwar gegen das Gesetz Gottes verstoßen, indem er einst der Versuchung erlag, um die verbotene Frucht (nach dem koranischen Glauben das Korn) aß. Er hat jedoch durch Buße Wiedergutmachung geleistet. Gott, der sich stets auf seinen Urvertrag (Koran, Sura 7, Vers 171) bezieht, hat ihm einst verziehen. Deshalb ist auch der Islam keine Erlösungsreligion, sondern wie das Judentum eine Religion des Gesetzes. Mohammad ist kein Mittler, kein Erlöser, wie Christus, sondern ein Prophet, ein Mensch, Gesandter Gottes, der das ungeschaffene Wort Gottes verkündet. Er ist ein „Ummi", ein Illiterat, des Lesens und des Schreibens nicht mächtig (Koran, 7, 157– 158), vergleichbar mit der jungfräulichen Maria, ein von intellektuellem Wissen nicht beflecktes Gefäß, daß das ihm anvertraute Wort Gottes in völliger Reinheit weitergeben konnte (A. Schimmel, 1992, S. 50). Da der Mensch völlig rein geboren wird, trägt er auch mehr Verantwortung. Für alles, was er tut, ist er Gott und Menschen gegenüber verantwortlich. Da nach der islamischen Auffassung nichts ist, außer Gott, was in der kurzen Formel des Glaubensbekenntnisses der Moslems „Schahada" (la ilaha illa allah) zum Ausdruck kommt, ist jedes Vergehen gegen Mitmenschen ein Vergehen, eine Freveltat gegen Gott, Gottes Werk und Gottes Gebot und letztlich Verletzung des göttlichen Gesetzes. Dies würde der Behauptung widersprechen, der Moslem habe kein Gewissen. Nach der islamischen Auffassung können nicht nur andere Menschen sondern auch Tiere, ja sogar Pflanzen und Steine beim jüngsten Gericht Menschen anklagen, die gegen sie ein Vergehen begangen und sie mißhandelt haben.

## Schi'a, eine iranisierte Version des Islams

Erst die iranischen Schiiten haben die Vorstellung von Endzeit und den Glauben an den jugendlichen Erlöser, der in der Gestalt des verborgenen Imams allgegenwärtig ist und der eines Tages kommen wird, um die ungerechten Herrscher zu beseitigen und das Reich der Gerechtigkeit zu gründen, ein ureigenes iranisches Gedankengut in den Islam eingeführt. Der Sieg des jugendlichen Erlösers über die alten Herrscher hat angesichts der Besonderheit des Ausganges des ödipalen Konfliktes im iranischen Kulturraum eine tröstende Funktion. Am Ende wird doch der Jugendliche, der Sohn über den Vater siegen und ein neues Reich gründen, in der weder Armut, noch Ungleichheit existiert. Sie tröstet gleichermaßen junge Männer und junge Frauen; die letztern, weil der Erlöser durch neue Gesetze jegliche Ungerechtigkeit und Ungleichheit beseitigen wird. Auch die islamische Mystik und die iranisch Theosophie haben eine ähnliche tröstende Funktion. Das Entwerden in Gott, die mystische Einheit mit ihm, das „Entwerden im Objekt des Gedanken", wie der Mystiker Junaid es genannt hat, dient der Abwehr der aus der ödipalen Konstellation resultierenden Gefühle der Ohnmacht. Sie dient in psychoanalytischer Terminologie ausgedrückt, der narzißtischen Aufwertung und der Etablierung eines keineswegs als pathologisch zu bezeichnenden Größen-Selbst, da es der Anpassung dient, der Anpassung an die realen gesellschaftlichen Verhältnisse und der Anpassung an das kulturelle Unbewußte und letztlich der Abwehr der aus der ödipalen Konstellation resultierenden Kastrationsangst.

## *Kindheit, Entwicklung der Jungen und der Mädchen*

Nach diesen theoretischen Überlegungen möchte ich auf die Unterschiede in der Kindheitsentwickung der iranischen Jungen und Mädchen eingehen. Die Mütter sind gewöhnlich infolge der Identifizierung mit den gesellschaftlichen Normen darauf sehr stolz, wenn ihr erstgeborenes Kind ein Junge ist. Die neugeborenen Mädchen und Jungen werden von den Müttern in ihren ersten 6 Lebensjahren besonders intensiv gepflegt. Die Babys werden viel häufiger getragen als es hierzulande üblich ist. Die Bäuerinnen, die auf dem Felde arbeiten müssen, tragen gewöhnlich ihre Babys in einem Tuch auf ihren Rücken. Sie werden so lange gestillt, wie die Mutter dazu imstande ist. Die Stillzeit dauert nicht selten bis zu 2 Jahren. Die aufgeklärten iranischen Frauen der Ober- und z.T. der Mittelschicht haben jedoch infolge der Verwestlichung der Kultur diese Gewohnheit aufgegeben, so daß bei ihnen die Stillzeit kürzer ist und gewöhnlich 6 Monate dauert. Da Neugeborene als unschuldig gelten, sind auch ihre Ausscheidungen nicht unrein, so daß die Mütter und die Pflegerinnen sich beim Trockenlegen und Saubermachen der Babys nicht beschmutzt fühlen, auch dann nicht wenn der nackte Neugeborene im Schoß der Mutter uriniert. Sie empfinden dabei keinen Ekel. Liegt der Säugling nackt auf dem Wickeltisch, wird er von einer Schar von Frauen umgeben, die ihn necken, mit ihm ständig sprechen und in ein heftiges freudiges Lachen ausbrechen, wenn z.b. das männliche Baby in dieser Situation im Strahl uriniert und damit womöglich das Gesicht der Mutter oder einer anderen Frau trifft. Die iranischen Frauen schätzen den Geruch der Säuglinge sehr und sprechen in diesem Zusammenhang von Parfüm. Das Kleinkind übernachtet nicht selten bis zum 5.–6. Lebensjahr mit der Mutter, die auch das Kind überallhin mitnimmt. Nicht selten sieht man, wie verschleierte iranische Frauen in der Öffentlichkeit ohne Hemmung ihre Brust herausholen, um das Babys zu stillen. Beim leistesten Wimmern wird das Kind auf den Arm genommen, wird getröstet und gestillt. Im Gegensatz zu den in Indien gemachten Beobachtungen von Sudhir Kakar (S. 104) legen jedoch die iranischen Mütter großen Wert auf die rechtzeitige Erziehung zur Sauberkeit, so daß die Kinder gewöhnlich mit 2 Jahren ihre Schließmuskeln kontrollieren können. Dies nicht zu können, wird von den Müttern getadelt. Der Tadel bewirkt Scham- und Schuldgefühle.

Der Besuch des öffentlichen Dampfbades ist auch im Iran wie in allen islamischen Ländern ein gesellschaftliches Ereignis und bestimmten Ritualen unterworfen. Sowohl weibliche, als auch männliche Kinder werden gewöhnlich wöchentlich einmal von Müttern mit ins Dampfbad genommen. Mütter und Kinder halten sich mehrere Stunden im Bad auf, wo sie andere Frauen treffen, mit denen sie gemeinsam tratschen, Tee trinken oder einen Salat essen. Während die Frauen gewöhnlich mit einem Lendentuch bekleidet sind, laufen die Kinder völlig nackt herum. Hat ein männliches Kind das 6. Lebensjahr erreicht, erregt er bei den anderen Frauen öffentliches Ärgernis. Sie verspotten das Kind, zeigen auf sein Glied, sagen ihm, daß er ein richtiger Mann sei, ein Erwachsener, und daß er sich schämen müßte, weiterhin das Frauenbad zu besuchen und sich nackt zur Schau zu stellen. Die Mutter sieht sich dem fast rituell anmutenden Tadel anderer Frauen ausgesetzt. Während die Jungen jetzt vom öffentlichen Frauenbad vertrieben werden und von diesem Zeitpunkt an in Begleitung ihrer Väter das Dampfbad aufsuchen müssen, begleiten die weiblichen Kinder, auch als Heranwachsende, ihre Mütter weiterhin ins Dampfbad. Die Väter spielen jetzt eine größere Rolle im Leben ihrer Jungen. Sie übernehmen bald viele Versorgungsaufgaben, die bis dahin die Mütter innehatten. Die Jungen begleiten von diesem Alter an die Väter häufig in ihr Geschäft, wenn diese z.B. Handwerker und Kaufleute sind. Werden die Jungen eingeschult, sind die Väter der Ansprechpartner der Schulbehörde. Der Junge fühlt sich zu diesem Zeitpunkt zwar einerseits geschmeichelt, weil der Vater sich mehr um ihn kümmert als zuvor, andererseits aber von ihrer Mutter verlassen und benachteiligt. Als weitere Traumata kommen hinzu, die Einschulung und die Beschneidung, die vor der Einschulung erfolgt, falls der Junge nicht kurz nach der Geburt beschnitten worden ist. Die Beschneidung, die groß gefeiert wird, wird ambivalent erlebt. Einerseits hat der Junge Angst vor dem Verlust des männlichen Gliedes, andererseits wird er durch die Beschneidung seinen Brüdern und seinem Vater ähnlich und wird auf diese Weise rituell in den Kreis der Männer aufgenommen, was für ihn eine enorme narzißtische Aufwertung bedeutet.

Die erwähnten Traumata, vor allem die für den Jungen unerwartete Trennung von der Mutter haben nachhaltige Folgen für die weitere psychosexuelle Entwicklung des Jungen und seiner Identitätsbildung. Der Junge fühlt sich von der Mutter verlassen und hat den Eindruck, die Mutter ziehe seine Schwestern vor. Das unerwartete Verlassenwerden von der Mutter, die unmittelbar nach einer langen Phase der intensivsten Pflege durch die Mutter und der Beziehung zu ihr erfolgt, führt zu einer tiefen, zeitlebens bestehenden Ambivalenz gegenüber der Mutter und der Frau im allgemeinen. Diese Ambivalenz wird noch dadurch verstärkt, daß die Mutter als eine Fremde erlebt wird, die jederzeit die Familie verlassen und zu ihrer eigenen väterlichen Familie zurückkehren könnte. Das islamische kanonische Recht (Schari'a) schreibt nämlich vor, daß die Kinder generell dem Vater gehören, das heißt im Falle der Scheidung der Eltern bleiben die Kinder beim Vater, im Iran z.B. sofern die Jungen älter als 2 und die Mädchen älter als 5 Jahre sind. Dies führt dazu, daß die Mädchen zeitlebens, auch als Ehefrauen nicht den Nachnamen ihrer Ehemänner tragen, sondern den Nachnamen des Vaters, womit die Zugehörigkeit zum Vater proklamiert wird. Hinzu kommt eine strikte Vermögenstrennung der Eheleute, so daß im Falle des Todes der Ehefrau nicht der Ehemann die Erbschaft antritt, sondern die Kinder und falls keine Kinder vorhanden sind, der Vater der Verstorbenen oder deren Geschwister. Diese besondere Stellung der Mutter in der Familie hat intrapsychische Folgen, die sich einerseits, wie gesagt, in der erheblichen Ambivalenz der Mutter gegenüber manifestieren, andererseits dazu führen können, daß der Junge sich im Sinne der Identifizierung mit dem Aggressor bald mit der Mutter und ihrer fürsorglichen Seite identifiziert: Eigenschaften, die er zeitlebens beibehält, und die er später als Ehemann im Dienste der Versorgung seiner Familie, vor allem seiner Kinder stellt. Der iranische Mann ist stets ein fürsorglicher Vater und Sohn, wenn er auch zeitlebens seine fast paranoid anmutende mißtrauische Haltung der Frau gegenüber beibehält. Die Angst, die Frau könnte ihn verlassen, führt dazu, alles mögliche zu tun, um sie festzubinden. Die iranischen Männer sorgen zärtlich und zeitweise rührend für ihre Frauen. Entgegen der allgemeinen Auffassung von einem Pascha, neigen sie dazu, z.B. ihre Familie zu bekochen, bzw. immer wieder aus der Stadt Leckerbissen für die Familie mit nach Hause zu bringen. Reaktionsbildungen verschleiern die aus der Ambivalenz und aus der Angst vor Verlassenheit resultierende Feindseligkeit und die Geringschätzung der Frau. Die sprichwörtliche orientalische Eifersucht ist Ausdruck der Unsicherheit der Frau gegenüber, da der iranische Ehemann sich nie gewiß ist, ob er seine Frau doch nicht an den Schwiegervater verliert.

Was die Entwicklung der Mädchen betrifft, geraten diese trotz der weiterhin bestehenden intensiven Bindung und Nähe zu der Mutter bald in eine heimliche, meist unbewußte Rivalität zu ihr. Da die Mutter eine Fremde ist, kann die ödipale Phantasie, die Mutter möge verschwinden, damit das Mädchen den Vater für sich alleine hat, mehr an Boden gewinnen und der Realität näher kommen. Wir gingen nicht fehl anzunehmen, daß die Ängste und die Schuldgefühle der iranischen Mädchen ihren Müttern gegenüber größer sind, als bei ihren mitteleuropäischen Geschlechtsgenossinnen. Auch die Mütter trauen ihren Töchtern wenig, da ja nicht sie sondern die Töchter den Nachnamen des Mannes, ihres Vaters tragen, womit deren Zugehörigkeit zum Vater sichtbar wird. Die dadurch bedingte intensive Ambivalenz kann, wenn die Reaktionsbildungen und die interpersonellen Abwehrmaßnahmen der Etikette und der Ritualisierung zusammenbrechen, zu heftigen aggressiven Impulsdurchbrüchen und feindseligen Handlungen führen.

## Die soziale Rolle und die Stellung der Frau

Die Stellung der Frau im islamischen Iran ist wie in allen anderen islamischen Staaten sehr heterogen. So findet man z.B. wie in der Türkei, in Pakistan oder in Ägypten unter dem Lehrkörper der Universitäten mehr Frauen als hier in Mitteleuropa (Hans Küng, Josef van Ess, 1948, S. 125), manche Ämter bleiben jedoch in der islamischen Republik Iran den Frauen zeitlebens verwehrt. Sie dürfen z.B. kein Richteramt ausüben, weil man davon ausgeht, daß die Frauen mehr emotional als rational urteilen. Wie Josef van Ess herausstellt, befreit sich in der herkömmlichen orientalischen Familie die Frau nicht gegenüber dem Mann, sondern gegenüber der Schwiegermutter. Wie überall im Orient und im Mittelmeerraum hat die iranische Familie traditionell eine patriarchalische Struktur und ihr Fortbestand wird primär agnatisch, d.h. von den männlichen Nachkommen her bestimmt (Hans Küng, Josef van Ess, 1984, S. 124).

Zwar ist der Islam eine egalitäre Religion, so daß der Islam weder Rassenunterschiede kennt, noch Stände oder Adel im europäischen Sinne. Das kanonische Recht, das fast in allen islamischen Ländern im Familien- und Eherecht zur Anwendung kommt, kennt jedoch keine Gleichberechtigung der Geschlechter. Männer und Frauen sind gleichwertig, aber nicht gleichberechtigt. Jedes Geschlecht hat andere Rechte und andere Pflichten. Nur dem Schöpfer gegenüber sind sie zugleich gleichwertig und gleichberechtigt.

Wie Annemarie Schimmel 1995 herausstellt, wurde „die Stellung der Frau im Koran gegenüber den Zuständen im vorislamischen Arabien deutlich verbessert; sie konnte ihr eingebrachtes oder in der Ehe erworbenes Vermögen selbst behalten und verwalten, konnte auch erben – was früher nicht möglich war.". Der Prophet Mohammad soll gesagt haben: „Der Beste unter Euch ist derjenige, der am besten zu seiner Frau ist". (S. 51). „Die innige Verbindung zwischen den Ehegatten wird", nach Annemarie Schimmel, „aus dem oft übersehenen oder zumindest falsch ausgelegten Wort von Sure 2, Vers 187, deutlich: „Ihr seid ein Gewand für sie und sie sind ein Gewand für Euch", denn in der religiösen Tradition ist das Gewand ja das alter ego des Menschen, der Gegenstand, der auf engste Verbindung hindeutet." (S. 52).

## Schleier und die Verschleierung der Frau und deren Bedeutung für die Beziehung der Geschlechter

Obwohl es in der heiligen Schrift „Koran" kein eindeutiges Schleiergebot gibt, hat die Verschleierung der Frau im gesamten Nahen Osten und Nordafrika nach einer Phase der mißverstandenen Säkularisierung, die mit Verwestlichung und Akkulturation einherging zu einer Gegenbewegung, zu einer „Gegen-Akkulutration" geführt mit einer erneuten rigorosen Anwendung des kanonischen Rechtes Shari'a.

In dem historischen Roman „Die Straße nach Isfahan" von Gilbert Sinoué finden wir folgenden Dialog zwischen einer indischen Sklavin und dem Arzt und Philosophen Avicenna:

„Und ich habe nie verstanden, weshalb die Männer uns aufzwingen, uns hinter diesem Stoff zu verstecken. Ist für euch die Frau ein so verachtenswertes Objekt, daß man es verbergen muß?"

„Nein, Sindja. Genau das Gegenteil ist der Fall ... der Schleier ist dazu bestimmt, den Auserwählten vom Glanz des göttlichen Antlitzes zu scheiden. Es steht geschrieben: es ist einem Mann nicht gegeben, daß Gott zu ihm spricht, wenn nicht von Jenseits einem Schleier. Was verschleiert ist, ist heilig. Was verschleiert ist, ist geschützt."

„Dann bin ich also heilig? ... Oder ist heilig derjenige, der seinen Blick auf mich senkt?" (S. 133).

Ähnlich würde auch ein frommer Moslem argumentieren. Die Verschleierung wird begründet mit der Reinheit und der Heiligkeit der Frau. Hinter dieser rationalistischen und ästhetisch-intellektuellen Begründung verbirgt sich allerdings auch die fast angeboren zu nennende Angst und Mißtrauen des iranisch-islamischen Mannes der Frau gegenüber, von der er glaubt, sie würde ihn jeden Augenblick verlassen, um zu ihrem Vater zurückzukehren. Allerdings ist die Verschleierung des Heiligen, des Beschützenswerten und des Verletzlichen ein allgemeiner Zug islamischer Kultur. So wird das höchste islamische Heiligtum, das von Abraham und seinem Sohn Isma'il eigenhändig gebaute Ka'aba mit einem schwarzen Tuch vollständig bedeckt und nur gelegentlich zu Gebetszeiten und während der Pilgerfahrt partiell entschleiert. Deshalb wurde auch Ka'ba von Dichtern häufiger mit der Geliebten verglichen: „Mittelalterliche Schriftsteller und Dichter haben vor allem wenn sie über ihre Erfahrungen bei der Pilgerfahrt sprechen, das Zentralheiligtum des Islams oftmals mit einer verschleierten Braut, einer ersehnten Jungfrau verglichen, um derertwillen man die lange gefährliche Wüstenreise gern unternimmt; man hofft, sie berühren und ihr Schönheitsmal, den schwarzen Stein küssen zu können." (A. Schimmel, 1995, S. 100).

Eine persische Miniatur der frühen timuridischen Zeit vom Beginn des 15. Jahrunderts, die sich jetzt im Metropolitan Museum of Art in New York befindet, zeigt den Propheten Jonas, der nackt aus dem Leib des Fisches hervorkommt. Über ihm schwebt der Erzengel Gabriel, der dem Propheten Kleider überreicht, damit er seine Blöße zudeckt und sich seiner Nacktheit nicht schämt.

Manijeh, Tochter des mythischen turanischen Großkönigs Afrasyab, rühmt sich im iranischen Nationalepos damit, daß nicht einmal die Sonne ihren Leib nackt erblickt hat.

In seinem Roman „Tuareg" schreibt der spanische Romancier Alberto Vázquez-Figueroa wie zutiefst beschämt der Tuareg Gacel ist, als er in einer Kirchenruine seinen Schleier ablegt und seinen Bart abrasiert, um die übliche städtische Kleidung anzulegen und als Attentäter nicht erkannt zu werden. Dort heißt es: „Voller Bedauern betrachtete er seine Gandura, seinen Turban und seinen Schleier. Fast hätte er sie wieder angezogen, aber dann unterließ er es doch, denn ihm war nicht entgangen, daß er sogar in der Kasbah mit der für ihn so selbstverständlichen Kleidung Aufsehen erregt hätte." „Ihn schauderte bei dem Gedanken, daß nun wildfremde Menschen sein Gesicht sehen würden. Er schämte sich wie jemand, der gezwungen war, splitternackt auf eine von Menschen wimmelnde Straße zu treten. Vor vielen Jahren am Ende seiner Kindheit hatte ihm seine Mutter die erste Gandura angezogen. Später, als er ein richtiger Mann und Krieger geworden war, hatte er sein Gesicht zum Zeichen seiner neuen Würde hinter dem Litham verborgen. Der Verzicht auf diese beiden Kleidungsstücke war für ihn nun wie eine Rückkehr in die Kindheit, also in jene Zeit, als er sogar in den peinlichsten Situationen alle seine Empfindungen zeigen durfte, ohne daß sich jemand darüber aufgeregt hätte." (S. 295).

Ursprünglich ein Privileg der Adligen im alten Iran und in Byzanz, wurde der Schleier im islamischen Orient zu einem Symbol der Reinheit und der sexuellen Integrität der städtischen Frau, während auch heute noch, wie je zuvor, die Bäuerinnen und die Nomadinnen keinen Schleier tragen. Zwar haben zwischen 1900 und 1906 die iranischen Frauen eine entscheidende Rolle bei dem antikolonialen Kampf gespielt, sie waren auch während der Revolution für die Einführung der Demokratie und der konstitutionellen Monarchie im Jahre 1906 in den vordersten Reihen der Kämpfer, jedoch vermochte diese Revolution weder die städtische iranische Frau vom Schleier zu befreien noch ihr das passive und das aktive Wahlrecht zu gewähren. Die Entschleierung der Frau im Iran begann erst im Jahre 1934. Schon Jahrzehnte vorher waren die Dichter und Schriftsteller beiderlei Geschlechts in ihren Werken für die Befreiung der Frau eingetreten. Dennoch erlebten die Frauen diesen Akt der Emanzipation sehr ambivalent. 2 1/2 Jahre alt erinnere ich mich, wie eines Tages die älteste Schwester meines Vaters entrüstet und völlig aufgelöst in unserem Haus Schutz suchte und weinend meinem Vater erzählte, wie sie öffentlich auf der Straße von den Polizisten entehrt worden war, weil diese ihr den Schleier entrissen und ihn vernichtet hätten. Gleichzeitig besangen Dichter beiderlei Geschlechts vehement den Akt der Entschleierung, den sie als Befreiung der Frau vom männlichen Joch feierten. Dennoch blieben sowohl die Männer, wie auch die aufgeklärten iranischen Frauen gegenüber allen reformistischen und emanzipatorischen Bewegungen stets zutief ambivalent, wie dies der Mentor der neupersischen Literatur Bozorg Alavi herausstellt: „In ihrem Wesen ist" die iranische Frau „konservativ und klammert sich mit allen Fasern ihres Herzens an die alten Gebräuche. Nur äußerlich gibt sie sich als eine Anhängerin des Allerneusten" (S. 77). Diese Ambivalenz ist aber auch den aufgeklärten iranischen Männern eigen. Sie erfolgt aus der Angst, sich letzlich doch nicht auf die Mutter und auf die Frau als Repräsentantin der Mutter verlassen zu können. Diese Ambivalenz gegenüber allen, die Frauen betreffenden emanzipatorischen Bewegungen, ist auch Ausdruck der Identifizierung mit dem kulturell Unbewußten.

Wie sehr sich die iranische Frau trotz aller erreichten Autonomie von ihrem Mann abhängig fühlt und sich nach ihm sehnt, wird aus dem Roman „Der leere Platz von Ssolutsch" des zeitgenössischen iranischen Schriftstellers Mahmud Doulatabadi ersichtlich: Eines Tages wacht die Landarbeiterin Mergan auf und findet den Platz ihres Mannes Ssolutsch leer. Dieser hat sie und die drei gemeinsamen Kinder verlassen, weil er sich schämt, nicht mehr seine Familie ernähren zu können. Mergan übernimmt von diesem Zeitpunkt an alle jene Aufgaben, die bis dahin ihr Mann innehatte. Bis zur Grenze der Erschöpfung arbeitet sie und ernährt die Familie, so gut es geht. Tief im Inneren sehnt sie sich jedoch nach ihrem vermißten Mann, in dem sie das Oberhaupt der Familie, den Vertreter des Gesetzes und dessen Wahrer erblickt. Am Ende des Romans verläßt sie gemeinsam mit einem ihrer Söhne das Dorf, um sich auf die Suche nach ihrem Mann zu machen und ihn heimzuholen.

Die iranischen Frauen hatten bis 1963 kein Wahlrecht. Von diesem Zeitpunkt an bekamen sie sowohl das passive, als auch das aktive Wahlrecht. Auch die Verfassung der islamischen Republik Iran gewährleistet den Frauen beide Rechte, wenn auch im iranischen Parlament nur eine kleine Zahl von Frauen als Abgeordnete vertreten sind und keine Frau ein Ministeramt bekleidet. Obwohl die Verfassung von 1906 sich im allgemeinen an Code Napoleon anlehnte, richtete sich die iranische Gesetzgebung im Familien- und Eherecht weitgehend nach dem islamischen kanonischen Recht Shari'a. Dieses Gesetz wurde erst 1967 zugunsten der Frau u.a. in der Scheidungsfrage und in der Einschränkung der Polygamie verändert. Die islamische Republik Iran hat jedoch das Gesetz von 1967 als ungültig erklärt, da es sich angeblich mit dem kanonischen Recht nicht vereinbaren läßt.

Die Ambivalenz des iranischen Mannes der Frau gegenüber findet auch darin ihren Ausdruck, daß die Frau einerseits hoch verehrt wird, z.B. in der Gestalt der Tochter des Propheten, der heiligen Fatima oder in dem schiitischen Iran in der Gestalt der heiligen Ma'ssumah, der Schwester des 8. schiitischen Imams, die in der heiligen Stadt Ghom begraben ist. Ghom war ja die Lehrstätte und jahrelang der Sitz des Führers der islamischen Revolution Ajatollah Khomeini. Die Verehrung der Frau kommt auch z.b. darin zum Ausdruck, daß Khomeini seine veröffentlichten Wein- und Liebesgedichte seiner über alles geliebten und verehrten Schwiegertochter gewidmet hat. Zahlreiche Mystikerinnen, wie z.b. die in der zweiten Häflte des 8. Jahrhunderts lebende Mystikerin Rabi'a und Dichterinnen wurden stets auch von den Männern verehrt, die sich als ihre Novizen und Schüler rühmten. Auch im präislamischen Iran wurden Frauen wie die jüdische Königin Irans Esther, die Gemahlin des Großkönigs Xerxes hoch verehrt. Ihr Grabmal ist in der westiranischen Stadt Hamadan ein viel besuchter Wallfahrtsort der Moslems und der Juden zugleich.

Aber auch die andere Seite der Ambivalenz, die Verachtung der Frau und die gegen sie gerichtete Feindseligkeit droht ständig in Erscheinung zu treten, z.b. in Form der Steinigung der Frau, die eine außereheliche Verfehlung begangen hat.

Alles spricht dafür, die iranische Gesellschaft als eine patriarchalische zu begreifen, in der das Wort des Mannes gesetzescharakter hat und die Rahmenbedingungen für das gesellschaftliche Zusammenleben bestimmt. Andererseits ist die iranische Kultur, vor allem die iranische Kunst, auch eine Kunst und eine Kultur der Grenzüberschreitung und der Revolte. In der Vergangenheit wurde dem iranischen Miniaturmaler, vom Kalligraphen, dem höchstbezahlten Künstler Grenzen gesetzt. Sie bestimmten den Rahmen, in dessen Grenzen der Maler sich bildnerisch betätigen durfte. Die bekanntesten und besten iranischen Miniaturisten haben jedoch häufig diese vom Kalligraphen gesetzten Grenzen überschritten, z.b. dadurch, daß ein galopierendes Pferd das Rechteck des Rahmens sprengte, wie wenn der Reiter sich und das Pferd befreien wollte. Auch die modernen iranischen Maler haben sich diesen Symbolismus zu eigen gemacht. Die Patriarchen und die Machthaber haben stets die Sprache und die revolutionäre Gesinnung dieser Maler erkannt. So wurde der Maler Ebrahim Ehrari zur Zeit des Schahs inhaftiert und des Landes verwiesen, weil er in seinen Farbradierungen Vögel, Fische und Pferde darstellte, die den Rahmen sprengten, um sich zu befreien; ein Akt der Revolte, der nicht selten tödlich endet, durch einen aus dem Meer herausragenden scharfen Speer, der den Leib des Fisches durchbohrt oder durch einen Fuchs, der den aus dem Rahmen geflogenen Vogel auffrißt.

Sowohl die iranischen Männer, als auch die Frauen sind allen reformistischen und an der westlichen Zivilisation angelehnten emanzipatorischen Veränderungen gegenüber skeptisch eingestellt. Die Ambivalenz hat ihre Wurzeln in der Eigenart der Erziehung der iranischen Kinder, der familiären Struktur, der psychosexuellen Entwicklung der Iraner und in den Eigenheiten der ödipalen Konstellation im iranischen Kulturraum. In dieser vordergründig patriarchalischen Kultur verbirgt sich aber hinter dem Patriarchen die heimliche Macht der Frau, der iranischen Mutter, so daß man in Anlehnung an Rachel Monika Herweg und deren Untersuchungen über die jüdische Mutter auch im Falle der iranischen Kultur von einem verborgenen Matriarchat sprechen kann.

## Etikette und die Beziehung der Geschlechter zueinander

Eingespannt zwischen den innerseelischen unbewußten Motivationen und Einstellungen, der Identifizierung mit dem kulturell Unbewußten und den Erwartungen der Moderne, der westlichen Zivilisation, deren Anforderungen und Ideale die aufgeklärten iranischen Frauen bejahen, leiden diese unter einer „gebrochenen Identität", die sie in jüngster Zeit durch Überidentifizierungen mit den alten Normen und Gesetzen, durch eine Gegen-Akkulturation, durch schiitisch-iranische Erneuerung zu restaurieren versuchen. Im westlichen Ausland war man erstaunt, daß die islamische Revolution auch von der überwiegenden Mehrheit der aufgeklärten intellektuellen iranischen Frauen getragen wurde, die vordergründig freiwillig den Schleier als ein Symbol der Befreiung anlegten und in vorderster Front gegen ihre vermeintlichen Befreier, den Schah und seine Regierung kämpften. In den Jahren der Revolution spalteten sich die aufgeklärten iranischen Familien der Ober- und Mittelschicht in den Städten in ihren politischen und gesellschaftskritischen Auffassungen. Selbst die Familie des Schahs blieb davon nicht verschont. Unter den Revolutionären ersten Ranges befanden sich eine große Anzahl iranischer Dichter und Schriftsteller, Juristen und Dozenten beiderlei Geschlechtes, die mit der westlichen Kultur sehr gut vertraut waren und meistens in den nahmhaften amerikanischen und europäischen Universitäten studiert hatten.

Wie ich bereits darlegte, birgt das Verlassen des Rahmens, der sich in Ritualisierungen verbaler und nonverbaler Art, in Wahrung der Etikette und des Respektes manifestiert, erhebliche Gefahren in sich, was nicht selten destruktive Handlungen selbst gegen die nächsten Angehörigen freisetzen kann.

Im folgenden möchte ich am Beispiel von drei Kasuistiken meine Ausführungen klinisch belegen und zeigen, welche Bedeutung die interpersonellen Abwehrmaßnahmen des Respektes, der Ritualisierungen und der Wahrung der Etikette bei der Bindung der Aggressivität haben.

## *Kasuistik 1*

Eine 48-jährige, aufgeklärte iranische Frau suchte die Klinik Tiefenbrunn auf, weil sie unter multiplen psychosomatischen Beschwerden und zunehmender Adipositas litt. Die Patientin, bei der ich eine Hysterie mit vorwiegend ödipaler und oraler Problematik diagnostizierte, hatte Tiefenbrunn aufgesucht, weil sie erfahren hatte, daß ich als Iraner dort in leitender Stellung tätig bin. Sie ist Asylantin und ist 1985 während des ersten Golfkrieges nach Deutschland emigriert, weil sie Angst hatte, ihr damals 13-jähriger Sohn würde eingezogen werden. Darüber hinaus war sie als berufstätige Frau zunehmend mit Passdaran (Revolutionswächtern) aneinandergeraten, die ihr Kleidervorschriften machten. Einst hatte sie als Verkaufsleiterin in einer Fernsehfabrik erfolgreich gearbeitet. Nach der islamischen Revolution mußte sie jedoch ihre leitende Stellung aufgeben. Einst eine sehr schöne und schlanke Frau, nahm sie als Migratin erheblich an Gewicht zu. Obwohl aufgeklärt und emanzipiert, bediente sie ihren inzwischen erwachsenen Sohn, der sich ihr gegenüber wie ein Pascha verhielt und auf ihre Kosten sinnlose Geldausgaben machte.

Zur Zeit ihrer Aufnahme in der Klinik befand ich mich auf Urlaub. Als ich 10 Tage später meine Arbeit wieder aufnahm, fand ich ihren deutschen Therapeuten völlig verzweifelt vor. Ihm war es nicht gelungen, während dieser Tage eine Anamnese zu erheben und die Patientin körperlich zu untersuchen. Sie hatte stets einen Grund gefunden, sich zu weigern, mit dem Arzt zu sprechen und hatte sich jeglicher körperlicher Untersuchung entzogen. Mein Assistent wirkte völlig konfus, erregt, fast des Denkens nicht mehr fähig und meinte, er könne mit dieser Frau kein Wort reden und erwartete, daß ich sie sofort entlasse. Bei der Visite wollte die Patientin ausschließlich in persischer Sprache mit mir „verkehren", obwohl sie des Deutschen mächtig war. Sie wollte nicht in einer Sprache mit mir reden, die von den anderen verstanden wurde. Ich hatte die Phantasie, sie wolle die ödipale Konstellation zu ihren Gunsten lösen, in der Weise, daß sie andere, die Dritten ausschloß. Ich dachte, sie wiederhole öffentlich die Urszene, wobei die anderen, die deutschen Kolleginnen und Kollegen, als drittes Objekt ausgeschlossen wurden und sprachlos einem Drama zuschauen mußten, das sie nicht begriffen, weil sie ja der Sprache der Erwachsenen, der persischen Sprache in diesem Falle, nicht mächtig waren. Die Patientin sprach ein ausgesprochen gutes und gewähltes Persisch, das leicht erotisiert und verführerisch wirkte. Ich hätte gerne mich mit ihr auf persisch unterhalten, wenn ich nicht die Angst hätte, ihrer Verführung zu erliegen und die Tabugrenzen zu überschreiten. Deshalb sagte ich ihr, daß ich meine Mitarbeiterinnen und Mitarbeiter nicht auschließen möchte und daß sie ja genügend Deutsch könne und mit mir Deutsch reden solle. Sie sprach mich permanent in persischer Sprache an und brachte mich fast zur Verzweiflung. Nach der Visite inszenierte sie einen akuten Angstanfall, dessen Zeuge ich zufällig war. In einem Gespräch unter 4 Augen sagte sie mir, sie wolle regelmäßig zu mir kommen und mit mir in persischer Sprache reden, um sich aufzutanken. Allein ich wäre in der Lage, ihre Situation und ihre Not zu verstehen. Sie wollte mir die Hand küssen, wie man dem Älteren, dem Patriarchen die Hand küßt, weil sie mich eben sehr schätzte und sehr liebte. Sie selbst habe aber den Eindruck, daß ich sie nicht schätze und sie hinauswerfen wolle, weil sie sich als moderne Perserin anziehe, europäische Kleidung anlege und sich so intensiv herausputze. Das verstoße ja gegen die Sitten. Im nächsten Moment sprach sie von persischen Mullahs, die auch gepflegte und geschminkte Frauen nicht mochten und eliminierten. Auf die Frage, warum sie mit ihrem Therapeuten nicht spreche, sagte sie: „Es sind Dinge, die ich einfach nicht diesen jungen deutschen Männern erzählen kann. Ich darf ohne Ihre Erlaubnis diese Dinge nicht erzählen, weil Ihr Assistent Ihnen nachträglich alles erzählt und Sie werden es mir übel nehmen, wenn Sie erfahren, was ich über meinen verstorbenen Mann und die persischen Männer im allgemeinen gesagt habe. Es wird für Sie beschämend sein und Sie werden mich deshalb noch weniger lieben und würden mich verstoßen." Sie bat mich um ausdrückliche Erlaubnis, mit meinem Assistenten reden zu dürfen und sich von ihm körperlich untersuchen zu lassen. Auf meinen Einwand, sie sei ja eine aufgeklärte iranische Frau, die jahrelang in einer leitenden Stellung erfolgreich Geschäfte gemacht habe und auch häufiger im Ausland gewesen sei, reagierte sie mit Verwunderung. Sie sagte mir, sie habe sich die ganze Zeit geweigert, mit dem Assistenten zu reden, weil sie meine ausdrückliche Erlaubnis dazu haben wollte. Ich sei ein angesehener Mann, sozusagen der älteste in der Familie, ein Mann, der geschätzt werde und ohne dessen ausdrückliche Erlaubnis sie nichts unternehmen wolle. Sie sei mit Herz und Seele eine Perserin und liebe die persischen Sitten. Sie sah darin keinen Widerspruch, daß sie einerseits wegen der Mullahs und deren patriarchalischen Herrschaft ihr Land verlassen hatte, andererseits aber hier im Ausland einem anderen Patriarchen – in diese Rolle hatte sie mich ja hineinmanövriert – gehorchen und ohne dessen Erlaubnis nichts sagen und tun wollte. Sie betrachtete mich als Familienoberhaupt, als den Ältesten in der Familie meiner Mitarbeiter und begrüßte mich mit entsprechendem Respekt, wahrte die Etikette und wollte mir auch beim Abschied die Hand küssen. Damit erwies sich die Patientin trotz aller Aufklärung mit der Tradition der islamisch-iranischen Kultur identifiziert.

Ich möchte hier auf jene Irritationen hinweisen, die im Sinne von Gegenübertragungsschwierigkeiten bei meinem Assistenten und später bei mir selbst auftraten und sich in Verwirrtheit bei beiden, Ohnmacht und einem Gefühl von Entwertetsein bei meinem Assistenten manifestierten. Durch ihr Agieren versuchte die Patientin ihren kulturellen Hintergrund darzustellen und die damit verbundenen Affekte der Faszination von der Macht und der Gewalt des Patriarchen zum Ausdruck bringen. Sie wollte ihre Ambivalenz ihrer eigenen Kultur gegenüber in meinen Assistenten, teilweise auch in mich deponieren, in der Hoffnung, wir würden sie verstehen und ihr helfen, ihre gebrochene Identität zu überwinden, die ihrerseits Ausdruck eines Kulturschockes war; ein Kulturschock, der provoziert wird, wenn eine vordergründig aufgeklärte und westlich orientierte Iranerin mit der Wirklichkeit der abendländischen Kultur konfrontiert wird. Sie wollte in meinem Assistenten den Patriarchen provozieren, der über sie Macht ausübt und sie unterwirft, z.B. in der Weise, daß er sie hinauswirft, weil sie ihm nicht gehorcht, ihn entwertet und wütend macht. Sie wollte damit das Altvertraute, ihre orientalische Kultur, in deren Regeln sie sich auskannte, reinszenieren. Ihr Verhalten war Ausdruck des kulturen Unbewußten, das nicht nur in ihr selbst, sondern vermutlich auch in dem europäischen Untersucher schlummerte als eine zutiefst verdrängte Triebregung, die Frau zu beherrschen.

Hans Bosse erlebte bei seinen ethno-psychoanalytischen Untersuchungen der Jugendlichen in Papua-Neuguinea durch die Begegnung mit der fremden Kultur einen heftigen Zustand von Verwirrtheit, Lähmung, Unbehagen und emotionaler Aufgewühltheit. Im Rahmen einer späteren Analyse konnte er diesen Zustand als Ausdruck der Begegnung mit dem kulturellen Unbewußten diagnostizieren, mit jenem tief verdrängten, kulturell verankerten mythischen Mord an den Söhnen, der auch im Unbewußten des europäischen Forschers schlummert. Die emotionale Sperre bestand „darin, daß das eigene Unbewußte und das Ich des Forschers bereits überlastet waren. Die fremde Kultur brachte jene Bedürfnisse und Wünsche, Phantasien und Gefühle in ihm zum Leben oder reaktivierte sie, die er bis dahin nicht hatte zur Geltung bringen, nicht im Bewußtsein zu lassen und bearbeiten können" (S. 72). Wie Hans Bosse bei den Jugendlichen in Papua-Neuguinea beobachtet hatte, war auch bei unserer Patientin der kulturelle Widerstand mobilisiert worden, weil Traditionen der Ehre und der Schamvermeidung angesprochen und die Patientin die Aufforderung des Therapeuten, sie möge ihm alles so frei wie möglich erzählen, als Verstoß gegen die Normen ihrer eigenen Herkunftskultur gegenüber einer fremden Person erlebt hatte, der sie aufgefordert hatte, mit ihm über anstößige, intime Phantasien und Bedürfnisse zu sprechen. Hans Bosse weist darauf hin, daß der Widerstand des Patienten in diesem Fall als ein Versuch zu verstehen ist, zu verhindern, daß das „kulturelle Unbewußte" im Laufe der Behandlung bewußt wird (S. 73).

Der Forscher gerät, nach Hans Bosse, in eine tiefe kulturelle Identitätskrise, wenn er in einer fremden Kultur zu forschen beginnt, in der archaische und primitive Ängste, Wünsche und Phantasien offen thematisiert werden. ähnlich ging es meinem Assistenten. Ich selbst war vermutlich deshalb so sehr verwirrt, weil ich nicht wahrhaben wollte, daß die aus meiner frühen Sozialisation mir gewissermaßen vertrauten Wünsche und Phantasien durch jahrzehntelangen Aufenthalt in Europa nicht eliminiert waren. Daß sie so rasch angesprochen und wirksam werden konnten, hatte auch mich in einen, wenn auch kurzfristigen, Zustand der Verwirrtheit versetzt. Vermutlich hatte unsere Patientin mittels des interaktionellen Anteils ihrer projektiven Identifizierungen uns veranlaßt, ihrem Bild von Männern und von Vätern zu entsprechen und sich gemäß dieser Vorstellungen zu verhalten. Vordergründig aufgeklärt und emanizipiert, sehnte sie sich danach, in der fremden Umgebung der Klinik eine ihr vertraute Situation wieder herzustellen, um sich orientieren zu können.

## Kasuistik 2

Die 41-jährige, sehr hübsche Iranerin, eine Asylantin, die sich seit Ende 1988 in der Bundesrepublik Deutschland aufhält, suchte die Klinik auf, weil sie 4 Monate nach ihrer Übersiedlung in die Bundesrepublik angefangen hatte, in den Kaufhäusern Gegenstände zu klauen, die sie nicht brauchte. Sie war wiederholt auf frischer Tat ertappt worden. Als Wiederholungstäterin bekam sie eine Gefängnisstrafe, die sie hätte antreten müssen, wenn sie sich nicht in Behandlung begeben hätte. Als sie in die Bundesrepublik kam, war sie in der zweiten Ehe mit einem iranischen Mann verheiratet, den sie zurückließ mit dem Versprechen, er könne später nachkommen. Sie war der Einladung ihres ersten geschiedenen Mannes gefolgt, den sie noch immer innig liebte. Dieser, ein ehemaliger Fernseh- und Funkredakteur litt an einer metastasierenden Krebserkrankung. Die Patientin war schockiert, als sie ihn in einem erheblich reduzierten Zustand vorfand. Sie pflegte ihn, obwohl er erneut verheiratet war. 4 Monate nach ihrer Ankunft in Deutschland starb dieser Mann. Einige Tage darauf stellte sich das Symptom der Kleptomanie ein. Hier in Deutschland lernte sie bald einen jüngeren iranischen Mann kennen, mit dem sie eine gemeinsame Wohnung bezog und von dem sie schwanger wurde, obwohl sie noch immer mit ihrem zweiten Ehemann verheiratet war. Sie erreichte es, daß ihr im Iran gebliebener Mann sich in ihrer Abwesenheit scheiden ließ und heiratete den dritten jüngeren Mann. Sie ist 5-fache Mutter. Ihren erstgeborenen Sohn, der sie an ihren ersten Mann erinnert, liebt sie innig und zärtlich.

Während alle anderen Patienten maximal alle 4 Wochen nach Hause fahren dürfen, vereinbarte ich mit ihr, daß sie jede zweite Woche ihre Familie besucht, damit sie ihre 5-jährige Tochter versorgt. Sie hielt sich jedoch an die Zeiten nicht und kam regelmäßig einige Stunden später zurück. Sie bedrängte mich, jedes Wochenende Heimurlaub zu bekommen, da sie nicht sehen könne, daß ihre Tochter unter der Trennung litt. Als ich diesem Wunsch nicht nachgab, bekam sie akute Angstanfälle, wobei sie bei offener Tür im Bett blieb, kein Wort wechsele, still vor sich hin weinte, zu den Mahlzeiten nicht erschien und auch die Termine bei mir nicht wahrnahm. Diese Verhaltensweisen der Patientin erlebte ich als einen Akt der Revolte gegen mich, den Leiter der Abteilung, den sie als einen Patriarchen, als einen Alleinherrscher erlebte, der willkürlich ihr Grenzen setzte. Ihre Kleptomanie, die kurz nach dem Tode des ersten Mannes auftrat, begreife ich nicht nur als Ausdruck der Suche nach einem verlorengegangenen oder ihr vorenthaltenen, geliebten oder begehrten phallischen Objekt, sondern auch als Ausdruck ihrer Revolte gegen das Gesetz, gegen die von außen ihr aufgezwungenen patriarchalischen Rahmenbedingungen, freilich an einem untauglichen Objekt.

Joyce Mc Dougall vergleicht die Kleptomanie der homosexuellen Frauen mit dem zwanghaften Raub „eines Penis". Die Frauen triumphieren über ihren Vater oder den Detektiv im Kaufhaus, deren im Raub implizierte Kastration sie bewunderten. Die geklauten eleganten Wäsche-, Kleider und Schmuckstücke, Handtaschen etc. dienten der Aufwertung der Weiblichkeit. Es handele sich um Objekte, die für magische weibliche Attribute gehalten werden, die die Mutter der Tochter verweigert hat. Die gestohlenen Objekte repräsentierten den Phallus unter einem doppelten väterlichen und mütterlichen Aspekt. Der Diebstahl habe verschiedene unbewußte Bedeutungen. Er sei der Penis des Vaters, der dem Mädchen verweigert und der Mutter gegeben werde. Er sei auch ein Raub der Mutter selbst unter den Augen des Vaters. Und schließlich werde der Mutter das Wesen ihrer Weiblichkeit geraubt. Jeder Diebstahl sei ein Spiel innerhalb eines Spieles – ein ödipales Drama, das ein präödipales Drama enthalte: der Wunsch, eine Phantasie von der Urszene zu spielen, und zugleich ein letzter Versuch, sich selbst wieder in Besitz zu nehmen. Unter diesem Gesichtspunkt sei die Kleptomanie ein direktes Äquivalent der sexuellen Perversion und wie sie ein Mittel die (narzißtische und phallische) Kastrationsangst zu bewältigen. (S. 276– 277).

Mc Dougall hat herausgestellt, daß ihre Patientinnen den Akt des Diebstahles und deren Folgen bewußt erotisierten (S. 277). Meine Patientin verglich ihre Erregung bei den kleptomanischen Handlungen mit dem lustvollen Schmerz, den sie bei der Geburt ihrer Kinder erlebt hatte. Dieser lustvolle, tranceähnliche Zustand dauerte mehrere Stunden. Danach empfand die Patientin tiefe Scham und Schuld.

Der Geburtsschmerz ist das zentrale Erlebenis für die Frau, wie der Psychologe Eduard Spranger in seiner „Psychologie der Geschlechter" feststellt. Schmerz ist aber nach der iranisch-islamischen Mystik die Voraussetzung für die seelische Läuterung, ohne die man den Rang des wahren „Gottesmannes" nicht erreichen kann. Er steht im Mittelpunkt vieler Sufi-Legenden und -geschichten (A. Schimmel, 1995, S. 95).

Von Bedeutung ist, daß die Patientin trotz ihrer langjährigen Aufenthaltszeit in Deutschland kein Wort Deutsch gelernt hat. Daß sie die fremde Sprache hat nicht lernen wollen ist nicht nur der Ausdruck ihres unbewußten Schuldgefühles, ihre Lieben und ihre Heimat verlassen zu haben, sondern auch der Ausdruck ihres Protestes gegen die patriarchalische Gesellschaftsordnung in ihrem Land und gegen eine ihr fremde Ordnung, die sie zu begreifen sich widersetzt, weil sie letztlich zurückkehren will, aber nicht kann. Das Verletzen der Rahmenbedingungen führt aber in der Klinik dazu, daß sie sich der Gefahr einer Strafe aussetzt, der Gefahr einer vorzeitigen Entlassung. Damit mobilisiert sie in mir jenen männlichen Usurpator, dem sie durch Migration entflohen ist. Auf diese Weise will sie aber auch den unbeußten Anforderungen ihres sadistischen Über-Ichs Genüge tun und die Schuldgefühle der Migrantin, vor allem der Ehebrecherin niederhalten. Eine ähnliche Funktion hat ihre Kleptomanie. Sie dient auch der Befriedigung der unbewußten Schuldgefühle.

## Kasuistik 3

Vor einem Jahr tötete ein 43-jähriger iranischer Musiker, der seit 8 Jahren als Emigrant in der Bundesrepublik lebt, auf offener Straße gegen Mittag seine um 6 Jahre jüngere Frau, die 2 Jahre zuvor ihn verlassen hatte, mit 27 Stichverletzungen und verletzte ihren Liebhaber, einen 22-jährigen iranischen Studenten, der sich seit seinem 13. Lebensjahr in der Bundesrepublik aufhält, lebensbedrohlich. Er ist der jüngste von 8 Kindern und das einzige Kind aus der Ehe des Vaters mit der Mutter. Der Vater starb als er 11 Jahre alt war. Die Mutter heiratete bald darauf und ließ den Jungen allein. Nach einem Jahr mußte er die Schule aufgeben, um seinen Lebensunterhalt zu verdienen, weil er, wie er heute meint, sich nicht von seinen älteren Halbbrüdern abhängig machen wollte. Später wurde er Musiker, spielte auf einigen Instrumenten und sang in Kneipen und Nachtbars Schlager und volkstümliche Lieder und machte auf diese Weise sein Glück. Er heiratete eine entflohene junge Frau aus einer nordöstlichen Provinzstadt Irans, mit der er 3 Kinder hatte. Nach der islamischen Revolution gab er dem Drängen seiner Frau nach und kam als Asylant in die Bundesrepublik. Seine Frau war zum 4. Mal schwanger. Die Familie wurde in Bayern in einem Asylantenheim interniert. Durch Asyl hatte er sein ganzes Vermögen, auch seine Eigentumswohnung in Teheran verloren. Den Verhältnissen im Heim konnten sich die Eheleute nicht anpassen. Sie fühlten sich schickaniert, verfolgt, von der Heimleitung im Vergleich zu anderen Asylanten schlecht behandelt. In der Hoffnung, das Asylverfahren zu beschleunigen entschlossen sie sich, Christen zu werden obwohl sie wußten, daß ein Austritt aus dem Islam nicht möglich ist. Sie ließen sich taufen und wurden offiziell evangelische Christen. Nach der Anerkennung des Asylverfahrens siedelten sie nach Norddeutschland um. Hier wurden sie von ihren Landsleuten verachtet, weil sie sich hatten taufen lassen. Die iranische Gemeinde in der Stadt nahm die Familie nicht ernst, obwohl sowohl er als auch seine Frau in der Hoffnung auf Anerkennung politisch aktiv wurden. Insbesondere nahmen Landsleute ihnen übel, daß sie sogar ihr viertes Kind, das nach ihrer Anerkennung als Asylant geboren war, hatten taufen lassen. Wegen einer schweren langwierigen Wirbelsäulenoperation war die Frau über ein Jahr bettlägerig und wurde von ihrem Mann gepflegt. Später behauptete sie, er habe sie auch während dieser Zeit, als sie im Gipsbett lag und Schmerzen hatte, sexuell zunehmend bedrängt. Nach der Operation führte sie ein für seinen Geschmack abschweifendes Leben. Sie schminkte und kleidete sich sehr auffällig über ihren Mann lernte sie schließlich den 22-jährigen iranischen Studenten kennen, mit dem sie sich anfreundete. Sie zog bald aus der gemeinsamen Wohnung aus, ließ ihren Mann mit den Kindern alleine und nahm sich mit Hilfe ihres Freundes eine eigene Wohnung. Es entwickelte sich jetzt ein unglaubliches Eifersuchtsdrama, an dem beide Eheleute und der jüngere Mann Anteil hatten. Täglich schrieb er ausführliche Liebesbriefe an seine Frau, schickte ihr Rosen, stellte ihr nach, hielt sich nachts vor ihrem Fenster auf, drang in ihre Wohnung ein, durchsuchte ihren Briefkasten, schaltete die iranischen Verwandten ein, damit sie zwischen ihm und der Frau vermittelten. Auf offener Straße kam es zu Beschimpfungen, wobei seine Frau die Liebesangebote und seine Bitten, zu ihm und den Kindern zurückzukehren, zurückwies, ihn in der Öffentlichkeit bloßstellte, beschimpfte und entehrte. Obwohl die Frau wiederholt bei der Polizei angegeben hatte, sie hätte Angst, von ihrem Mann getötet zu werden, konnte sie es nicht lassen, immer wieder mit ihm Kontakt aufzunehmen und besuchte auch seine öffentlichen Konzerte. Schließlich entführte sie die vier Kinder mit Hilfe einer pensionierten deutschen Religionslehrerin, der Patin ihrer Kinder, und brachte sie in ihrem Haus in Süddeutschland unter. Dies geschah, obwohl nach dem iranischen Recht alle vier Kinder dem Vater gehörten und auch das hinzugezogene deutsche Gericht noch kein Urteil in Sachen des Sorgerechtes gefällt hatte. Obwohl durch einen Vertrag aus dem Jahre 1929 die iranische und die deutsche Regierung übereingekommen sind, daß das Familienrecht des jeweiligen Landes in dem anderen Land bei ihren Staatsbürgern zur Anwendung kommen muß, entschied sich ein deutsches Gericht, das Sorgerecht der Mutter zu übertragen. Sie fühlte sich aber außer Stande, für ihre Kinder zu sorgen, da sie inzwischen in die studentische Bude ihres Freundes eingezogen war. Sie konnte es nicht unterlassen, in der Öffentlichkeit in Gegenwart anderer iranischer Männer ihren Freund zu liebkosen, zu umarmen und zu küssen, um auf diese Weise ihren Mann zu demütigen und seine Eifersucht zu provozieren. Dies alles begründete sie damit, daß sie schließlich in einem freien, demokratischen Land lebe und als emanzipierte Frau das Recht habe, über ihren eigenen Körper zu verfügen. Offenbar fasziniert von der erahnten drohenden Gewalt und um die unbewußten Strafbedürfnisse der Migrantin und der Ehebrecherin zu befriedigen konnte sie es nicht lassen, ihn zu provozieren und zu entehren. Er seinerseits fühlte sich betrogen, gedemütigt, in seiner Mannesehre verletzt, zu Unrecht beschuldigt, seines väterlichen Sorgerechtes zu Unrecht entzogen und damit als Mann depotenziert. Er fühlte sich aber auch schuldig, weil er auch seinerseits die Rahmenbedingungen der Beziehungen zwischen Eheleuten gesprengt hatte und die Etikette nicht mehr berücksichtigte. Schließlich attackierte er auf offener Straße seine Frau und deren Liebhaber, als sie erneut seine Bitten ablehnte, zu ihm zurückzukehren oder zumindest ihm zu gestatten, die Kinder zu besuchen. Dem Gutachter gegenüber vertrat er die Auffassung, daß er sich letztlich nichts habe zu Schulden kommen lassen. Vielmehr habe er das Recht, für seine Kinder Sorge zu tragen und diese nach seinem Glauben und in der Kultur seiner Ethnie großzuziehen. Zwar betonte er, daß er kein fanatisch-religiöser Moslem sei, er sei aber innerlich davon überzeugt, daß er als Moslem nach religiöser Vorschrift gehandelt und durch die Tötung seiner Frau seine Ehre wiederhergestellt habe. Er wisse zwar, daß in Deutschland Selbstjustiz verboten sei und daß hierzulande die Eheleute wegen außerehelicher Beziehungen nicht bestraft werden können, und daß in Deutschland gewöhnlich die Mutter das Sorgerecht für minderjährige Kinder bekomme. Er sei aber davon überzeugt, daß im Falle eines iranischen Moslems, nur das iranische Zivil- und Familienrecht gültig sei und daß er gemäß seiner Kultur gehandelt habe. Nach der Rechtsauffassung seines Landes habe er nichts widerrechtliches getan, wenn er sich auch schuldig fühle, weil er seine Frau getötet und einen anderen Mann schwer verletzt habe. Zwischen privater Schuld und dem Recht machte er aber einen Unterschied. Persönlich hätte er sich schuldig gemacht, weil er die Mutter seiner Kinder und seine geliebte Frau getötet und einen anderen Mann schwer verletzt habe, er habe aber dabei sich normentsprechend und gemäß der Rechtsauffassung seiner Kultur und seiner Religion verhalten. Deshalb fühle er sich juristisch gesehen nicht schuldig, sondern vielmehr zu unrecht beschuldigt und inhaftiert. Er lehnte es ab, die hiesigen Rechtsauffassungen für sich als Moslem gelten zu lassen. Nur nach dem im Iran geltenden Recht könne er bestraft werden. Deshalb wolle er, falls er freigelassen werde, in den Iran zurückkehren und sich dort der Justiz stellen. Seine Rechtsauffassungen ließen auf interkulturelle Mißverständnisse schließen, da er die Rechtsauffassungen seiner Ethnie in einer fremden Ethnie zur Geltung bringen wollte. Er war dabei dem inneren Irrtum anheim gefallen, daß er die Rechte seiner Kultur und der kleinbürgerlichen iranischen Mittelschicht, der er entstammte, auch in Deutschland Geltung verschaffen wollte. Er wollte auf diese Weise seine Ehre als gedemütigter Ehemann und gekränkter Vater wiederherstellen in der Hoffnung, seine Selbstachtung wiederzugewinnen, von seinen Landsleuten wieder respektvoll behandelt zu werden und zu verhindern, daß er deren Spott ausgesetzt ist. Er wollte jene Gesetze und Rahmenbedingungen wiederherstellen, die sowohl er als auch seine Frau und deren iranischer Liebhaber durch Nichtbeachtung der Etikette, der Schamschranken und der respektvollen Begegnung verletzt hatten.

## *Literatur*

Alavi, B. (1957): Das Land der Rosen und der Nachtigallen. Kreuz und quer durch den Iran. Kongreß-Verlag, Berlin.

Ardjomandi, M. E. (1990): Destruktivität und Versöhnung im schiitischen Islam. in: Hassen und Versöhnen. Psychoanalytische Erkundungen. (Hrsg E. Herdickerhoff et al) Vandenhoeck & Ruprecht Göttingen, S. 120–137.

Ardjomandi, M. E. (1993): Der Ausgang des ödipalen Konfliktes im persisch-sprachigen Raum. in: Das Fremde in uns, die Fremden bei uns. Ausländer in Psychotherapie und Beratung. (Hrsg. Robert Rohner, Werner Köpp) Roland Asanger Verlag Heidelberg, S. 43–53.

Ardjomandi, M. E. (1993): Die fremde Kultur der Schiiten. Scham, Schuld und Narzißmus in der psychoanalytischen und psychotherapeutischen Behandlung von Iranern. in: Das Fremde in der Psychoanalyse. Erkundungen über das „andere" in Seele, Körper und Kultur. (Hrsg. U. Streeck), Verlag J. Pfeiffer München, S. 65–77.

Ardjomandi, M. E. (1994): Vom ausgesetzten Kind. in: Die Psychoanalyse schwerer psychischer Erkrankungen. Konzepte, Behandlungsmodelle, Erfahrungen. (Hrsg. U. Streeck, K. Bell) Verlag J. Pfeiffer München.

Beeman, W. O. (1986): Language, status, and power in Iran. Indiana University Press. Bloomington.

Bosse, H. (1994): Der fremde Mann. Jugend, Männlichkeit, Macht. Eine Ethnoanalyse unter Mitarbeit von Werner Knauss. Fischer Verlag. Frankfurt/M.

Bouhdiba, A. (1980): Der Hammam. Beitrag zu einer Psychoanalyse des Islams. Kölner Zeitschrift für Soziologie und Sozialpsychologie. 22, 463–472.

Dimand, M. (?): Persische Miniaturen. Uffici Kunstverlag Köln. Mailand.

Doulatabadi, M. (1991): Der leere Platz von Ssolutsch. UnionsVerlag Zürich.

Eckermann, J. P. (1988): Gespräche mit Goethe in den letzten Jahren seines Lebens. Verlag C. H. Beck. München.

Ehrari, E. (1982): „Gemischte Gefühle" Radierungstechniken und Grafiken. Berlin.

Firdausi, A. (beendet 1009): Schahnameh. Kritische Textausgabe. Hrsg. von I. A. Bertels. Moskau 1963–1971.

Grinberg, L. und Grinberg R. (1990): Psychoanalyse der Migration und des Exils. Verlag internationale Psychoanalyse. München, Wein.

Halm, H. (1988): Die Schia. Wissenschaftliche Buchgesellschaft. Darmstadt.

Herweg, R. M. (1994): Die jüdische Mutter. Das verborgene Matriarchat. Wissenschaftliche Buchgesellschaft. Darmstadt.

Kakar, S. (1988): Kindheit und Gesellschaft in Indien. Eine psychoanalytische Studie. Nexus Verlag, Frankfurt/M.

Küng, H.; van Ess, J. (1994): Christentum und Weltreligionen – Islam. Pieper. München, Zürich.

Mc Dougall, J. (1964): Über die weibliche Homosexualität. In: Psychoanalyse der weiblichen Sexualität (Hrsg von Chasseguet-Smirgel, J.) Suhrkamp Verlag, Frankfurt/M. (1974) S. 233–292.

Pahlewi, R. (1979): Antwort auf die Geschichte. Die Schah-Memoiren. F. A. Herbig Verlagsbuchhandlung, München, Berlin.

Paret, R. (Übersetzer, 1986): Der Koran. Kommentar und Konkordanz. Kohlhammer Verlag Stuttgart.

Preetorius von, E. (?): Persische Miniaturen. Iris-Verlag Bern.

Rypka, J. (1959): Iranische Literaturgeschichte. VEB Otto Harrassowitz. Leipzig.

Sahebjam, F. (1992): Die gesteinigte Frau. Rowohlt Verlag Hamburg.

Schimmel, A. (1992): Mystische Dimensionen des Islam. Die Geschichte des Sufismus. Eugen Dietrichs Verlag München.

Schimmel, A. (1995): Meine Seele ist eine Frau. Das Weibliche im Islam. Kösel-Verlag München.

Schlerath, B. (Hrsg) (1970): Zarathustra. Wissenschaftliche Buchgesellschaft Darmstadt.

Sinoué, G. (1994): Die Straße nach Isfahan. Knauer Verlag München.

Stein, H. (1993): Freuds letzte Lehre oder Eros und die Linien des Affen Aziut. Verlag das Wunderhorn Heidelberg.

Vázquez-Figueroa, A. (1990): Tuareg. Goldmann Verlag.

Widengren, G. (1961): Iranische Geisteswelt von den Anfängen bis zum Islam. Holle Verlag Baden-Baden.

# Affekt und Aggression

# Die Rolle der Aggression aus ethologischer Sicht

*Helga Fischer-Mamblona*

Sigmund Freud und Konrad Lorenz betrachteten die Aggression als einen eigenständigen Trieb. Freud hat die Aggression als Gegenspieler der Libido angesehen. Lorenz reihte sie unter die anderen lebenserhaltenden Triebe ein, die großen Vier, wie er sie nannte: Aggression, Nahrungsaufnahme, Fortpflanzung und Flucht.

Heute gilt die Annahme eines einheitlichen Aggressionstriebes weitgehend als überholt. In seinem Aufsatz: „Aggression, Trauma, innerer Konflikt" faßte Leon Wurmser (1994, S. 11) diese Auffassung wie folgt zusammen: „Kurzum: Aggression als Konfliktlösung, als Kompromißbildung, nicht als primäre Triebbefriedung."

Auch die Verhaltensbiologen und die Humanethologen weichen von der Vorstellung eines einheitlichen Aggressiontriebes ab und versuchen verschiedene Formen aggressiven Verhaltens mit differenzierten Gründen zu erklären. Die Verhaltensbiologin Gabriele Haug-Schnabel (1994) differenzierte dreizehn Gründe für aggressives Verhalten, unter anderem Hunger, Angst und sexuelle Rivalität, sowie Nachahmung und kalte Berechnung. Gerhard Medicus erklärt (1994, S. 29): „Es hat sich gezeigt, daß im Zusammenhang mit der Evolution sozialen Zusammenlebens viele neue Motive beim Aggressionsverhalten entstanden sind".

Meine These ist, daß wir heute noch unter dem gleichen Konflikt zwischen Annäherung und Vermeidung leiden wie schon vor Jahrmillionen unsere Vorfahren, und daß die Aggression eine Folge dieses uralten Konfliktes ist.

Um das zu veranschaulichen, möchte ich die möglichen Ursprünge der Aggression im Laufe der Evolution betrachten.

Jedes Lebewesen, jede Art, vom Einzeller bis hin zum Menschen, muß sich ernähren und fortpflanzen, um zu überleben. Dazu muß es sich im allgemeinen zu seiner Futterquelle, sowie später zum Sexualpartner hinbewegen.

Gleichzeitig muß sich aber auch jedes tierische Lebewesen schützen, damit es nicht sofort gefressen wird. Es muß also ständig auf der Hut sein, um sich bei Gefahr sofort zurückziehen zu können – zu fliehen. Das sind genetisch verankerte Grundbedingungen des Lebens für freibewegliche Lebewesen.

Was aber geschieht, wenn einem Lebewesen der Fluchtweg verstellt ist? Wenn entweder äußere Hindernisse da sind, oder sein Hunger, sein sexueller Drang, seine Brutfürsorge so stark sind, daß es nicht fliehen kann oder will? Dann kämpft es um sein Leben. Da ist aus dem Konflikt zwischen dem Drang nach lebenswichtigen Ressourcen und dem Drang, sich in Sicherheit zu bringen, die Aggression entstanden. In einer ausweglosen Angstsituation ist die Flucht in Aggression übergesprungen als letzte Möglichkeit, das Leben zu retten: die Verteidigungsaggression, die Notfallreaktion, die mit Vernichtung enden kann. Man könnte sie auch als Uraggression bezeichnen.Wenn einer Ratte der Fluchtweg abgeschnitten ist, springt sie dem Angreifer ohne Rücksicht auf eigene Verletzlichkeit ins Gesicht und beißt wütend zu. Genauso verhält sich eine Häsin, die von einem Hund aufgestöbert wird, wenn sie ihre Jungen verteidigt.

Wenn wir Jahrmillionen zurückgehen und uns überlegen, welcher zu einem derartigen Konflikt führende Funktionsbereich damals am häufigsten angesprochen war, dann doch wohl der des Fressens, der Nahrungsaufnahme. Die am häufigsten im Tierreich verbreitete Form der Aggression ist das Beißen, jene Verhaltensweise, die eigentlich aus dem Funktionsbereich der Nahrungsaufnahme stammt.

Was ist nun diese aus dem Urkonflikt zwischen Fressen und Gefressenwerden entstandene Aggression? Steht sie auf dem gleichen Niveau wie die Flucht auf der einen Seite, und die auf ein Objekt bezogenen Triebe (wie Hunger, Fortpflanzung - Sexualität und Brutfürsorge – und Bindung) auf der anderen Seite? Schon der amerikanische Behaviorist Schneirla (1959) hat das „approach-withdrawal-concept" beschrieben, indem er eine allgemeine unspezifische Art der Erregung annahm, die schon bei niederen Lebewesen vorzufinden ist und zu einem Konflikt führt, das ein Tier gleichzeitig stimuliert sich auf ein Objekt hinzubewegen und sich zurückzuziehen. Anders als Lorenz erklärte er das Auftreten dieses Verhaltens mit umweltbedingten Reizkonfigurationen, und nicht mit genetisch verankertem Instinktverhalten.

Die enge Bezogenheit zwischen Flucht und Aggression wurde Ende der 20er Jahre auch schon von Cannon (1963) erkannt (fight-flight-reaction), und heutige Streßforscher berufen sich immer noch auf die damals schon vermuteten physiologischen Zusammenhänge.

Etwas später hat das Frustrationsmodell der Aggression von Dollard et al. (1939) weitgehend das wissenschaftliche Denken beeinflußt. Die Autoren haben jedoch in ihren Schlußfolgerungen außer Acht gelassen, daß die inneren Konflikte Grundgegebenheiten des Lebens sind, denen sich niemand entziehen kann und die nicht durch die Beseitigung äußerer Hindernisse vermieden werden können.

Aggression ist die Antwort auf eine Frustration, gleichgültig, ob diese sich auf der äußeren oder der inneren Ebene abspielt. Sie ist also sekundär. Hormonell und neurophysiologisch funktioniert sie ähnlich wie die Flucht. So wie das Fluchtverhalten hat Aggression keine Appetenz, die zu einer auslösenden Reizsituation hinführt wie das bei den sogenannten Trieben, wie Hunger und Fortpflanzung, und später auch für die Bindung (Helga Fischer 1965) nachgewiesen wurde.

Ein weiteres Argument für den sekundären Charakter der Aggression ist die Tatsache, daß die aggressiven Verhaltensweisen häufig anderen Funktionskreisen entliehen sind, wie etwa das obenerwähnte Beißen oder das Ausschlagen der Huftiere (eine Verhaltensweise aus dem Funktionsbereich der Fortbewegung).

Wie hat sich die Aggression aus dem Urkonflikt zwischen Fressen und Gefressenwerden weiterentwickelt, sowohl in der Stammesgeschichte, der Phylogenese, als auch in der Ontogenese, also im Lebensentwurf eines Lebewesens? Wie kommt es dazu, daß aggressives Verhalten so häufig ist und keineswegs nur in der lebensbedrohenden Situation auftritt, sondern überall im täglichen Leben in allen Variationen und in allen Lebensbereichen zu finden ist?

Um die Vielfalt und Häufigkeit des aggressiven Verhaltens zu erklären, möchte ich auf die Arbeiten von Niko Tinbergen eingehen, einem der Begründer der Ethologie. Tinbergen (1963) hat das soziale Verhalten der Silbermöven untersucht und festgestellt, daß sehr viele Verhaltensweisen bei der Balz oder bei Revierkämpfen von mehreren Motivationen verursacht sind. So kann zum Beispiel eine balzende Möve sehr nah zum Partner hingehen und sich zugleich vor ihm fürchten, was man an bestimmten Gefiederstellungen erkennen kann. Diese Überlagerung von Motivationen ist ein weitverbreitetes Phänomen, das man auch bei vielen anderen Tierarten beobachten kann. Es können zwei, aber auch noch mehr Motivationen gemischt auftreten. Eines ist dabei allen Konflikten gemeinsam, nämlich das Motiv der Flucht. Wenn sich ein Konflikt auf einem hohen Intensitätsniveau abspielt, dann tritt ein neues Phänomen auf, nämlich die von Tinbergen so benannte Übersprungbewegung. Das ist eine Verhaltensweise aus einem ganz anderen Bereich: zum Beispiel kann ein Tier bei hoher sexueller Erregung und zugleich großer Angst, anfangen zu fressen. Die Funktion des Übersprunges liegt darin, daß ein im Moment nicht lösbarer Konflikt entschärft wird – das Leben geht weiter. In dieser sozialen Situation unter Artgenossen kommt es damit nicht zu einer Eskalation und der eingangs beschriebenen Notfallreaktion einer Uraggression.

Diesen Mechanismus des Übersprungs machte sich die Natur zunutze und bildete im Laufe der Evolution neue Verhaltenskategorien aus, sogenannte Ritualisierungen, wie etwa Drohbewegungen und andere Formen des Imponierverhaltens. Sie treten oft schon in Situationen auf, in denen Konflikte zu erwarten sind, zum Beispiel in fremder Umgebung, bei Rangstreitigkeiten, an Reviergrenzen. Dem anderen imponieren kann man nicht nur mit ritualisierten Verhaltensweisen, sondern auch mit Körperstrukturen. Imponieren reicht also vom Vogelgesang und Pfauengefieder, vom Geweih und den Hörnern, bis hin zum menschlichen Imponiergehabe. Ritualisierungen sind ein Charakteristikum gesellig lebender Gemeinschaften zur momentanen Befriedung von Konflikten mit Artgenossen und ermöglichen einen Abbau der Aggression. Ein wichtiges Merkmal der Übersprungbewegung besteht darin, daß sie im Laufe der Evolution durch Ritualisierung eine eigene Motivation bekommen hat (Huxley 1923) und oft selbständig und unabhängig von dem ursprünglichen Konflikt spontan auftreten kann.

Ich meine, daß nach diesem im Tierreich weit verbreiteten Muster die innerartliche Aggression entstanden ist: all die vielen Drohbewegungen, die kämpferischen Auseinandersetzungen bei Rangordnungs- und Revierstreitigkeiten, bei Rivalitätskämpfen, all die Brutverteidigungsmechanismen, alle spielerischen Aggressionen von Jungtieren. Aus der ursprünglichen Verteidigungsreaktion gegen Freßfeinde, der „Notfallreaktion", sind diese Formen der Aggression durch Ritualisierung entstanden. Sie haben im Verlaufe der Phylogenese eine eigene Motivation bekommen, treten spontan auf und können sich in kämpferischen Auseinandersetzungen nun ihrerseits wieder mit anderen Motivationen überlagern. In einer „normalen" tierischen Sozietät schlagen diese Formen der ritualisierten Aggression nur selten in destruktives, vernichtendes Verhalten um. Aber unter bestimmten Bedingungen kommt es eben doch zum Umschlag in die Notfallreaktion und diese Bedingungen gilt es genauer zu analysieren, wenn wir unsere eigene menschliche Destruktivität verstehen wollen.

Dabei geht es um:

1) die Kritische Reaktion (Hediger, 1934), wenn eine gewisse Distanz unterschritten wird (zum Beispiel, wenn der eingangs erwähnten Ratte der Fluchtweg abgeschnitten ist),

2) starke Aggressionsbereitschaft in der Schar, nach gemeinsamer Haßreaktion (mobbing reaction) auf einen Raubfeind oder auf etwas Ungewöhnliches,

3) langanhaltende Motivationskonflikte, zum Beispiel wenn zu Beginn des Lebens Fluchtmotivation nicht durch Bindungsverhalten aufgefangen wird.

Am Beispiel der Ontogenese von isoliert aufgezogenen Gänsen möchte ich auf die langanhaltenden Motivationskonflikte genauer eingehen, weil dabei die Ätiologie der Aggression als Symptom deutlich wird.

Im Ei äußert das noch nicht geschlüpfte Gänsegössel schon Gruß- und Weinlaute. Wenn die Mutter auf die Laute antwortet, läßt das Weinen nach, das Grüßen verstärkt sich. Die ersten Vorformen des Bindungsverhaltens beginnen. Was passiert mit Gösseln, die ohne Kontakt zu anderen Lebewesen aufwachsen? Bei den wenigen, die das überhaupt überlebten, war es folgendermaßen: Das schon im Ei ausgebildete Suchen nach Kontakt bleibt unerwidert. Solche Tiere scheinen nach dem Schlüpfen von Angst gepeinigt. Sie laufen in ihrem Stall aufgeregt herum und versuchen überall hin zu grüßen. Nach einigen Tagen grüßen sie die verschwindende und wieder hingestellte Futterschüssel, sie grüßen, wenn die Wärmelampe an- und ausgeschaltet wird, d.h. sie reagieren mit ihrem Kontaktlaut auf jede Veränderung – jeden Anflug eines Lebenszeichens. Dazwischen laufen sie weinend und suchend aufgeregt hin und her, bis sie oft vor Erschöpfung hinfallen und dann einschlafen.

Werden sie mit ein paar Wochen in die Gänseschar entlassen, können sie zunächst keinen Kontakt zu anderen jungen Gänsen aufnehmen. Sie haben Ersatzbindungen an ihren Stall entwickelt, zu dem sie bei Gefahr hinrennen und ihn grüßen.

Diese Tiere werden von anderen Gänsen ständig angegriffen (Mobbing auf ungewöhnliches Verhalten), sodaß sie ständig auf der Flucht sind. Mit jedem Entwicklungsschritt, jeder neuen Lebensphase treten heftige Übersprungbewegungen auf, wie ununterbrochenes Schütteln, Gefiedersträuben, am eigenen Gefieder Reißen, als Zeichen eines intensiven Konfliktes.

Bei einer Gans wurde folgendes beobachtet: diesem Tier war der Zugang zum Futtertrog auf Grund seines auffälligen Verhaltens von den anderen

Gänsen verwehrt worden. Es wurde immer schwächer und hielt sich am Rande der Schar auf. Gleichzeitig stieg sein Hunger, heißhungrig weidete es das spärliche Gras ab, das nicht ausreichte. So rannte es einmal buchstäblich kurz vor dem Umfallen zum Futtertrog und stürzte sich dort mit der heftigsten Form des Angriffs bei gleichzeitig größter Schwäche auf andere Gänse, sich verteidigend wie ein Tier, daß sich in höchster Lebensnot befindet.

Ich habe dieses krasse Beispiel gewählt, weil ich dabei am besten verdeutlichen kann, worauf es mir ankommt: Wird bei jungen Tieren, das Bindungsverhalten nicht erwidert, so wächst die Fluchtbereitschaft (die sich schon wie auch die Bindungsbereitschaft im Ei äußert), derart an, daß bei jedem Impuls zu einem Objekt hin – sei es zu einem möglichen Bindungspartner oder hier zum Futtertrog – der Konflikt so stark anwächst, daß er zu heftigen Übersprungbewegungen und im Extremfall zur Notfallreaktion führt.

In anderen Worten: wird zu Beginn des Lebens Angst nicht durch Bindung aufgefangen – wird der Fluchtdrang nicht neutralisiert - dann hypertrophiert er und kann in Destruktion umschlagen. Hier ist die Bruchstelle, wo Aggression zum Symptom werden kann, zur Destruktivität nach außen, wie nach innen gerichtet, auf somatischer wie auf der Verhaltensebene, in offener Wut wie hinterrücks versteckt oder jahrelang verdrängt, bis sich die Gelegenheit dazu bietet, sie zu äußern.

Hier wird die Parallele zur menschlichen Destruktivität deutlich. Erich Fromm (1977) postulierte zwei Arten von Aggression beim Menschen, die gute, die biologisch angepaßte defensive Reaktion, die phylogenetisch vorprogrammiert ist und gleichermaßen bei Mensch und Tier vorkommt und der Erhaltung des Lebens dient, und im Gegensatz dazu die böse, die destruktive Lust am Quälen und Töten, die spezifisch menschlich sei. Anders als er versuche ich hier aufzuzeigen, daß beide Formen der Aggression aus ein und derselben Quelle stammen, daß ihnen ein Konflikt zugrunde liegt, der den Umschlag von Flucht in Aggression bewirkt.

Niko und Elisabeth Tinbergen (1984) haben zum ersten Mal ethologische Erkenntnisse auf die Analyse menschlichen Fehlverhaltens übertragen und die daraus gewonnen Schlußfolgerungen für die Behandlung angewandt. Im Mittelpunkt ihrer Überlegungen stehen die Folgen der Dauerwirkung gestauter Angstzustände auf das Annäherungsverhalten von Kindern. Eine Annäherung der ethologischen und psychoanalytischen Denkmodelle hat aber bis heute noch nicht stattgefunden.

Ich versuche nun Schneirlas Gedanken, daß allen Lebewesen der Konflikt von Vermeidung und Annäherung gemeinsam ist mit Freuds dualistischem

Schema der Gegenüberstellung von Aggression und Libido zu vergleichen. Die libidinösen Strebungen der Sexualität in Freuds Schema erweitere ich – im Sinne der Ethologen -auf die libidinösen Strebungen der Ernährung und der Bindung, die sich alle durch ein spezifisches Appetenzverhalten auszeichnen. Anders als Freud stelle ich ihnen aber nicht die Aggression sondern, wie Schneirla, die Vermeidung also das Fluchtverhalten als Gegenspieler gegenüber. Die Aggression stelle ich wie Dollard et al als Folge des Konfliktes also sekundär dar aber auf genetischer Verhaltensebene.

Dabei bin ich mir bewußt, daß ich sowohl der Aggression als auch der Flucht mit dem Gefühl der Angst einen anderen Stellenwert gebe, als es sowohl in der Psychoanalyse wie auch in der Ethologie üblich ist. Psychoanalytiker stellen die Angst vorwiegend als Folge eines neurotischen Konfliktes dar, während ich die Angst als Ursache der Entstehung für neurotisches Verhalten ansehe, wie ich es hier am Beispiel der Aggression als Symptom, also der neurotischen Aggression, dargestellt habe. (Daß sekundär die Angst ebenfalls zum neurotischen Symptom werden kann, darauf möchte ich hier in dieser Arbeit ebensowenig eingehen wie auf die Neurotisierungen aus dem Bereich der Ernährung und Sexualität.)

Es ist merkwürdig, daß das Fluchtverhalten, sowohl bei Ethologen als auch bei Psychoanalytikern so wenig beachtet wurde. Ist es wirklich das von H. E. Richter (1992) so betonte Angsttabu, daß das Interesse an der primären Rolle der Flucht so klein hielt? Heute noch werden in der modernen Verhaltensforschung, in der Evolutionsbiologie Flucht und Aggression als entgegengesetze Pole eines agonalen Systems beschrieben (z. B. bei Medicus, 1993).

Erich Fromm kritisiert die Verhaltensforscher, daß sie nicht den Fluchttrieb sondern die Aggression so in den Vordergrund stellten, zieht daraus aber keine Folgen für das psychoanalytische Konzept (Fromm 1977, S. 117). Auch Friedrich Hacker (1993) führt aus, daß Angst vielleicht der häufigste und am häufigsten übersehene Anlaß (und gleichzeitig Rechtfertigungsgrundlage) für Aggression sei, widmet ihr jedoch nur einen geringen Platz in seiner ausführlichen Abhandlung.

Zum Schluß möchte ich noch einmal einige Folgerungen aus den vorangegangen Überlegungen zusammenfassen:

1) Konflikthaftigkeit ist keine ausschließlich menschliche Eigenschaft, in der unsere Triebnatur im Widerstreit mit unseren ethischen und gesellschaftlichen Forderungen steht, sondern sie ist angeboren, d. h. genetisch verankert und im Tierreich in der gleichen Form vorhanden wie bei uns.

2) Die aus diesem Konflikt entstandene Uraggression wird durch rituali-

sierte Formen der Aggression entschärft; für eine intakte Tiersozietät reichen diese Formen im allgemeinen aus.

3) Die Entschärfung reicht nicht aus, wenn der Fluchtweg blockiert ist und ein Tier sich in Lebensnot befindet. Sie reicht auch nicht aus, wenn am Anfang des Lebens das Fluchtverhalten nicht durch Bindung neutralisiert wird. Dann wächst die Angst von Lebensphase zu Lebensphase und kann in Destruktivität umschlagen.

4) Aus meiner ethologischen Sichtweise ergäbe sich daraus für die psychotherapeutische Behandlung folgendes: wie in der Evolution die Uraggression durch Ritualisierung entschärft wurde, so geht es in der Behandlung darum, mit der Bearbeitung des ontogenetischen Urkonfliktes zu beginnen und dann stufenweise entsprechend dem jeweiligen Entwicklungsniveau die Ängste abzubauen und die Annäherung an die Objekte (Lebensaufgaben) zu stärken. Das ist, was – aus ethologischer Sicht betrachtet – in der Psychoanalyse ohnehin getan wird. Unser analytisches Setting, die Arbeit mit der Übertragung, entspricht einer Verstärkung der Bindung (der Herstellung eines Vertrauensverhältnisses) und dem Abbau der Angst.

Das theoretische Wissen um die Ausweglosigkeit und Sprachlosigkeit der krankmachenden Ursituation, die die destruktiven Formen der Aggression hervorruft, verlangt von uns jedoch noch eine stärkere Antwort auf das menschliche Bindungsstreben,wie es in neuen psychoanalytischen Ansätzen, z. B bei P. Fürstenau (1992) und A. Heigl-Evers et al (1993), behandelt wird.

Die Phase der Beruhigung des Urkonfliktes muß in der Behandlung einen sehr viel breiteren Raum einnehmen als bisher. Erst danach kann die „ritualisierte Form der Aggression", die „gute Aggression", nutzbar gemacht werden. Sie ist nicht nur notwendig, um an die krankmachenden Traumata heranzugehen, d.h. sie bewußt zu machen und zu bearbeiten und dann in einem weiteren Schritt die aktuellen Konflikte zu bewältigen, sondern sie macht außerdem auch noch Spaß.

## Literatur

Cannon, W. B. (1963): Wisdom of the Body. Rev Ausg. New York (Norton).

Dollard, J., Doob, L.W., Miller, N. E., Mowrer, O. H., Sears, R. R.(1939): Frustration und Aggression. New Haven (Yale Univ. Press).

Fischer, H. (1965): Das Triumphgeschrei der H. Graugans (Anser anser) In: Z. Tierpsychol., 22, S. 247–304.

Fromm, E. (1977): Anatomie der menschlichen Destruktivität (Rowohlt Taschenbuch Verlag).

Fürstenau, P. (1992): Entwicklungsförderung durch Therapie. Grundlagen psychoanalytisch-systemischer Psychotherapie. München.

Hacker, F. (1993): Aggression Econ Taschenbuch Nr. 26085.

Haug-Schnabel, G. (1994): Das neue biologische Aggressionsverständnis. In: Biologen unserer Zeit. 5/94, VD Biol Nr. 414.

Hediger, H. (1934): Zur Biologie und Psychologie der Flucht bei Tieren, Biol. Zbl 54, S. 21–40).

Heigl-Evers, A., Heigl, F. S. und Ott, J. (1993): Die psychoanalytisch–interaktionelle Einzeltherapie. In Lehrbuch der Psychotherapie, Stuttgart/Jena (Gustav- Fischer).

Huxley, J. S. (1923): Courtship Activities in the Red-Throated Diver (Columbus stellatur Pontopp) together with a Discussion of the Evolution of Courtship. In Birds j Linn. Soc. London Zool., 53, S. 253–292.

Medicus, G. (1994): Humanethologische Aspekte der Aggresson. In Aggression im Umfeld psychischer Erkrankungen. VIII. Forum Psychiatrie, Linz/Salzburg (Edition Pro Mente).

Richter, H.-E. (1992): Umgang mit Angst, Hamburg (Hoffmann und Campe).

Schneirla, T. C. (1959): An Evolutionary and Developmental Theory of Biphasic Processes Underlying Approach and Wihtdrawal. In: Nebraska Symp. on Motivation S. 1–74 (Univ. Nebr. Press).

Tinbergen, N. (1963): The Herring Gull`s World. 3. Aufl. London (Collins).

Tinbergen, N., und Tinbergen E. A. (1984): Autismus bei Kindern, Berlin (Parey).

Wurmser, L. (1994): Aggression, Trauma, innerer Konflikt. In: Aggression im Umfeld psychischer Erkrankungen. VIII Forum Psychiatrie, Linz/Salzburg (Edition Pro Mente).

# Die Rotation von Schamaffekten als Entstehungsbedingung von Destruktivität und Gewalt

*Micha Hilgers*

Als ich vor einiger Zeit mit meinem fünfjährigen Sohn über sein gelegentliches Beleidigtsein sprach, meinte er etwas verschmitzt: „Wenn ich beleidigt bin, mache ich ein Fischgesicht". Die Ausdrucklosigkeit des Fischgesichts[1] ist eine treffende Beschreibung für den Versuch, einfach nicht mehr dazusein, nicht mehr zu kommunizieren und keinerlei mimische Information über das eigene Innenleben geben zu wollen. Wer sich schämt oder „beleidigt" ist, will sich verbergen, womöglich im Erdboden versinken und sich den Blicken entziehen. Das „Fischgesicht", die mimische Ausdruckslosigkeit als Mittel der Verteidigung gegen peinliches Gesehenwerden ist jedoch bereits eine Reaktion auf Schamempfinden. Die gewitzte Antwort hat schon Mittel zum Inhalt, sich der ärgsten Nöte des Schamerlebnisses zu erwehren, nämlich des wehrlosen Ausgeliefertseins an die Blicke der anderen und damit der Preisgabe intimer Geheimnisse. Scham erscheint zumeist in der Verhüllung, der Maskierung (Wurmser 1990), selten offen und unverkleidet. Das „Fischsein" signalisiert nach außen das Incommunicado, wie es nach innen den Versuch darstellt, nicht zu fühlen und nicht zu wissen: So soll es keine peinliche Blicken geben, weder von anderen noch seitens des inneren Auges.

Würden wir bei dieser Analyse von Scham stehenbleiben, so hieße dies die vielleicht wichtigsten, weil positiven Aspekte von Schamffekten zu übersehen: Zahlreiche Schamgefühle führen zu innovativer Verunsicherung: ich bin nicht, was ich zu sein glaubte oder wünschte, die mich umgebenden anderen und die Realität ist nicht wie ich dachte. Scham fordert zur Modifizierung der Konzepte vom Selbst, von den anderen und der umgebenden Realität her-

---

[1] In Wahrheit das Fehlen des Facialis-Gesichtsnervs bei Fischen und damit die Unmöglichkeit mimischen Ausdrucks.

aus – so Schamgefühle das Ich nicht überschwemmen (Broucek 1982 und 1991, Hilgers 1995 und 1996). Entwicklungspsychologisch erfüllen Schamaffekte demnach die unerläßliche Funktion eines Anreizes zur Entwicklung von Identität, Kompetenz und Eigenständigkeit – und zwar lebenslang. Dieser Anreiz ist selbstverständlich auch für das Gelingen einer Psychotherapie unerläßlich. Darüberhinaus schützen Schamaffekte die Intimitäts- und Selbstgrenzen, sie fördern die Abgrenzung von bedeutsamen anderen und die Entwicklung von Autonomie.

Demnach ist keine Psychotherapie ohne ständige Begleitung von Schamgefühlen denkbar – und zwar sowohl auf Seiten des Patienten als auch auf der des Analytikers. Einmal werden prinzipielle Schamgefühle in der Gegenübertragung durch die immer nur begrenzten Möglichkeiten von Psychotherapie wirksam – repräsentiert in den konkreten Begrenzungen der Person des jeweiligen Analytikers oder der Anayltikerin. Zum anderen lösen manche Patienten spezifische Schamkonflikte durch zum Beispiel Herabsetzungen, Beschämungen, Übergriffe usw. aus, die besonderer technischer Herangehensweisen bedürfen (ausführlich hierzu Hilgers 1996). Auf Seiten des Patienten konfrontiert jede Deutung, Interpretation oder Klärung mit der Notwendigkeit der Überprüfung und Aktualisierung von Selbst- und Fremdrepräsentanzen. Die Wirkung solcher Interventionen ist nicht zuletzt vom Ausmaß der mit ihnen verknüpften Schamempfindungen abhängig. Fenichels (1935) technische Empfehlungen, möglichst von der Oberfläche vorzugehen, berücksichtigt diesen Tatbestand – ohne ihn freilich explizit zu benennen: Schamgefühle werden um so plötzlicher, heftiger und damit unkontrollierbarer werden, wie die Interventionen zu schnell zu sehr in die Tiefe gehen und den Patienten unvorbereitet treffen (vgl. auch Erikson 1982, S. 246). Solche frühzeitigen zu tiefen Deutungen lösen demnach vermeidbare Abwehr aus. Umgekehrt ist die Verfügbarkeit von – maßvollen und durch das Ich einigermaßen steuerbaren – Schamaffekten Voraussetzung jeder prognostisch günstig einzuschätzenden Psychotherapie. Gänzliches Fehlen bestimmter Schamgefühle oder umgekehrt ihre eventuelle Neigung, das Ich zu überschwemmen, stellen große Hindernisse für die Behandlung dar. Ist Scham als Ausdruck der Diskrepanz gegenüber Idealen oder Scham, die sich aus der Perspektive (dem Auge) des Dritten (Seidler 1995) ergibt, überhaupt nicht verfügbar, so mangelt es an innerer Spannung, aus der eine Motivation zur Veränderung erwachsen könnte. Bei manchen Patienten ist bei gewissen besonders schambesetzten Themen der Affekt gegenwärtig nicht erlebbar, Schamgefühle stehen jedoch grundsätzlich zur Verfügung – im Gegensatz zu Patienten, die bestimmte aufkommende Schamaffekte entweder ständig leugnen oder durch Größenideen abwehren, so daß ein kritik- und damit auch therapieresistentes Größenselbst vorliegt. Umgekehrt führen alles umfassende Schamgefühle gegenüber dem Analytiker und dem inneren Auge zu generalisierten Rückzugs- und Vermeidungshaltungen, die sich ebenfalls als recht therapieresistent herausstellen mögen. Die Toleranz des Patienten und seines Analytikers gegenüber auftauchenden Schamaffekten entscheidet mit darüber, ob sich die Peinlichkeit von Schamgefühlen in destruktives Agieren, in Suchtmittelmißbrauch, Suizidalität, Ausbrüche von Gewalt und negative therapeutische Reaktionen ausweiten. Und schließlich ist auch das eingangs erwähnte Fischgesicht eine Daseinsform, die beide – Patient wie Analytiker – angesichts heftiger Schamkonflikte wählen können.

Da Schamgefühle die Grenze zwischen dem Selbst und dem anderen bezeichnen, sind sie ansteckend; das Teilhaben an einer Schamszene löst gleichfalls Scham aus (Lewis 1971, Bastian und Hilgers 1990). Ein Analytiker, der seinen Patienten in akuter Scham erlebt, wird – sofern er sich der Schamszene nicht verschließt – gleichfalls von Schamgefühlen erfaßt. Kein Affekt betont die interaktionelle Seite der therapeutischen Beziehung mehr als der Schamaffekt (vgl. Gill 1982). Daher eignet er sich besonders für interpersonelle Abwehrmechanismen wie Verkehrung ins Gegenteil oder projektive Identifikation. Diese Abwehrmechanismen zeichnen sich durch erhebliche Destruktivität in ihren potentiellen Auswirkungen aus, weil das jeweilige Umfeld tendenziell mitagiert und an Verursachung wie Wirkung der Destruktivität maßgeblich teilhat. Ich liefere ein Fallbeispiel aus der forensischen Abteilung einer Landesklinik und schildere zunächst die Anlaßstraftat aus der vermuteten Perspektive des Patienten (ausführlich in Hilgers 1995 und 1996).[2]

Ein junger forensischer Patient mit Borderline-Störung erlebte in seiner Kindheit zahlreiche traumatische Beschämungen, wie schwere körperliche Mißhandlungen durch den Vater, verführerisch-verratende Attitüde der Mutter, mit der abwechselnden Aufforderungen der Mutter, ihn vor Vater oder Liebhabern zu beschützen, dann wieder Zurückweisungen, Unwahrheiten und Bevorzugungen der Liebhaber. In seiner Erinnerung gelingt es ihm nie,

---

[2] Im Gegensatz zu zum Beispiel ambulanten oder vielen allgemeinpsychiatrischen Patienten ist man bei forensischen Patienten und ihren Straftaten häufig auf Annahmen angewiesen, da weder die Introspektionsfähigkeit noch die Motivation für eine Schilderung aus der Erlebnisperspektive des Patienten durch ihn selbst gegeben ist.

seine ihn faszinierende Mutter für sich zu gewinnen, er findet sich stattdessen stets in gedemütigter Position des ausgeschlossenen und mißhandelten Zuschauers wieder.

Als junger Mann fährt der Patient häufig Bus und ist von den weiblichen Fahrgästen fasziniert, läßt sich in ihren Bann ziehen und gerät dabei in eine Mischung aus sexueller Erregung und Anlehnungs- bzw. Verschmelzungswünschen. Gleichzeitig ängstigt ihn die Macht der erregenden Frauen und ihre wie hypnotische Kraft. Die Scham über seinen massiven Kontrollverlust als deutliches Zeichen vorgeblich, lächerlicher und unmännlicher Schwäche und über die sexuelle Macht und Beeinflussung der von ihm bewunderten Frauen bis in seinen Körper hinein (Erektion) quittiert er mit großer Wut. Schließlich vergewaltigt er an der Endstation mehrere Frauen. Ein andermal verprügelt er eine ihm attraktiv erscheinende Frau.

Die Taten stellen in mehrfacher Hinsicht eine Abwehr der Schamszenen dar:

1. Der Patient wendet die von ihm aufgesuchte Schamszene mit der ihr innewohnenden Ohnmacht in eine aktive Beschämung der Opfer und einen traumatischen Kontrollverlust der Frauen.

2. Er sucht die attraktive Nähe zu seinen Opfern und stellt gleichzeitig eine seine Verschmelzungs- und Nähewünsche abwehrende und damit für den Patienten regulierende Distanz zu ihnen her.

3. Er wendet die von ihm herbeigeführte passive Szene voyeuristischen Schauens und der Faszination in eine aktive Szene der Exhibition und des Erschreckens.

4. Er wendet die von ihm herbeigeführte passiv und beschämend erlebte Manipulation seines Körpers (Erektion) in eine aktive Manipulation eines fremden Körpers durch die von ihm angewendete Gewalt.

Zum einen erlebt sich der Patient beschämend schwach und minderwertig gegenüber seinen (supermännlichen) Idealen; andererseits erlebt er die Macht der Frauen als seine Selbstgrenzen überschreitend und seine geistig-körperliche Integrität bedrohend. Der massive Kontrollverlust durch die Faszination und die hierdurch destabilisierten Ichgrenzen wirken schamauslösend. Zugleich erlebt sich der Patient mit dieser Faszination, die er als Schwäche erlebt, für alle sichtbar, sieht seinen innersten Kern mit seinen kindlichen Nähebedürfnissen wie seinen erotischen Phantasien den Blicken preisgegeben.

Charakteristischerweise für forensische Patienten fehlt jedes Anzeichen einer Schuldempfindung, stattdessen bestimmen Schamkonflikte die Dynamik der Gewalttat: der Patient leidet unter der Verletzung des Selbst, was seine Schamempfindungen ausmacht, nicht etwa unter der Verletzung anderer, was zu Schuldempfindungen führen würde.

Die für Straftäter häufige Verwandlung von Scham in Schuld ermöglicht die Wiedererlangung der Kontrolle durch eine Verwandlung der Opfer- in die Täterrolle: Diese Dynamik ist für das Zustandekommen dissozialen Verhaltens oft bestimmend: es handelt sich dann um Verbrecher aus Scham (vgl. hierzu Bastian und Hilgers 1990, Auchter und Hilgers 1994, Hilgers und Auchter 1994). Entsprechend verhält sich der Patient in den stationären therapeutischen Beziehungen: es kommt zu einer Rotation der Beschämungen zwischen insbesondere Therapeutinnen oder Pflegerinnen und Patient, indem er den weiblichen Kräften einmal herablassend-verächtlich, dann wieder bewundernd-verliebt begegnet, mit der Reaktion, daß diese seine Annäherungen wie seine Rückzüge zurückweisen. Je mehr das Behandlungsteam sich vor Demütigungen durch den Patienten zu schützen sucht, desto heftiger die schamvollen Rückzüge wie die beschämenden und gewalttätigen Ausbrüche des Patienten. Eine gewisse Stabilisierung kehrt immer dann ein, wenn das Personal einerseits nicht jede Beschämung unmittelbar an den Patienten zurückgibt, andererseits aber auch nicht jeden Übergriff toleriert. Diese begrenzte Schamtoleranz, die das Team bereit stellt, läßt den Patienten ein Stück aus dem wilden Agieren heraustreten. Charakteristischer Auslöser für destruktive Weiterungen scheint mir demnach die sich beschleunigende Rotation von Schamempfindungen zu sein, die das Leben, die Straftaten und die Behandlung des Patienten begleiten. Die Unfähigkeit, Scham überhaupt zuzulassen und in Maßen zu tolerieren, führt zu gewalttätigen Handlungen, die weitere und noch größere Beschämungen nach sich ziehen. Damit geraten Patienten mit dissozialen Anteilen in einen circulus vitiosus, da ihr schweres Agieren stets weitere sekundäre Scham nach sich zieht und im Sinne eines positiven Feedbacks immer größere Oszillation der Affekte und des wiederum nachfolgenden Agierens auslöst. Gleiches gilt im übrigen überhaupt für Patienten mit Neigung zu schwerem Agieren in Scham-Scham-Konflikten. Je mehr ein forensischer Patient Verhaftung, Verhöre, Maßregelvollzug und Rehabilitation als Demütigung zu erleben Gefahr läuft, desto mehr wird er mittels Größenphantasien über weitere Straftaten versucht sein, Scham in Schuld und Großartigkeit zu verwandeln. Die häufige Beobachtung, daß vor oder während laufender Verhandlungen auf freien Fuß gesetzte Straftäter weitere Straftaten begehen, wird auch durch diese maligne Schamdynamik verständlich: Die nachfolgenden Straftaten sollen Demütigungen kompensieren und zur Stabilisierung des Selbstwertgefühls beitragen. Das Kopfschütteln und die Empörung, die solche Verahltensweisen regelmäßig auslösen, reagieren auf das Fehlen von Schuld. Damit handelt es sich jedoch zwischen Justiz und Delinquenten wie um einen Dialog von zwei Personen, die sich auf zwei Etagen eines Hauses zu verständigen suchen: der Delinquent agiert auf der Ebene von Scham, verletzten Ichgrenzen und destabilisierten Selbstwertgefühlen, Richter, Staatsanwälte und die Öffentlichkeit auf der Ebene von Schuld und verletzten Opfern.

Der vorgestellte Patient ist weit entfernt von jedem bewußten Umgang mit seinen Konflikten oder der Entwicklung besserer Copingmechanismen, und seine Legalprognose ist sicher äußerst ungünstig. Der Wert der vorstehenden Überlegungen liegt eher in der Eindämmung destruktiven und teilweise auch gewalttätigen Agierens während stationärer Behandlung. Indem der Patient jede potentielle Schamempfindung sogleich durch gewalttätiges Agieren abwehrt, mutet er die Beschämung seinem Umfeld zu. Das Ausmaß der Fähigkeit seines Behandlungsteams, Schamempfindungen und Beschämungen bewußt ertragen zu können, ohne sie sogleich wiederum entweder an den Patienten zurück- oder an Dritte (Teammitglieder, Vorgesetzte) weiterzugeben, bestimmt mit darüber, inwieweit es zu einem relativen Stillstand von Destruktion und Gewalt kommt. Auch jenseits des forensischen Bereiches beeinflussen Schamkonflikte häufig maßgeblich den Verlauf psychotherapeutischer Behandlungen, wenngleich Zusammenhänge zwischen Schamkonflikten und destruktivem, eventuell auch gewalttätigem Agieren weniger offensichtlich sein mögen.

Bisweilen erst auf Nachfragen oder bei fortgeschrittener Stundenzahl treten „kleinere" dissoziale Phänomene zu Tage wie gelegentliche Ladendiebstähle, kleinere Betrügereien, Suchtmittelmißbrauch oder körperliche Auseinandersetzungen. Oft kündigen sich solche Anteile auch durch Schilderungen über z.B. offenbar dissoziale oder paranoide Personen im Umfeld des Patienten an. In der Regel findet antisoziales Verhalten subjektive Rechtfertigung im Zusammenhang mit

– allgemeinen Gefühlen von Ressentiments gegenüber dem sozialen Umfeld (vgl. Wurmser (1990b),
– konkreten Kränkungen durch einzelne Personen und
– spezifischen Konflikten innerhalb der therapeutischen Beziehung.

Kernberg (1991) schätzt die Prognose von Patienten mit dissozialem Anteil in Abhängigkeit vom Ausmaß ihres destruktiven Narzißmus äußerst ungünstig ein. Tatsächlich spielen bei den von Kernberg ausführlich erörterten Charakterpathologien Scham- und Neidaffekte, bzw. die Unfähigkeit abhängig zu sein (vgl. Abhängigkeitsscham!), eine erhebliche Rolle. Patienten mit ich-syntoner Dissozialität zum Beispiel verfügen weder über Schuld- noch über Schamaffekte hinsichtlich ihres Verhaltens, so daß intrapsychisch motivierende Spannung zur Verhaltensänderung völlig fehlt.

Hingegen erleben Opfer von Straftaten regelmäßig erhebliche bis traumatische Schamgefühle, wie Abhängigkeits-, Kompetenz- und Intimitätsscham, häufig auch das Gefühl der Demütigung (und zwar bereits bei einem „simplen" Einbruchsdelikt). Übergroße Abhängigkeitsscham wird gleichfalls nicht durch den Patienten, sondern eher durch den Analytiker erlebt, wenn der Patient seinen Analytiker durch sein Agieren in Sorge versetzt oder häufig einfach sitzen läßt. Hinweise auf die Destruktivität des dissozialen Verhaltens werden von Patienten oft bereits als sadistische Verfolgung empfunden, bisweilen erlebt sich der Analytiker selbst so (Kernberg aao, S. 446). Ein unmittelbares Ansprechen von Schamkonflikten läuft Gefahr, zu einer weiteren Verschärfung destruktiven Agierens beizutragen, weil der Patient die Intervention als (beschämenden, herabsetzenden) Angriff versteht. Der Verzicht auf die Thematisierung kann jedoch als Einverständnis mit dem antisozialen Verhalten oder als lächerliche Schwäche mißverstanden werden, letzteres provoziert eventuell weitere wütende Angriffe. Technisch scheint mir ein Vorgehen hilfreich, das aus der Rotation der Schamempfindungen herauszutreten versucht, indem der Behandler den Affekt über einen gewissen Zeitraum im interpersonellen Raum der therapeutischen Beziehung durch seine Container-Funktion repräsentiert. Gleichzeitig muß jedoch die Realität und mithin auch die Destruktivität des Verhaltens thematisiert sein, um korrumpierende Einverständnisse zu vermeiden und die Würde und die Selbstgrenzen des Behandlers als wichtige Voraussetzung weiterer Behandlung zu schützen. Leichteres destruktives Agieren, das häufig zu aggressiven Machtkämpfen führt, kann auf diese Weise aufgefangen werden: chronisches Zuspätkommen, Konflikte um Zahlungsfristen usw. beinhalten immer auch eine Schamkomponente, die entweder vom „dumm dastehenden" Analytiker oder vom „gedeuteten" Patienten erfahren wird. „Das auffälligste Merkmal dieser selbstdestruktiven Neigungen ist das Gefühl der Macht, das der Patient in Bezug auf den Analytiker empfindet. Der Patient wird Opfer und Opfernder in einer Person. Er kann dadurch das Gefühl erlangen, von Angst befreit zu sein und über den Analytiker zu triumphieren (den er als besorgt, aber ohnmächtig angesichts seines Verhaltens empfindet" (Kernberg S. 419). Nach meiner Auffassung ist der zugrundeliegende Affekt beider Beteiligten Abhängigkeits- und Inkompentenzscham. Diese Schamgefühle drohen sich um Intimitätsscham zu erweitern, wenn der Konflikt zu frühzeitig zu tief angesprochen wird, weshalb sich hierauf die beschriebenen Verschlechterungen einzustellen drohen. Je mehr der Analytiker das Verhalten vorzeitig – eventuell im Sinne der Abwehr eigener Scham – zu deuten beginnt, desto schneller wird sich die Spirale gegenseitiger Beschämungen und destruktiven Agierens drehen; ebenso allerdings, wenn der Analytiker passiv-masochistisch in der Position des Opfers verweilt (und durch den seinem passiven Verhalten inhärenten Vorwurf seinen Patienten wiederum beschämt).

Im Falle leichteren destruktiven Agierens innerhalb einer einigermaßen stabilen therapeutischen Beziehung dürfte die beschriebene Gradwanderung bei z.B. Zuspätkommen oder anderen Verhaltensweisen gewährleistet sein, wenn der Analytiker zunächst die eigene Position der Abhängigkeit der der Autonomie des Patienten gegenüberstellt und sich damit zufriedengibt. Jede Tendenz, das Verhalten des Patienten ändern und damit ebenfalls Macht ausüben zu wollen, führt zu einer Verschärfung der Schamkonflikte.[3] Die Würde beider Konfliktbeteiligten bleibt gewahrt, wenn der Analytiker einerseits aus der Position masochistischen Erleidens mittels seiner Klarifikation heraustritt, der Patient andererseits jedoch die Wahl hat, sein Verhalten aufrechtzuerhalten.

Bei der Behandlung von Patienten mit schwerer dissozialer Pathologie und entsprechend massivem destruktiven Verhalten entsteht allerdings ein Dilemma, das einerseits durch den negativen Pol sadistischer Verfolgung durch frühzeitiges Ansprechen gekennzeichnet ist. Andererseits besteht im Gegensatz zu oben erwähnten Patienten häufig die Notwendigkeit, der Destruktivität Grenzen zu setzen. Patienten erleben dies oft als demütigende Beschämung im Sinne einer Untwerfung, was ihre Neigung zu aggressiv-destruktivem Agieren verschärft. Der Analytiker erlebt sich gelegentlich selbst als sadistisch, was Scham-Schuld-Spiralen in der Gegenübertragung in Gang zu setzen droht. Der andere Pol des Dilemmas ist durch eine gewisse Haltung des Laisser-Faire gekennzeichnet, mit einer passiv-masochistischen Position des Analytikers, der hier massiven demütigenden Herabsetzungen durch den Patienten ausgesetzt ist und einem Patienten, der wiederum über den Analytiker masochistisch zu triumphieren versucht. Der Patient empfindet dies als Gefühl von Macht und Kontrolle, erlebt aber sein zwanghaftes gegen den Analytiker gerichtetes autodestruktives Agieren zugleich als beschämenden Ausdruck seiner Unfähigkeit, echte Autonomie vom Analytiker zu gewinnen.

[3] Vgl auch Schubarts (1989) Überlegungen zur negativen therapeutischen Reaktion.

Dem Dilemma können beide Beteiligten nur begegnen, wenn der Analytiker einerseits eine gewisse Schamtoleranz zur Verfügung stellt und andererseits seine eigene Würde schützt, indem er allzu großer Destruktivität Grenzen – eventuell durch entsprechende Forderungen – setzt. In solchen Fällen sind erhebliche aggressive, teilweise mit paranoiden Durchbrüchen durchsetzte Phasen kaum vermeidbar (vgl. Kernberg aao).

Die Gradwanderung zwischen Ausagieren erlittener Beschämungen durch den Patienten und dem Schutz eigener Selbstgrenzen und Würde auf Seiten des Analytikers entscheidet mit darüber, ob sich eine endlose Spirale destruktiven Agierens und gegenseitiger Beschämungen ergibt, die bisweilen vordergründig auf der Ebene der Schuld abgehandelt wird. Kennzeichen solcher Prozesse auf Seiten des Analytikers ist das Greifen nach beschuldigend-beschämenden Etikettierungen des Patienten wie „zu infantil", „zu agierend", „zu fixiert", „zu ich-schwach" usw.. Ohne Zweifel sind zahlreiche Patienten mit destruktivem Narzißmus gegenwärtig nur unter großen Schwierigkeiten oder gar nicht erfolgreich behandelbar. Die Frage ihrer Behandlungsfähigkeit läßt sich aber am besten durch das Offenhalten des geschilderten Dilemmas bearbeiten. In vielen Fällen wird man dennoch mit schweren, destruktiven Entwicklungen wie Suizidalität, Abbrüchen oder kriminellen Handlungen zu rechnen haben. Das ängstliche Vermeiden-Wollen solcher Entwicklungen macht den Analytiker wiederum für die leugnend-akzeptierende Seite des Dilemmas anfällig.

Ähnliche psychodynamische Zusammenhänge sind bei Konflikten um z.B. gewaltbereite Jugendliche wirksam. Diese stabilisieren oder regulieren ihr Selbstwertgefühl unter anderem durch Thrill-Erlebnisse mit Grenzerfahrungen und durch das Gefühl, in der Gruppe Macht über Autoritäten zu besitzen. Gewalt hat dabei die Funktion, Kompetenz und Ansehen bzw. Würde wiederzuerlangen, indem Ohnmacht durch zeitweilige Kontrolle und Omnipotenzgefühle ersetzt wird. Auch hier ist die Doppelgesichtigkeit von Opfer- und Täter-Rolle maßgeblich, da sich gewaltbereite Jugendliche als Opfer erleben, die sich gegen vermeintliche oder tatsächliche Demütigungen oder Beschränkungen zur Wehr setzen. Gleichfalls werden nun Polizei und Gesellschaft vor die Frage gestellt, entweder mit martialisch-sadistischen Mitteln Ausschreitungen verhindern zu wollen, was wegen der damit verknüpften Beschämung der „Opfer-Täter" zu einer weiteren Eskalation führt oder die Übergriffe hinzunehmen, was als Beweis lächerlicher Schwäche und geheimen Einverständnisses Enttäuschungswut über die schwachen und lächerlichen Autoritäten weckt (Hilgers 1993a und 1993b). Tatsächlich scheint mir das Ausmaß der Eskalation zwischen Polizei und gewaltbereiten Randalierern von der Regulation des Selbstwertgefühls beider Gruppen und der Wahrung ihrer Würde maßgeblich abhängig zu sein. Ohne Zweifel ist diese Würde tangiert, wenn entweder mit aller Macht und entsprechenden Übergriffen versucht wird, Ausschreitungen zu verhindern oder umgekehrt diese eher hingenommen werden, in der irrigen Erwartung, hierdurch würde sich die destruktive Wut wie in einer Katharsis selbst erledigen. Personen beider beteiligten Konfliktparteien vor Ort werden die Auseinandersetzungen auch als persönliche Demütigungen ihrer Würde erleben und demzufolge die Beschämung an Mitglieder der Gegenseite weiterzureichen bestrebt sein. Ich gehe – ähnlich wie in oben beschriebenen therapeutischen Beziehungen – von der Unvermeidlichkeit solcher Zuspitzungen auf das Dilemma von entweder Korrumpierung durch latentes Einverständnis mit der Gewalt und nachfolgender Enttäuschungswut über die schwache Autorität oder umgekehrt weiterer Eskalation provozierender Übergriffe aus. Begrenzt vermeidbar ist lediglich die weitere Verletzung der Würde beider Konfliktparteien. Bei gegebener Gewaltbereitschaft einer oder beider Gruppen wird man mit projektiven und projektiv-identifikatorischen Prozessen der Destruktivität zu rechnen haben. Für die konkreten Auseinandersetzungen mit links- wie rechtsorientierten Jugendlichen bedeutet dies, daß Grenzsetzungen, die die Würde der Beteiligten respektieren, unbedingt erforderlich sind. Stundenlanges Einkesseln, das die Betroffenen zwingt, vor aller Augen (insbesondere der Medien) einzukoten und einzunässen und in ihrer demütigenden Lage sichtbar zu sein, bedeuten das Ausagieren und erneute Weiterreichen gegenseitiger Beschämumg. Ebenso wie die Würde ausländischer Mitbürger vor den Übergriffen des Mobs zu schützen ist, ist die Selbstgrenze der Täter zu respektieren, um aus der Spirale von Scham und Gewalt heraustreten zu können. Einem deeskalierenden Staatsapparat kommt die Aufgabe zu, sowohl die eigene wie die fremde Würde der Konfliktparteien zu schützen. Tatsächlich ist bei polizeilichen Übergriffen nicht nur die Würde der Randalierer betroffen, sondern durch die erfolgreiche Projektion eigener Destruktion auch jene der Ordnungskräfte. Auch diese Beschämung wird in der Regel wiederum im Sinne der beschriebenen Rotation der Scham weitergereicht, da sie als Niederlage erlebt wird und mit wütenden Schuldzuweisungen und fischgesichtigen Leugnungen vor der Öffentlichkeit quittiert werden. Der maßvolle Umgang mit Grenzsetzungen kann nur die Selbstgrenzen aller Beteiligten berücksichtigen – oder alle beschämen. Es kann kein friedliches Zusammenleben geben ohne die Wahrung der Würde aller Konfliktparteien. Dies gilt für Parteien kriegerischer Auseinandersetzungen wie für das Zusammenleben gesellschaftlicher Gruppen z.b. in Deutschland: insbesondere für jene, die bereits zu Beginn ihres potentiellen Arbeitslebens das beschämende und demütigende Gefühl vermittelt bekommen, nicht gebraucht, nicht erwünscht, nicht wertvoll und nicht willkommen und damit für diese Gesellschaft nutzlos zu sein. Respekt der Würde des Gegenübers ist das Mittel der Humanität, das Verletzungen – körperliche wie seelische – zu heilen mit vermag.

## Literatur

Auchter Th. und Hilgers M. (1994) Delinquenz und Schamgefühl. Zur Bedeutung von Stolz und Scham bei Straftätern. Monatsz. f. Krim. u. Strafrechtsref 77: S 102–112.

Bastian T. und Hilgers M. (1990) Kain – Die Trennung von Scham und Schuld am Beispiel der Genesis. In: Psyche 44, S. 1100–1112.

Broucek F. J. (1982) Shame and its relationship to early narcissistic developments. Int J Psychoanal 63, S. 369–378.

Broucek F. J. (1991) Shame and the self. The Guilford Press New York.

Erikson E. (1982) Kindheit und Gesellschaft. Klett-Cotta Stuttgart.

Fenichel O. (1935) Zur Theorie der psychoanalytischen Technik. In: ders. Aufsätze Bd I. Ullstein Frankfurt Berlin Wien.

Gill M. M. (1982) Analysis of transference – theory and technique. International University Press New York.

Hilgers M. (1993a) Bijlmermeer en Rostock-Lichtenhagen – vijandschap tegenover vreemdelingen, ressentiment en Nieuw Rechts in Duitsland. In: De Gids 156, S. 729–739.

Hilgers M. (1993b) Die Neuen Rechten: Gewalt aus Ressentiments und brennender Scham. In: Universitas 48, S. 755–765.

Hilgers M., Auchter Th (1994) Schamkonflikte bei forensischen Straftätern. Krimpäd. Praxis, 22: S 42–49.

Hilgers M. (1995) Zur Bedeutung von Schamaffekten bei der Behandlung schwerer Störungen. In: Psychotherapeut 40, S. 33–38.

Hilgers M. (1996) Scham. Gesichter eines Affekts. Vandenhoek & Ruprecht Göttingen

Kernberg O. F. (1991) Schwere Persönlichkeitsstörungen. Klett-Cotta Frankfurt/M.

Lewis H. B. (1971) Shame and guilt in neurosis. International Universities Press New York.

Schubart W. (1989) Bemerkungen zum Konzept der sogenannten „negativen therapeutischen Reaktion". Psyche 43, S. 1071–1093.

Seidler G. H. (1995) Der Blick des Anderen. Eine Analyse der Scham. Verlag Internationale Psychoanalyse Stuttgart.

Wurmser L. (1990a) Die Maske der Scham, Springer, Berlin Heidelberg New York.

Wurmser L. (1990b) Zur Psychoanalyse des Ressentiments. In: Rohde-Dachser (Hg.) Zerstörter Spiegel. Psychoanalytische Zeitdiagnosen. Vandenhoek & Ruprecht Göttingen.

# Trauma und Traumaverarbeitung

# Zwei Arten der Identifikation mit dem Aggressor - nach Ferenczi und Anna Freud

*Mathias Hirsch*

Die Einführung dieses gängigen, in Zeiten des wachsenden Interesses für eine psychoanalytische Traumatologie hochaktuellen Begriffes wird meist Anna Freud (1936) zugeschrieben (z.B. Moeller 1977; Rohde-Dachser 1979; Sandler 1983; Blum 1987), die ihn in: „Das Ich und die Abwehrmechanismen" als Form der Bewältigung der Angst von Kindern vor Autoritätspersonen geschrieben hat. Er hat wohl seine Wurzeln in Freuds (1920g) Konstruktion der „Wendung von der Passivität zur Aktivität" in „Jenseits des Lustprinzips". Drei Jahre vor A. Freud war es aber Ferenczi (1933), der in seinem vermächtnisartigen Vortrag „Sprachverwirrung zwischen den Erwachsenen und dem Kind" an die ursprüngliche Verführungstheorie Freuds anknüpfend die Abwehrvorgänge der Internalisierung realer traumatischer Gewalt eindrücklich beschrieben hatte: *„Doch dieselbe Angst, wenn sie einen Höhepunkt erreicht, zwingt sie automatisch, sich dem Willen des Angreifers unterzuordnen, . . . sich selbst ganz vergessend sich mit dem Angreifer vollauf zu identifizieren (S. 308).* Die Opfer reagieren *„mit ängstlicher Identifizierung und Introjektion des Bedrohenden oder Angreifenden."* (S. 309) Dieser Vortrag löste einen Skandal aus, und es gab Bestrebungen, ihn zu unterdrücken (Jones 1957). Denn er bedeutete nichts weniger, als daß Ferenczi ganz von den Triebkonflikten des Kindes absah, indem er als primum movens der Neurosenentstehung den massiven traumatischen Angriff eines Erwachsenen auf sein ihn liebendes Kind und die damit verbundenen Ich- und Über-Ich-Veränderungen beschrieb. Nicht mehr das Kind verursachte mit seinen Konflikten, die aus seinen sexuellen und aggressiven Impulsen entstanden, die Neurose, sondern es war Opfer eines Erwachsenen, zu dem die Beziehung aufrechtzuerhalten lebensnotwendig war, der jedoch die Beziehung durch den Angriff implizit aufkündigte und obendrein das Opfer in Verwirrung allein ließ. Das war 1932 keine „Psychoanalyse" mehr, deren Gegenstand, um Anna Freud (1976) sinngemäß zu zitieren, nicht das sein konnte, was dem Ich angetan worden war, sondern das war, was es daraus gemacht hatte. Anna Freud zitierte Ferenczi nicht, als sie ihr ganz anderes Verständnis der „Identifizierung mit dem Angreifer" veröffentlichte, was meines Erachtens nur daran liegen kann, daß gerade seine letzte Arbeit nicht mehr als psychoanalytisch angesehen wurde. Anna Freud (1936) verfolgt einen klassischen Ansatz bei ihrer Konzeption der Identifikation mit dem Aggressor: Sie beginnt mit dem Beispiel eines grimassierenden Jungen, der den Tadel des Lehrers in den Griff bekommen will, indem er dessen ärgerlichen Gesichtsausdruck unbewußt nachahmt. In einem zweiten Beispiel stellt ein Kind mit Gespensterangst sich ähnlich vor, selbst ein Gespenst zu sein, um seine Angst zu verlieren. In einem weiteren Beispiel ist es die Identifikation nicht mit der Person, sondern mit deren Aggression: Ein Knabe reagiert auf einen Zahnarztbesuch mit dem blinden Zerstören von Bindfäden und Bleistiften; derselbe Junge legt nach einem Zusammenprall mit dem Lehrer im Sportunterricht Spielzeugwaffen und -rüstung an, um sich mit diesen männlichen Attributen vor ähnlichen Unfällen zu schützen. Das Gemeinsame dieser Fälle liegt in der Wendung von der Passivität zur Aktivität: „Mit der Darstellung des Angreifers, der Übernahme seiner Attribute oder seiner Aggression verwandelt das Kind sich gleichzeitig aus dem Bedrohten in den Bedroher." (A. Freud 1936, S. 296).

Die Aggression, der die bisher von Anna Freud erwähnten Kinder ausgesetzt waren, ist meines Erachtens ziemlich geringfügig: Der Tadel des Lehrers, ein phantasiertes Gespenst, der Zahnarzt und ein kleiner Unfall mit einer Autoritätsperson. In zwei weiteren Beispielen verwandeln die Kinderpatienten die Angst vor Strafe durch Erwachsene in Aggression: Der eine veranstaltet eine wilde Klingelei an der Haustür; wenn das Hausmädchen öffnet, überhäuft er sie mit Vorwürfen, sie habe ihn warten lassen. Der andere denkt an masturbatorische Unternehmungen, und aus Angst vor Bestrafung beginnt er, Mutter und Großmutter zu schlagen und „attackiert die Analytikerin als brüllender Löwe" (S. 298). A. Freud läßt es nicht ganz klar werden, wie groß die reale Gefahr der Bestrafung für die Onanie für das Kind eigentlich ist: „Seinen Erfahrungen nach werden die Erwachsenen böse, wenn sie solche Handlungen . . . entdecken. Man wird angebrüllt, mit Ohrfeigen eingeschüchtert, mit der Rute geschlagen; vielleicht wird einem auch etwas mit einem Messer abgeschnitten. Die Aktivität mittels Gebrüll, Rute und Messer dient also der Darstellung und Vorwegnahme seiner Befürchtungen." (S. 298) Angebrüllt werden und einen Klaps mag er ja real erfahren haben, aber das Abschneiden wird doch wohl nur in der Phantasie stattfinden. Es geht jedenfalls auch hier um den erwarteten Tadel oder die Bestrafung, die, wie A. Freud ausführt, introjiziert werden und dann „gegen dieselben Personen seiner Außenwelt" (S. 298) zurückgewendet werden.

In den letzten drei Beispielen sind die attackierten Erwachsenen nun gar nicht mehr in irgendeiner Weise Aggressoren; die Jugendlichen reagieren auf eine *phantasierte Kritik* der Erwachsenen mit der aggressiv vorgebrachten projektiven Zuschreibung eben der Eigenschaften, für die sie Bestrafung erwarten, werfen der Mutter also Neugierde vor, haben dabei jedoch selbst voyeuristische Gelüste, oder der Analytikerin Geheimnistuerei, während sie tatsächlich selbst wichtige Dinge heraushalten. Nun stellen sie sich die Kritik der Erwachsenen vor, mit der sie sich identifizieren; da aber noch kein entwickeltes Über-Ich vorhanden ist, ist das Ich „intolerant gegen die Außenwelt, ehe es streng gegen sich selber wird" (S. 301), die Identifikation mit dem Angreifer ist ein „Vorläufer und Ersatz des Schuldgefühls." (ebda) Sie „ergänzt sich durch ein anderes Abwehrmittel, durch die Projektion der Schuld" (ebda); der ganze Mechanismus setzt sich also aus zwei Komponenten zusammen: Identifikation und Projektion im Sinne der Schuldzuweisung.

Sieht man sich das Verhalten der äußeren Objekte einmal an, so ist es so aggressiv nicht, es sind eher *Befürchtungen* vor Strafe innerhalb eines unsicheren Tastens, wieweit aggressive und libidinöse Regungen erlaubt sein werden. Denn wären die Erwachsenen wirkliche Aggressoren, hätte das Kind wohl keine Chance, seine Aggression derart gegen diese zu richten, es müßte eine vernichtende Antwort der Mächtigen fürchten. Bei A. Freud scheint es sich um Kinder zu handeln, die „gute Beziehung(en)" (S. 299) zu den Eltern haben und deren Störungen höchstens dem entsprechen, was man Neurose nennt. Der Handelnde ist immer das Kind, *das Ich* tut etwas, die mäßige Aggression der Erwachsenen ist reaktiv, wenn nicht überhaupt nur befürchtet.

Ganz anders geht es Ferenczi (1933) um „tatsächliche Vergewaltigungen von Mädchen, die kaum dem Säuglingsalter entwachsen sind, (um) ähnliche Sexualakte erwachsener Frauen mit Knaben, aber auch forcierte Sexualakte homosexuellen Charakters." (S. 308) Darüber hinaus sind es „unerträgliche Strafmaßnahmen. . ., die spielerischen Vergehungen des Kindes werden durch die leidenschaftlichen, oft wutschnaubenden Strafsanktionen erst zur Realität erhoben." (S. 310) Als dritte Form der traumatischen Einwirkung schildert Ferenczi den „Terrorismus des Leidens", den Terror also, den chronisch oder hypochondrisch Kranke den Kindern gegenüber ausüben. Da die Kinder notgedrungen, „um die verlorene Ruhe und die dazu gehörige Zärtlichkeit wieder genießen zu können" (S. 312), versuchen, die Defizite und Konflikte der Familie zu reparieren, indem sie „die Last aller anderen auf ihre zarten Schultern bürden" (ebda), kann „eine ihre Leiden klagende Mutter. . . sich aus dem Kind eine lebenslängliche Pflegerin, also eigentlich einen Mutterersatz schaffen, die Eigeninteressen des Kindes gar nicht berücksichtigend" (ebda). Es sind also unübersehbar in Ferenczis Konzeption der Identifikation mit dem Aggressor die Erwachsenen, die handeln, und deren Aggression im Vergleich zu den Verhältnissen, die A. Freud beschreibt, wahrlich destruktiv sind.

Der Kerngedanke Ferenczis ist meines Erachtens, daß die Internalisierung der Gewalt notwendig ist, um sich ein genügend gutes Elternbild zu erhalten. Ferenczi nennt das „die frühere Zärtlichkeitssituation aufrechtzuerhalten." (S. 309) Denn „durch die Identifizierung, sagen wir Introjektion des Angreifers, verschwindet dieser als äußere Realität und wird intrapsychisch, statt extra." (S. 308) Das ist das, was Ferenczi eine „autoplastische Reaktionsweise" (S. 309) nennt, das Ich muß verändert werden, das Böse in sich aufnehmen, damit der Täter bzw. das Bild von ihm gut bleiben kann.

Eine alloplastische Reaktion, die den anderen verändern würde im Sinne einer gesunden Abwehr: „Tu' das nicht, verändere Dich!" ist wegen der überwältigenden Gewalt, der paralysierenden Angst sowie insbesondere der Konfusion über die Beziehungsverhältnisse, der Verwirrung über die Begriffe der Liebe – Erwachsenensexualität versus kindlicher Liebe – sowie des Fehlens eines Zeugen, der relativierend eingreifen könnte, überhaupt nicht möglich. Stattdessen erfolgen Spaltungsvorgänge; einmal entsteht ein dissoziiertes Introjekt, das der Gewalt entspricht und wie ein feindliches Über-Ich die traumatische Situation von innen perpetuiert. Außerdem erfolgt eine Regression in eine, wie Ferenczi (1933) es formuliert, „vortraumatische Seligkeit" (S. 311), weiterhin aufgrund *„traumatischer* (pathologischer) Progression oder Frühreife" (ebda) das, was heute mit Winnicott „falsches Selbst" genannt wird. Ferenczi hat auch bereits die *Rollenumkehr,* die Parentifizierung, benannt: „Die Angst vor den . . . gleichsam verrückten Erwachsenen macht das Kind sozusagen zum Psychiater" (ebda), ähnlich wie die „lebenslängliche Pflegerin" (S. 312) bei chronisch terroristischen Krankheiten der Eltern. „Doch die bedeutsamste Wandlung, die die ängstliche Identifizierung mit dem erwachsenen Partner im Seelenleben des Kindes hervorruft, ist *die Introjektion des Schuldgefühls des Erwachsenen"* (S. 309).

In der Tat scheinen sich hier zwei völlig verschiedene Welten gegenüberzustehen, obwohl es sich um ein und denselben Terminus technicus handelt.

Beide Autoren sprechen von Kindern, die, mit Aggression konfrontiert, Möglichkeiten der Bewältigung entwickeln müssen. Beide Autoren verwenden die Begriffe Identifikation und Introjektion synonym, wie es der Entwicklungsstand der psychoanalytischen Theorie der 30er Jahre, als Beziehungs- und Internalisierungsvorgänge noch nicht weiter differenziert waren, nicht anders zuließ. Damit hören die Gemeinsamkeiten aber schon auf. Der gravierendste Unterschied scheint mir in der Qualität der Aggression bzw. der Art des Aggressors zu liegen. Bei Anna Freud ist es die von den Kindern befürchtete Kritik aufgrund *eigenen* schuldhaften Fehlverhaltens, das sich aus aggressiven und sexuellen Triebregungen herleitet. Geht die Aggression von den Erwachsenen aus, etwa vom Lehrer oder vom Zahnarzt, kann man das Maß der Aggression hier nur als harmlos bezeichnen. Die Aggression dagegen, die Ferenczi meint, ist die einer realen massiven Traumatisierung innerhalb einer lebensnotwendigen Objektbeziehung, die diese zu zerstören droht. Wegen der unterschiedlichen Qualität der Aggression sind jeweils völlig verschiedene Abwehrmaßnahmen erforderlich und auch nur möglich. Weil die Aggression bei A. Freuds Konzept ein derart geringes Ausmaß hat, kann die Identifizierung darin bestehen, daß das Kind sie als berechtigt anerkennt und selbst so offen aggressiv ist, wie es das vom „Angreifer" erwartet. Das kann es sich leisten, gefährdet es doch nicht die offenbar guten Beziehungen. Im Gegenteil, das Ich des Kindes legt die Ursache, die Schuld für seine Impulse gerade in die Autoritätsperson, deren Kritik es fürchtet. A. Freud (1936, S. 301 f.) spricht tatsächlich von „Selbstwahrnehmung der eigenen Schuld" und „Wahrnehmung des eigenen Vergehens." Die „Schuld", auch Verantwortung, wird erst identifikatorisch anerkannt, in einem zweiten Schritt aber projektiv auf den angenommenen Aggressor gewendet. Dadurch findet nun ein Rollentausch statt: Das Kind verwandelt sich „aus dem Bedrohten in den Bedroher" (A. Freud 1936, S. 296).

Das traumatisierte Kind in Ferenczis Konzept dagegen bleibt passiv, es bleibt Opfer und hat eben keine Möglichkeit der offen aggressiven Abwehr: „Die Kinder fühlen sich körperlich und moralisch hilflos, ihre Persönlichkeit ist noch zu wenig konsolidiert, um auch nur in Gedanken protestieren zu können, die überwältigende Kraft und Autorität des Erwachsenen macht sie stumm, ja beraubt sie oft der Sinne." (S. 308) An dieser Stelle kann besonders deutlich gesehen werden, daß die Qualitäten des Begriffs Identifikation oder Identifizierung ganz verschieden sind. Ferenczi beschreibt einen Vorgang der gewaltsamen Ich-Grenzen-Überschreitung, so daß der Angreifer und seine Aggression sich innen statt außen befinden, denn die traumatische Realität ist unerträglich, nicht zuletzt, weil durch ihre Anerkennung die Beziehung zum Täter – zum Vater, zur Mutter – verworfen werden müßte. Das ist ein Vorgang, zu dem heute der Begriff der Identifikation nicht mehr paßt. Vielmehr muß man von Introjektion der Gewalt, von In-sich-Aufnehmen, und zwar nach ihrer gewaltsamen Implantation von außen sprechen (Hirsch 1993; 1995). Identifikation ist eine Veränderung der Selbstrepräsentanz durch Übernahme von Objektaspekten, während Introjektion das In-sich-Aufnehmen von Objektaspekten bedeutet, die erst einmal vom übrigen Selbst, wie ein „Begleiter, mit dem im Dialog stehen kann" (Sandler 1988, S. 51 f.), nämlich als Introjekte abgetrennt bleiben. Erst sekundär kann ihre Assimilation durch *Identifikation* erfolgen, und zwar, wie ich besonders betonen möchte, in Form der primären oder „globalen" (Müller-Pozzi 1988) Identifikation, die die Grenzen zwischen Subjekt und Objekt, Täter und Opfer aufhebt.

Nach dem Konzept Ferenczis gelangt also die Aggression des Täters, auch der Aggressor in das Selbst hinein, während es Anna Freud zufolge gerade *nicht* die Aggression der Beziehungspersonen ist: Sandler klärt in einem Seminar mit Anna Freud über ihr Buch 36 Jahre später: „Ich möchte gerne klargestellt haben, daß es nicht die elterliche Aggression als solche ist, die introjiziert wird." (Sandler mit Freud 1985, S. 290) Und noch etwas wird Ferenczi zufolge introjiziert: Die *Schuld* des Täters wird übernommen; Ferenczi (1933, S. 309) spricht von „Introjektion des Schuldgefühls des Erwachsenen." Dadurch wird dieser entlastet, eine Beziehung zu ihm ist weiter möglich. Bei A. Freud dagegen ist es das *Kind,* welches seine Schuld (sofern man überhaupt davon sprechen kann; besser wäre hier Schuldgefühl) dem „Aggressor" zuschiebt, wie wir gesehen haben. Während bei A. Freud die Identifikation eine Ich-Stabilisierung bewirkt, kann man sagen, daß die Traumatisierung entsprechend Ferenczis Konzept eine Bedrohung der Ich-Kohärenz bedeutet, was Ferenczi mit „sich selbst ganz vergessend" (ebda, S. 308) bezeichnet.

Ich komme auf die Unterscheidung der Internalisierungsformen zurück. Identifizierung bezeichnet bei A. Freud eher eine Anerkennung und nachahmende Übernahme der befürchteten Aggression des Erwachsenen. Es ist eine *sekundäre* Identifizierung mit dem äußeren Objekt, ein Vorläufer des Über-Ich (A. Freud S. 298; Sandler mit Freud 1985, S. 292), und damit eine Ich-Erweiterung in einem stabilisierenden Sinne. Bei Ferenczi dagegen hat die Identifikation, die auf die traumatische Implantation und die Introjektion der Gewalt folgt, den Charakter der Ich-Veränderung, der Ich-Schwächung. In seinem Klinischen Tagebuch verwendet Ferenczi den Begriff der Unterwerfung, und ich denke, er bezeichnet damit die Art der archaischen, umfassenden, Ich-zerstörenden primären *Identifikation mit dem traumatischen Introjekt,* um die es geht: „Unterwerfe ich mich seinem Willen so vollkommen, daß ich zu existieren aufhöre, widersetze ich mich ihm also nicht, so schenkt er mir vielleicht das Leben." (Ferenczi 1985, S. 155) Bei A. Freud macht sich „das Kind . . . zum Aggressor, um sich zu schützen" (A. Freud in Sandler mit Freud 1985, S. 283), bei Ferenczi ist und bleibt das Kind das Opfer, um den Täter bzw. die Beziehung zu ihm zu schützen. Die introjizierte Gewalt wird nun weiter, lebenslang oft, von innen gegen das eigene Selbst gerichtet – Selbstdestruktion gegen den eigenen Körper, Sucht, entsprechende Partnerwahl, Scheitern am Erfolg, um nur einige Möglichkeiten zu nennen – einhergehend mit Selbstwerterniedrigung und massivem Schuldgefühl (vgl. Hirsch 1993), während die Identifizierung mit dem Angreifer nach A. Freud gerade Schuldgefühle verhindert.

Aber in den Seminaren von 1972/73 kann auch Anna Freud nicht immer an dem klassischen Konzept festhalten, sondern muß die Möglichkeit des realen Traumas und einen Zusammenhang mit der Identifikation mit dem Aggressor anerkennen. Sie erwähnt nun den Fall eines extrem aggressiven Jungen, dessen Vater brutal aggressiv zur Mutter und zum Jungen selbst war, „wo wir meinen, es sei eine Reaktion auf oder eine Identifizierung mit der Aggression seines Vaters . . . Was ist es nun", fährt Anna Freud fort, „ist es das Verhalten des Vaters, das die eigene Aggression des Kindes weckt, so daß es dann diese gewalttätigen Handlungen begeht? Oder erweckt der Vater in dem Jungen ein solches Ausmaß von Angst, daß es nur noch durch Mobilisierung der eigenen Aggression bewältigt werden kann? Das sind ganz schwierige Fragen." (Sandler mit Freud 1985, S. 291) Eine Möglichkeit für A. Freud wäre schon 1936 gegeben, schwere Selbstdestruktion durch den von ihr beschriebenen Abwehrmechanismus der Wendung gegen das eigene Selbst theoretisch zu fassen. In dem entsprechenden Kapitel beschreibt sie den Fall eines Mädchens, bei dem starker Neid auf den Penis des Bruders und Eifersucht wegen der zahlreichen Schwangerschaften der Mutter zu erheblicher Aggression führen, die das Mädchen, um die Liebe der Mutter nicht zu verlieren, gegen sich selbst wendet. „Ihr Ich empfindet Entlastung vom Schuldgefühl. Sie ist aus einem schlimmen Kind, das sich böser Gefühle gegen die Person seiner Umgebung schuldig macht, zu einem gequälten, benachteiligten, verfolgten Kind geworden." (A. Freud 1936, S. 236) Der Ursprung der Aggression liegt also auch hier beim Kind. 36 Jahre später aber denkt A. Freud an einen ähnlichen Fall und kann den äußeren Einfluß viel eher mitdenken:

„Dieses Kind hatte auch ein geringes Selbstwertgefühl, weil es ungeliebt war... Zu diesem Gefühlshintergrund von Entwertung und geringem Selbstwertgefühl, der aus der Vergangenheit stammt, kommt nun die Aggression hinzu, die von Rechts wegen nach außen auf die Personen gerichtet sein müßte, die sie herabsetzen, enttäuschen und zu wenig lieben. Wenn wir dann das Endergebnis vor uns haben, ist es schwer zu sagen, was davon aus dem Gefühl der Herabsetzung stammt, das sich aus ihrer Identifizierung mit dem Bild herleitet, das *die Eltern* von ihr haben, und was danach durch die auf das Selbst abgelenkte Aggression hinzugekommen ist." (Sandler mit Freud 1985, S. 153 f.) Die Wendung der Aggression gegen das eigene Selbst stellt also eine gewisse Nähe zum Konzept Ferenczis her. Und umgekehrt gibt es auch im Falle schwerer traumatischer Gewalt eine Annäherung der Konzepte: Es kann eine *sekundäre* Identifikation mit dem Aggressor erfolgen, durch welche das Opfer später die einmal erlittene Gewalt gegen Schwächere richtet, etwa nach dem Motto: „Mir haben die Prügel nicht geschadet..."

Eine andere Möglichkeit, an Anna Freuds Konzept festzuhalten und gleichwohl schwere äußere Traumata anzuerkennen, wäre die Annahme einer Identifikation mit dem Opfer. Die Identifikation mit dem Aggressor, die Ferenczi meint, das Unterwerfen und die identifikatorische Übernahme des Gewaltsystems, so daß ein Teil des Selbst fortwährend einen anderen schädigt, nennt Blum (1986) Identifikation mit dem Opfer, die auch später immer wieder Mißhandlungen durch andere herausfordere. Auch Wurmser (1987, S. 46) sieht die Identifikation mit dem Opfer als Spiegelbild zur Identifikation mit dem Aggressor, verbunden mit der Wendung gegen die eigene Person. Meines Erachtens ist der Begriff einer Identifikation mit dem Opfer unglücklich und klingt fast wie eine Verlegenheitslösung, um Ferenczi nicht nennen zu müssen, denn wo ist das Opfer, mit dem sich jemand, wenn er sich selbst beschädigt, identifiziert? Er selbst ist doch Opfer gewesen, als er als Kind traumatischer Gewalt ausgesetzt war. Und so bedarf es einer Konstruktion der Identifikation mit dem Opfer auch nicht, wenn man *zwei Formen der Identifikation* annimmt: eine primäre verschmelzende und eine sekundäre, das Ich abgrenzende. Das sind meines Erachtens Begriffe, die sich vollständig auf die verschiedenen Arten der Identifikation mit dem Aggressor nach Anna Freud bzw. Ferenczi anwenden lassen. Der erste ist eine Identifikation mit dem malignen traumatischen Introjekt und hat den Charakter der primären, verschmelzenden Identifikation, letzterer dagegen entspricht dem Charakter der sekundären, Ich-stärkenden und -erweiternden Identifikation mit dem äußeren Objekt.

Für zwei große Bereiche menschlichen Leidens hat sich das Konzept Ferenczis meines Erachtens aus heutiger Sicht als geradezu prophetisch erwiesen: Einmal für die psychoanalytische Traumaforschung, insbesondere was die psychischen Mechanismen und die Folgen von Folter und KZ-Haft, aber auch die intrafamiliärer Traumata betrifft, und zum anderen für den Bereich der Persönlichkeitsstörungen, für deren Genese heute zunehmend reale Traumata angenommen werden müssen.

Zum Schluß möchte ich ein kleines Fallbeispiel gemäß Ferenczi vorstellen, aber auch versuchen, es nach Anna Freud zu sehen: Ein Junge wurde von seinem Vater immer schwer geprügelt, damit „einmal ein richtiger Mann" aus ihm würde. Zur Strafe mußte er auf Holzscheiten knien, oft mußte er hungrig in sein ungeheiztes Zimmer frühzeitig schlafen gehen. In der Adoleszenz wuchsen ihm die Hände, wurden so groß, wie Vaters Hände waren. Er *haßte* seine Hände, hätte sie am liebsten abgeschnitten und verletzte sich dauernd an ihnen – das ist Identifikation mit dem Aggressor á la Ferenczi. Hätte er die Ich-Stärke besessen, die den Kindern aus Anna Freuds Arbeit zur Verfügung stand, hätte er gesagt: „Warte, Alter, wenn Du noch einmal zuschlägst, schlage ich zurück!" Oder hätte andere Kinder geschlagen. Und er hätte das Holzscheit genommen und es dem Vater an den Kopf geworfen! Das hat er aber nicht getan, sondern im Gegenteil, wenn er sich am Knie verletzt hatte, drückte er noch kleine Steinchen hinein, damit es richtig weh tat. Und er deckte sich in seinem kalten Zimmer mit Absicht nicht zu, sondern dachte: „Vater soll 'mal sehen, daß ich ein richtiger Mann werde, ich bleibe die ganze Nacht aufgedeckt!" Wäre es nach Anna Freud gegangen, hätte er dem kleinen Bruder das Abendbrot weggenommen und die Bettdecke dazu. Oder er hätte den Vater so lange beschimpft, bis er sein Essen bekommen hätte. . . Aber der Vater war mächtiger, der Junge hatte keine Chance.

## Literatur

Blum, H.P. (1987): The role of identification in the resolution of trauma. Psychoanal. Quart. 56, S. 609–627.

Ferenczi, S. (1933): Sprachverwirrung zwischen den Erwachsenen und dem Kind. Schriften zur Psychoanalyse, Bd. II. Frankfurt a. M. (Fischer).

Ferenczi, S. (1985): Ohne Sympathie keine Heilung: Das klinische Tagebuch von 1932. Frankfurt a. M. 1988 (Fischer).

Freud, A. (1936): Das Ich und die Abwehrmechanismen. In: Die Schriften der Anna Freud. Bd. I. München 1980 (Kindler).

Freud, A. (1976): A discussion of André Green's and Leo Rangell's „Papers on Change in Psychoanalysis". In: Plenary Session on Changes in Psychoanalysis (L. Shengold, J. McLaughlin, reporters). Int. J. Psycho-Anal. 57, S. 261–274.

Freud, S. (1920 g): Jenseits des Lustprinzips. G.W. XIII.

Hirsch, M. (1993): Schuld und Schuldgefühl des weiblichen Inzest-Opfers als Beispiel von Introjektions- und Identifikationsschicksalen traumatischer Gewalt. Zeitschr. psychoanal. Theor. Prax. 8, S. 289–304.

Hirsch, M. (1995): Fremdkörper im Selbst – Introjektion von Verlust und traumatischer Gewalt. Jahrbuch Psychoanal. 35, S. 123–151.

Jones, E. (1953, 1955, 1957): Das Leben und Werk von Sigmund Freud. Bd. I. Stuttgart, Bern (Huber), 1960.

Moeller, M. L. (1977): Zur Theorie der Gegenübertragung. Psyche 31, S. 142–166.

Müller-Pozzi, H. (1988): Die depressive Reaktion – Ein Versuch über Individuation, Introjektion und Identifizierung. In: Stork, J. (Hrsg.): Das menschliche Schicksal zwischen Individuation und Identifizierung. Stuttgart, Bad Cannstatt (Frommann-Holzboog).

Rohde-Dachser, C. (1979): Das Borderline-Syndrom. Bern, Stuttgart 2. Aufl. 1982 (Huber).

Sandler, J. (1983): Die Beziehungen zwischen psychoanalytischen Konzepten und psychoanalytischer Praxis. Psyche 37, S. 577–595.

Sandler, J. ed. (1988): Projection, identification, projective identification. London (Karnac).

Sandler, J. mit Freud, A. (1985): Die Analyse der Abwehr. Stuttgart 1989 (Klett-Cotta).

Wurmser, L. (1987): Die Flucht vor dem Gewissen. Berlin, Heidelberg, New York (Springer).

# Folter: Opfer und Therapeuten

*Alfred Drees*

Es gibt eine verstehbare Unruhe über die Zunahme von Gewalt und Ausländerfeindlichkeit in Deutschland. Die Suche nach raschen Erklärungen, nach Einsichten und Verstehen erscheint wie ein Suchen nach eigener Beruhigung. Ich sehe jedoch in der Beunruhigung, in der Spannung zwischen der notwendigen Suche nach Ursachen und dem Nichtverstehen dieser gesellschaftlichen Aufbrüche eine notwendige Funktion auf dem Weg zu mehr Toleranz zu Anderen. Ich möchte deshalb die Beunruhigung, das Nichtverstehen aus der Sicht eines Psychiaters noch vergrößern, indem ich zurückgreife auf unsere jüngste Geschichte, auf weltweite Folter und indem ich psychologisierend die Psychologie in Frage stelle.

Psychiater und Sozialtherapeuten tun sich schwer mit dem Thema Folter wie mit den Opfern der Folter. In der Bundesrepublik Deutschland ist das Gewicht der jüngsten Geschichte, die als schuldhaft erlebt und abgewehrt wird und die eine unverkrampfte Einstellung zu Folteropfern erschwert, vorläufig noch wie eine Grabplatte, die alles unter sich verschließt, die noch nicht Monument, Wahrzeichen geworden ist, über das Geschichte erfahrbar wird. So ist unsere faschistische Vergangenheit noch immer weitgehend zugedeckt. So beherrschen Wertvorstellungen der Nazi-Zeit noch immer Köpfe und Herzen zahlreicher Mitbürger. Sie bilden die Grundlage für Intoleranz und Gewalttaten gegen Ausländer und Andersdenkende in unserer Zeit. Auch die Psychoanalyse hat bisher nicht vermocht, die inzwischen in drei Generationen abgelagerten und mehrfach verdrängten Erlebnisse der Nazizeit ans Tageslicht zu holen, um sie zu bearbeiten.

Das Leiden der Folteropfer – auch Jahre und Jahrzehnte nach der Folter – zeigt sich in ihrem psychosozialen Rückzug sowie in ihrem körperlichen und seelischen Leiden, über das sie nicht gerne sprechen und das sich den Therapiebemühungen nicht selten entzieht. Psychotherapeuten, die den Leidenszuständen gefolterter Patienten gerecht werden sollen, bedürfen politischer Offenheit, psychischer Sensibilität und der Bereitschaft, mit ihren Patienten die Folter erneut zu erleben und durchzuarbeiten, ohne in eigene Abwehr oder in mitleidender Hilflosigkeit fixiert zu bleiben. Das therapeutische Ziel besteht darin, dem gefolterten Patienten eine Befreiung aus seinen verinnerlichten Folterkerkern zu ermöglichen.

Lassen Sie mich beginnen mit einem Rückblick auf die eigene Lebensgeschichte.

Ich glaube, ich war zehn oder elf, als ich keuchend die älteren Kinder unserer Straße eingeholt hatte. Hinter den Häusern waren damals noch Felder. Eine kleine Anhöhe, ein Wegrand. Mitten in den Brennesseln lag verkrümmt ein Mann, winselnd. Das Blut lief ihm durch das Gesicht. Er rief in gebrochenem Deutsch: „Was, warum Kamerad, warum?" Der Stärkste in unserem Viertel, vielleicht fünfzehnjährig, schlug mit einem Knüppel immer wieder auf seinen Kopf und auf die Schultern und schrie: „Du polnische Sau wirst kein deutsches Mädchen mehr anrühren." Ich stand dort erschreckt, atemlos, ängstlich und auch neugierig hilflos. Ich stand dort längere Zeit allein. Ich weiß nicht mehr, was ich getan, habe vergessen, ob ich Hilfe gesucht oder geholfen habe.

Ich war damals „Hitlerjunge", deutsches Jungvolk nannte man es für die Kleinen, und mein Vater war Mitglied einer politischen Widerstandsorganisation. Doch ich wußte nichts davon. Man hatte es mir verschwiegen oder ich mußte dies vergessen, verdrängen. Heute bin ich Psychiater und Psychotherapeut, der versucht, gefolterten Mitmenschen zu helfen. Beides gehört zusammen: meine Lebensgeschichte, das Schicksal meines Vaters und meine Arbeit mit gefolterten Patienten.

Ich möchte einen Traum erzählen, der während der Therapie eines Folterpatienten in mir wach wurde und der deutlich macht, in welcher Weise durch die Schilderungen eines gefolterten Patienten Verdrängtes aus der eigenen Lebensgeschichte wach gerufen wird, aber auch Bewältigungsstrategien sichtbar werden: Ich träumte, daß ich im Rinnstein vor einem Schäferhund kniete und dessen Pfoten ableckte, Pfoten, die so groß waren wie Löwentatzen. Ich blickte dabei demutsvoll Bestätigung suchend auf den daneben stehenden Innenminister Zimmermann und sagte so etwas wie: „Sehen Sie, Herr, der Hund hat das gern".

Aus der Fülle der Einfälle zu diesem Traum am nächsten Morgen ragte eine Geschichte heraus, die mir mein Vater erzählte, als er abgemagert und verbittert aus der sogenannten Schutzhaft, aus dem KZ, zurückkam. Er schildert, daß man jüdische Mithäftlinge gezwungen habe, den Schäferhunden den Hintern abzulecken. Die Hunde hätten daraufhin den Gefangenen die Gesichter zerbissen. Und dann sagte mein Vater: „Das hätte ich nie mit mir machen lassen!" Erst nach diesem Traum verstand ich, wie sehr ich mich damals mit den Juden identifiziert haben mochte, wie sehr ich von dieser Zeit an in der Ambivalenz lebte, ein stolzer, getretener Kämpfer für die Entrechteten zu sein und gleichzeitig ein sich unterwerfender Jude.

Warum stelle ich diesen Traum, warum stelle ich Bruchstücke aus meiner Lebensgeschichte an den Beginn meiner Gedanken über die Folter, über das, was sie im Menschen anrichtet und über das, was wir psychotherapeutisch tun können bei Menschen, die gefoltert wurden? Ich meine: Zum Thema Folter – 50 Jahre nach Auschwitz – sollte der lebensgeschichtlich-politische Hintergrund des Autors vorangestellt werden. Denn nur in diesem Licht lassen sich seine Aussagen verstehen. Der Themenkomplex Folter läßt sich nicht wertneutral-objektiv behandeln. Auch in die Therapie der Folteropfer gehen Erleben, Bewertungen und Voreinstellungen des Therapeuten ein.

Meinen ersten Kontakt zu Folteropfern gewann ich Ende der sechziger Jahre, als ich in der psychiatrischen Klinik der Medizinischen Hochschule Hannover gemeinsam mit Karl Peter Kisker KZ-Überlebende zur Begutachtung ihrer Entschädigungsansprüche untersuchte.

Nachdem die deutsche Psychiatrie in der Nazizeit die Ausrottung sogenannten lebensunwerten Lebens mitbetrieben oder zumindest geduldet hatte, setzte sie in den Nachkriegsjahren in Form eines weitgehenden Mißverstehens der Leiden dieser Überlebenden des Holocaust ein erneutes Negativzeichen. Aus häufig vorhandenen Vorgutachten erfuhr ich, mit welcher Ignoranz und fachlichen Inkompetenz deutsche Ärzte, vor allem auch psychiatrische Fachkollegen, das psychische Leiden dieser KZ-Überlebenden wahrzunehmen und zu bewerten suchten. Anglo-amerikanische Psychiater waren zum Teil entsetzt über diese Art Psychiatrie in der Bundesrepublik. Einer von ihnen, Kurt R. Eissler, schrieb damals den bemerkenswerten Aufsatz: „Die Ermordung von wievielen seiner Kinder muß ein Mensch symptomfrei ertragen können, um eine normale Konstitution zu haben?" Er suchte gleichzeitig nach Erklärungen für das unbegreifliche Verhalten deutscher Psychiater, indem er feststellte, daß die Ungeheuerlichkeit und Unvergleichbarkeit der Erlebnisse der KZ-Opfer die Leiden Hiob's und unserer Phantasie übersteigen. Ein anderer amerikanischer Psychiater, William G. Niederland, versuchte die „starke Feindschaft einiger deutscher Gutachter" zu erklären, indem er als Vergleich den mittelalterlichen Veroneser Dante wählte, der nach seiner detaillierten Beschreibung der Hölle in der „Göttlichen Komödie" von seinen Mitbürgern gemieden wurde. Passanten sagten, wenn er vorüberging, gegenseitig erschauernd: „eccovi l'uomo ch'estato all'Inferno", „das ist der Mensch, der in der Hölle war."

Läßt sich verstehen, was ein Mensch durchlebt, wenn die eigenen Kinder, die Eltern, der Lebenspartner, wenn Freunde und Mitgefangene vor den eigenen Augen gequält, vergewaltigt, erschlagen werden und wenn sie mithelfen müssen, die Schreie zu ersticken und die zerrissenen Körper zu verscharren, wenn sie sie in Gaskammern und Verbrennungsöfen transportieren, wenn sie deren Zähne sammeln, deren Haare sortieren und deren Häute für Lampenschirme aufspannen lernen müssen? Ist die generelle und ständige Erniedrigung des Menschen in den foltergetränkten Verließen des 20. Jahrhunderts für jemand, der sie nicht selbst durchlebt hat, einfühlbar, verstehbar? Viele KZ-Überlebende, aber auch zahlreiche Opfer des modernisierten Folterbetriebes in den heutigen Folterländern bezweifeln das. Sie wollen nicht mehr über ihre Erlebnisse sprechen. Sie können diese Erinnerungen nicht ertragen und sie suchen sie in sich zu verbergen, zu verdrängen. KZ-Überlebende wählen nicht selten einen Ehepartner mit ähnlichem Lebenshintergrund. Auch in solchen Verbindungen werden die Erlebnisse häufig ausgeklammert, wissen die Kinder in der Regel nicht, was ihre Eltern durchlebt haben. Ich habe die verdrängten Ängste der Eltern in den Angstneurosen der Kinder therapieren lernen müssen.

Eine andere Frage: Wie ist es zu verstehen, daß es für zahlreiche KZ-Überlebende mehr als 40 Jahre braucht, bis sie ihre Lebensgeschichte literarisch aufzuarbeiten beginnen? Hat es auch damit zu tun, daß unsere Holocaust-Schuld erst jetzt in der breiten Öffentlichkeit diskutierbar wird.

Weniger verstehbar und als Frage noch weniger zu beantworten scheint folgendes Phänomen: Die Täter, KZ-Aufseher, sowie Ärzte, die Menschenexperimente durchführten, zeigten in den wenigen Fällen, wo sie überhaupt vor Gericht erscheinen mußten, ein erstaunlich selbstbewußtes, schuldfreies und sicheres Auftreten.Dagegenwirkten ihre Opfer bei der Zeugenvernehmung, auch jahrzehntelang danach, verklemmt, schuldbewußt, bedrückt und ängstlich.

Ich werde nicht selten gefragt, wie sich das Verhalten von Folterern und Gewalttätern psychologisch verstehen läßt. Die Beantwortung dieser Frage sei wichtig mit Blick auf die Zunahme von Intoleranz und Gewalt in unserer Gesellschaft. Auch die inzwischen wieder offen propagierten rassistischen Nazi-Thesen sollten psychologisch untersucht werden. Ich möchte zwei Antwortkomplexe herausgreifen. Zum ersten Komplex: In einer amerikanischen sozialpsychologischen Studie aus dem Jahre 1974 wurde der Zusammenhang zwischen Gewalttätigkeit und Gehorsam herausgearbeitet. Diese Milgram-Studie ist weltweit bekannt. Sie wurde in mehreren Ländern wiederholt und bestätigt. Sie wird jedoch wegen ihrer erschreckenden Ergebnisse, die unser zivilisatorisches Selbstverständnis in Frage stellen, nur ungern zitiert.

Das eigentliche Ziel dieses Experimentes war, herauszufinden, wie hoch die Gehorsamsschwelle der Versuchspersonen gegenüber Wissenschaft und Versuchsleiter ist, bei welcher Volt-Stärke und das heißt, bei welchem Grad quälender Bestrafung würden sie den Versuch abbrechen. Ein entsprechendes Vorgespräch mit Psychologen, Lehrern und Studenten ergab, daß etwa 90 % spätestens nach einem 180-Volt-Schock das Experiment abbrechen würden. Die Ergebnisse des Experiments überraschten jedoch selbst die Versuchsleiter. 62,5 % aller Versuchspersonen konnten ihren „Gehorsamsstreß" durchhalten. Sie gaben den Schüler-Opfern Maximalschocks von 450 Volt. Eine wichtige Variation dieser Testserie: Wenn sich zwei Wissenschaftler vor dem Test über den Sinn des Experiments stritten, dann waren die Versuchspersonen nicht bereit, den Schüler-Opfern quälende Schocks zugeben. In der Bundesrepublik Deutschland lag dieser „Gehorsamswert" bei 85 %. Die Autoritätsgläubigkeit und Gehorsamspflicht in Deutschland erklärt wohl auch den Unterschied, weshalb zum Beispiel in Italien mit mehr Neigung zu Unordnung, Ungehorsam und Nachlässigkeit bei gleicher Gewaltherrschaft Folter und Ausrottung nicht so durchgesetzt werden konnten wie in Deutschland.

Damit komme ich zu einem zweiten Antwortkomplex: Reicht der Nachweis menschlicher Gewaltbereitschaft als Ergebnis von Gehorsam gegenüber Autorität und Wissenschaft? Läßt sich damit die Ermordung von 200.000 psychisch kranker Patienten in Deutschland verstehen und erklären und damit auch die Tatsache, daß erst in den letzten Jahren zögernd begonnen wurde, diese Verbrechen der deutschen Psychiatrie aufzudecken?

Einerseits ja. Die Liquidierung psychisch kranker Mitbürger war „lediglich" eine durch die Naziherrschaft ermöglichte konsequente Durchsetzung von Vorstellungen, die in wissenschaftlichen Publikationen schon Jahre vorher vertreten wurden. „Reinigung der Volksgemeinschaft von rassisch Minderwertigen", „Schutz der Volksgesundheit vor erblich belasteten Schädlingen und Wohlfahrtsschmarotzern". Auch deutsche Psychiater suchten diese Vorstellungen zu begründen.

Den Soziologen Zygmunt Bauman kommt das Verdienst zu, in einer umfassenden Studie nachgewiesen zu haben, daß der Holocaust weder „eine Wunde, noch eine Krankheit unserer Zivilisation sei, sondern....ihr schreckliches, legitimes Produkt". Bauman beschreibt detailliert, wie die Vernichtungsmaschine der Nazis nur funktionieren konnte mit Hilfe einer perfektbürokratisch-rationalen Organisation. Verantwortung für die Verbrechen ließ sich hierbei dem System bzw. dem jeweils Übergeordneten zuschreiben. Moralisch-ethische Widerstände wurden so neutralisiert. Bauman bezieht sich hierbei auch auf Hannah Arendt, die den Eichmann-Prozeß begleitete und die schrieb, daß die Nazi-Täter „weder pervers noch sadistisch" seien, sondern „erschreckend normal". Diese Aussagen von Frau Arendt lösten damals heftige Proteste aus. Sie wurden weder von der Psychologie noch von der Soziologie ausreichend gewürdigt. In diesem Zusammenhang läßt sich die Dankesrede von Himler, dem Reichsführer der SS, an seine Gefolgsleute verstehen. Er bescheinigte ihnen, daß sie im Angesicht von Bergen von Toten und Erschlagenen moralisch sauber und ehrenhaft geblieben seien. „Der Tod ist ein Meister aus Deutschland". Dieses Buch wurde vor kurzem intensiv bei uns diskutiert.

Die Ermordung von psychisch Kranken und der anschließende Holocaust lassen sich im Sinne Bauman´s als Ausdruck und Ergebnis einer auf Ordnung und Eindeutigkeit ausgerichteten rationalen Normalität verstehen, in der alle Mehrdeutigkeit, alles Ambivalente, Fremde und Nichtverstehbare als volksgesundheitsgefährdend, als schädlich, ausgegrenzt und liquidiert werden muß. Mit dieser Orientierung läßt sich vielleicht die noch ausstehende Aufarbeitung unserer Nazi-Vergangenheit ermöglichen. Die Erfahrungen der letzten 50 Jahre zeigen, daß eine von Schuld und Sühne getragene Identifikation mit den sadistischen Dimensionen der Naziverbrechen nicht möglich ist. Wir müssen also wohl eher an unserer Gehorsamsbereitschaft und an unserer Autoritätsgläubigkeit als Quelle der Nazi-Verbrechen arbeiten. Vielleicht läßt sich hierüber unsere Geschichte und unsere Schuld besser verstehen und akzeptieren. Als ich kürzlich in einem Zeitungsinterview den Zusammenhang suchte zwischen Ausländerfeindlichkeit und tradierten deutschen Wertvorstellungen, erhielt ich wütende Proteste und Morddrohungen von einer Gruppe Neo-Nazis aus Duisburg.

Die Psychiatrie kann – ich möchte mich aus Zeitgründen hierauf beschränken – als ein besonders lehrreicher Bereich unserer Gesellschaft gesehen werden, in dem Normierung und Eindeutigkeitssuche, in dem Vernunft und Rationalität ihre ersten Niederlagen erlebten und in dem nach dem Holocaust – beispielgebend für unsere Gesellschaft, neue Wege und Formen in der Suche nach mehr Akzeptanz und Toleranz studiert werden können.

Bereits 1969 beschrieb Klaus Dörner in seinem Buch „Bürger und Irre" in einer umfassenden Studie die Entwicklung der abendländischen Psychiatrie zum Beginn der Neuzeit. Er beschrieb die in der neuen Ordnung entstehenden Obdachlosen-Asyle und Arbeitshäuser, in denen Kriminelle und Vagabunden gemeinsam mit psychisch Kranken und Behinderten eingesperrt wurden. Er sah hier die ersten psychosozialen Bruchstellen einer auf Ratio und Leistung orientierten bürgerlich-kapitalistischen Wertegesellschaft. Nach der symbolischen Befreiung psychisch Kranker von ihren Ketten durch den Pariser Psychiater Pinel in der französischen Revolution sollte Vernunft und Aufklärung in die Köpfe psychisch Kranker einziehen. Das Scheitern der sinnlosen und qualvollen Dressurversuche in den psychiatrischen Anstalten des vergangenen Jahrhunderts wurde dann jedoch nicht als ein Scheitern von Ratio und Vernunft verstanden. Die Liquidierung psychisch kranker Patienten im Dienste logisch-kausaler Vernunftvorstellungen findet jedoch hier eine Ursache. Aber erst die generelle Infragestellung unserer vernunftbegründeten Sozialutopien ermöglichte es auch den Psychiatern einen geschärften Blick für Grenzen und Möglichkeiten klinischer Psychotherapie nach dem Holocaust zu gewinnen. Der Abbau von hierarchischen Strukturen und die Relativierung von Eindeutigkeit ermöglichten die Entfaltung einer polyphonen Therapeutik und die Bereitschaft unterschiedliche Bewertungen von Krankheitsursachen und Behandlungsmöglichkeiten zuzulassen. In den Kliniken entstanden unterschiedliche Formen einer Therapeutischen Gemeinschaft, in denen Mitarbeiter und Patienten zueinander partnerschaftliche Beziehungen suchten. Türen, Herzen und Vorstellungen ließen sich so öffnen und bewegen im Dienste einer humaneren Psychiatrie, in der auch nicht Integrierbares und Nichtverstandenes toleriert werden kann.

Ich erinnere mich an einen meiner ersten Gutachtenpatienten, ein etwa 45-jähriger Israeli, der vor seiner Zeit im KZ, in das er als 14-jähriger verschleppt wurde, Klassenbester gewesen war, voller Energie und Zukunftsphantasien. Er hatte seine Eltern und seine drei Schwestern im KZ verloren, furchtbare Quälereien durchgemacht und sein Leben stets als bedroht und gefährdet erlebt. Als ich ihn sah, irrte er bereits 25 Jahre zerbrochen und isoliert durch Israel, um schließlich, da er das „ewige Mitlied", wie er sagte, nicht mehr ertragen konnte, nach Europa zurückzukehren. Er saß mir gegenüber, ein Wrack, in sich hängend, bleich, aufgeschwemmt. Alles war bei ihm kraftlos. Mich beeindruckten vor allem die tief in den Augenhöhlen liegenden verschwommenen, leeren, angstvollen, hilfesuchenden und abwehrenden Augen, die mich ansahen und durch mich hindurchsahen. Ich war ratlos, wurde sprachlos, konnte die Nacht danach kaum schlafen. Und später, Jahre später, auf einem Flug zu einem Kongreß nach Israel, liefen mir Tränen die Wangen herunter, wie aus einem überlaufenden Eimer. Ich wußte nicht warum. In einem Traum einige Nächte später sah ich dann seine Augen wieder. Jetzt verstand ich. Ich sah die Leere seiner Augen jetzt als Wüste, und ich sah Öltürme und uralte Olivenbäume in dieser Leere, in diesen Augen, in dieser Wüste. – Er hatte eine Vielzahl körperlicher Beschwerden. Ich verstand, daß er sich überwinden mußte, um zu einem Arzt zu gehen, denn das hieß ja früher Selektion. Aber er hatte auch gelernt, daß ihm eigentlich keiner mehr helfen konnte. Irgend etwas in ihm hatte beschlossen, so weiterzuleben, kraftlos, sinnlos, ohne Wünsche, ohne Hoffnung, ohne Interessen, auch ohne Protest.

Sollte in diesen psychisch zerstörten Menschen das eigentliche Ziel jeder Folter sichtbar werden: die Zerstörung von Individualität? Viele Berichte, von Amnesty International zusammengetragen, sprechen dafür, daß die Folterqualen, die verscharrten Opfer, aber auch die zerstörten Gestalten, die aus den Folterverließen entlassen werden, zur Einschüchterung der übrigen Bevölkerung dienen und unmenschliche Herrschaft stabilisieren helfen. Die Folter einzelner wird mittelbar zur Folter einer ganzen Gesellschaft.

Folterpatienten, die in den letzten Jahren in der Bundesrepublik in Beratungsstellen und in die ärztliche Praxis gekommen sind, zeigen nicht die Leere und Hoffnungslosigkeit, die versteinerte Fassade ausgebrannten Lebens wie die vor Jahrzehnten gefolterten KZ-Opfer. Die Patienten kommen aus den modernen Folterkammern unserer Zeit, vor allem aus Chile und aus der Türkei. Bei ihnen stehen neben zahlreichen psychosomatischen Beschwerden vor allem Reizbarkeit, Aggressivität und starke Stimmungsschwankungen im Vordergrund. Gleich danach folgen Depressions- und Angstneurosen, Kommunikationsstörungen, Appetitlosigkeit und sexuelle Störungen. Bei Elektroschock-Gefolterten herrschen Apathie und eine eigenartige Störung von Körperempfindungen vor. Tiefes Mißtrauen, Wahnvorstellungen und paranoide Psychosen finden sich häufiger als Ergebnis spezifischer Foltermethoden, mit denen versucht wurde, das Ich der Opfer zu zerbrechen. Ich komme damit zu Foltermethoden, die in den letzten zwanzig Jahren zunehmend verfeinert wurden. Obwohl noch immer grausam-sadistische Quälereien, welche auf die körperlichen Schmerzgrenzen der Opfer zielen, die Folterszene beherrschen, werden zunehmend zum Teil unter Anleitung, Beratung und Mithilfe von Psychologen und Ärzten, psychische Foltermethoden eingesetzt, welche in ihrer Wirkung, aber auch in ihren Dauerschäden, die körperliche Schmerzfolter übersteigen.

Im Koreakrieg erprobten Chinesen Foltermethoden gegen US-Gefangene. Es gelang ihnen mit der sogenannten „Gehirnwäsche" die Gefangenen in einem so hohen Maße zu beeinflussen, daß ein Großteil von ihnen bisherige Lebenseinstellungen, Bewertungen, politische und religiöse Überzeugungen völlig aufgaben und Denkinhalte ihrer Folter übernahmen. Einige von ihnen wurden später vor ein Kriegsgericht gestellt, weil man nicht glauben konnte, daß mit Hilfe psychischer Foltermethoden sich Menschen in einem so hohen Maße verändern lassen. Dabei waren die Foltermethoden nicht neu. Die Inquisition bediente sich ihrer, und auch in den Stalin´schen Folterkellern wurden sie angewandt.

Die Methoden der „Gehirnwäsche" wurden wissenschaftliches Forschungsobjekt der Psychologie. In den Deprivations-Forschungslabors wurde mit freiwilligen Versuchspersonen erprobt, wie lange ein normaler Mensch es aushält,eine Situation zu ertragen, in der möglichst alle Außenweltreize durch schalldichte Wände, Schaumgummikissen, Handschuhe bis zu den Ellenbogen, Mattglasbrillen, Fehlen eines Zeitgebers ausgeschaltet werden. In den Experimenten zeigte sich, daß bereits nach 48 Stunden die große Mehrzahl der Versuchspersonen extreme Unruhe, Reizbarkeit und Konzentrationsschwierigkeiten zeigte und daß sich bei einigen wahnhafte Vorstellungen entwickelten, sodaß die Versuche abgebrochen werden mußten. Für die Folterspezialisten wurde hier wissenschaftliches Grundlagenwissen erarbeitet.

Tatsächlich – und das belegen die Berichte von Folteropfern aus zahlreichen Ländern – wurden ab Mitte der siebziger Jahre zunehmend mehr psychische Foltermethoden angewandt. Der Phantasie scheinen da keine Grenzen gesetzt zu sein: Verbinden der Augen, im Kreis herumfahren, um Orientierungslosigkeit zu erzeugen, tagelanger Schlafentzug, absolute Isolation, tage- und nächtelang nackt mit einem Sack über dem Kopf an einer Wand stehen lassen, immer wieder erschreckt durch Zurufe: „Du wirst gleich erschossen" oder „Die Folter beginnt gleich", und all das kombiniert mit körperlichen Torturen wie Untertauchen, Erstickungsversuche, Elektrostimulation und beschämenden und erniedrigenden Prozeduren wie Vergewaltigungen vor den eigenen Kindern, sexuelle Stimulation durch Katzen und Ratten, Essenmüssen des eigenen Kotes nach tagelangem Hungern und Flüssigkeitsentzug. Verbreitung fand die Methode, körperliche Foltermethoden durch brutale Folterknechte abzuwechseln mit einer Behandlung durch liebevoll und gütig sich gebende Folterer, was die psychische Widerstandskraft des Folteropfers, das gegen die brutale Folter eine innere Abwehr aufbauen konnte, zusammenbrechen läßt. Hinzu kommen Psychotechniken, die der modernen Psychologie entnommen wurden, Hypnose und Suggestionsverfahren, auch der Einsatz von Psychopharmaka und Drogen.

Die Reduzierung von Foltermethoden, die später am Körper der Opfer nachgewiesen werden können, zugunsten von psychischen Foltermethoden, findet seine Begründung in der zunehmenden Wachheit und Kritik der Weltöffentlichkeit gegen die Folter. Bereits 1975 hat die Generalversammlung der Vereinten Nationen eine umfassende Erklärung über den Schutz vor der Folter verabschiedet, wenngleich ohne durchgreifenden Erfolg. Die psychischen Foltermethoden bringen für die Foltersysteme weitere Vorteile mit sich. Es geht sauberer zu, weniger Blut, weniger Exkremente, anstelle dessen „wissenschaftlicher". Es gibt Ausbildungsschulen für raffinierte Folter. Und es hat den Anschein, daß die psychisch Gefolterten nachhaltiger geschädigt sind als diejenigen nach „nur" körperlicher Tortur.

Den Berichten und Therapiesitzungen von Folteropfern ist zu entnehmen, daß die permanente Erniedrigung, die Entmenschlichung aller Begegnungsformen ohne ausreichenden solidarischen Schutz durch die Gruppe der Mitgefangenen schwerer durchzustehen sind als körperliche Schmerzzustände. Vor allem die systematische Verwirrungspraxis, mit der den Gefangenen jede Orientierung genommen wird, scheint besonders erfolgreich zu sein, um das Ich eines Menschen nachhaltig zu zerstören. Raum- und Zeitvorstellungen gehen verloren. Grundvorstellungen menschlichen Zusammenlebens, Freundschaften, Feindschaften, Glaubensvorstellungen und Werte, die dem bisherigen Leben Sinn und Halt gegeben haben, geraten ins Schwimmen, lösen sich auf, bringen die Opfer in Zustände, die dem Erleben psychotischer, schizophrener Ausnahmezustände nahekommen. Das Ich hat seinen inneren Halt verloren und erlebt schließlich alles, was von außen andrängt – auch Freundliches und Hilfsangebote - als bedrohlich, gefährdend, beängstigend. Hierin haben die Verschlossenheit und Kontaktängste der Folteropfer, ihre zum Teil lebenslange Isolierung, ihre Ursache.

Die seelischen Schäden, die durch die Folter hervorgerufen werden und die in einigen ihrer Opfer lebenslang sich einnisten, sind psychosomatischen und psychosenahen Krankheitsbildern vergleichbar. Die Ausdrucksphänomene, die sich bei Folteropfern ebenso finden wie bei uns bereits vertrauten psychosomatischen und psychotischen Patienten, bringen für den Psychotherapeuten Einsichten in die Funktion dieser Krankheitszustände. Bisherige psychotherapeutische Haltungen und Strategien müssen neu überdacht werden.

Wenn Kontaktscheu, Gefühlsleere und Phantasiearmut der Folteropfer als fixiertes Vermeidungsverhalten gegen das Wiedererleben durchlittener unmenschlicher, nicht integrierbarer Beziehungsformen verstanden werden, wenn die Scheu vor Detailschilderungen durchlebter Entmenschlichung vergleichbar ist der Unfähigkeit bzw. der unbewußten Abwehr gegen konfliktzentrierte therapeutische Durcharbeitungsstrategien bei psychosomatischen und psychotischen Patienten, wenn die tiefe Scham, mit der Folteropfer ihre Foltererlebnisse zugedeckt haben, vergleichbar wird der Abwehr psychotischer Patienten gegen ihre in den akuten Krankheitsphasen durchlebten chaotischen Angstzustände und wenn schließlich die im Seelenleben der Folteropfer eingebrannte gesellschaftliche Gewalt sich den traditionellen Therapiebemühungen entzieht, dann sollten Behandlungsverfahren gesucht werden, die der Komplexität des Leidens der Folteropfer gerecht werden, die vor allem dem Therapeuten ermöglichen, den Patienten in ihren chaotischen Erlebnisfeldern zu begegnen. In Kopenhagen, im augenblicklich größten Zentrum für die Behandlung von Folteropfern,wird versucht, die körperlichen Leidenszustände medizinisch-balneologisch anzugehen und psychosoziale Verschränkungen des Leidens durch schrittweise politische Zeugenschaft sichtbar zu machen, in dem die Folterumstände, Foltermethoden und Folterverantwortlichen im Kreise von solidarisch sich einbringenden Therapeuten genau beschrieben und aufgezeichnet werden. In ähnlicher Weise arbeitet die Berliner Institution gegen Folter. Hier stehen neben vertrauensbildenden, balneologischen und sportlichen Aktivitäten vor allem gestalt- und kunsttherapeutische Angebote im Mittelpunkt. Das entspricht der Arbeitsweise unserer Klinik. In den Niederlanden vermochte Bastiaans zahlreichen KZ-Patienten durch kathartisches Wiedererlebenlassen von Folterszenen mit Hilfe der bewußtseinserweiternden Droge LSD zu helfen. Er erlebte jedoch die Grenzen seiner Methode bei Ich-Schwachen, bereits vor der Folter gestörten Patienten.

An meinem Arbeitsplatz in Duisburg-Rheinhausen, in einer psychiatrisch-psychosomatischen Klinik, können wir Folteropfer gemeinsam mit psychotischen- neurotischen und psychosomatischen Patienten jeweils auf der gleichen Station behandeln. Die Klinik hält trotz Vollversorgungsverpflichtung alle Türen weitgehend offen und schafft damit ein angstfreies Klima ohne institutionelle Diskriminierung. Das gelingt dank der Tatsache, daß wir auf Kleinstationen mit je zwölf Betten Patienten unterschiedlicher Krankheitsformen und Schweregrade gemeinsam betreuen, und darüber ein Klima sich gegenseitig tolerierender Akzeptanz schaffen, in der auch die unterschiedlichen Berufsgruppen des Mitarbeiterteams einbezogen sind. Neben dieser milieutherapeutischen Orientierung werden Entspannungs- Sport- Gestalt- und Gestaltungstherapien angeboten. Ein in unserem Haus entwickeltes deutungsfreies und Ich-dezentrierendes „Märchendrama", sowie Musik- und Kunsttherapien haben für Folteropfer eine besonders Trauma-lösende Funktion. In diesem Rahmen ließen sich bei Folteropfern Behandlungsverfahren anwenden, die wir mit Ich-Schwachen, frühgestörten, psychosomatischen und psychotischen Patienten erprobt hatten. Die Konzeption dieser noch weiter zu erprobenden Verfahren läßt sich in einem Dreiklang darstellen, indem für Therapeuten wie für Patienten Klangräume entwickelt werden, in denen auch Folteropfer Halt finden und Lösungsmöglichkeiten gewinnen für die in ihnen gebundenen Komplexe aus körperlichen, psychischen und sozialen Erlebnisanteilen. In diesen Klangräumen bestehen folgende drei Aufgabenschwerpunkte:

1. Anregung zu solidarisch getragener Selbsthilfe und zur Offenheit für mitmenschliche, soziale und politische Probleme. Hierzu zählen ein partnerschaftlich getragenes therapeutisches Klima, das durch die Reduzierung von Anordnungsstrukturen und durch offene Diskussion aller administrativen und therapeutischen Entscheidungsprozesse, aber auch aktueller gesellschaftlich-politischer Fragen ermöglicht wird. Hinzu kommen gesellschaftlich-politische Aktivitäten, wie sie in Duisburg unter anderem in Form von Demonstrationen gegen Ausländerfeindlichkeit, gegen die Schließung der Krupp-Werke und gegen die Beschneidung der Psychiatrie-Refom gemeinsam von Patienten und Mitarbeitern aller Berufsgruppen geplant, durchgeführt und diskutiert wurden.

2. Stimulierung verloren gegangener körperlich-sinnlicher Erlebnisfähigkeit und Kreativität. Hier kann eine Klinik mit einem polyphonen Therapiekonzept besonders hilfreich sein, in dem sie Milieutherapien, sowie Musik- Kunst- Tanz- Gestalt- und Gestaltungstherapien gleichberechtigt neben organzentrierten und tiefenpsychologisch orientierten Vorstellungen sich entfalten läßt. Der Bezug auf körperlich-sinnliche und Stimmungsprozesse, die nicht einengender Deutung unterliegen, hat hier eine entscheidende, entpsychologisierende, Kreativität freisetzende Funktion.

3. Wir haben in Duisburg gelernt, gewalttraumatisierten Patienten zu helfen, ihre inneren Verließe aufzuschließen, in dem wir sinnliche und phantasiegetragene Kommunikationsformen wählten, mit deren Hilfe es gelingt, in chaotische unstrukturierte Erlebnisbereiche des Menschen vorzudringen, in denen weder logisch-kausal getrimmte Verstandeskräfte noch gewohnte Gefühlsbindungen ausreichend Halt und Orientierung geben.

In den unstrukturierten Zwischenbereichen menschlichen Erlebens mischen sich individuelle und soziale Phänomene, Vergangenes, Augenblickliches und potentiell Mögliches. Hier lassen sich Erlebenskomplexe, die nicht ins Ich integrierbar sind, bzw. die – wie bei der Folter – die individuellen Strukturen ihrer Opfer umklammern, ausfalten, ausleuchten und in den vielfarbigen Facetten menschlicher Erlebensmöglichkeiten lösen und in Bewegung bringen. Auf diesem Weg lassen sich fixierte Opferhaltungen und infantilisierendes Psychologisieren gesellschaftlicher Gewalt überwinden. Ich habe in diesem Zusmamnehang die Folter mit gesellschaftlichen Gewaltviren verglichen, Gewaltviren die in die Psyche des Menschen eindringen und seine intrapsychischen Strukturen zu infizieren drohen. Wir müssen davon ausgehen, daß die durchlittene Folter eines Menschen nicht nachvollziehbar ist, nicht verstehbar und auch nicht von unseren mitmenschlichen, empathisch getragenen Gefühlen erreichbar. Deshalb sprechen Gefolterte nicht über ihre chaotischen Erlebnisse, nicht einmal mit ihren nächsten Verwandten. Sie haben Angst, den Anderen anzustecken und sie finden keine Worte und keine übersetzbaren Gefühle für dieses Erleben der Hölle. Wir haben herausgefunden, daß eine defokussierende, nicht deutende poetisch-prismatische Annäherung durch den Therapeuten dem Patienten ermöglicht, entlastend und schmerzfreier seine Erlebnisse einzubringen und hierbei seine verloren geglaubten prätraumatischen Gefühle im Therapeuten wieder zu entdecken.

Abschließend möchte ich einige übergreifende Gedanken zur Trauma- und Subjekt-Dezentrierung der hier vorgestellten Arbeitsmethode skizzieren und zur Diskussion stellen: Schwere traumatisierende Erlebnisse, wie die Folter, werden regelhaft von den Opfern individualisiert. Foltererlebnisse sind subjektives Leiden, für eine Vielzahl von Opfern unauflösbar, lebenslänglich. Politisch-gesellschaftliche Gewalt wird hierüber psychologisierbar, in entsprechenden Aggresionstheorien eingebunden im Rahmen subjektzentrierter psychotherapeutischer Behandlungsverfahren wird die Hilfe für die Opfer angeboten.

Wir haben uns die Frage gestellt, weshalb so selten psychotherapeutische Hilfen gesucht und gefunden werden, ob vielleicht Opfer von KZ, Folter und Vergewaltigung sich verschließen müssen, da die Aufarbeitung ihres Leidens in subjektzentrierten psychotherapeutischen Verfahren ihre Begrenzung findet und nur unzureichend Entlastung bringt?

Gelingt es den Opfern in gesellschafts- und gewaltkritisch orientierten Gruppen mit Gleichbetroffenen erlittene Gewalt besser abzubauen? Die große Anzahl von Frauen, die zum Beispiel nach Vergewaltigung in Frauenhäusern und Frauengruppen Hilfe suchen und finden, können das belegen. Auch Beratungs- und Selbsthilfegruppen von Traumaopfern sprechen dafür. Aber auch diese politisch orientierte oder auch religiöse Lösungssuche findet ihre Grenzen dort, wo die subjektivistisch verinnerlichte Gewalt die intrapsychischen Strukturen des Opfers so stark besetzt hält, daß kämpferische und solidarisch-anteilnehmende Hilfen die lähmende Folterfixierung nicht mehr aufzulösen vermögen.

Bastiaans vermittelt die Vorstellung, daß es sich bei Folter-Trauma-Fixierungen um eine gefrorene Abwehrleistung des Ich handelt im Sinne einer „funktionellen Alexithymie".Tatsächlich entsprechen zahlreiche Symptome, wie die Therapieresistenz von Folteropfern schweren psychosomatischen Krankheitsbildern. Das ich vermag unter dem identitätsbedrohenden Streß der Folter seine Gefühls- und Phantasiefähigkeiten in sich zurückzuziehen, so daß es wie gefühlsentleert die Folter, sich selbst und die Welt erlebt. Dauert dieser Regressionszustand jedoch längere Zeit und finden sich unzureichende Halt-und Hoffnungsträger,so kann dieser Zustand irreversibel werden. Mit Hilfe dieses Denkansatzes läßt sich die kathartische Freisetzung fixierter Gefühle begründen. Auch die Testemony-Therapie des Kopenhagener Rehabilitationscenters for Torture Victims findet hier ihre Begründung, wobei diese Gruppe die politisch und solidarische Kanalisation der Gefühle favorisiert. Die Begrenzung dieses Denkansatzes findet sich in der Therapieresistenz von Folteropfern, vor allem aus der Gruppe derjenigen, die weder politisch noch religiös Sinn- und Kampfstrukturen gegen die Folter in sich tragen bzw. aufrichten konnten. Hier scheint die Fokussierung auf Trauma und Gefühle das Leiden der Opfer eher zu vertiefen. Hier scheint die Defokussierung und Subjektdezentrierung neue therapeutische Hilfsmöglichkeiten zu eröffnen.

Die Aufarbeitung der Folter-Opfer-Beziehung in einer klassischen Übertragung ist meines Erachtens eine Überforderung von Patient und Therapeut. Sie ist wohl auch der Grund dafür, daß Patienten sich der therapeutischen Aufarbeitung entziehen und daß nur wenige Therapeuten bereit sind, sich dieser Aufgabe zu stellen. Auch mir war es nicht möglich, diese Rollen in der Übertragung zu übernehmen. Es gelingt allenfalls, qualvolle, schamhafte und schuldhafte Erlebnisse der Patienten in sich zuzulassen, um so den Patienten entlastend sich in ihn einzufühlen. Meine eigenen Erfahrungen, sowie Berichte von Psychotherapeuten aus diesem Arbeitsfeld lassen folgende Aussage zu: Das Grauen der KZ- und Foltererlebnisse ist nicht in subjektzentrierte Beziehungsgefühle zu übersetzen. Es ist damit auch nicht in klassischen Übertragungen aufzuarbeiten.

Im Rahmen sinnlicher und phantasiegetrgener Kommunikationsformen gelingt es, verknotete somato-psychosoziale Erlebenskomplexe aufzulösen, vergleichbar dem chemischen Prozeß, in dem Macromoleküle die Vielzahl der gebundenen Einzelbestandteile freigeben und anschließend Neukombinationen ermöglichen.

Ich muß gestehen, daß wir längere Zeit zögerten, bis wir den Mut fanden, in den Gesprächen mit gewalttraumatisierten Patienten freie Phantasieeinfälle zuzulassen. Denn läßt sich verstehen und vertreten, wenn erinnerte Foltererlebnisse in Therapeuten und Mitpatienten als lustvolle, tanzende, zärtlich gestimmte, farbenfrohe Vorstellungsbilder auftauchen? Wir fragten uns, kann ein Patient das verkraften, muß er das nicht erleben als unempathisch und abgelehnt werden? Die Ergebnisse jedoch waren verblüffend. Patienten, die ihre Berichte angstvoll und körperlich angespannt vortrugen, konnten über die farbigen Bildberichte der jeweils anderen ihre angespannte Körperhaltung aufgeben und ihre angstvolle Spannung lösen. Einigen Patienten gelang es hiernach, Galgenhumor freizusetzen. Wir suchten diese Haltungsänderung so zu verstehen: Folteropfern gelingt es, über die Phantasiebilder der jeweils anderen aus ihren inneren Gefängnissen heraus erstaunt wahrzunehmen, daß die Welt außerhalb ihrer verinnerlichten Gefängnisse noch immer Sonne, Blumen, vorbeiziehende Wolken und spielende Kinder besitzt und daß in diesen Bildern ihre eigenen, durch die Foltererlebnisse blockierten prätraumatischen Erlebenswelten aufleuchten.

Die Gruppenarbeit mit Folteropfern zeigte uns schließlich, daß Phantasien, die durch den Bericht eines Patienten in Therapeuten und Mitpatienten wach werden, blockierte prätraumatische Gefühle der Patienten widerspiegeln. Diese Einsicht wurde von Therapeuten wie von Patienten gleichermaßen überraschend erlebt. Wir sind also in einem höheren Maße, als es uns unser empathisches Einfühlungsvermögen ermöglicht, in der Lage, blockierte Erlebensanteile eines Patienten intuitiv in uns wachzurufen, wenn wir uns stimmungsorientiert auf ihn einstellen. Damit können auch gesunde, reife, beziehungsübergreifende und sinntragende Erwachsenenanteile eines Patienten in uns wach werden und die ihn beherrschenden Gefühlsfixierungen lösen helfen. Der Patient kann sich in uns, symptom- und konfliktdefokussierend, in seiner ganzen Persönlichkeits- und Erlebensbreite wiedererkennen und akzeptieren lernen. Seine prätraumatische Gefühlswelt kann im Therapeuten erlebt und abgerufen werden. Auf dieser Basis kann er sich dann schrittweise seinen quälerischen Foltererlebnissen öffnen. Damit verknüpft konnten wir uns schrittweise der Vorstellung nähern, daß die durchlittenen

Folterqualen eines Menschen individuell erlebte, zum Teil sich lebenslang in ihm festsetzende individualisierte Repräsentanzen gesellschaftlicher Gewalt darstellen. Die Psychotherapie von Folteropfern sollte deshalb ihren Anfang darin sehen, den Patient von diesen „gesellschaftlichen Gewaltviren" zu befreien, die seine innere Repräsentanzenwelt infiziert und umklammert halten. Tilmann Moser spricht in diesem Zusammenhang von Dämonie-Speichern, die aus verdrängten, geschichtlich-sozialen Quellen gespeist, im einzelnen Individuum abgelagert wurden und die in einem hohen Maße seine Wahrnehmungen und seine Motivationen beherrschen.

Zentrum und Nerv des paradigmatisch Neuen hierbei ist die Idee und Technik des Defokussierens. Für philosophisch Interessierte ist die Verwandtschaft dieses Begriffes mit dem des Dekonstruierens der Postmoderne, mit Derrida als Hauptvertreter, nicht zu übersehen. Fokussieren auf einen Sachverhalt, auf ein Problem, einen Konflikt, als Subjekt auf ein Objekt, auf ein Beziehungsmuster, ist uns so selbstverständlich im Alltag wie in psychotherapeutischer Praxis, daß uns der fokussierende Zentrismus dieses tuns in der Regel nicht bewußt wird. Optische Wahrnehmung gelingt uns über unsere Augen mit Hilfe fokussierender Linsensysteme. Wir haben sie weiter verfeinert. Mikroskope und Teleskope bringen uns in die Welt der Moleküle, der Atome, eröffnen uns den subatomaren Teilchenzoo ebenso wie die Welt unverstellbare Weiten. Unsere Sprache errichtete dieser fokussierenden Wahrnehmung mit Hilfe grammatikalischer und logischer Regeln kausal-teleologische Denkstrukturen. Es ist nicht zu bezweifeln, daß die Fähigkeit zum Fokussieren unser Denken geschult, unsere raubtierhafte Überlegenheit ermöglichte, schließlich Grundlage unseres naturwissenschaftlichen und analysierenden Denkens, unseres technischen Fortschritts wurde. Als Ergebnis der Vorherrschaft fokussierend-logisch-analytischer Denkformen unserer linken Großhirnhälfte, ist jedoch auch eine zunehmende Spezialisierung und der Verlust sinnlich-ganzheitlicher Erlebensfähigkeit zu registrieren. Schließlich ist die Gefahr der inzwischen zynisch kommentierten Zerstörung unserer Umwelt, unseres Lebensraumes, nicht mehr zu übersehen.

Erreichen diese Überlegungen unsere psychotherapeutischen Reflektionsfelder? Findet zunehmender Sinnverlust, der Abgesang an Aufklärung und Moderne sowie die verunsichernde Relativierung des Subjektbegriffs Eingang in unser therapeutisches Tun?

Die einengende Begrenzung fokussierender Sprache und Logik wird inzwischen über Nietzsche, Wittgenstein, de Man und Derrida auch in psychotherapeutischen Schulen diskutierbar. Neue und alte spirituelle Orientierungen gewinnen zunehmend an Raum, averbale Techniken suchen die Kluft zum ganzheitlichen Erleben zu überbrücken. Autogenes Training und andere dezentrierende Entspannungsverfahren erleben eine erstaunliche Renaissance. Auch tiefenpsychologische Schulen werden von dieser Neuorientierung bewegt. Metatheoretische Partial-Objekt-Zentrismen oszillieren mit Versuchen einer Einbeziehung systemischer und körpernaher Therapieverfahren sowie sozialer politischer - kultureller- und Sinnfragen.

Läßt sich der Anspruch Freud's, der Therapeut möge sein Unbewußtes seinem Patienten wie ein Instrument zur Verfügung stellen, angesichts wachsender metatheoretischer Deutungsmasse noch ermöglichen? Oder öffnet sich lediglich die Schere zwischen Theorie und praktischem Tun? Ist nicht die Psychoanalyse mit ihrem selbstgewählten Auftrag,die Verliesse des Unbewußten zu öffnen, mit ihren Versuchen aktuelle Problematik und Symptomatik um ihre Sozialisations- und Beziehungsaspekte zu erweitern, die defokussierende Arbeitsmethode schlechthin? Oder verspielte sie diesen Auftrag (bereits am Beginn) durch ihre Verhaftung an tradierte Vorstellungen subjektfixierter logisch-hermeneutischer Wahrheitsfindung? Castoriadis beschrieb diese Schwierigkeit der Psychoanalyse, das gesellschaftlich Imaginäre, einzufangen. Zeigt nicht jedoch C.G. Jung bereits verbreiternde Wege, der subjektzentrierten Fokussierung des unbewußten Materials zu entkommen und vermag nicht bereits Leuner die lösende Funktion stimmungsorientierter Phantasien in Gruppen zu belegen?

Ich meine, daß defokussierende Strategien in tiefenpsychologisch orientierter Therapeutik bereits vielfältig praktiziert werden, daß sie jedoch noch theoretischer Fundierung bedürfen, um mit zeitgenössisch-kritischen Überlegungen zur Aufklärung und Moderne mitzuhalten und um - wie ich meine - Gewaltopfern therapeutisch besser gerecht werden zu können.

Für mich wurden hierbei vor allem Vorstellungen Winnicott's zur therapeutischen Arbeit in Übergangsräumen bedeutsam. In diesen, wie er schreibt, subjekt-objektfreien Erlebnisbereichen lassen sich spielerisch Prozesse entfalten, in denen Patienten- und Therapeutenanteile sich mischen mit der ganzen Palette sozio-kultureller Wirklichkeit. Hier lassen sich Gestaltungsräume ermöglichen und beleuchten, die Michael Balint's Einpersonenpsychologie entsprechen, in der regressive Erlebniszonen primärer Liebe, Romain Roland's ozeanische Gefühle und kreativ-künstlerische Prozesse sich ausfalten können.

Zum Abschluß möchte ich meiner Hoffnung Ausdruck geben, daß meine theoretischen Suchbewegungen helfen, sich der Gewalt und dem Wahnsinn der Folter zu nähern, daß sie helfen, in die Verliese von Unmenschlichkeit einzutauchen ohne verschlungen zu werden und daß sie uns Mut machen, Gewaltopfern therapeutische Hilfe anzubieten, ohne selbst daran zu zerbrechen.

Die unterschiedlichen Schwerpunkte in den therapeutischen Bemühungen für Folteropfer bedürfen weiterer Erprobung. Die differenzierenden Anstrengungen erscheinen jedoch unerheblich, blickt man auf die Vielzahl unbehandelter dahinvegetierender Folteropfer. Ihre Zahl nimmt weiter zu. In welchem Umfang mit den bisherigen und weiter zu entwickelnden Behandlungsmethoden Folteropfern geholfen werden kann, ob die Folter schließlich als Herrschaftsform des Menschen über den Menschen von dieser Erde verschwindet, hängt von der Bereitschaft und Aktivierung derjenigen ab, die sich als Unbeteiligte, als „Nichtgefolterte", als über die Medien Informierte in ihrer politischen Willensbildung als gelähmt, als „Mittelbar Gefolterte" erleben, als „Gehorsams-Schuldige". Allerdings kann das, was Jean Amery - KZ-Opfer und Schriftsteller - in seinem Buch „Jenseits von Schuld und Sühne" ausgesagt hat, nicht widerlegt und nicht wegtherapiert werden:

„Wer der Folter erlag, kann nicht mehr heimisch werden in dieser Welt. Die Schmach der Vernichtung läßt sich nicht austilgen. Das schon mit dem ersten Schlag, in vollem Umfang aber schließlich in der Tortur eingestürzte Weltvertrauen wird nicht wiedergewonnen. Daß der Mitmensch als Gegenmensch erfahren wurde, bleibt als gestauter Schrecken im Gefolterten liegen".

## Literatur

Drees, A. (1995) Freie Phantasien in der Psychotherapie und den Balintgruppen. Göttingen (Vadenhoeck & Ruprecht).

Drees, A. (1996) Folter: Opfer, Täter, Therapeuten. Gießen (Psychosozial-Verlag).

# Die Dialektik der Aggression in der psychoanalytischen Arbeit mit Schwer-Traumatisierten

*Hildegard Adler*

### Das auszulöschende Feuer des Lebens im Initialtraum

Nach zwei Vorgesprächen begann eine 43jährige Patientin ihre erste Therapiestunde mit der lapidaren Traumerzählung:

> sie, die Träumerin, schüttet Sand aus einem kleinen Kindereimerchen auf das Feuer, das durch einen Kurzschluß entstanden war.

Zu dieser Zeit wußte ich von der Patientin, daß sie als Dreijährige den erweiterten Selbstmord ihrer Eltern überlebt hatte; Gift und Pulsschnitte hatten die Eltern selbst und zwei ihrer fünf Kinder getötet; drei Kinder aber hatten überlebt, meine spätere Patientin, ein älterer und ein jüngerer Bruder.

Dieser Informations-Hintergrund ließ mich im „Kurzschluß" des Traumes den unbegreiflichen Tötungsakt der Eltern vermuten. Was aber bedeutet das Feuer, das aus dem Kurzschluß entstanden ist? Meint es das Leben der Träumerin? oder meint es die bevorstehende, erahnte Beziehung zu mir? Eindeutiger ist, daß der *Sand,* der das Feuer zudecken und auslöschen soll, die *Abwehr* darstellt, als Sand des Vergessens und Verleugnens. Die Träumerin schildert sich – mit ihrem Kinderspieleimerchen – in einer ununterbrochenen Lösch- bzw. Abwehr-Tätigkeit: in kindlicher Hilflosigkeit, die zugleich einen primären, archaischen Omnipotenzanspruch darstellt, kämpft sie gegen das Feuer.

Für mein heutiges Verständnis, lange nach Abschluß der mehrjährigen Therapie, sehe ich in der Urgewalt des Feuers die *Lebenskraft,* in welcher Aggression *und* Libido, Leben-Zerstörendes und Leben-Erhaltendes ihr Sinnbild gefunden haben.

Das Feuer und gleichermaßen die Aggression bieten ein *Doppelgesicht* von gewalttätiger, Natur und Kultur vernichtender Destruktion und von identitätswahrender *Selbstbehauptung*. Das Feuer – gemäß der Sage – vom vorausschauenden Prometheus den Göttern geraubt und zu den Menschen gebracht – muß sorglich durch Vernunft in Schranken gehalten werden, damit es zum Inbegriff der Heimstätte, des Herdes im heimatlichen Wohnhaus, und der Kultur werde. Denn ohne hemmende Mäßigung und unterscheidende Pflege besteht eine Doppelgefahr: entweder verzehrt es in grandioser Elementargewalt alles Andere, oder aber es wird vom andauernd herabrieselnden Sand der Zeit erstickt.

Von diesem erstickten Leben, d.h. von der kindlichen *Depression* gibt der Traum ein Bild: das Bild der „seelischen Fühllosigkeit" (Lifton), wie es uns in den Schilderungen und den Gesichtern der langzeitig Schwersttraumatisierten begegnet. Kann in einer solch öden Seelenlandschaft noch das Feuer der Aggression aufflammen? Mir scheint, die Träumerin mußte sich gegen eine solche naheliegende Möglichkeit abschirmen, denn sonst wäre die kindliche Hilflosigkeit im Kampf gegen das Feuer nicht so deutlich betont.

Ich stelle die Betrachtung des Initialtraumes einstweilen zurück. Ich werde aber immer wieder auf die Träumerin, die ich Frau R nenne, und ihre Therapie zurückkommen.[1] (Diese Therapie dauerte insgesamt 5 J., anfangs mit einer Wochenstunde, später mit zwei und zeitweise drei Stunden.) Ich möchte an ihrem Schicksal und an einigen Erlebnissen in und aus ihrer Therapie die mögliche Bedeutung der Aggression in der Traumabewältigung ausweisen.

## *Aggression und das schwere Kindheitstrauma*

*Aggression* als Selbstbehauptung und als Gewalttätigkeit und Haß gehören zu uns allen; und genauso ist auch unser aller Leben von *Traumen* skandiert. Wie diese Phänomene zusammenhängen, läßt sich am prägnanten Beispiel deutlicher aufzeigen als in den „normalen" Erscheinungsweisen, deshalb berichte ich über einen jener Menschen, die durch ein bes. destruktives Schicksal ge-

---

[1] Ich kann dieses klinische Beispiel hier nur in strenger Begrenzung auf den thematischen Zusammenhang von Trauma und Aggression präsentieren, nicht als zusammenhängende Falldarstellung. Eine ausführlichere Darstellung dieses Schicksals und dieser Therapie – unter dem Gesichtspunkt des Erinnerns und Wiederholens eines schweren kindlichen Traumas ist englischsprachig veröffentlicht. Im Int. Journal of Psycho-Analysis 1995.

prägt wurden. Ich bin aber der Meinung, daß diese Zusammenhänge generell und für uns alle gelten.[2]

Ein *schweres oder extremes Trauma* meint ein Ereignis, das unter allen Umständen (d.h. auch unter günstigen Bedingungen in der bisherigen Entwicklung und Persönlichkeitsbildung) die psychische Struktur des Betroffenen, zumindest zeitweise, zerstört (vgl. Sandler u. a. 1987). Dadurch werden die Abwehrmaßnahmen, die dem Reizschutz dienen könnten, funktionsunfähig. Der Schock des Extremtraumas entreißt den Betroffenen seiner üblichen Wahrnehmungswelt und ihren individuellen Wahrnehmungs- und Bedeutungsmustern, lähmt und verändert sogar die physiologischen Grundlagen des psychischen Erlebens (vgl. Herman 1992).

Noch viel mehr als ein Erwachsener ist ein Kind diesen zerstörerischen Einwirkungen und der Vernichtung aller Abwehrmaßnahmen ausgesetzt (vgl. Krystal 1978). Wie weitgehend und wie bleibend das Ausmaß der Zerstörung ist, hängt ab von der persönlichen Grundstruktur des Kindes, seinem Entwicklungsstand und bisherigen Schicksal, und ganz besonders davon, ob die Umgebung dem Betroffenen verständnisvolle Hilfe zu leisten vermag.

## Identifizierung mit dem Täter und das Schuldgefühl der Abwehr

In der größten Hilflosigkeit, im Schrecken der äußersten Gewaltsamkeit ereignet sich die „globale Identifizierung" (vgl. Müller-Pozzi 1985)[3] oder, anders ausgedrückt, ein Akt der umfassenden Angleichung an den Täter der Gewaltausübung. Das Opfer der überwältigenden Qual, ob Kind oder Erwachsener, kann sich nur noch Erleichterung verschaffen dadurch, daß es sich dem ihm aufgezwungenen Druck anpaßt und sich dem Täter, in seiner Perspektive als Täter, zur Gänze gleichsetzt Dieser Zusammenhang wurde dankenswert überzeugend geschildert in dem Aufsatz von *Ehlert u. Lorke 1988* (vgl. Fairbairn 1943 und Ferenczi 1933). Eine solche globale (narzißtische) Identifizierung läßt keinen Unterschied, keine Trennung und Unter-

---

[2] Frau R stellt insofern eine Ausnahme dar (vgl. Goldschmidt 1986), als sie den Mut hatte, ihre Erinnerungen und Strukturen in einer psychoanalytischen Therapie zu erforschen.

[3] Über einen ähnlichen Identifikationsprozeß berichtet M. Glasser 1986, indem er den Vorgang einer das Objekt vereinnahmenden „Inkorporation" bzw. „Simulation" als kennzeichnend für die Perversionsstruktur beschreibt.

scheidung mehr zu, keinen Rest von Selbstbehauptung, ja sie wird als *Faszination* an der Gewalttat erlebt.

Wir sind es zwar, als Analytiker, gewöhnt, daß die passive und die entsprechende aktive Position untrennbar zusammengeschweißt sind; aber wir erschrecken immer wieder erneut, auch in uns selbst die unabdingbare Verkettung der Opfer- und Täter-Positionen zu erkennen. Die menschliche Seelenstruktur läßt es nicht anders zu: um unsere Umwelt vor unserer Aggression zu schützen, nehmen wir die übermächtigen Figuren unserer Umgebung in unsere Ich-Struktur auf; es ist annähernd der gleiche Prozeß, wie er sich in der Über-Ich-Genese des Kleinkinds unter normalen Frustrationen regelmäßig ereignet.

In die qualvollste und intimste Übernahme beider Positionen dürfte jener Mensch gedrängt sein, welcher sich als das Opfer einer intendierten Kindestötung wahrnimmt. Ich erlebte an meiner Patientin, Frau R, von der ich anfangs den Traum vom auszulöschenden Feuer mitgeteilt habe, wie sehr sie der Schmerz-Abwehr bedurft hatte, um überleben zu können. Verleugnung und Verständnislosigkeit und Gefühllosigkeit (die wir im Bild des Sand-in-die-Augen-Streuens erkennen) hatten sich, als Depressivität, ihrem *Charakter* eingeprägt. Daneben aber gab es deutliche *abwehrende* Verhaltensmuster und Reaktionsbereitschaften, welche die *Identifizierung mit den Täter-Eltern* ausdrückten. Frau Rs (anfangs sehr gefährliche) Suizidalität stellte eine solche Identifizierung dar, um sich der Qual zu entziehen, jener Qual, vom Vater und ganz bes. von der Mutter zum Tode bestimmt zu sein. Einen Suizid zu begehen, hieße, endlich mit dem schrecklichen Gegensatz von Opfer und Täter Schluß machen zu können d.h. die beiden Positionen endgültig ununterscheidbar in eine zusammenfallen zu lassen.

Der andere Fluchtversuch, der viel länger und unabdingbar versucht und behauptet wurde, bestand darin, daß sich Frau R. als schuldig erklärte an der Verzweiflungstat der Mutter: wenn sie als Dreijährige besser aufgepaßt hätte, dann wäre das Schlimme nicht passiert! – so erklärte sie sich und mir in endlosen Wiederholungen. Und ich war weit davon entfernt, diese Selbstbeschuldigung nicht nach- oder sogar mitvollziehen zu können! Ich selbst fühlte mich ganz außerordentlich schuldig, meine Patientin nicht von ihrem gefährlichen suizidalen Agieren ferngehalten zu haben und fernhalten zu können.

Ich halte diese bewußten *Schuldgefühle* (bei beiden Beteiligten) für eine Abwehr, die *an der Oberfläche* liegt, die vorbewußt oder gar bewußt ist. Wer schuld an etwas ist, der hat die aktive Verantwortung und entscheidet selbst. Solche Selbstanklagen mögen quälend sein, aber ihre Auto-Aggression, wie manch ein masochistischer Akt, verankert und stabilisiert das Selbstgefühl. Das Gefährliche und der eigentliche Auslöser der Suizidalität bzw. des sog. *Wiederholungszwangs* ist das *unbewußte Schuldgefühl*, d. h. der verdrängte Konflikt, auf den ich erst später zurückkommen möchte.

## Die wiederholten Schockerlebnisse und die Bedeutung der Realität

Es gibt eine unabänderliche Tendenz der Schwerst Traumatisierten, eine gegenwärtige Gefahrensituation so zu verstehen und zu deuten, als ob sich die ursprüngliche Schock-Erfahrung neuerlich wiederhole. Sie neigen ihr Lebtag dazu, auch eine objektiv nur wenig gefährliche Situation als größte Bedrohung zu erleben. Denn die traumatische Ursituation prägte sich für immer und unabänderlich so ein, daß sie als *vorrangig bestimmende Bedeutungsgebung* und Wahrnehmungsbereitschaft erhalten blieb. Diese Bereitschaft, eine Situation als schockierend-bedrohlich zu erleben, ist *nicht* konfliktbedingt und darf *nicht* als neurotische Wiederholung verstanden werden. (Denn jeder neurotische *Wiederholungszwang* enthält, wie ein Symptom, Trieb- und Abwehrelemente, die unbewußt bleiben, während die Schock-Wiederholungen zwar auf einem zwingenden, aber bewußtseinsfähigen und korrigierbaren Bewußtseinsakt beruhen.)

Frau R selbst fand es verständlich, weshalb sie in Situationen, die ihren Protest oder ihre Angst herausforderten, überaus heftig reagierte. So erzählte sie mir, wie sie bei einer Straßenbahn-Fahrscheinkontrolle feststellen mußte, daß ihr der Geldbeutel, der ihre Monatskarte enthielt, gestohlen worden war und wie sie daraufhin von einer ohnmachtsnahen Schwäche und Bewegungsunfähigkeit überfallen wurde.

Das andere Beispiel dafür, wie Frau R erschreckende Situationen gleichartig wie ihren kindlichen Schock erlebte, bereitete uns beiden Pein und Schuldgefühle: Nach einer intensiven Therapiezeit und nachdem Frau R eine anspruchsvolle zweijährige Weiterbildung erfolgreich abgeschlossen hatte, trat sie – mit meinem vollen Einverständnis – eine Ferien-Auslandsreise an. Bei einer kurzen Fahrtunterbrechung passierte es, daß ihr, aus ihrem Auto gestohlen wurden alle ihre Papiere, ihr Geld und ihr Adressenbüchlein, welches – und das war bes. gravierend – meine Telefonnummer enthalten hatte. Dadurch war ich, für diesen Moment der äußersten Verwirrung unerreichbar erschienen, und sie verfiel daraufhin in einen dreitägigen Stupor.

Als Frau R mir über den Verlust erzählte, kommentierte sie ihn wiederum: sie habe nicht aufgepaßt!

Indem ich diesen Selbstvorwurf und den Realverlust reflektierte, ging mir auf, daß sich für Frau R ihre bewußte Vorstellung der eigenen Unachtsamkeit *magisch realisiert* hatte; und ich versuchte, den *Zusammenhang von Phantasie und Realität* besser zu verstehen.

Allgemein gilt, daß zur Abwehr einer unerträglichen kindlichen Hilflosigkeit die *blutrünstigsten Phantasien* entstehen. Denn eben sie sollen die kindlichen Ängste in Schach halten. Die imaginierten Schrecknisse aber sind so grausam mörderisch, daß sie selbst wieder einer Begrenzung bedürfen, und diese Grenze bietet i.A. die Außenwelt (vgl. Winnicott 1958); d.h. unter normalen Bedingungen bringt die *Realität* die Bestätigung, daß die Katastrophen *nicht* an den Personen der Außenwelt stattgefunden haben. Der traumatische Schock jedoch hat das Trauma-Opfer ein für alle Male belehrt, daß die Außenwelt noch schlimmer sein kann, ja unvorstellbar schlimmer ist als die eigenen Impulse und Vorstellungen (vgl. Money-Kyrle 1955). Wenn das Opfer eines schweren Verlustschocks erlebt, daß die reale zerstörerische Gewalt es erneut getroffen hat, wird ihm bestätigt: der eigenen destruktiven Innenwelt sind *keine realen Grenzen* gesetzt. Das heißt daß die meistenteils wohltuende, beruhigende Unterscheidung von Außen- und Innenwelt für den Schwer Traumatisierten wenig zuverlässig ist.

Weil er sich immer wieder beweisen muß, daß die äußere Katastrophe *kein* Abbild seiner inneren Mördergrube ist, deshalb muß er diese empfundene Bosheit unter Phantasielosigkeit, Gefühlsarmut, Nicht-denken-können verstecken.

## Aggression im Dienste der Realitätsprinzips

Ein solch spärliches, mit Sand zugeschüttetes Innenleben beschränkte in Frau Rs Kindheit und Jugend auch ihre schulischen und ausbildungsmäßigen Leistungen. Aber da gab es in ihrer späteren Jugend und im jungen Erwachsenenalter zwei Phasen der erstaunlichsten aggressiven Aktivität, die auch beide Male zu wichtigen äußeren Veränderungen in Frau Rs realen Leben führten. Ich möchte die *eine* Geschichte hier mitteilen, als Beispiel dafür, wie wichtig die Aggression ist in der trennenden Unterscheidung von Außen- und Innenwelt.

Nach dem suizidalen Kurzschluß der Eltern waren die drei kleinen Waisen von einer älteren Tante aufgenommen worden. Diese erklärte ganz offiziell den Tod der Verwandten (d.h. der engsten Familie von Frau R) und die Narben ihrer 3 Pflegekinder als die *Folgen von Kriegseinwirkungen* im Heimatland der Kinder. Anders als ihre 2 angepaßteren Brüder aber erinnerte sich Frau R immer, daß sie die Mutter beobachtet hatte, wie sie Gift und Pulsschnitte an jedem Kinderbett verteilt hatte! Und wahrhaftig: vierzehn Jahre später gelang es ihr, die Geschichtsklitterung der Tante auffliegen zu lassen, indem sie sich ihre Erinnerungen von Zeugen der familiären Katastrophe bestätigen ließ und alle verfügbaren historischen und aktenmäßigen Unterlagen heranzog.

In diesem Kampf wollte Frau R das, was sie als Erinnerung in sich trug, auch von der Außenwelt anerkannt sehen, *obwohl* es ihr als furchtbar beschämend vorkam, solche entsetzlichen Eltern gehabt zu haben.

Indem Frau R durch all die frühen Jahre hindurch ihren Erinnerungen treu blieb, und indem sie mit ihrer Wahrheit die Geschichtsversion der Tante und diese selbst massiv angriff, bewahrte sie sich selbst m.E. vor dem psychotischen Dekompensieren. In ihrer aggressiven Erinnerungs- und Selbstbehauptung vermochte sie sich der Übereinstimmung zwischen ihrer Wahrnehmung und der Realität zu versichern. Ja, sie beeinflußte die Außenwelt maßgeblich und so, daß sie zugleich ihr inneres Entsetzen begrenzen konnte und sich zu vergewissern vermochte: *nicht sie* hatte aktiv die Eltern verloren gehen lassen, nicht *sie* hatte sie zerschnitten und gebraten und verspeist! Die Eltern selbst waren es gewesen, die so mit ihren Kindern umgegangen waren!

## *Wiederholungszwang als mörderischer Konflikt; das Trauma-Erleben in der Übertragung*

Freud (1920) entwickelte seine letzte Triebtheorie, das Konzept des Aggressions- bzw. Todestriebes unter dem Eindruck des Phänomens des Wiederholungszwanges. Er nahm an, daß die Wiederholung, wie sie sich im Wiederholungszwang ereignet, regressiver Art sei und sich aus der konservativen Natur der Triebe (geradezu als Aufhebung der lebendigen Dynamik und ihrer zeitlich-geschichtlichen Veränderung) ergebe. – *Heinz Lichtenstein* (1935) hat als erster diesen Freudschen *Begriff der Wiederholung* (der mit dem Todestrieb verknüpft sei) als irrig zurückgewiesen; denn, so argumentiert Lichtenstein, die Wiederholung als „die Wiederherstellung eines früheren Zustandes", die im Wiederholungszwang stattfindet, ist gerade nicht regressiver Natur. Wenn

Penelope, so Lichtenstein, das berühmte Gewand allabendlich wieder auf die Kürze des Vortages zurückkürzte, hatte sie den früheren Zustand wiederhergestellt, um am nächsten Tag zu *wiederholen,* was sie am Vortag gewirkt hatte; aber die Zeit und damit der Zusammenhang oder Sinn ihres Tuns waren nicht regressiv aufgelöst. Die Wiederholung des Wiederholungszwanges dient *nicht* der absoluten Spannungs- und Energie-Abfuhr, der Entropie, welche den Todestrieb definiert; sie ist eher wie ein hysterisches Symptom ein „Erinnerungssymbol" (Freud) eines *Konflikts,* also gerade *nicht* regressiv und antilibidinös.

Aus einer solchen Auf-Wertung des Wiederholungszwanges ergibt sich auch die ihm zuzuschreibende positive Funktion, wie sie beispielsweise von Cohen (1980; vgl. Fenichel 1945, zit. bei Laplanche-Pontalis 1972) entwickelt wurde. Aus ihr leitet sich auch meine Hypothese ab: Eine psychische Wiederbelebung von Trauma-Reaktionen in den quälenden, gleichbleibenden, unbewußt wirkenden Mustern des sog. Wiederholungszwanges stellen – analog zu einem Symptom – *Kompromißbildungen* dar und trachten nach progressiven Veränderungen.

Wie stellt sich unter diesen Gesichtspunkten Frau Rs Aggressivität dar? – Die Täter-Opfer-Dialektik, d.h. die Bereitschaft des Opfers, sich die äußerste mörderische Aggression des Täters zu eigen zu machen und sie gegen sich selbst zu richten, zeigt eine selbstauferlegte strenge Aggressionshemmung, nämlich jener Aggression, die nach außen gewandt werden könnte. In der Zeit von Frau Rs heftigster Suizidalität war mir ihre Aggressivität zwar sehr wohl spürbar gewesen, aber den eigentlichen aggressiven, den zugrundeliegenden mörderischen Konflikt konnte ich in jener Zeit noch nicht greifen. Ich mußte ihn erst in der Übertragung, als mich meinend und treffend, erleben.

Dabei war mir die Reflexion auf Frau Rs dramatischen erneuten Verlust-Schock hilfreich: Wenn es für Frau R so ungemein wichtig war, sich ihrer Macht über die Realität und die Personen ihrer Außenwelt zu vergewissern, dann , so schloß ich, sollte auch ihre Selbstbeschuldigung sie ihrer *magischen* Kraft versichern. Mir dämmerte, daß die Selbstanklage die Funktion hatte, die tief *inneren Schuldgefühle* zu verbergen. Und ich verstand langsam, warum Frau R ihre erneute Verlust-Situation so gedeutet hatte, als sei ich nicht mehr verfügbar: Ich hatte auf große (räumliche) Entfernung gehalten werden müssen, damit sie sich vergewissern konnte, daß ich den Status einer *Person ihrer Außenwelt* gewahrt hatte; ich sollte davor bewahrt bleiben, in ihre innerste Welt einzudringen; sie wollte alles dafür tun, um mich aus der eigentlichen Trauma-Dialektik von Opfer- und Täter-Grausamkeit herauszuhalten.

So verstehe ich heutzutage, wie heftig, wie massiv Frau R in der Folgezeit, dem letzten Therapiejahr, ein Ende der Zusammenarbeit zu erzwingen such-te. Sie setzte dazu alle verfügbaren Kampfmittel ein: eine schneidend-gleich-gültige Kälte, ein verzehrendes Schweigen, ein vernichtendes Mich-Über-sehen.[4] Einmal brach ihr bitterer Vorwurf aus ihr heraus, die Klage über den Verlust, den ihr die Therapie beschert hatte: bisher habe sie ihre Mutter wie eine Puppe mit sich herumgetragen, als einen steten Trost zu ihrer steten Ver-fügung; ich aber hätte ihr gezeigt, daß die Mutter tot sei. – Erst in dieser, uns beiden kaum erträglichen, zwingend-gehässigen Beziehung wurde der *sadisti-sche Elternanteil,* der bisher dem toten Vater angelastet worden war, als die innerseelische, eigene Bosheit und Zerstörungssucht greifbar. Es wurde mir fühlbar, wie not-wendig die Omnipotenz, aber auch die Selbstvorwürfe die-sen tödlichen Haß unter Kontrolle hatten halten müssen.

## Die Milderung der Spaltung

Der tödliche, schier unerträgliche Haß kommt mir vor wie die isolierte, von allen Bindungen gelöste *Aggressivität,* welche die *Spaltungsvorgänge* nach sich zieht. Frau R hatte sich, bes. in der ersten Therapiehälfte, immer wieder die-ser Gefahr ausgesetzt gefühlt („Wenn ich Ihnen noch weiter erzähle, dann spalte ich mich in zwei Teile, von oben bis unten."). Jetzt, in den vorletzten Monaten unseres Arbeitens, in denen es um eben diesen gräßlichen Haß ging, wurde das Spaltungsthema durch einen *Traum* aufgegriffen, der uns immer und immer wieder beschäftigte.

> In diesem Traum wurde Frau R verfolgt von (pornographisch interessierten) Män-nern, die ihr eine Maske aufzwangen; diese zeigte auf der einen Seite, d.h. auf der einen Gesichtshälfte, das Bild von *Terror* und auf der anderen Seite das der *Sexua-lität.*

Frau R erklärte vorwurfsvoll, daß ich zu den sexuellen Verfolgern gehört habe. Ich verstand dadurch, daß sie vor meinen (sparsamen) Deutungen (in denen ich versuchte, ihr meine Begleitung und meine Verstehensbemühungen spür-bar werden zu lassen) auf der Flucht war, um ihre Maske und ihre Aufspal-

---

4 Bedeutete der Kurzschluß aus dem Initialtraum vielleicht die Therapie-Verabredung zwischen der Patientin und mir? Jetzt jedenfalls war jegliches Sich-Verständigen oder Sich-Kurz-Schließen versandet.

tungen zu bewahren und um sich dem Schmerz der Veränderung und Verlebendigung zu entziehen.

Im Traumbild der zweigeteilten Gesichtsmaske scheint mir die Wirkung eines traumatisch zerstörerischen Ereignisses dargestellt zu sein. Die lebendige Integrationsfähigkeit, das menschliche Antlitz des Betroffenen ist tief versehrt und einer Spaltung gewichen, welche die lebensnotwendigen Kräfte und Fähigkeiten zur Maske erstarren läßt. Wenn sich das anfängliche Vernichtetsein des Betroffenen aktiviert und d.h. zur Aggression geatalten kann, besteht die Möglichkeit, daß er seinen inneren Terror erneut zu verknüpfen lernt mit der sexuellen Lebenskraft. Dazu braucht er einen Menschen, der diese vernichtende Aggression und die idealisierende Liebe sieht, in sich selbst erlebt, und sie, verdauend und entschärfend, zurückgibt in gefilterter Aggression.

## Trauma-Rekonstruktion versus Konstitution eines neuen Objekts

Fairbairn (1943) hat den Trauma-Wiederholungszwang als die „Rückkehr der bösen Objekte" geschildert. Eben diese Rückkehr geschieht in der Übertragung, und ohne diese Rückkehr ist keine Therapie eines seelischen Traumas denkbar. Wenn im Übertragungserleben das böse Objekt nicht nur im Analytiker, sondern als innere Figur greifbar und begreifbar wird, kann das Trauma-Erleben und seine ursprüngliche Abwehr wieder Leben gewinnen.

Dies ist ein leidvoller, schmerzlicher Prozeß. Denn in der *Trauma-Rekonstruktion* brauchen nicht die historischen Fakten konstruiert zu werden, aber jene seelischen Vorgänge, die ihrer Verarbeitung dienten und das damalige Erleben spiegeln, müssen belebt und erforscht werden. Möglicherweise können sie so weitgehend verständlich werden, daß ein neues Objekt auf der Erlebnisebene der depressiven Position neu *konstituiert* werden kann (vgl. Faimberg, Corel 1991). Dies wäre ein reales, d.h. ein „genügend gutes Objekt", das nicht *nur* ideal und nicht *nur* böse ist. Das, was seit dem Trauma-Schock und den ihn abwehrenden, notwendigen Spaltungen nicht mehr vorhanden war, könnte neu erfahrbar werden.

Ich wage es nicht zu entscheiden, ob das in der Therapie mit Frau R gelungen ist. Aber ich gebe im folgenden, aus den letzten Monaten der Zusammenarbeit, ein Beispiel für ein verändertes Beziehungsmuster, wie sie es mir gegenüber und in der Außenwelt entwickelte:

Frau R erzählte, voller Anteilnahme, von ihrer Freundin, die das Opfer einer grausamen Vergewaltigung geworden war. Trotz ihres Mitgefühls aber weigerte sich Frau R – entgegengesetzt zur allgemeinen Meinung der Zuhörer und Beteiligten im Gerichtsverfahren – , den Vergewaltiger zu verteufeln; denn, so meinte sie, vielleicht habe er eine ähnliche Erfahrung hinter sich wie sie selbst.

Ich finde: Frau R war fähig geworden, ihre Opfer- und ihre Täterposition zu ertragen.

Meine Hypothesen über Aggression und Trauma lassen sich *zusammenfassen:*

1. Aggression zeigt sich in den Extrempositionen der (entmischten) Zerstörung und der libidinös geprägten Selbstbehauptung.
Diese besteht in einer nach außen gewandten, „gelungenen" Aggression, welche zur Unterscheidung von Innen- und Außenwelt und zu einer besseren Integration von libidinösen und aggressiven Kräften verhilft.
2. Ein schweres Trauma besteht im Verlust des guten Objekts; es erzwingt zu seiner Abwehr die Identifikation mit dem Täter und die Spaltung und Entmischung alles Erlebens.
3. Bei einer Trauma-Therapie ist die negative therapeutische Reaktion fundamental wichtig, damit sich in der interessierten, libidinös-aggressiven Antwort des Therapeuten das verloren gegangene ganze Objekt neu konstituieren kann.

## Literatur

Adler, H. (1995). Recall and Repetition of a severe childhood trauma. *Int. J. Psycho-Anal.* Jahrgang 76: S. 927–943..

Cohen, J. (1980). Structural consequences of psychic trauma: a newlook at 'Beyond the pleasure principle'. *Int. J. Psycho-Anal.* 61: S. 421–432.

Ehlert, M./B. Lorke (1988). Zur Psychodynmaik der traumatischenReaktion. *Psyche,* 42: S. 502–532.

Faimberg, H./A. Corel (1989). Wiederholung und Überraschung: Ein klinischer Zugang zur Notwendigkeit der Konstruktion. In *Jb. Psychoanalyse* 28, 1991: S. 50–70.

Fairbairn, W.R. (1943). The repression and the return of bad objects. In *Psychanalytic studies of the personality.* London: Routledge 1952: S. 59–81.

Ferenczi, S. (1933). Sprachverwirrung zwischen den Erwachsenen und dem Kind. In: *Schriften zur Psychoanalyse* Bd.II. Frankfurt, Fischer 1972: S. 303–313.

Freud, S. (1920). Jenseits des Lustprinzips. *G. W. XIII.*

Glasser, M. (1986). Identification and its vicissitudes as ob-served in the perversions. *Int. J. Psycho-Anal.* 67: S. 9–17.

Goldschmidt, O. (1986). A contribution to the subject of 'psychic trauma'. *Int. Rev Psycho-anal.* 13: S. 181–200.

Herman, J. L. (1992). *Die Narben der Gewalt.* München, Kindler 1993.

Laplanche, J., Pontalis, J. B. (1967). *Das Vokabular der Psychoanalyse, Bd. 2.* Frankfurt, Suhrkamp 1972.

Lichtenstein, H. (1935). Zur Phänomenologie des Wiederholungszwanges und des Todestriebes. *Imago 21*: S. 466–480.

Money-Kyrle, R. (1955). An inconclusive contribution to the theory of the death instinct. In *The Collected Papers.* 1978 Strath Tay, Aberdeen Press: S. 285–297.

Müller-Pozzi, H. (1985). Identifikation und Konflikt. *Psyche 39*: S. 877–904.

Sandler, J. et al. (1987). *Psychisches Trauma.* Materialien aus dem Sigmund-Freud-Institut. Frankfurt.

Winnicott, D. W. (1958). Von der Kinderheilkunde zur Psychoanalyse. München, Kindler.

# Patienten: Opfer oder Täter?

## Störungen und Zerstörungen der eigenen Wahrnehmung als Autoprotektion und Autoaggression

*Ulrich Sachsse*

Ich werde zur Frage, ob Patienten – also „Leidende" – Täter oder Opfer ihrer seelischen Probleme sind, sicherlich nicht viel Neues beitragen. Es erscheint mir aber hilfreich, einige seit langem bekannte Konzepte und Sichtweisen verschiedener psychoanalytischer Theoriebildungen auf diese Frage hin zu untersuchen; hilfreich insofern, als uns unsere eigene, implizite Sichtweise klarer werden kann. Unsere impliziten, vorbewußten Konzepte von unseren Patienten sollten uns explizit, bewußt werden. Einer unserer grundlegenden Glaubenssätze besagt schließlich, daß es gut ist, wenn etwas bewußt geschieht – also auch unseren Therapien.

Mein Ausgangspunkt wird die Psychodynamik der Traumabewältigung sein. Daran entwickelte Grundgedanken zum Trauma-Coping werde ich auf das allgemeine Lebens-Coping und die Entwicklung der Abwehrmechanismen übertragen. Dabei geht es mir wesentlich um die Art unserer Einflußnahme auf unsere Wahrnehmung. Coping durch Wahrnehmungsveränderung kann sich durch die Bildung von innerseelischen Mechanismen und Automatismen im Verhalten verselbständigen und generalisieren. Verstehen wir unsere Patienten in diesem Prozeß als Opfer von Geschehnissen oder als Täter, als Handelnde mit Freiheitsgraden?

Ich werde aus Körners (1985) Ausführungen zu den theoretischen Grundlagen psychoanalytischen Denkens und Intervenierens – nämlich kausales Erklären, intentionales Erklären und hermeneutisches Verstehen – das kausale und intentionale Erklären des Analytikers einander gegenüberstellen und dann auf die Sichtweise der kleinianischen Schule eingehen. Abschließen werde ich mit einigen Anmerkungen, wie die Wahl unseres Blickwinkels – Patienten als Täter oder Opfer – unsere therapeutischen Interventionen beeinflussen und die Entwicklung unserer Patienten hemmen oder fördern kann.

Je länger ich Patientinnen, die sich selbst verletzen (Sachsse 1987, 1994), behandelte oder ihre Therapie supervidierte, um so mehr wurde ich mit der Frage konfrontiert, wie sich aggressive Mißhandlungen und sexueller Mißbrauch in der Kindheit auf die seelische Entwicklung und die Symptombildungen im Erwachsenenleben auswirken. Hilfreich waren mir bei meinen Überlegungen insbesondere die wissenschaftlichen Arbeiten und persönlichen Mitteilungen meines psychiatrischen Lehrers Ulrich Venzlaff (1958); die psychodynamischen Überlegungen von Niederland (1980) und Krystal (1988), Ehlert und Lorke (1988), Kögler (1991), Küchenhoff (1990), Hirsch (1987) sowie Zepf et al (1986); die statistischen Ergebnisse von Herman (1989, 1994), Stone (1990) und Tameling (1992; Tameling und Sachsse 1996); sowie die Zusammenarbeit mit Luise Reddemann (Reddemann und Sachsse 1996). Lassen Sie mich das Ergebnis kurz zusammenfassen (Sachsse 1995):

Traumatisierend wirkt ein Ereignis dann, wenn es durch seine Heftigkeit oder Plötzlichkeit die Reizverarbeitungsfähigkeit des Ich massiv überfordert. Dann wird das Ich überflutet von als katastrophisch empfundener Angst (Krystal) und Panik, von Scham, Ekel, Ohnmacht, Haß, Demütigung und Verzweiflung. Die Wahrnehmung kann das, was geschieht, nicht „fassen": Die Person ist fassungslos, alles wird konfus und entsetzlich. Ich-psychologisch betrachtet geschieht eine Ich-Fragmentierung, objektbeziehungstheoretisch ein Objektverlust mit einem daraus resultierenden objektlosen Zustand. Gemeint ist mit diesen Begriffen der Verlust des guten inneren Objektes, denn intakte Ich-Funktionen und gutes inneres Objekt sind untrennbar verbunden. Ich meine, daß dann, wenn die Traumatisierung sehr extrem war oder das Ich noch sehr schwach, über den Verlust des guten Objektes hinaus ein Erleben eintreten kann, in dem die Empfindung der eigenen Subjekthaftigkeit, des eigenen Selbst als abgegrenzte Entität nachhaltig beschädigt wird. Die realen Erfahrungen, daß Schlechtes das Gute in der Welt zerstören konnte, hinterlassen die Angst, schlechte Objekte könnten die Welt der guten Objekte endgültig vernichten – eine zentrale Angst etwa der Borderline-Persönlichkeitsstörung. Wir sind auf einen Rest guter innerer Objektwelt aber überlebensnotwendig angewiesen. Traumatische Zustände sind nicht erträglich, und das Ich entwickelt je nach Entwicklungsreife Coping-Mechanismen, um das traumatisierende Ereignis so wenig wie möglich wirksam werden zu lassen.

Zentraler Mechanismus zur Traumabewältigung ist die menschliche Fähigkeit zur Dissoziation. Dissoziation definiert Wilson im Lexikon der Psychologie (Arnold et al. 1980, S. 383) als einen „Prozeß, durch den bestimmte Gedanken, Einstellungen oder andere psychologische Aktivitäten ihre normale Relation zu anderen, bzw. zur übrigen Persönlichkeit verlieren, sich abspalten und mehr oder minder unabhängig funktionieren. So können logisch unvereinbare Gedanken, Gefühle und Einstellungen nebeneinander beibehalten und doch ein Konflikt zwischen diesen vermieden werden". Eine solche Bewußtseinsspaltung per Dissoziation zeigt sich etwa bei einem Kind, das gerade von seinem Vater mißhandelt wurde und unter Tränen stammelt „Papa ist gut". Per Dissoziation können wir also logisch unvereinbare, wie ich meine aber auch emotional unvereinbare Erfahrungen innerseelisch getrennt halten. Könnten wir das nicht, würde die kraß widersprüchliche Erfahrung der menschlichen Realität uns überfordern und konfus bzw. irre werden lassen - auch das ist eine zentrale Angst vieler Traumatisierter: nämlich verrückt zu werden.

Zwei Mechanismen sind es besonders, die einem traumatisierten Kind oder Erwachsenen dabei helfen können, ein Trauma, insbesondere ein wiederkehrendes, vorhersehbares traumatisches Geschehen zu bewältigen: Induzierte Depersonalisation und induzierte Derealisation. Fast alle schwer aggressiv traumatisierten Menschen entwickeln die Fähigkeit, aus ihrem Körper entweder auszusteigen, neben sich zu stehen und dadurch weniger Schmerz und Demütigung zu erleben oder sich ganz tief in sich zurückziehen zu können, dorthin, wo der Schmerz nicht mehr hinkommt. Induzierte Depersonalisation ist offenkundig eine massive Veränderung der Wahrnehmung. Vorbewußt oder bewußt wird versucht, die Selbstwahrnehmung möglichst weitgehend auszuschalten. - Induzierte Derealisation bedeutet auch, die Wahrnehmung der Situation zu verändern. Die Realität wird ihres Realitätsgehaltes entkleidet und durch die Phantasie, das Spiel oder im Traum umgestaltet.

Beides sind in der aktuellen Situation sinnvolle und hilfreiche Mechanismen, die aber mittel- und langfristig ihren Preis haben. Der Einsatz dissoziativer Mechanismen ist akut eine autoprotektive Wahrnehmungsveränderung: Wenn ich das Geschehen schon nicht aktiv verhindern kann, dann will ich es wenigstens nicht wahrnehmen, zumindest aber nur verzerrt oder verändert. Diese Wahrnehmungsstörung oder gar Wahrnehmungszerstörung macht es kurzfristig möglich, traumatische Erfahrungen besser zu bewältigen. Mittel- oder langfristig kann der Preis sein, sich auf die eigene Wahrnehmung nicht mehr verlassen zu können. Daraus kann eine tiefe Unsicherheit resultieren mit den Fragen: Was war real, was habe ich mir eingebildet? Und: Kann ich mich heute auf das, was ich wahrnehme, verlassen?

Denn solche aktuell sinnvollen Coping-Mechanismen haben die Tendenz, sich zu verselbständigen, über die traumatischen Situationen hinaus wirksam zu bleiben. Die traumatische Szene scheint trotz des Einsatzes dissoziativer Coping-Mechanismen Spuren zu hinterlassen. Es bleibt für mich übrigens eine offene Frage, ob bei einer suffizienten Dissoziation eine Traumatisierung des Körpers ausschließlich körperliche Erinnerungsspuren hinterläßt, oder ob trotz Wahrnehmungsstörung die realen Szenen engrammiert werden. Von der Antwort auf diese Frage hängt es ab, ob wir in einer späteren Therapie die Chance haben, abgewehrte Erinnerungen an reale Geschehnisse aufzudecken, oder ob wir an Stelle einer Rekonstruktion nur eine sinnstiftende szenische Konstruktion in der Therapie kreieren können.

Wird eine traumatische Situation nicht in einer guten Beziehung zu einem realen guten Außenobjekt oder guten inneren Objekten bewältigt, betrauert und teilweise wieder gutgemacht, dann muß die Abwehr derselben fortbestehen. Denn eine Erinnerung an traumatische Situationen ist für sich genommen retraumatisierend (Niederland), nicht etwa kathartisch, weil die Regression in die traumatisierende Szene auch zu einer Wiederbelebung der Ich-Fragmentierung führt. Kathartisch kann sie nur werden, wenn sie in einem Bezugsrahmen geschieht, der eine Bewältigung ermöglicht. Persistierende Wahrnehmungsstörungen generalisieren und verselbständigen sich. Autoprotektion wird dann unfunktional. Aus situativ sinnvollen Wahrnehmungsstörungen werden Mechanismen. Das Dort und Damals verändert das Hier und Jetzt. Dieser bedauerlichen Tatsache verdanken wir unseren interessanten Beruf.

Realitätsbewältigung per Wahrnehmungsveränderung ist natürlich eine der zentralen autoplastischen Anpassungsleistungen des Menschen überhaupt. Fast alle Abwehrmechanismen dienen der Wahrnehmungsveränderung. Bei der Verleugnung blenden wir Realitätsaspekte einfach aus, bei der Affektisolierung nehmen wir unsere Gefühle nicht wahr, bei der Reaktionsbildung wirken wir unserer Aggression durch Überfreundlichkeit entgegen, bei der Verdrängung vergessen wir Ereignisse usw. Schaffen wir es nicht, durch das sog. neurotische Niveau der Abwehr Realitätserfahrungen zu bewältigen, dann können wir die Wahrnehmung von nicht verdrängbaren, quälenden Erinnerungen vielleicht noch durch selbstverletzendes Verhalten oder durch Alkohol-, Medikamenten- und Drogenabusus erträglicher machen. Alle diese Mechanismen und Abusus-Verhaltensweisen sind mehr oder weniger taugliche Versuche, unsere Wahrnehmung zu verändern. So schildern Patienten sie auch: „Ich wollte nichts mehr fühlen, einfach alles betäuben, ausblenden und vergessen können. Ich wollte nur noch schlafen". Kurz: Ich wollte nicht mehr wahrnehmen. Auch diese Mechanismen und Verhaltensweisen beinhalten natürlich alle neben ihrer Hauptwirkung auch Nebenwirkungen, sie alle haben ihren Preis.

So kommt ein Mensch in unsere Behandlung, weil dort und damals sinnvolle Coping-Mechanismen hier und heute unfunktional geworden sind und ihm in der Gegenwart eine angemessene Realitätsbewältigung schwer machen. Wir sehen den Patienten als Leidenden, der an den Folgen seiner individuellen Geschichtsbewältigung leidet. Seine entwicklungsgeschichtlich erworbenen Abwehrmechanismen, Charakterformationen und Symptombildungen machen ihn zum Opfer seiner Geschichte.

Körner (1985) hat in seinem Buch „Vom Erklären zum Verstehen in der Psychoanalyse" dargestellt, daß die Psychoanalyse in der Tradition Freuds implizit oder explizit drei Denktraditionen anwendet: Das kausale Erklären, das intentionale Erklären und das hermeneutische Verstehen. Ich will mich hier auf die beiden ersten beschränken: Kausales und intentional-finales Denken und Erklären. Beim kausalen Erklären sehen wir Symptome, Abwehrmechanismen und Verhaltensweisen als Resultate, als eine zwingend notwendige Folge von früheren Ereignissen, die kausal die aktuelle Situation bedingen. Dieses naturwissenschaftliche Denken begreift den Menschen überwiegend als Opfer seiner Geschichte, als Produkt psychosozialer Einflüsse der Umwelt oder auch seiner genetischen Anlagen. Eine Schlußbildung, die die aktuellen Verhaltensweisen eines Patienten aufgrund seiner Geschichte kausal erklären will, könnte etwa lauten: Immer dann, wenn ein Trauma nicht im Rahmen einer guten äußeren oder verinnerlichten Beziehung bewältigt werden kann, muß die Abwehr gegen die Erinnerung derselben persistieren, sich verselbständigen und zum Abwehr-Mechanismus werden.

Ganz anders wird unsere Sichtweise, wenn wir intentionale Erklärungsmuster anwenden. Aus dem Opfer des Schicksals wird mit diesem Schritt ein absichtsvoll Handelnder. Zwischen den „Ursachen" und „Folgen" erscheint der Patient als „intentionales Subjekt, das sich, vielleicht nicht bewußt, entschieden hat, so und nicht anders zu handeln" (Körner 1985, S. 141). Im intentionalen Modus könnte unsere Erklärung also lauten: Dieser Patient hat entschieden, daß er sich keinem Menschen seiner Umgebung anvertrauen kann oder will. Er hat gespürt, daß er innerlich den leidvollen Erinnerungen an die traumatische Szene nicht gewachsen wäre, und beschlossen, nie wieder daran zu denken. Erinnerungstrigger hat er vermieden, beginnende Assoziationen durch Gegengedanken beiseite geschoben und dumpf-wortlos aufsteigende, diffuse Mißempfindungen gezielt mit Alkohol oder Medikamenten betäubt.

Mir scheint, das Denken in der Tradition der Freudianer wendet das intentionale Erklären vorzugsweise auf die Gegenwart an, seltener auf die Kleinkindphase. Kinder werden doch lieber als Opfer gesehen. Sehr viel weiter geht da die Theoriebildung der kleinianischen Psychoanalytiker. Sie formulieren ihre Theorien zur Wahrnehmungsveränderung so, als ob sie bereits einem Säugling Täterschaft in seinem Seelenleben zutrauen. Hanna Segal (1974) verweist in einer Auseinandersetzung mit der Psychopathologie der paranoid-schizoiden Position auf Bions Konzept von der Entstehung bizarre Objekte: „Da die Wirklichkeitserfahrung im Falle einer pathologischen Entwicklung primär als Verfolgung empfunden wird, zieht jede Wirklichkeitserfahrung, gleich ob äußerer oder innerer Natur, heftigen Haß auf sich. Die Zersplitterung des Ichs ist ein Versuch, sich jeglicher Wahrnehmung zu entledigen, denn angegriffen, zerstört und beseitigt wird in ersten Linie der Wahrnehmungsapparat. Zugleich wird aber auch das für die Wahrnehmung verantwortliche Objekt gehaßt, das heißt, die Projektion zielt einerseits darauf ab, dieses Stückchen Wirklichkeit – das gehaßte Objekt – zu zerstören, andererseits darauf, den Apparat, der es wahrnimmt, loszuwerden. (S. 80) ... Ein solcher Spaltungsprozeß schädigt das Ich schwer, und alle Versuche des Ichs, die Wahrnehmungsqual loszuwerden, führt nur zu noch mehr schmerzlichen Wahrnehmungen; schuld daran ist einmal der Verfolgungscharakter der „bizarren Objekte", zum anderen die schmerzliche Außerkraftsetzung des Wahrnehmungsapparates. So schließt sich ein Teufelskreis: Die qualvolle Realitätserfahrung führt zu einer pathologischen projektiven Identifikation, was wiederum zur Folge hat, daß die Realität immer schmerzlicher wird und das Ich immer hartnäckiger verfolgt. (S. 80 f) ... Der mit Hilfe projektiver Indentifikation geführte Angriff auf die Wirklichkeit ist mit einem weiteren, für die paranoid-schizoide Position charakteristischen Prozeß verknüpft, den ebenfalls Bion beschrieben hat, nämlich mit den Angriffen auf Verbindungen: Jede Funktion und jedes Organ, das vom Säugling wahrgenommen wird, um Objekte miteinander zu verbinden, wird heftig angegriffen. (S. 82) ... So werden Verbindungen zwischen dem Selbst und dem Objekt, innere und äußere, und dazwischenliegende Teile des Selbst, z. B. die Verbindung zwischen Fühlen und Denken, angegriffen und zerbrochen. Verbindungen zwischen anderen Objekten werden ihrerseits zum Ziel außerordentlich neiderfüllter

Angriffe, weil der Säugling sich unfähig fühlt, selbst Verbindungen herzustellen, und auf diese Fähigkeit bei anderen besonders neidisch ist. Je mehr Verbindungen er zwischen Objekten, die er verinnerlicht, angreift, desto unsicherer ist er natürlich, selbst Verbindungen herzustellen, und desto neidischer wird er. (S. 82 f)". Unser wachsendes Verständnis für dissoziative Phänomene wird sicherlich eine erneute Auseinandersetzung mit den kleinianischen Konzepten herbeiführen, und die Konzepte Melanie Kleins und Bions werden ihrerseits sehr hilfreich sein, differenzierter die Dissoziation begreifen zu können. Dieser Aufgabe werde ich mich aber an dieser Stelle nicht widmen. Mein langes Zitat diente einem anderen Zweck, nämlich demjenigen, Ihnen das intentionale Erklären wichtiger kleinianischer Theoretiker deutlich zu machen. Nach dieser Theorie gibt es bereits von Geburt an eine innerseelische Instanz, die in der Lage ist, die eigene Wahrnehmungsfähigkeit anzugreifen, massiv zu verändern, ja passager oder permanent zu zerstören. Das Ich, dessen einzelne Funktionen ja großenteils Wahrnehmungsfunktionen sind, hätte danach die Fähigkeit, sich zu spalten und diese seine Wahrnehmungsfunktionen selbst anzugreifen. Die Formulierungen Bions und Segals lassen keinen Zweifel daran, daß sie diesen autoprotektiven Akt auch als einen höchst autoaggressiven begreifen. Der kleinianische Patient ist viel mehr und viel früher als der freudianische Patient, nämlich von Geburt an, immer auch handelndes Subjekt, immer auch Täter seines Lebensweges.

Niemand von Ihnen wird erwarten, daß ich jetzt so etwas sage wie: „Diese Konzeptualisierung ist richtig, jene ist falsch. Patienten sind Opfer – Patienten sind Täter". Vielmehr ist es natürlich so, daß wir als Therapeuten die Möglichkeit und die Freiheit haben, unsere Patienten so oder so zu sehen. Unsere Wahrnehmungseinstellung wird aber die Selbstsicht unserer Patienten nachhaltig beeinflussen. Beide Sichtweisen haben ihre Tradition, und beide Sichtweisen können Patienten fördern oder hindern.

Im allgemeinen wird eine psychoanalytische Therapie anfangs so gestaltet, daß die Problematik des Patienten auf seine Kindheitsgeschichte bezogen und als kausal bedingte Konsequenz erklärt wird. Sehr viele neurotische Patienten werden sich uns auch mit einer solchen Selbstsicht präsentieren. Pahl (1994) hat das vor kurzem so formuliert: „Ich glaube, daß die Neurose vor allem eines meiden will, da sie sich vor den Folgen fürchtet. Hier setze ich ganz bewußt Begriffe aus der moralischen Sphäre ein. Die Neurose will niemals verantwortlich sein. Anders: Der Neurotiker beschreibt sich selber gerne im täterabgewandten Passiv des Leidenden, der wohl die Tätlichkeiten der anderen erfahren hat. Das ist ein wesentlicher Versuch zur Konstruktion seiner

Wirklichkeit. Die Neurose macht notfalls militant von ihrem Recht Gebrauch, den Beweis zu führen, daß sie bereit ist, sich in der Dauerexistenz des Opfers einzurichten. Regressive Position ist Opfer, progressive Position ist Täter. In ihrer Regressionsabsicht steckt eben diese Auflösung einer Polarisierung nach der moralisch angenehmen Seite hin. (S. 14 f)". Körner wie Pahl sehen im kausalen Erklärensmodus etwas Entlastendes, moralisch Entschuldigendes, aber auch etwas, das die Gefahr des Stillstandes in der Regression beinhaltet.

Nun weiß jeder, der einmal mit traumatisierten PatientInnen therapeutisch gearbeitet hat, daß wir in solchen Behandlungen selten mit dem Problem einer regressiven, moralisch bequemen Selbstinszenierung als permanentes Opfer zu tun haben. Sollte sich jemand doch einmal als Opfer erleben und vermitteln, dann wäre das vermutlich relativ realitätsgerecht. Öfter begegnen wir aber einer manchmal geradezu grotesken Selbstsicht als Mitschuldige, als MittäterIn, manchmal sogar als überwiegend schuldige TäterIn. Hirsch beschreibt in seinem Tagungsbeitrag den Mechanismus der Zwangsintrojektion, insbesondere den bereits von Ferenczi geschilderten, fast magisch anmutenden Ablauf, daß ein Opfer das Schuldgefühl des Täters introjiziert und diesem abnimmt. Die Diskussion der Beiträge von Adler und Hirsch hat darüber hinaus ergeben, daß es traumatische Situationen gibt, in denen man nicht nicht-schuldig bleiben kann. Es gibt menschliche Extremsituationen, in denen Überleben nur dadurch möglich wird, daß man sich mitschuldig macht. Unschuldig könnte man nur bleiben, wenn man stirbt oder sogar den eigenen Tod herbeiführt. Ein Minimum an Handlungsspielraum mit der Entscheidung zum Weiterleben ist dann identisch mit Schuld. Sartre, Amery, griechische Tragödien und einige Religionen haben sich mit solchen existentiellen Situationen auseinandergesetzt.

Nicht jede traumatisierende Situation war eine solche Grenzsituation. Mir haben sich ergänzend in diesem Kontext noch einige andere Aspekte bewährt. Auch ich habe die Erfahrung gemacht, daß manche Menschen, wenn auch hochambivalent, um ihre Schuld, ihre Täterschaft fast kämpfen. Es scheint etwas zu geben, was noch Unerträglicher wäre als Mitschuld. Das ist im allgemeinen das Eingeständnis völliger Ohnmacht und Hilflosigkeit. Jedes Eingeständnis, jede Annäherung an solche Empfindungen kann als eine Art Trigger wirken für das, was Krystal als katastrophische traumatische Erfahrung beschrieben hat und was bereits während der Traumatisierung oder unmittelbar danach durch den Einsatz aller verfügbaren Coping-Mechanismen aus dem Bewußtsein gedrängt werden mußte: Die Erfahrung völliger Hilflosigkeit, Schutzlosigkeit, totalen Ausgeliefertseins mit der Zerstörung aller Schutzmechanismen des seelischen Apparates, also die Erfahrung des Verlustes des eigenen Selbst als Subjekt. Schuldgefühle und die Phantasie einer Mittäterschaft sind auf diesem Hintergrund auch Abwehrmechanismen gegen eine retraumatisierende Dekompensation mit dem Wiederauftauchen und erneuten Durchleiden traumatischer Erfahrungen. Wie die anderen Bewältigungsversuche hat auch dieser seinen Preis: Selbstvorwürfe, Scham, Schuldgefühle. Andererseits steckt aber in der Phantasie einer Mittäterschaft auch ein progressives Element: Ich bin selbst in einer extremen Situation Subjekt geblieben, nicht völlig ausgeliefert und ohne Einfluß gewesen.

Es hat sich mir nun bewährt, in der therapeutischen Arbeit die Phantasie einer Täterschaft als progressives Element zu akzeptieren, sie aber möglichst aus ihrem bisherigen Kontext zu lösen. Ich glaube nämlich, daß ein Kind, ein Schulkind oder eine Frühpubertäre sich nicht sehr viel Mittäterschaft bei Kindesmißhandlungen oder Kindesmißbrauch zuschreiben muß. Ich glaube aber, daß sie oder er eine innerseelische Täterschaft haben, nämlich bei der Veränderung der eigenen Wahrnehmung. Bevor Coping-Strategien zu Mechanismen oder Automatismen werden, haben sie bewußte oder bewußtseinsnahe Anteile. Da gab es eine, wenn auch begrenzte Entscheidungsfreiheit, da gab es Gestaltungsspielraum, wie das Bewußtsein verändert und beeinflußt wurde. Die autoprotektiven, aber auch autoaggressiven Anteile dieser Vorgänge verständnisvoll zu bearbeiten, ist nach meiner Erfahrung sehr hilfreich. Diese Arbeit läßt den PatientInnen auch die Würde, Subjekte geblieben zu sein, und erlaubt die Bearbeitung von Teilaspekten der inneren Täterschaft da, wo wirklich eine Beteiligung stattgefunden hat.

Ich darf zusammenfassen: Traumatisierende Erfahrungen mobilisieren Coping-Mechanismen, die die Wahrnehmung der Traumatisierung verhindern oder verändern. Folgt keine Bewältigung der traumatischen Erfahrungen, müssen die Coping-Mechanismen persistieren. Sie können sich als innerseelischen Mechanismen oder Verhaltens-Automatismen verselbständigen und generalisieren. Unterschiedliche psychoanalytische Denktraditionen haben Patienten eher als Objekte, als Opfer kausaler Bedingungen verstanden oder eher als Subjekte, als Täter oder Mittäter mit Intentionen und Handlungsfreiheiten bei der Bewältigung des eigenen Schicksals. Traumatisierte PatientInnen kämpfen gelegentlich auch deshalb um ihre Mittäterschaft, weil sie sonst mit der zutiefst kränkenden Erfahrung eines Verlustes des eigenen Selbst als reaktionsfähigem Subjekt konfrontiert wären. In der Therapie kann es hilfreich sein, ihre Mittäterschaft auf die aktiven Veränderungen ihrer

Wahrnehmung zu beziehen, dort anzuerkennen und zu bearbeiten. Autoplastische Wahrnehmungsveränderung ist autoprotektiv und autoaggressiv.

## Literatur

Arnold, W., Eysenck H.J., Meili R. (1980): Lexikon der Psychologie Bd. 1. Freiburg, Basel, Wien (Herder).

Ehlert, M., Lorke, B. (1988): Zur Psychodynamik der traumatischen Reaktion. Psyche 42, 1989, S. 502–532.

Herman, J.L., Perry, J.C., van der Kolk, B.A. (1989): Childhood trauma in borderline personality disorder. American Journal of Psychiatry 146(4), 1989, S. 490–495.

Herman, J.L. (1994): Die Narben der Gewalt. München (Kindler).

Hirsch, M (1987): Realer Inzest. Psychodynamik des sexuellen Mißbrauchs in der Familie. Berlin, Heidelberg, New York (Springer). 3. Aufl. 1994.

Kögler, M. (1991): Die Verarbeitung des Inzesttraumas in der psychoanalytischen Behandlung. Forum Psychoanal 7, 1991, S. 202–213.

Krystal, H. (Hg.), (1988): Integration and Self-Healing. Affect – Trauma - Alexithymia. Hillsdale, New Jersey (The Analytic Press).

Küchenhoff, J. (1990): Die Repräsentation früher Traumata in der Übertragung. Forum Psychoanal 6, 1990, S. 15–31.

Niederland, W.G. (1980): Folgen der Verfolgung: Das Überlebenden-Syndrom. Seelenmord. Frankfurt a.M. (Suhrkamp).

Pahl, J. (1994): Regression, Progression und Psychische Gesundheit. Die Begriffe und ihre Phänomenologie innerhalb des psychotherapeutischen Prozesses. Imagination 16 (3), 1994, S. 5–22.

Reddemann, L., Sachsse, U. (1996): Imaginative Psychotherapieverfahren zur Behandlung in der Kindheit traumatisierter PatientInnen. Psychotherapeut 41, 1996.

Sachsse, U. (1987): Selbstbeschädigung als Selbstfürsorge. Zur intrapersonalen und interpersonellen Psychodynamik schwerer Selbstbeschädigungen der Haut. Forum Psychoanal 3, 1987, S. 51–70.

Sachsse, U. (1994): Selbstverletzendes Verhalten. Psychodynamik – Psychotherapie. Göttingen (Vandenhoeck & Ruprecht). 3. Aufl. 1996.

Sachsse, U. (1995): Die Psychodynamik der Borderline-Persönlichkeitsstörung als Traumafolge. Forum Psychoanal 11, 1995, S. 50–61.

Segal, H. (1974): Melanie Klein. Eine Einführung in ihr Werk. München (Kindler).

Stone, M. H. (1990): Abuse and abusiveness in borderline personality disorder. In: Links, P. (Hg.) (1990): Family environment and borderline personality disorder. Washington (American Psychiatric Press).

Stone, M. H. (1990): Incest in the borderline patient. In Kluft, R.P. (Hg.) (1990): Incest-related syndromes of adult Psychopathology. Washington (American Psychiatric Press).

Tameling, A. (1992): Das Körperbild von psychisch kranken Patienten mit selbstverletzendem Verhalten. Eine Untersuchung mit der Holtzmann-Inkplot-Technik. Diplomarbeit im Studienfach Psychologie, Georg-August-Universität Göttingen.

Tameling, A., Sachsse, U. (1996): Symptomkomplex, Traumaprävalenz und Körperbild von psychisch Kranken mit selbstverletzendem Verhalten (SVV). Psychother Psychosom med Psychol 46, 1996.

Venzlaff, U. (1958): Die psychoreaktiven Störungen nach entschädigungspflichtigen Ereignissen. Berlin (Springer).

Zepf, S., Weidenhammer, B., Baur-Morlock, J. (1986): Realität und Phantasie. Anmerkungen zum Traumabegriff Sigmund Freuds. Psyche 40, 1986, S.124–144.

# Aggression und therapeutische Intervention bei der Behandlung von Kindern und Jugendlichen

# Seelische Krankheit und Aggression

## A. Greens Konzept der toten Mutter am Beispiel einer Kindertherapie

*Horst Kämpfer*

Um den Rahmen abzustecken, in dem sich meine Überlegungen zum Komplex der „toten Mutter" bewegen, möchte ich zunächst an die Gedanken von Heinz Kohut erinnern.

1965 hielt Heinz Kohut seinen Vortrag über „Formen und Umformungen des Narzißmus" in New York und leitete damit ein neues Nachdenken über die psychodynamischen Annahmen des Narzißmus ein, in dem er für den Narzißmus eine eigene Entwicklungslinie entwarf. Sechs Jahre später folgte seine ebenfalls in New York vorgetragene Arbeit mit dem Titel „Überlegungen zum Narzißmus und zur narzißtischen Wut."

Kohut ist in beiden grundlegenden Arbeiten an der Differenzierung des sogenannten primären Narzißmus interessiert. Aufgrund der normalen Störungen des narzißtischen Gleichgewichtes in der Entwicklung des Individuums differenziert sich der primäre Narzißmus in das narzißtische Selbst und die idealisierte Elternimago. Diese zwei Entwicklungsfacetten des Narzißmus sind in ihrem Ursprung Versuche, mit absolutistischem Anspruch einen omnipotenten Raum zu erhalten. Da das Individuum zur Aufrechterhaltung seines Selbst und seiner Selbstachtung zunächst auf die bedingungslose Verfügbarkeit der billigend-spiegelnden Funktionen eines bewundernden Selbstobjektes oder auf die stets vorhandene Möglichkeit zur Verschmelzung mit einem idealisierten Selbstobjekt angewiesen ist, lösen Irritationen im frühen Dialog leicht quälende Scham und heftige narzißtische Wut aus (vgl. Kohut, 1975, S. 233). Dies gehört, wenn die Irritationen ein gewisses Maß nicht übersteigen, zu einer normalen Entwicklung. Für die Entwicklung nun ist es von großer Bedeutung, daß die Bezugsperson in der Lage ist, die inneren Erregungen des Kindes, die durch die Irritationen ausgelöst werden, aufzunehmen und zu verstehen. Um diesen Vorgang des Aufnehmens und Verstehens zu beschreiben, greift man in der Theorie gern auf orale Bilder zurück. So spricht man von einem inneren Raum, in den etwas hineingenommen und verdaut wird. Das so „Verdaute", Verstandene und in irgendeiner Form zum Ausdruck gebrachte, kann dann vom Kind wieder reintrojiziert werden. Was hier wie ein zeitlicher Ablauf beschrieben wird, ist in der Realität der frühen Interaktionen und Beziehungen ein beständig hin- und herfließender Vorgang.

Dieser frühe psychodialogische Prozeß ist m. E. auch die Quelle für das Erleben von Sinn oder die Destruktion von Sinn. Mit dem Stichwort Sinn ist eine Kategorie eingeführt, die mich u. a. an dem Konzept von André Green sehr angesprochen hat. Sinn entsteht m. E. dann, wenn in und aufgrund der frühen Beziehungen und Interaktionen aus Überflutungen[1] (sprich Triebhaftem) Ich-Erfahrungen werden (vgl. Winnicott 1956). Ich-Erfahrungen entstehen, wenn das Kind in dem komplexen Zusammenspiel von Mutter/Vater und Kind, von Trieb und Objekt, erfährt, daß es etwas bewegen, bewirken und ertragen kann und wenn für das Kind erwartbar und schließlich auch erfahrbar ist, daß dies morgen in gleicher Weise wieder geschehen wird. Parallel dazu muß das Kind erleben können, daß seine Erregungen, die dies Geschehen begleiten, z. B. von der Mutter aufgenommen, getragen/gehalten, verdaut und schließlich von Kind und Mutter als nunmehr Gefühl und Gedanke geteilt werden können. In einem so gestalteten psychodialogischen Prozeß erlebt sich das Kind in einem sinnhaften Lebens-

---

[1] Ich nenne diese ungerichteten und unorganisierten Erregungen im Rückgriff auf die Mythologie „Überflutungen", weil ich vermute, daß sich in den Geschichten über die Urflut jene Ursprungserfahrungen des Menschen niedergeschlagen haben. (Vgl. Genesis 1. 6–8; Matthäus 14, 22–33; Kämpfer 1980, S. 427–437; Brunotte 1995, S. 100–110).

Es geht in diesen Geschichten meist darum, wie bestimmte Formen der Beziehung den Umgang mit den Urkräften der Flut, des Wassers, des Triebhaften ermöglichen oder wie deren kreative, schöpferische Potenzen genutzt werden können. So wird etwa in der alttestamentlichen Geschichte der Sintflut (Gen. 1. 6–8) erzählt, wie eine besondere Liebesbeziehung zwischen Vater (Mutter) und Kind, Gott und Noah, dabei behilflich ist, eine innere Struktur aufzubauen, die es erlaubt, auf den Fluten des Ubw. „zu fahren", ja sie so zu überleben, daß es zu einer reiferen Beziehungsform kommen kann.(Man vgl. auch die Ähnlichkeit mit Freuds Bild des Reiters, der die überlegene Kraft des Pferdes zügeln soll. GW XIII, S. 253) In der Geschichte wird z. B. durch die Angabe eines genauen Bauplanes für die Arche eine Struktur benannt, durch die es möglich wird, auf den Fluten zu fahren, sie zu überleben und infolgedessen neue Beziehungsformen zu entwickeln. Theologisch spricht man am Ende der Sintflut von dem „neuen Bund" zwischen Gott und Mensch.

zusammenhang.[2] Sinn kann also verstanden werden als Resultat eines intrapsychischen und eines interpsychischen Prozesses, der der wiederholenden Bestätigung im frühen Dialog bedarf. Im analytisch therapeutischen setting ist die Deutung der Versuch, Sinn zu stiften.

In der narzißtischen Kränkung erlebt das Individuum, daß ein für es selbst zunächst sinnhafter Lebens- und Beziehungszusammenhang irritiert oder destruiert wird. Es reagiert darauf entweder mit schamerfülltem Rückzug oder mit narzißtischer Wut. Die narzißtische Wut, drängt das Individuum dazu, das Kränkende zu vernichten. M. E. ist die Wut in diesem Falle nicht objektgerichtet sondern primär situationsgerichtet. Die narzißtische Wut kann so gesehen auch als Versuch verstanden werden, den Zustand, in dem Sinnlosigkeit empfunden wird, zu beseitigen, um so zu Situationen wohlwollend spiegelnder Interaktion oder der Möglichkeit zur Verschmelzung mit dem idealisierten Objekt zurückzukehren. Dieser Faden des Verlustes an Sinn oder der Sinnzerstörung spielt in meiner Rezeption des Konzeptes von André Green eine wichtige Rolle. Deshalb habe ich ihn hier als Ergänzung des Kohut'schen Grundgedankens vorweggestellt.

Doch bevor ich zum Konzept der „toten Mutter" selbst komme, sei der Rahmen noch an einer anderen Ecke abgesteckt. Gerade jene Entwicklungsprozesse, deren Grundlage der frühe Dialog ist, basieren auf den Möglichkeiten, die Grenzen zwischen Innen und Außen zunächst fließend zu halten, d. h. durch Vorgänge der In- und Exkorporation, der Introjektion und Projektion, der introjektiven und der projektiven Identifikation die innere Welt der Objekte, also der Selbst- und Objektrepräsentanzen zu entwickeln und so zu einer Differenzierung der Triebe beizutragen. In den letzten Jahren wurde in der psychoanalytischen Theorieentwicklung immer wieder darauf aufmerksam gemacht, daß es Introjekte gibt, die sich der Assimilation in bestehende Selbst- und Objektrepräsentanzen entziehen. Diese Introjekte erscheinen wie Fremdkörper im Ich, eingekapselt und dennoch hochwirksam. Ich erinnere hier an die Arbeit von Maria Torok und den von ihr verwandten Begriff des „Cadavre exquis" oder an die Gedanken von Matthias Hirsch zum „unassimilierbaren Introjekt" und schließlich noch an Küchenhoffs Begriff des „traumatischen Objektes" oder des „melancholischen Objektes" oder an seine Arbeit über die „Krypta im Ich". Die Formulierung „Krypta im Ich"

---

2 Zu diesen Formulierungen bin ich sowohl durch Sterns Verständnis der „Repräsentanz generalisierter Interaktionen" als auch durch Bions Darstellungen der Modelle Container-Contained und Beta Elemente, Alpha-Funktionen und Alpha Elemente angeregt worden.

stammt von Abraham und Torok. Bei all diesen Beschreibungen handelt es sich um Introjekte, mit denen eine Identifikation aus unterschiedlichen Motiven entweder nicht möglich ist oder um solche, die so bestimmend sind, daß sie das Ich zur Gänze ausfüllen. Es wird also zu fragen sein, um welche Art der Verinnerlichung es sich beim Phantasma der toten Mutter handelt.

## Zum Konzept der toten Mutter

Versuchen wir uns jene Szenen, jene Interaktionen vorzustellen, deren Engramme schließlich die innere Welt des Kindes in der Weise strukturieren, welche uns hier beschäftigen soll. Zu den vielen hinreichend guten und sehr komplexen Erfahrungen treten also jene, in der alles geschieht, wie es immer geschieht, nur daß diesmal die Mutter psychisch abwesend ist. Sie ist von einer Trauer gefangen, so daß sie die psychische Besetzung vom Kind zurückgenommen hat. Die Trauer der Mutter mag unterschiedliche Ursachen haben: Ein naher Angehöriger ist verstorben, der Ehemann hat sich von der Frau abgewandt, oder die Mutter hat mit einer Krankheit oder mit Verlust ihrer körperlichen Integrität zu kämpfen. Die Situation, die hier interessiert, zeigt also eine Mutter, die die Versorgung ihres Kindes in gewohnter Weise beibehält. Die grundlegende Veränderung der Mutter-Kind-Interaktion liegt in dem Besetzungsentzug. Für das Kind ist dieser Besetzungsentzug unverstehbar, ohne Sinn.

Der Besetzungsabzug durch die Mutter ist eine enorme narzißtische Verletzung des Kindes, die zu einer Mutation der Mutterimago führt. Um nicht einen Totalverlust der Mutter zu erleiden, reagiert das Kind seinerseits mit einem Besetzungsabzug vom mütterlichen Objekt und schützt so sich und wichtige Anteile des mütterlichen Objektes. (Es geht, das sei hier immer wieder festgehalten, gerade nicht um den totalen Verlust des mütterlichen Objektes, wie es eine Trennung oder der Tod mit sich bringen würde.)

Der Besetzungsabzug vom mütterlichen Objekt durch das Kind ist, so Green, ein ohne Haß am mütterlichen Objekt vollzogener Mord. Das geschädigte, wie ein partiell blinder Spiegel sich zeigende Objekt, darf um keinen Preis noch mehr geschädigt werden. Was durch den Besetzungsabzug, den das Kind vornimmt, geschieht, ist ja die Modifikation der Objektbeziehung zur veränderten mütterlichen Imago. Viele Formen der Objektbeziehungen bleiben erhalten, da ja nicht die Imago an sich verworfen wird. So kommt es, daß Green von einem „Loch im Gefüge der an der mütterlichen Imago gebundenen Objektbeziehung" (S. 215) spricht. Dabei wird nicht ausgeschlossen, daß es parallel dazu Spuren eines bösen Objektes als weitere Quelle von Haß gibt. Die Besonderheit der toten Mutter als innerem Objekt ist aber gerade, daß dieser Teil der Mutter-Imago devitalisiert ist. Man ahnt, daß für ein solches Individuum das Lebendige selbst zur Bedrohung wird, weil, wie Winfrid Trimborn es in seiner Arbeit über das Jagdgewehr von Yasushi Inoue formuliert hat, „Aktivität, Aggressivität und Sexualität, also Lebendigkeit als ein (en) zerstörerischer Akt erlebt und mit einem tödlichen Verlust verknüpft wird." Die Übergänge zwischen unserem herkömmlichen Verständnis der Depression und dem Komplex der toten Mutter sind sicher fließend. Doch zurück zu den Abwehroperationen aufgrund des Besetzungsentzuges.

Eine weitere parallel laufende Reaktion, um den totalen Verlust zu vermeiden, ist schließlich die unbewußte Identifikation mit der toten Mutter. Es handelt sich hierbei um eine Spiegel-Identifikation, womit gesagt sein soll, daß es zu einer Symmetrie in den Reaktionen, zu einer Art Mimikry kommt, was als Wiedervereinigungsversuch mit der Mutter verstanden werden kann. Es geht darum, weiter das Objekt zu besitzen, „in dem man nicht wie es ist, sondern zu ihm selbst wird." (S. 215) Das Kind, so kann man im übrigen auch beobachten, hatte natürlich auch anderes unternommen, um die Diffusion des Dialoges zu beenden. Durch Erregung etwa oder künstliche Fröhlichkeit hatte es versucht, die Mutter wiederzubeleben und war damit gescheitert und noch einmal gekränkt, da schon sicher geglaubte Wirkmöglichkeiten wirkungslos blieben. So blieb also, um die Verbindung zur Mutter zu erhalten, jene sich unbewußt vollziehende Spiegelidentifikation. Es ist eine Identifizierung, die den Verzicht auf das Objekt ermöglicht und gleichzeitig, wie Green sich ausdrückt, seine „kannibalistische Konservierung" (S. 215) bedeutet. Da die Identifizierung sich unbewußt gegen Wissen und Willen des Subjekts vollzieht, bleibt sie fremd für das Subjekt, also nicht assimilierbar. Im Stichwort „kannibalistische Konservierung" ist dieser Gedanke gefaßt. Der häufig zu beobachtende Rückzug des Kindes bedeutet eben nicht, daß es sich nicht doch identifiziert und daß es so letztlich an das innere wie äußere Objekt gebunden bleibt.

Die Spiegelidentifikation hat, wie schon erwähnt, Ähnlichkeiten mit dem Phänomen des Mimikry und der melancholischen Identifizierung. Bei der melancholischen Identifizierung ist allerdings die hohe Ambivalenz gegenüber einem nun verlorenen Objekt das Motiv für die Identifizierung. Im Phänomen der toten Mutter geht es aber nicht um einen Objektverlust, sondern, wenn man so will, um eine Objektmutation und damit verbunden um den

Verlust von Sinn im frühen Dialog. Weil aber das Ich aufgrund der Spiegelidentifikation von der toten Mutter besetzt ist, können andere Objekte nicht wirklich introjiziert werden.

Ich möchte hier einen Gedanken von Küchenhoff aus seiner Arbeit: „Die Repräsentation früher Traumata in der Übertragung" einfügen, der m. E. zum Verstehen des zuletzt Gesagten noch etwas beitragen kann. Freud hatte 1923 in „Das Ich und das Es" formuliert, „ daß der Charakter des Ichs ein Niederschlag der aufgegebenen Objektbesetzungen ist, die Geschichte dieser Objektwahlen enthält" (S. 257). Auf diesem Hintergrund formuliert Küchenhoff in Abgrenzung gegenüber späteren Traumata für das frühe Trauma: „Anders als das späte Trauma bleibt es (das frühe Trauma) dem 'Apparat'nicht äußerlich, vielmehr wird die traumatische Erfahrung zum Teil des psychischen Apparates. Die traumatische Erfahrung wird, mit anderen Worten, zum transzendentalen Bestandteil der Erfahrungskategorien, also zu einem subjektiven a priori jeder möglichen Erfahrung. Insofern stellt das frühe Trauma ein ganz anderes psychodynamisches Problem dar: seine Assimilation ist so total, daß das Trauma Ich- und Weltbild wird, während das späte Trauma ein Fremdkörper für das Erleben bleibt, (der freilich alle anderen Erlebnisweisen in Mitleidenschaft ziehen kann.)" (S. 18). Dieses Zitat macht m. E. sehr deutlich was gemeint sein kann, wenn Green davon spricht, daß das Ich von der toten Mutter besetzt ist. Diesen Gedanken noch etwas weiterführend bemerkt Green:" Alles in allem bleiben die Objekte des Subjekts immer an der Grenze des Ichs, nicht ganz drinnen und nicht ganz draußen." Wenn man also annimmt, daß, wie Küchenhoff es als Besonderheit früher Traumaerfahrungen beschreibt," das Trauma Ich- und Weltbild" werden kann, dann wird in jeder neuen Objektbeziehung befürchtet, daß sich das Trauma wiederholt. Und so wird es verstehbar, daß das Subjekt, das unter der Herrschaft der toten Mutter steht, mit allen weiteren Objektbeziehungen vorsichtig und ängstlich ist.

Um der Sinnlosigkeit dieser besonderen Interaktion mit einer „toten Mutter" zu begegnen, greift das Kind zu Abwehrphantasien, denn alles, was das Kind an und mit der Mutter erlebte, hatte keinen Bezug zu der konkreten Interaktionssituation: Die Trauer der Mutter kam nicht aus der Beziehung Mutter-Kind. Das heißt, ein gemeinsames Verstehen dessen, was doch beide so fundamental betraf, war unmöglich oder zumindest enorm erschwert. So könnte das Kind die von negativen Größenvorstellungen geprägte Phantasie entwickeln, selbst verantwortlich für die Veränderung zu sein. Bei der Stärke der mütterlichen Reaktion kann das Kind dann die Phantasie haben, daß „zu sein" verboten ist. Gerade diese Phantasie in Verbindung mit einer weiteren unbewußten Identifikation, nämlich mit dem Objekt der Trauer der Mutter, macht bei Patienten, die von einer toten Mutter besetzt sind, die häufig zu beobachtende Suizidneigung aus. Denn die Identifikation mit dem Objekt der Trauer der Mutter bedeutet ja in der Folge eine Rivalität mit einer Beschädigung oder einem Toten.[3] Eine andere Möglichkeit einer Ursache für das plötzlich sich verdunkelnde Auge der Mutter könnte im Vater zu suchen sein. Auf diesem Phantasiehintergrund ist häufig eine verfrühte Rivalität und Triangulierung zu beobachten, die zu einem verfrühten Ödipus führen kann.

Und doch scheinen alle Phantasien den Verlust an Sinn nur mangelhaft kompensieren zu können. Das Kind muß mit einer paradoxen Situation umgehen: mit einer anwesenden und zugleich abwesenden Mutter/Brust. Nun trägt die Sehnsucht der ehemals erfüllenden Brust den Schatten ihres Verlustes in sich, wodurch die Sehnsucht selbst beängstigend wird. Und so entsteht das Gefühl der Unsicherheit, ob denn das ehemalige Glück insgesamt eine Täuschung war: vielleicht, so fragt sich das Kind, bin ich nie wirklich geliebt worden. (Vgl. S. 226) Das Subjekt reagiert, so Green, mit einer zweiten Abwehrfront, die im wesentlichen drei Ausprägungen hat:

1. „Die Auslösung eines sekundären Hasses, der weder primär noch ursprünglich ist, bringt regressive Inkorporationswünsche ins Spiel, wie auch von manischem Sadismus eingefärbte anale Positionen, in denen es darum geht, das Objekt zu beherrschen, zu beschmutzen, sich an ihm zu rächen usw." (S. 216) (Hier wird der Bezug zu meinem Titelwortspiel „seelische Krankheit und Aggression" deutlich.)
2. Das Subjekt unternimmt den Versuch, durch autoerotische Erregung Lust zu erleben, um die Sinnleere aufzufüllen – eine Lust, die eher mit dem Begriff Organlust zu umschreiben ist, da sie das Objekt lediglich wegen seiner Möglichkeit Lust zu verschaffen sucht, d. h. das Objekt wird nicht als Eigenes geachtet oder geliebt.
3. „Schließlich und vor allem strukturiert eine Suche nach dem verlorenen Sinn die vorzeitige Entwicklung der phantasmatischen und intellektuellen Fähigkeiten des Ichs." (S. 217)

Durch die Leere der Sinnlosigkeit bedroht kommt es zu ungehaltenen und unbezogenen Triebausbrüchen. So berichten häufig Eltern, die ihr Kind, das möglicherweise unter dem Komplex der toten Mutter leidet, in die Therapie

---

3 Das Kind reagiert also auf den Besetzungsabzug mit einer doppelten Identifikation: Zum einen identifizert es sich mit der toten Mutter und zum anderen mit dem Objekt ihrer Trauer.

bringen von heftigen Wutausbrüchen, die es ausschließlich zu Hause gibt. Die Eltern selbst oder die Geschwister werden attakiert aufgrund winziger Anlässe. Der Haß, die Verzweiflung oder auch der Rückzug stehen in gar keinem Verhältnis zu dem Anlaß, den das Kind benennt oder den die Familie selbst erkennt; dabei sei das Kind doch sehr klug und in Gesprächen sehr einsichtig. So stehen plötzlich die Eltern vor einer Situation, die keinen Sinn macht. Bei dem Kind können diese Erregungen auch als Versuch verstanden werden, die Leere zu füllen, dem früher erlebten Geschehen durch nachträgliche Aktionen einen Sinn zu verleihen. Die verfrühte Entwicklung der intellektuellen und phantasmatischen Fähigkeiten scheint diesem Ziel besonders Rechnung zu tragen.

Zusammenfassend und als Überleitung zu meinem Fall soll noch einmal Andrè Green mit ein paar beschreibenden Bemerkungen selbst zu Wort kommen: „Stillgelegt in ihrer Fähigkeit zu lieben, können Subjekte, die unter der Herrschaft der toten Mutter stehen, nur noch versuchen, Autonomie zu erlangen. Etwas miteinander zu teilen bleibt ihnen versagt. Damit wechselt die Einsamkeit, bisher als ängstigende Situation vermieden, die Vorzeichen. Aus negativer Einsamkeit wird positive Einsamkeit. Früher ihr geflohen sucht man sie jetzt auf. Das Subjekt richtet sich in seinem Nest ein. Es wird zu seiner eigenen Mutter, bleibt aber Gefangener seiner Lebensökonomie" (S. 221).

## Fallbeispiel

Kai ist ein Junge von 10 Jahren. Er wirkt vorsichtig, ängstlich und unerreichbar. Seine Höflichkeit und Sprache passen nicht recht zu seinem Alter.

Seine Eltern machen sich Sorgen, weil er sich bei kleinsten Differenzen zu Hause tief betroffen zurückzieht und zum Ausdruck bringt, daß er nicht mehr leben möchte. Er näßt manchmal nachts ein.

Aus dem Gespräch mit den Eltern wußte ich, daß Schwangerschaft und Geburt schwer waren, es gab unterschiedliche Komplikationen. Der Vater war bei der Geburt anwesend und doch von eigenen Problemen so sehr bestimmt, daß sich seine Frau verlassen und schlecht versorgt fühlte. Er hatte schließlich große Sorge, daß sein Sohn behindert sein könnte. Zwischen Vater und Sohn gab es eine komplizierte Rivalität um den Körper der Mutter.

Die Mutter hatte gerade im ersten Lebensjahr von Kai mit schwierigen Krankheiten und damit verbundenen depressiven Gefühlen zu kämpfen.

Als Kai vier Jahre alt war, zog eine Verwandte in die Wohnung, da sie aufgrund einer totbringenden Krankheit pflegebedürftig geworden war. Kai hatte, so die Eltern, sein Zimmer freiwillig zur Verfügung gestellt. Er war auch ein wenig eifersüchtig gewesen, da die Frau viel Zeit und Pflege beansprucht hatte. Kurz vor seinem fünften Geburtstag starb sie.

In unserer ersten Begegnung betritt Kai das Behandlungszimmer nur zwei Schritt weit, läßt sich dann auf dem Fußboden nieder und baut still mit den Bauklötzen. Er ist dabei sehr abgegrenzt, sagt kein Wort und baut ein massives Haus mit nur einem Eingang. Eine kleine Verletzung an seinem Finger behindert ihn ein wenig bei der Arbeit. Ich spreche ihn darauf an, daß er sich schützen möchte und doch Verletzungen nicht zu vermeiden sind. Es könnte sein, daß ihn das so traurig macht, daß er manchmal nicht mehr leben möchte. Es folgt ein höfliches: es könnte sein. Kai nimmt einen Holztrecker mit Anhänger und fährt etwas auf dem Teppich hin und her. Ich nehme einen Laster und fahre auf ihn zu und frage, ob man etwas umladen könnte. Keine Reaktion.

Schließlich nimmt Kai noch einmal alle Klötze zusammen und verbaut sie fast zwanghaft zu einem Tempel – massiv, klotzig aber schön. Wenn ihm etwas umfällt, baut er es wieder auf, sehr konsequent bei der Sache bleibend. Ich kommentiere: ein Ort wo die Götter wohnen: Nicken; wo die Toten wohnen: Heftiges Nein.

Es ist wirklich ein schönes Gebäude; nachdem er schon gegangen ist, schaue ich noch lange sein Bauwerk an – ich mag es nicht wegräumen.

In der zweiten Stunde scheint Kai etwas aufgeschlossener – doch ich merke schnell, daß er eine Möglichkeit hat, sich auf mich einzustellen, ohne sich einzulassen. Ich selbst habe bald ein Gefühl, auf dem Prüfstand zu stehen. Wieder betritt er meinen Raum nur zwei Schritt weit, um sich dann auf der Erde niederzulassen. Wieder baut er Burgen/Schutzräume. „Da scheint es, vielleicht nachts, eine Gefahr zu geben, vor der du dich schützen mußt". Geradezu bereitwillig erzählt er klar und höflich, daß er Angst vor Einbrechern habe und daß er, wenn er und seine ältere Schwester allein zu Hause seien, nachts mit einem Messer durch das Haus wandert.

Nachdem er wieder einen wunderbaren Schutzraum gebaut hat, spielt er noch ein wenig mit einem Porsche. Ich nehme ein zweites Auto und versuche erneut einen Kontakt. Es kommt zu einem kurzen Zusammenstoß – dabei beschädigt mein Fahrzeug eine Ecke seines Hauses. Es bleibt keine Zeit zur Wiedergutmachung; er selbst fährt sein Gebäude völlig zusammen, bis auf eine Sicherheitskammer für Menschen.

Wir beide waren einen Moment erregt, aber das Gefühl schien nicht teilbar. Bei allem blieb er abgegrenzt und unerreichbar und ich hatte das Gefühl, als säße er weit über mir. In mir entstand am Ende der Stunde das Bild eines Kinderpharaos, der seine Deuter und Berater, wenn sie nicht das Richtige tun oder sagen, den Krokodilen zum Fraß vorwirft.

Mir gefiel dieser Junge, und obwohl ich einerseits ein sehr unsicheres Gefühl hatte, ob es denn zu einem Kontakt gekommen war, hatte ich doch andererseits mich sehr bewegende Gefühle. Meine Gedanken kreisen um Stichworte wie Schutz, Gefangenschaft, Überwältigung, Abhängigkeit, Unabhängigkeit, Sicherheit, Gefährdung, Erhalten, Tod und Leben. Er schien mir einsam, begabt und um Autonomie ringend und gleichzeitig gefährdet und zerbrechlich: gefährdet und zerbrechlich waren sowohl das Selbst als auch das Objekt. Ich spürte etwas von einer narzißtischen Wut, in der Vernichtung eine Rolle spielt. Er hatte mir davon etwas gezeigt, als er das leicht beschädigte Haus total zerstörte – allerdings bis auf eine Sicherheitskammer. Bald schon sollte ich noch deutlicher erfahren, wie bedroht er sich fühlte und wie gefährdet er war.

Knapp zwei Wochen vor dem ersten offiziellen Therapietermin fuhr Kai mit seinem Rad an einen Bordstein, fiel und brach sich den Oberschenkel.

In den beiden Stunden mit ihm hatte ich einen seiner depressiv/narzißtischen Zusammenbrüche erlebt, die ja auch Anlaß für die Anmeldung waren. Ich spürte in mir ein Schuldgefühl. Er hatte also auch mich als jemanden erfahren, der Kontaktwünsche an ihn heranträgt, was ihn ebenso existentiell zu bedrohen schien, wie möglicherweise eigene Wünsche an den Therapeuten, ihm doch behilflich zu sein.

In der Therapie schließlich, die zunächst einstündig begann, da er auf Grund von Krankengymnastik und Schule sehr stark in Anspruch genommen war, gestaltete Kai über lange Zeit immer die gleiche Szene. Er betrat meinen Raum nur zwei Schritt weit, ließ sich auf dem Fußboden nieder und baute mit den Bauklötzen Burgen, Verstecke, Wohnungen, Schleusen und eine Sphinx. Er war stets höflich, freundlich lächelnd – er nahm nie von sich aus Kontakt zu mir auf und bezog mich nie in seine Spiele ein. Zuhause kämpfte er heftig darum, nicht in die Therapie gehen zu müssen. Die Eltern erzählten mir, daß es zu verzweifelten Ausbrüchen käme, in denen Kai sich ausschließlich an die Mutter wendete und äußerte: „Ich will lieber sterben, als dahin zu gehen. Du zerstörst mein Leben damit, daß du sagst, daß ich dahin gehen soll; hilf mir doch Mama, ich will nicht, ich will nicht, ich will lieber sterben." In den Stunden war davon nichts zu spüren, bis auf die Tatsache, daß ich selbst mich vor der Stunde unsicher fühlte und angespannt in die jeweils nächste Sitzung ging. Bei aller Reaktionsbildung und Getrenntheit hatten die Stunden jedoch auch etwas Entspanntes, sofern es mir gelang, seinen Schutzwall zu akzeptieren oder sogar etwas zu bewundern, also Selbst-Objekt von ihm zu sein.

Ich dachte darüber nach, daß er mich vielleicht als zerstörbar erlebte, wie weit ich mit der Mutter identifiziert war, ob sich an der Therapie jener früher Elternkampf – behindert oder normal – reinszenierte und schließlich darüber, ob durch unsere mögliche neue Beziehung an das alte Trauma gemahnt die tote Mutter in ihm wachgerufen würde. Ich hatte immer mehr den Eindruck, benutzt zu werden in einem Bereich, der mir entzogen war. Vielleicht war ich das ohnmächtige Kind, daß die Auseinandersetzung der Eltern sieht in dem Gefühl, es geht um mich und geht doch eigentlich nicht um mich. Der häusliche Kampf hatte seinen Höhepunkt, als es um die zweite Stunde ging. Ich entschloß mich, einen Schritt auf Kai zuzugehen und sozusagen die Therapie von der häuslichen Szene zu trennen. Ich bot ihm an, mit ihm einen Therapie-Vertrag zu machen: Wir beide hätten darüber zu entscheiden, ob wir eine Therapie miteinander wagen wollten oder nicht. Noch in der Stunde entschied Kai sich für die Therapie und kommt seitdem selbständig und pünktlich. Es hat zuhause nie wieder einen Kampf darum gegeben.

Die Sitzungen selbst verliefen nach wie vor nach dem gleichen Muster. Er schuf mit großer Hingabe Autonomieräume, etwa ein fast zwei Quadratmeter großes Gemälde eines phantastisch differenzierten und technisch perfekten Baumhauses, zu dem ich keinen Zutritt hatte. Er selbst betrat ja meinen Raum auch nur zwei Schritt weit. Die Objekte, wie Green es beschrieben hat, blieben am Rande des Ichs, nicht ganz drinnen und nicht ganz draußen. Viele Sicherungen und Fallen schützten dieses Arrangement. Kai besetzte in dieser Zeit nicht mich als Person, sondern die Therapie, in der es ihm möglich war, in Anwesenheit eines anderen ein unberührtes Universum zu entwickeln. Gefühle der Einsamkeit, der Leere, des Verlorenseins und des nicht Genügens wurden projektiv abgewehrt und in mir deponiert.

Kai idealisierte seinen narzißtischen Rückzug. Er war sich selbst Mutter, Vater und Kind, denn es gab z. B. eine Geburtskammer auf diesem Baumhaus, zu der auch nur er Zutritt hatte. Das Mütterliche also war für ihn denkbar und gesucht, das Väterliche in Rivalität ausgeschlossen. Die Sexualität der Eltern war für ihn ausgesprochen beängstigend und bedrohlich. Darin schien es dem Vater ja zu gelingen, der Mutter Lust zu bereiten und sie so lebendig zu machen, was zum einen beängstigend ist, da das wiederbelebte Objekt erneut verloren gehen könnte, und was zum anderen heftigen Neid in Kai weckte und seine Versuche, den Vater bei der Mutter zu verdrängen, intensivierte.

Zeitweise war es für mich fast unerträglich, sein akribisches Zeichnen von Hunderten von Rohren, Leitungen, Zimmern, Treppen und Gängen, an deren Einzelheiten er sich von Stunde zu Stunde genau erinnerte, was mich andererseits auch faszinierte, zu verfolgen.

Trimborn zitiert eine Stelle aus dem Jagdgewehr, das mein Gefühl in manchen dieser Stunden wiedergibt: „Ob, wenn ich näherträte, die hohe Stille um Dich plötzlich zusammenbricht? gibt sie sich selbst die Antwort: Dieses Gedicht handelt von den Empfindungen einer bemitleidenswerten Ehefrau, die sich scheut, die Stille zu zerstören, in der Sie (Josuke; W. T.) etwa die weiße Porzellanvase aus der Zeit der Li-Dynastie betrachten, – eine Stille, bei der sie freilich gar nicht genau weiß, wie sie sie stören könnte! (Oh, was sind Sie doch für eine wohlbeschirmte, mächtige, unerträgliche Festung!) (46 f.)." (S. 214).

Der in Kais Entwicklung sich zunächst, neben der immer wieder aufflammenden offenen Ablehnung des Vaters, überwiegend autoaggressiv zeigende Haß, wurde im Laufe der Therapie zunehmend mehr gegen äußere Objekte gerichtet. So kam es zu vermehrten, teilweise verletzenden Kämpfen mit seiner Schwester, die, wenn man so will, eine wahre Freude der Eltern ist. Auch sie wurde also zur gefährlichen Rivalin bei der Mutter, da die Schwester ihr durch Leistung und Wohlgefallen Freude machen konnte.

Ein erster Zugang zur toten Mutter war möglich, als wir seine ambivalente Haltung benennen konnten, der todgeweihten Verwandten sein Zimmer zu überlassen. Er war nicht von den Eltern dazu gedrängt worden, sondern fühlte sich innerlich genötigt und wollte es doch gleichzeitig nicht. Hier wurde sozusagen das Trauma veräußerlicht: Die tote Mutter in seinem Raum. Mir erschien es, als suchte Kai in einer äußeren Inszenierung den in den frühen Szenen verlorenen Sinn. Aber Kai konnte nicht trauern um ein verlorenes Objekt – er gab ihr, wie ich viel später von ihm erfuhr, ein wichtiges Geschenk von ihr mit zurück in das Grab. Green beschreibt: „Die tote Mutter hatte beim Besetzungsentzug, dessen Objekt sie war, das wesentliche jener Liebe mit sich genommen, mit der sie vor ihrer Trauer besetzt worden war: ihren Blick, ihre Stimme, ihren Geruch, die Erinnerung an ihre Zärtlichkeit." S. 219 Ein trauriges Gefühl verband sich für ihn mit der Tatsache, daß die Frau kurz vor seinem Geburtstag gestorben war. Die Eltern waren also an seinem Geburtstag traurig. Dieser Zusammenhang war zumindest verstehbar und Kai konnte das Ganze aufrichtig blöd finden.

Später dann formulierte Kai: „Ich konnte damals nicht weinen. Ich bin zwischen den Weinenden hin- und hergelaufen und wollte sie trösten." Diese Szene ist nun auch auf der Grundlage der frühen Erfahrung von Kai zu sehen. Das primäre Objekt war das zu tröstende, das nicht zu trösten war.

Im Umfeld dieser Stunden konnte Kai auch seine Schwierigkeit mit der Mutter deutlicher formulieren. Seine „Angriffe" gegen sie führte er ja in der Weise, daß er auf Grund irgendeiner Irritation oder Belastung vor ihr zusammenbrach oder aber ausbrach, was schließlich meist in dem Satz: ich will nicht mehr leben mündete. Hierauf nun wurde die Mutter traurig und weinte, was ihm wiederum ein schlechtes Gewissen machte. Kai: „Es tut mir dann so leid, aber ich will sie auch treffen." Die Trauer der Mutter, die sich nach solchen Szenen weinend zurückzog, war so für Kai verstehbar. Wie in einem Wiederholungszwang mußte Kai die Mutter traurig machen. In einem seiner Durchbrüche war er auf die Mutter losgegangen und hatte sie geschlagen und war dann wieder zusammengebrochen und wollte nicht mehr leben. Es wirkte auf mich so, als würde er Momente seines Lebensanfanges inszenieren. Durch ihn war anscheinend einer negativen Größenphantasie folgend Mutters Gesundheit und Integrität beeinträchtigt worden, was sie in depressive Stimmungen versetzte und in ihm die Phantasie entfachte, daß „zu sein" verboten war.

Seine nächsten großen zeichnerischen Projekte waren mehrere Panzerfahrzeuge, die alle autarke Wohneinheiten waren. Beim Anfertigen dieser Gemälde rückte Kai Schritt um Schritt weiter in mein Zimmer hinein. Parallel dazu durfte ich in einem der Panzerfahrzeuge mitfahren – nicht in seinem. Seine Sprache hatte sich sehr verändert – sie hatte etwas von der anal gefärbten Rotzigkeit der Jungs in der Latenzzeit. So waren denn auch die Waffen Kot- und Urin-Kanonen, mit denen er manchmal in seiner Phantasie sogar beide Eltern beschmutzen, erschrecken und über sie herrschen wollte. Der nächste Schritt war ein Fahrzeug, das sich durch die Erde wühlt, autark und unentdeckbar, in dem auch ich ein Zimmer haben durfte. Auch Frauen gab es dort, allerdings streng getrennt von den Männern.

Er drückte damit seine Vorstellungen aus, wie es ihm möglich schien, im anderen einen Platz einzunehmen, in ihm repräsentiert zu sein. Man mußte sich hineinwühlen, unbemerkt und unabhängig bleibend. Meines Erachtens spielten hier weniger genitale Phantasien eine Rolle, sondern vielmehr ein verzweifeltes Bemühen, wieder einen Platz in der Mutter zu haben, seinen Unrat ihr zur Verarbeitung zu übergeben. In der Übertragung fand das seinen ganz eigenen Ausdruck: Er radierte mit einem Radiergummi, so daß viele kleine Kotwürste entstanden, die er zunächst auf seinem Zeichenblatt und dem Teppich verteilte. Schließlich nahm er den Radiergummi, schoß ihn in meine Richtung an mir vorbei, so daß er mitten in eine volle Kaffeetasse auf meinen Schreibtisch platschte. M. E. ging es hierbei auch um die symbolische Darstellung der Zerstörung des primären Objektes der Verschmelzung. Winnicott aufnehmend formuliert Green: „Die Auslöschung des mütterlichen Objektes und seine Transformation in die rahmengebende Struktur ist dann erreicht, wenn die Liebe des Objektes sicher genug ist, die Rolle jenes Behälters für den Vorstellungsraum zu spielen, der damit nicht mehr vom Zusammenbruch bedroht ist" (S. 232).

Ich will meine Fallschilderung hier abbrechen und zusammenfassen: Kai war in doppelter Weise identifiziert: Zum einen in Form der Spiegelidentifikation und zum anderem mit dem Objekt, um das die Mutter trauerte, das ja in diesem Fall der Verlust ihrer eigenen körperlichen Integrität war. Er war also nicht wie die Mutter, sondern wurde, zumindest in jeder Krise, selbst zur Mutter und hielt ihr so, wenn man so will, mit sich selbst einen Spiegel vor. In anderer Sprache formuliert könnte man auch sagen, daß Mutter und Sohn sich wechselseitig benutzten, um ihre Katastrophengefühle und ihre Depression im jeweils anderen zu deponieren. Das andere Objekt der Trauer war der Mann, mit dem es immer wieder heftige Kämpfe um den Körper der Mutter gab. Für Kai war zunächst entschieden, daß er in seiner Verbindung und Nähe zur Mutter einen uneinholbaren Vorsprung hatte: „Ich bin mit ihr blutsverwandt." In dieser seiner Verdichtung war sowohl eine Leugnung des Geschlechtsunterschiedes als auch des Generationenunterschiedes zu sehen. Die Brisanz gerade der frühen Lebenssituation von Kai lag allerdings auch darin, daß der Vater dieses Kind negativ, mit Skepsis und Entwertung besetzt hatte. Kai konnte sich also bei dem Zusammenbruch seiner Sinnwelt durch den Besetzungsabzug der Mutter nicht an den Vater als korrigierendes oder kompensierendes Objekt wenden. Der narzißtische Zusammenbruch war fundamental; die Umwelt hatte keine tragende Kraft; Kai fiel in eine Leere. In Träumen waren häufig beide Eltern tot und er wußte nicht mehr wohin. Andererseits wurde für Kai jeder Dritte, der mit der Mutter in einer emotionalen Beziehung stand, sie also entweder traurig oder glücklich machen konnte (also tot oder lebendig) zur Gefahr, da dadurch in jedem Fall die tote Mutter berührt war.

Es war Kai kaum möglich, Objektbeziehungen zu entwickeln. Er war in Autarkie und positiv gewendeter Einsamkeit einerseits und in Spiegelidentifikation mit der „toten Mutter" und sekundär in Identifikation mit den

Objekten ihrer Trauer andererseits gefangen. So kam es, daß wirkliches Alleinsein für Kai unmöglich war, da er von schlimmen Gefühlen der Leere und des völligen Verlassenseins in der Welt überfallen wurde, von einer, wie Green es nennt, weißen Angst.

## *Übertragung und Technik*

Wie schon in der Fallschilderung angedeutet, besetzt der P. die Therapie als Raum und zunächst nicht den Therapeuten. Der Therapeut soll in dem Raum dazu verführt werden, Selbstobjekt des P., im wesentlichen Bewunderer des P. und seiner Werke zu sein. Alle Versuche, das Geschehen zu früh als Beziehungsgeschehen zu deuten, drängen ihn erneut an den Rand des Raumes. Als ich einmal zu seinen verwirrenden Kammern und Wohnsystemen bemerkte: ich solle zwar dasein, aber ihn nicht finden, kam ein fast befreites:"Genau!" Ich war zunächst dazu da, seinen intellektuellen Konstruktionspfaden zu folgen, die er detailliert beschrieb. Dabei war es durchaus möglich, diese als symbolische Darstellungen innerer Bilder und Prozesse zu beschreiben. Dies mag intellektuell wirken, ist es m. E. aber nicht; es war eher der Versuch, Verbindungen herzustellen, die der Gefahr entgingen, eindringendes Deuten zu sein. Das Setting ist dabei ein Übergangsraum, in den der Patient etwas hineinentwirft (dies ist mehr als eine Projektion). Ebenso sind die verstehenden Bemerkungen des Therapeuten Entwürfe. Beides verbindet sich in einem intermediären Raum. Was dabei geschieht ist das gemeinsame Erschaffen einer dritten „Sache", die als etwas neues von beiden zunächst betrachtet und schließlich verinnerlicht werden kann.

Nach Überwindung der Anfangsschwierigkeiten im therapeutischen Prozeß schien es mir häufig so, als ob der P. wüßte, was in einer Therapie erzählt und zur Sprache gebracht werden müßte, worüber der Therapeut sich freute und womit er satt gemacht werden könnte. Dies ist allerdings eine Versorgung, die der ursprünglich traumatischen Szene sehr ähnlich ist: es ist eine Versorgung ohne Besetzung des Objekts. Das Subjekt des P. blieb dabei außen und geschützt vor den überwältigenden Gefühlen einer neuen Beziehung. Meines E. gelingt es dabei dem P., den Therapeuten zu nähren, ohne ihn wirklich lebendig werden zu lassen.

Green schreibt:" Die gesamte Struktur des Subjekts zielt auf ein grundlegendes Phantasma: Die tote Mutter zu nähren , um sie sich in einer lebenslangen Einbalsamierung zu erhalten." (S. 228)

Gelingt allerdings die gemeinsame Erfahrung im intermediären Raum, in dem im wesentlichen Phantasien in den Mutterleib zurückzukehren sowie oral verschlingende und analsadistische Phantasien geteilt werden konnten, beginnt die Übertragung erste Aspekte des Zusammenspiels von Objektbeziehung und Objektverwendung zu zeigen, die hauptsächlich aggressive Färbungen hat und gleichzeitig die Sorge um das Objekt enthält. In Phasen lustvoller Angriffe etwa auf die Genitalien des Therapeuten verabschiedete sich der P. mit guten Wünschen oder wollte, daß ich ihm aus dem Fenster noch einmal zuwinkte. Bei all dem muß man m. E. gewahr sein, daß z. B. ein Urlaub der Eltern ohne die Kinder den gesamten Prozeß zum stoppen bringt, da der äußere Verlust eine Wiederbelebung des Traumas zur Folge hat. Ebenso ist der Prozeß gefährdet durch zu schnell oder heftig auftauchende Wünsche an den Therapeuten.

Eine Besonderheit der Kindertherapie liegt darin, daß man die realen Eltern kennt und mit ihnen regelmäßig die Therapie begleitende Gespräche führt. Diese Tatsache hat für die Übertragungs- und Gegenübertragungsgefühle eine große Bedeutung. Nur ein Aspekt dieses komplexen Interaktionsgefüges sei hier benannt. So hatte ich z. B. der Mutter gegenüber einerseits das Gefühl, ich müßte sie tragen, schützen und lebendig machen. Und andererseits fühlte ich mich völlig inkompetent und hoffnungslos. Ich erlebte also etwas von dem, was den P. beschäftigte. Dieses gemeinsame Erleben, was im übrigen bei dem Therapeuten selbst den Komplex der toten Mutter berührt, kann leicht zu einer Verschmelzung mit dem P. führen. Uns beiden war es, wenn man so will, nicht möglich, die Mutter lebendig zu machen. Mein eigener Schritt, die Räume Therapie und Zuhause zu trennen, hatte sowohl einen progressiven als auch einen regressiv spaltenden Charakter. Von Entidealisierung betroffen, die Depression abwehrend und der Verführungs- und Widerstandskraft des P. erliegend, kann der Therapeut zu einem Alterego des P. werden und beide richten sich, einig in der gemeinsamen Abwehr, in einem idealisierten Schutzraum ein.

Die Wiederbelebung der toten Mutter, das Wiedererleben und Bearbeiten der narzißtischen Kränkung und der Trauer bleiben letztlich Ziele der Therapie. Dies kann, nach Green, nur über die Integration des Phantasmas der Urszene geschehen. Er sieht im Gegensatz zu Freud das Wesentliche der Urszene darin, daß sie sich in Abwesenheit des Subjekts abgespielt hat. Die Urszene bedeutet also eine Wiederbelebung des Komplexes der toten Mutter auf zwei Ebenen:

1. Das ausgeschlossene Individuum erlebt sich getrennt von der Mutter und es erlebt den generationellen Abstand, der unüberbrückbar ist.

2. Der Rivale um die Mutter ist diesmal nicht das Objekt der Trauer sondern vielmehr jenes dritte Objekt, nämlich der Vater, der die Mutter zu beleben versteht, ihr Lust und Genuß verschaffen kann. Beide Ebenen rühren an die traumatische Erfahrung und das Phantasma der toten Mutter. Green spricht von einer „projektiven Aktualisierung" (S. 224). So wird einerseits die narzißtische Ohnmacht, die sich diesmal in einer erlebten Interaktion gründet und damit verstehbar wird, wiederbelebt, andererseits ist durch die Identifikation mit beiden ödipalen Objekten sowohl eine Identifikation mit der toten Mutter als auch eine Identifikation mit dem Objekt, das sie wieder zu beleben versteht, möglich. Trimborn nimmt die Spannung dieser aktuellen Wiederbelebung in einer treffenden Absatzüberschrift auf:" Die Urszene als Katastrophe und als Ausweg."

Das Durcharbeiten der Urszene wird also zum Schlüssel der Bearbeitung des Komplexes der toten Mutter. An ihr wird Separation und Individuation, Generations- und Geschlechtsdifferenzierung und schließlich die ödipale Dynamik erlebbar. In der Sprache des Patienten formuliert kann sich an der Urszene ein neues Verständnis der Blutsverwandtschaft entwickeln.

## Literatur

Bion, Wilfred R. (1962): Lernen durch Erfahrung. Frankfurt 1990 (Suhrkamp).

Brunotte, U. (1995): Wasserkatastrophen – Katastrophenwasser. Von der Urflut bis zum Maelstrom. In: Daidalos 55 (März 1995), S. 100–110.

Cournut, Jean (1988): Ein Rest, der verbindet. Das unbewußte Schuldgefühl, das entlehnte betreffend. In: Jahrbuch der Psychoanalyse 22 (1988), S. 67–98.

Emde, Robert N. (1991): Die endliche und die unendliche Entwicklung. In: Psyche 45 (1991) S. 745–779.

Ferenczi, Sandor (1933): Sprachverwirrung zwischen den Erwachsenen und dem Kind. In: Schriften zur Psychoanalyse, Band 2, Frankfurt 1982 (Fischer), S. 303–313.

Green, Andrè (1983): Die tote Mutter. In: Psyche 47 (1993), S. 205–240.

Grunberger, Bela (1971): Vom Narzißmus zum Objekt. Frankfurt 1976 (Suhrkamp).

Hirsch, Mathias (1992): Das Fremde als unassimiliertes Introjekt. Vortrag DGPT-Tagung Lindau 1992.

Joseph, Betty (1991): Innere Objekte und die Strukturierung der Übertragung. In: Zeitschrift für psychoanalytische Theorie und Praxis VI (1991), S. 150ff.

Kämpfer, Horst (1980) :Mit Symbolen leben. In: Welt des Kindes 58 (1980), S. 427–437.

Kohut, Heinz (1971): Narzißmus. Eine Theorie der Behandlung narzißtischer Persönlichkeitsstörungen. Frankfurt 1973 (Suhrkamp).

ders. (1966): Formen und Umformungen des Narzißmus. In: Die Zukunft der Psychoanalyse, Frankfurt 1975, S. 140–172 (Suhrkamp).

ders. (1973): Überlegungen zum Narzißmus und zur narzißtischen Wut. In: Die Zukunft der Psychoanalyse, Frankfurt 1975, S. 205–251 (Suhrkamp).

Küchenhoff, Joachim (1990): Die Repräsentation früher Traumata in der Übertragung. In: Forum der Psychoanalyse 6 (1990), S. 15–31.

ders. (1991): Eine Krypta im Ich. Zur Identifikation mit früh verstorbenen Angehörigen. In: Forum der Psychoanalyse 7 (1991), S. 31–46.

Ogden, Thomas H. (1988) : Die projektive Identifikation. In: Forum der Psychoanalyse 4 (1988), S. 1–21.

Sandler, Joseph (1991): Über die Struktur innerer Objekte und Objektbeziehungen. In: Zeitschrift für psychoanalytische Theorie und Praxis VI (1991), S. 135–149.

ders. (1980): Zur Depression im Kindesalter. In: Psyche 34 (1980), S. 413–429.

Schafer, Roy (1976): Eine neue Sprache für die Psychoanalyse. Stuttgart 1982 (Klett-Cotta).

Stern, Daniel (1985): Die Lebenserfahrung des Säuglings. Stuttgart 1992 (Klett-Cotta).

Torok, Maria (1983): Trauerkrankheit und das Phantasma des „Cadavre exquis". In: Psyche 37 (1983), S. 497–519.

Trimborn, Winfrid: Leidenschaft und Melancholie als psychoanalytisches Thema in „Das Jagdgewehr" von Yasushi Inoue. In: Jahrbuch der Psychoanalyse Band 30, S. 211–232.

Winnicott, Donald W. (1956): Primäre Mütterlichkeit. In: Von der Kinderheilkunde zur Psychoanalyse. München 1983, S. 157–164.

ders. (1971): Objektverwendung und Identifizierung. In: Vom Spiel zur Kreativität, Stuttgart 1979, S. 101–110.

ders. (1971): Die Spiegelfunktion von Mutter und Familie in der kindlichen Entwicklung. In: Vom Spiel zur Kreativität, Stuttgart 1979, S. 128–135, (Klett-Cotta).

Zelnick, Lawrence B. und Buchholz, Ester S. (1991): „Innere Repräsentanz" und Säuglingsforschung. In: Psyche 45 (1991), S. 810–846.

# Das ausgelieferte Kind

*Barbara Pfleiderer*

Am Beispiel der Krankheitsgeschichte eines Kindes und seiner Therapie möchte ich darstellen, wie sich frühe körperliche Traumatisierungen auf die Persönlichkeitsentwicklung eines Kindes auswirken - unter besonderer Berücksichtigung der Aggressionsentwicklung. Und ich möchte den spezifischen Erfordernissen der Technik in der analytisch-therapeutischen Arbeit mit diesen Kindern nachgehen. Ausgangspunkt sind für eine solche Betrachtung das Verständnis von Trauma und die Theorie zur Aggressionsentwicklung. Ich möchte auf beides kurz eingehen:

Der Begriff Trauma stammt aus dem Griechischen und bedeutete ja ursprünglich *körperliche* Verletzung, Wunde mit den daraus entstehenden Folgen. Die Psychoanalyse hat diesen Begriff übernommen. Hier wird Trauma als die Reaktion des Menschen auf ein Ereignis verstanden, das seine bisherigen seelischen, geistigen und körperlichen Verarbeitungsmöglichkeiten überfordert oder ganz beseitigt. Freud bevorzugte die ökonomische Betrachtungsweise, ich zitiere eine seiner bekanntesten Formulierungen dazu: „Ja, der Ausdruck traumatisch hat keinen anderen als einen solchen ökonomischen Sinn. Wir nennen *so* ein Erlebnis, welches dem Seelenleben innerhalb kurzer Zeit einen so starken Reizzuwachs bringt, daß die Erledigung oder Aufarbeitung desselben in normalgewohnter Weise mißglückt, woraus dauernde Störungen im Energiebetrieb resultieren müssen" (Freud 1917 S. . . .).

Es gibt, wie wir wissen, viele weitere genauere Beschreibungen Freuds zur traumatischen Verarbeiturg solcher überfordernder Ereignisse. Ich möchte die mir hier wichtigsten zusammenfassen: die „großartige Gegenbesetzung" an der „Einbruchstelle" (Freud 1920, S. 240), die Bedeutung des „Schrecks", dessen Bedingung das Fehlen von Angstbereitschaft ist (ebda S. 241), die „narzistische Überbesetzung des leidenden Organs" (ebda S. 243) und die Gleichstellung von psychischer und körperlicher Traumatisierung: „Die intensive, infolge ihrer Unstillbarkeit stets anwachsende Sehnsuchtsbesetzung des vermißten (verlorenen) Objekts schafft dieselben ökonomischen Bedingungen wie die Schmerzbesetzung der verletzten Körperstelle und macht es möglich, von der peripherischen Bedingtheit des Körperschmerzes abzusehen! Der Übergang von Körperschmerz zum Seelenschmerz entspricht dem Wandel von narzistischer zur Objektbesetzung" (Freud 1926, S. 308). Freud sieht m. E. auch hier die Ursache für ein Trauma ausschließlich ökonomisch, er spricht vom „hohen Niveau der Besetzungs- und Bindungsverhältnisse". Mich interessiert, ob es nicht auch qualitative Unterschiede und altersbedingte geben kann.

Neuere Traumakonzepte und Aggressionstheorien, die vor allem auf dem Hintergrund der Säuglingsforschung entstanden sind, und die inzwischen vielfältigen Erfahrungen in der analytisch-therapeutischen Arbeit mit Kindern ermöglichen differenziertere Wahrnehmungen in Bezug auf die Ich-Entwicklung von traumatisierten Patienten.

Küchenhoff unterscheidet „frühe" und „späte" Traumata neben den „biographischen Regelbelastungen" (wie z. B. das Geburtstrauma). Späte Traumata treffen auf Menschen mit einem entwickelten Ich, Abwehrmechanismen, bereits vorhandenen Konfliktlösungsmustern und führen zur „Identifikation mit dem Aggressor" und zur „Identifizierung mit Aspekten der traumatischen Situation". Während man beim „frühen Trauma" von einer Überforderung eines nur teilweise sich entwickelten Ichs ausgehen kann und je nachdem, auf welcher der frühkindlichen Entwicklungsstufen das Ereignis hereinbrach, wird es zu „einem Teil des psychischen Apparates" integriert (Küchenhoff, 1990). Küchenhoff spricht von der „totalen Assimilation", das frühe Trauma werde für die Identitätsbildung verwendet, insofern könne man auch von „traumatischer Identität" sprechen. Er unterscheidet dann noch genauer: wenn ein traumatisches Ereignis ein Kind in den ersten Lebensmonaten treffe, dann werde dieses Trauma „wie eine böse und unberechenbare Brust inkorporiert" (Küchenhoff 1990, S. 18) . Auf einer späteren Entwicklungsstufe, wenn Subjekt und Objekt voneinander unterschieden werden können, könne das Trauma „introjiziert" werden. Küchenhoff bezieht sich hier auf eine Arbeit von Ehlert u. Lorke ( 1988, Psyche 6: „Zur Psychodynamik der traumatischen Reaktion"), auf die ich im Zusammenhang mit meinem Patienten noch genauer eingehen werde. „Introjektion des Traumas meint dann, daß das Kind sich immer so verhält, als wäre das Trauma anwesend, dabei hat traumatische Introjektion mehrere Anteile, je nachdem, welche Aspekte des Traumas und in welche psychische Instanz dieser Aspekt introjiziert wird" (Küchenhoff, 1990, S. 18–19).

Das das traumatische Ereignis herbeiführende Objekt oder das, was als solches vom Kind erlebt wird, bei Ferenczi wird es „Aggressor" genannt, kann ins Über-Ich introjiziert werden und dort als Teil der strafenden, verfolgenden Instanzen weiter existieren. Im Zusammenhang mit der sexuell-genitalen, der ödipalen Entwicklung können sich dann masochistische und sado-masochistische Tendenzen als „Ausdruck einer Sexualisierung der Straffunktion des Über-Ichs" (Ehlert und Lorke, 1988, S. 527) bilden.

Meine Überlegung ist, ob speziell körperliche Übergriffe, die mit extremen Schmerzempfindungen einhergehen, eine Regression erzwingen, die an das pränatale und an das Geburtserleben anschließt und eine existenzielle Verknüpfung (Verschmelzung) von Lebensgefühl, Schmerz und Schuld verursacht in der Bedeutung von „Ich bin die schlechte Brust" oder „Bei mir wird jede Brust zur vernichtenden". Im Sinne Montagus (1988, „Körperkontakt") und Anzieus (1991, „Das Haut-Ich") würde diese negative Besetzung des eigenen Körpers oder von bestimmten Körperstellen als negative schlechte Repräsentanz in das Ich des Kindes, in sein Selbsterleben integriert.

Ich kenne aus meiner therapeutischen Arbeit mit extremtraumatisierten Kindern diese Phase der Regression auf frühe Verschmelzungsbefindlichkeiten auf der Suche nach den frühesten körperlichen Empfindungen von Halt, Schutz, Geborgenheit, Wärme, liebevoller Zuwendung und Nahrung, den frühesten seelischen Befindlichkeiten von primärem Narzissmus. Als ich bei Silvia Amati in ihrer Arbeit über „Die Rückgewinnung des Schamgefühls" vom „Ambiguitätskern" oder „Verklebungskern" (nach Bleger, 1972) las, fand ich das wieder, was ich bei diesen Kindern miterleben konnte – als regressive Phase im Laufe der Therapie. Sie hatten, ähnlich wie Amati das von den durch Folter traumatisierten Menschen beschreibt, als letzten Schutz zur Erhaltung ihres Lebens in ihrem Ich die Möglichkeit wiederhergestellt oder beibehalten, in symbiotischer Verbundenheit in der primären Identifizierung „Beunruhigendes in Vertrautes" umzuwandeln (Amati 1990, S. 727).

Nach Wurmser ist Scham die Abwehr körperlich erlittener Pein und des Gefühls „liebesunwert" zu sein, die sich zugleich gegen die frühen „Partialtriebe" „Selbstausdruck" und "Wahrnehmung", „Neugier" und „Ausdrucksverhalten" richtet (Wurmser 1990). Ziel in einer analytischen Therapie mit einem körperlich extrem traumatisierten Kind oder Jugendlichen ist für mich, daß sie diese der Abwehr und dem Schutz geopferten frühen Triebe wieder oder überhaupt finden können, das bedeutet zugleich, daß Scham-, Schuld- und Angstgefühle spürbar werden müssen.

Aggression, Destruktion oder Sadismus als laute oder leise Symptomatik gehören bei traumatisierten Kindern mit zur reaktiven Verarbeitung und zur Überlebensstrategie. Das wird unbestritten von allen, die mit diesen Kindern und Jugendlichen therapeutisch arbeiten, beschrieben und bestätigt. In Barbara Diepolds Untersuchung zu Borderline-Störungen im Kindesalter steht an erster Stelle der Symptomatik mit dem höchsten prozentualen Erscheinungswert „heftige Aggressionen". An erster Stelle unter den genannten Ursachen für dieses Krankheitsbild sind „gestörte Beziehungen", „körperliche Mißhandlungen" und „Erkrankungen" genannt.

Körperlich verursachtes Trauma und destruktive Aggression bewirken sich also gegenseitig, auch wenn beides als Folge von Verarbeitung und Verdrängung so verpackt ist, daß wir sie zunächst nicht wahrzunehmen vermögen.

Ich beziehe mich mit meinem aktuellen, gegenwärtigen Verständnis vom Ursprung und von der Entwicklung aggressiver und destruktiver Kräfte auf die Beobachtungen und theoretischen Auswertungen von Parens, Lichtenberg und Rauchfleisch. Ich skizziere: Alle drei gehen von der Ur-Anlage einer konstitutionell mitgebrachten, nicht-destruktiven Aggression aus, die im Laufe der frühkindlichen Entwicklung Differenzierungen und reaktive, energetische Verformungen erfahren kann, je nach Verarbeitung von Umwelteinflüssen. Rauchfleisch spricht von der primären Aggression, „im Sinne des ad-gredi, des Herangehens und Sich-Bemächtigens der Welt und ihrer Objekte" (1992, S. 33). Sie sei eine „wichtige, konstruktive Kraft" und diene primär der .Abgrenzung und der Selbstwerdung der Person. Unter dem Einfluß traumatisch erlebter frühkindlicher Erfahrungen könne sie zu einer destruktiven Kraft werden und sei dann ein „Desintegrationsprodukt", auch wenn sie bei manchen Menschen noch das einzige mögliche Mittel sei, mit anderen Menschen in Kontakt zu bleiben. (ebda.) Für Lichtenberg gibt es im Kind eine Ur-Vitalität einen Ur-Lebenstrieb, dessen Energien sich erst innerhalb der Interaktionen mit den Primärobjekten zu einem „Selbstbehauptungstrieb" formen und reaktiv – als Antwort auf Frustrationen, Störungen oder Hemmungen, Lichtenberg nennt sie „dystone Reize", kann sich ein „Aversionssystem" aufbauen . Er sagt: „Die Beziehung zwischen dem Selbstbehauptungssystem und dem Aversionssystem ist komplex" (1990, S. 881) und verweist damit auf die vielfältigen persönlichen Verarbeitungs- und Integrationsmöglichkeiten von Umwelterfahrungen und traumatischen Erlebnissen.

Parens (1992) beschreibt Aggression und Destruktivtät aufgrund seiner Beobachtungen an 12 Kindern von Geburt an am differenziertesten. Für ihn ist Aggression ein eigenes Triebpotential mit 4 verschiedenen Entfaltungs- und Besetzungstendenzen: nicht-destruktive Aggression (Selbstbehauptung- und allgemeine Aktivität), mit Lust verbundene Destruktivität (körperliche

Angriffe auf Objekte), nicht-affektive Destruktivität (für orale, anale, phallische Triebbefriedigung), mit Unlust verbundene Destruktivität oder feindselige Destruktivität (Wutreaktionen, Feindseligkeit bei Frustrationen, Schmerz und großer Unlust). Auf die verschiedenen Kategorien der Manifestation von Aggression von Parens werde ich bei meinem Patienten noch einmal anschaulicher eingehen.

## *Falldarstellung*

Ich möchte Ihnen nun die Krankheitsgeschichte und aus der Therapie eines Jungen erzählen, den ich hier Phillip nenne, der von 3³⁄₄ Jahren bis 6³⁄₄ Jahren zu mir kam.

Phillip war Wunschkind, seiner Mutter ging es bis auf eine Grippeerkrankung gut während der Schwangerschaft. Vom 7. Schwangerschaftsmonat an wurde ein Wachstumsstillstand festgestellt. Die Entbindung fand als Kaiserschnitt zum errechneten Zeitpunkt statt. Phillip wog 5 Pfund, zeigte Merkmale einer Wachstumsverzögerung von 4–5 Wochen und kam mit einem kompletten situs inversus zur Welt. Phillipp sei sofort in die Kinderklinik gebracht und dort 4 Wochen lang über die Sonde ernährt worden. Seine Eltern besuchten ihn täglich. Stillen war nicht möglich, Phillip wurde mit Sojamilch ernährt. Er habe immer viel unter Bauchkoliken gelitten. Mit 4 Monaten wurde Phillip wegen einer Hydrocele am Hoden operiert. Ab 5. Monat sei Phillip häufig an Bronchitis und Mittelohrentzündung erkrankt, was bis in die Therapie hinein so geblieben war. Mit 11 Monaten wurden schmerzhafte Blutuntersuchungen durchgeführt, weil Phillip viel unter Nasenbluten litt. Mit 16 Monaten fand eine Dünndarm-Biopsie statt wegen Durchfallneigungen. Diese Untersuchung beschrieben beide Eltern als „Gewaltakt": „Wir mußten ihn zu fünft festhalten". Seit dieser Untersuchung sei Phillip nur noch anklammernd an seine Mutter, unmutig und aggressiv.

Ich erfuhr im Erstgespräch auch, daß Phillips sprachliche und motorische Entwicklung trotz der schwierigen Krankheitsgeschichte altersgemäß verlaufen sei.

Das Anklammern und die niedrige Frustrationstoleranz, sein aggressives Agieren gegen seine Eltern wie Schreien, Treten, Schlagen, Gegenstände herumwerfen, waren der Anlaß für die Eltern, sich um eine therapeutische

Behandlung für ihren Sohn zu bemühen. Phillip attackierte seine Mutter, wenn sie etwas nicht so tat, wie er das wollte, er sei aber auch sehr schwierig in Situatioren zu dritt, er beschimpfe Erwachsene außerhalb der Familie. Urlaube seien so anstrengend mit ihm, daß sie gar nicht mehr gehen mochten. Später erfuhr ich noch daß Phillip nachts schlecht schlief, seine Mutter mußte neben ihm liegen, und daß er nachts einnäßte.

Versuche, Phillip nachmittags in den Kindergarten zu bringen, wurden wieder eingestellt, weil es jedesmal zu dramatischen Trennungssituationen gekommen war. Zwei Beispiele, die seine Eltern erzählt haben, können sein besonderes Verhalten noch treffend beschreiben: Seine Mutter erzählte vom Kinderspielplatz, daß Phillip, wenn ein anderes Kind ihm etwas antat, ihn anrempelte oder an ihm zog, sich dann nicht dem Kind gegenüber wehrte, sondern stattdessen immer zu seiner Mutter gelaufen sei und sie angeschrien und auf sie eingeschlagen habe. Sein Vater erzählte als Beispiel, Phillip sei dem Opa (vs) von hinten mit dem Dreirad in die Fersen gefahren. Opa sagte, er solle aufhören, Phillip fuhr ihn weiter an, Opa drohte, er haue ihm gleich eine runter. Phillip habe ihn weiter angefahren und geäußert: Wann haust du mir endlich eine runter?

Die interpsychischen Anteile der Eltern an Phillips Entwicklung auf dem Hintergrund ihrer eigenen psychischen Persönlichkeitsstruktur und ihrer Partnerbeziehung werde ich hier vernachlässigen, weil zum einer der Rahmen dieses Vortrags gesprengt würde, weil ich zum anderen den Fragestellungen und Überlegungen zur Technik auch ohne diese Betrachtungen nachgehen kann. Zum familiären Hintergrund sei mitgeteilt, daß beide Eltern mit mehreren Geschwistern aufgewachsen sind, die Väter jeweils als die strengeren Elternteile in Erinnerung sind. Phillips Vater erfuhr wohl einige körperliche Übergriffe von seinem Vater, jedenfalls begründete seine Frau, Phillips Mutter, seine Neigung, Phillip strenger „anzupacken" und Grenzen auch mit Schlägen zu setzen, immer wieder damit, daß er es ja selbst nicht anders erlebt hätte. Phillips Mutter hat meinen Eindrücken nach als Kind viel äußere und innere Einsamkeit aushalten müssen.

Zum äußeren Ablauf der Therapie: Phillip kam zunächst einstündig, nach $\frac{1}{2}$ Jahr zweimal in der Woche, dabei über ein Jahr lang immer mit seiner Mutter zusammen in die Sitzungen. Nach einem Jahr wechselten Mutter und Vater ab, d. h., eine Stunde in der Woche fand zusammen mit der Mutter, die andere zusammen mit dem Vater statt. Nach $\frac{5}{4}$ Jahren konnte Phillip dann allein mit mir in das Therapiezimmer gehen und schloß fest alle Türen hinter sich zu. Schließlich genügte es auch, daß ein Elternteil ihn brachte und wieder holte und nicht mehr draußen im Wartezimmer wartete. Nach einem Jahr Therapie begann Phillip wieder in den Kindergarten zu gehen. Er blieb wohl zunächst in der Nähe der Kindergärtnerin, löste sich dann und spielte mit den anderen Kindern. Zwei Jahre nach Therapiebeginn bekam Phillip einen Bruder. Die Schwangerschaft der Mutter während des zweiten Behandlungsjahres und die Geburt des Bruders brachten vieles in Bewegung innerhalb unserer therapeutischen Beziehung. Mit den Sommerferien 1995 haben wir die Therapie beendet, Phillip kam im September in die Schule.

Ich möchte nun die erste Stunde mit Phillip und seiner Mutter schildern. Danach werde ich einige – für das Thema dieses Vortrags – wichtige Überlegungen zur Psychodynamik wiedergeben und den Verlauf der Therapie inhaltlich mit einigen Sequenzen aufzeigen. Abschließend werde ich die Besonderheiten in der Technik zusammenfassen und versuchen zu begründen.

Phillip läßt beim Hereinkommen die Hand seiner Mutter gar nicht los und klettert sofort auf ihren Schoß. Von da aus guckt er sich im Raum um. Ich bin überrascht über diesen hübschen, blonden Jungen, der altersgemäß groß und sehr wach wirkt. Im Verlaufe der Stunde erlebe ich dazuhin, wie gut und differenziert sich Phillip sprachlich ausdrücken kann. Phillip äußert den Wunsch, mit dem Puppenhaus zu spielen und möchte dann auch noch den großen Küchenherd aus Holz. Ich stelle beides auf den Boden. Phillip verläßt den Schoß seiner Mutter und fängt an, auf dem Herd zu kochen. Dazu holt er sich Sand vom Sandkasten und sagt, der Sand, wo die braunen Pferde stehen, sei braun, der Sand, wo die grünen Bäume stehen, sei grün. Real war der gesamte Sand weiß. Beim Kochen soll seine Mutter ganz nah zu ihm kommen. Er fängt an, aus Möbeln vom Puppenhaus eine Wand um sich und seine Mutter zu bauen, immer wieder fordert er sie auf, sie solle sich ganz eng zu ihm hinkauern.

Ich erlebe mich nicht nur räumlich draußen und ausgeschlossen, sondern auch in meinen Gegenübertragungsgefühlen ziemlich überflüssig.

Phillip muß auf die Toilette. Als er mit seiner Mutter zurückgekommen ist, baut er die Wand aus Puppenmöbeln ganz um sich herum, seine Mutter läßt er nun draußen. Er räumt das ganze Puppenhaus leer und fegt es „sauber". Nun liegen alle Puppenmöbel und Püppchen in seiner „Wohnung". Phillip bemerkt: „Jetzt ist ja alles durcheinander!" Er sortiert, wirft einen Teil hinaus und behält den anderen für sich „in seiner Wohnung". Seine Mutter soll mit den hinausgeworfenen Möbeln das Puppenhaus wieder einrichten. Nun wendet Phillip sich zum ersten Mal direkt an mich und fragt, ob sie das Puppenhaus so einrichten könnten wie sie wollten? Auf mein „Ja" hin fragt er noch mehrmals nach, ob das wirklich so sei. Seine Mutter soll wieder in seine Wohnung kommen, sie lehnt jetzt ab, er habe dann keinen Platz für sich. Phillip reagiert spontan auf diese Absage, indem er alle Püppchen aus seiner Wohnung wirft. Seine Mutter meint, nun sei er ja ganz allein. Sie nimmt drei von den Püppchen und läßt sie bei Phillip an der Tür klingeln und fragen, ob sie zu ihm kommen könnten, ob sie ihm helfen dürften. Phillip läßt alle drei freundlich herein, bedeutet ihnen dann, sie müßten sich hinsetzen und zugucken. Er habe keine Zeit, er müsse kochen!

Am Stundenende will Phillip nicht aufhören mit seinem Spiel und morgen gleich wiederkommen. Beim Hinausgehen blitzt er mich an: „Auf Wiedersehen, du Teifel!"

Vom Kinderarzt, der Phillip von klein auf kannte, hatte ich zwar einen ärztlichen Bericht bekommen, in welchem er betonte, daß Phillip in seiner körperlichen und geistigen Entwicklung ein normal und altersgemäß entwickelter Junge sei, daß der situs inversus keinerlei Auswirkungen auf sein körperliches Wohlbefinden habe und daß es für psychische und verhaltensmäßige Auffälligkeiten keinerlei organische Ursachen gebe – aber in seiner libidinösen und psychosexuellen Entwicklung sah ich Phillip fixiert an die frühe dyadische Beziehung zu seiner Mutter, auf die Ebene der Mutter-Kind-Einheit. So wie er den Sand durch die Pferde oder Bäume gefärbt wahrnahm, konnte er Außen und Innen, Realitat und Phantasie, Objekt und Subjekt nicht seinem Alter entsprechend voneinander unterscheiden. Auch bei mir gab es noch über einige Zeit diese Szenen, daß Phillip auf seine Mutter losging, nachdem er von mir Fremdheit, Andersartigkeit oder Grenzsetzung – z. B. mit dem Stundenende – hatte erfahren müssen. Neben dieser Fixierung an eine Verschmelzung mit dem Mutterobjekt, weshalb er auch immer wieder versuchte, mit der realen Mutter ganz eins zu sein und bei Erfahrungen der Andersartigkeit und Fremdheit bei seiner Mutter ebenfalls total wütend wurde, neben diesem „Verklebungskern" (Bleger zit. bei Amati, 1990) gab es wohl ein ziemliches Durcheinander von entweder libidinösen oder destruktiven Beziehungsmöglichkeiten, sowie intrapsychisch ebenfalls ein wildes Chaos von fragmentierten Objekt- und Selbstrepräsentanzen mit frei flottierender mal negativer, mal positiver Besetzung . Das Ganze diente zur Abwehr und zum Schutz vor etwas Grauenvollem, wovon mir Phillip in der Gegenübertragung bald etwas vermittelte, aber erst im Laufe der Therapie Bilder dazu finden konnte. Ich ging davon aus, daß es sich hierbei um frühe Traumata handelte. Es fällt ja auf, wie Phillip während der gesamten ersten Begegnung auf der Handlungsebene bleibt, ich das auch gar nicht anders beschreiben kann. Der situs inversus wirkte sich nicht direkt auf sein körperliches Befinden aus, er mußte aber immer wieder deswegen untersucht werden, auch gab es mal einen kleinen Schatten an seinem Herzen, der Sorgen bei den Erwachsenen weckte, der dann wieder verschwand. Phillipp erlebte mit seinem Körper viel Bedrohliches und Schmerzhaftes, so daß er mit seiner Ich-Entwicklung nicht auf einem ganzheitlichen, positiven Körperbild gründen konnte. Liebevolle Fürsorge seiner Eltern, besonders die Geduld seiner Mutter, ermöglichten Phillip, trotz Wachstumsverzögerung und vier Wochen Aufenthalt in der Klinik, trotz gewalttätiger Übergriffe auf seinen Körper viel an Entwicklung nachzuholen und zu vollziehen, sonst wäre er nicht so munter und voller Einfälle für die Inszenierung seines inneren Traumas mit $3^3/_4$ Jahren bei mir erschienen.

Zur Darstellung der Aggressionsentwicklung bei Phillip und seiner reaktiven Verarbeitung der Traumata hole ich die vorher benannten Theorien heran: Nach den Unterscheidungskriterien von Küchenhoff wurde Phillip durch frühe Traumata geprägt. Sein Selbstbehauptungs- und Aversionssystem (Lichtenberg) sind extremen Spannugen ausgesetzt und dienen vorwiegend dem Schutz seines Lebens, seines Körpers. Ehlert und Lorke (1988) beschreiben in ihrer Arbeit „Zur Psychodynamik der traumatischen Reaktion" sehr genau die intrapsychischen Prozesse als Folge von Traumatisierungen bei Menschen mit reiferen Ich-Strukturen, wie es bei diesen zur „Objekt-Regression" und Subjekt-Regression" kommen muß aufgrund der existenziellen Abhängigkeit während der traumatisierenden Situation, wie Liebesverlust und gleichzeitige Liebessehnsucht zur Introjektion des Verfolgenden, des Angreifers führen. Diese bei Ehlert und Lohrke beschriebene „traumatische Regression" war bei Phillip eine „traumatische Fixierung", die ihn an der altersgemäßen Ich-Entwicklung hinderte. Phillip konnte die traumatisierenden Ereignisse nur psychisch überleben, indem er Täter und Taten inkorporierte und introjizierte. Teile seiner Selbstrepräsentanzen und seines Körpers wurden zu Tätern und Taten, gleichzeitig auch Teile seiner Mutter oder seines Vaters und von Mutter- und Vaterobjekt. Beide hatten ihm als Objekte alles Übel dieser Welt zugefügt und beide waren liebevoll zu ihm. Phillip mußte zum Erhalt der realen Eltern zunehmend sich selbst als der Täter, „der Böse" besetzen. Es bleibt das Bild von sich als böses Kind, das hat Phillip oft von sich gesagt. Die Erfahrungen von körperlicher Pein und Verlust des Primärobjektes (als Liebesobjekt) werden schließlich als Strafe für die eigene Existenz, für lebendiges, vitales, spontanes Sein erlebt und verankern sich in

Verboten eines rigid-strengen Über-Ichs. Mit dem Älterwerden gewann Phillip durchaus reifere psychische Mechanismen hinzu, die er für die Abwehr mit einsetzen konnte. Er projizierte seine destruktiven Phantasien in die Objekte der Umwelt und identifizierte sich schließlich auf diesem Weg mit dem introjizierten „traumatischen Objekt". Später hat Phillip mir genau beschreiben können, wie sensibel er in den Stimmen von Erwachsenen Ungeduld, Ärger und Ablehnung hat wahrnehmen können.

Wenn ich den von Parens (1992) herausgearbeiteten vier Kategorien in der Entwicklung der frühkindlichen Aggression folge, dann sehe ich bei Phillip zu Beginn der Therapie viel unlustgetönte, feindselige Destruktivität. Die Interaktionen mit den erwachsenen Bezugspersonen, auch mit seiner Mutter, waren bereits so irritiert, daß aggressive und destruktive Impulse und Affekte der anderen drei Kategorien darin untergegangen schienen. In spielerischen und sprachlichen Bereichen hatte Phillip – fast kompensatorisch – nichtdestruktive Aggression integriert, aber eher im Dienste der Abwehr, der analen Beherrschung von Beziehung. Wer mit ihm spielte, mußte das tun, was er sich vorstellte. Da Phillip auch deutlich ödipales Niveau erreicht hatte, entfaltete das Drama der Abwehr sich auch auf dieser Ebene: Phillips Zärtlichkeiten konnten beiden Eltern gegenüber so ausschließlich sein wie die Wucht seiner Wut, ähnlich erging es nach Provokationen wohl seinen Eltern. Der schlimmste Tag in der Woche war der Sonntag, weil Phillip dann so schwierig war für die Eltern, daß sie nicht zu dritt sein konnten.

Wie ich schon erwähnte, fanden die Sitzungen während des ersten Behandlungsjahres zusammen mit Phillips Mutter statt, dann im Wechsel mit seinem Vater, nach ⁵/₄ Jahren kam Phillip allein in die Therapiestunden. Sein Vater hatte durch sein Erscheinen und durch seine abgrenzendere Art viel zu dieser Entwicklung beigetragen. Phillips Mutter ließ sich sehr einfühlsam auf den gemeinsamen therapeutischen Prozeß ein, sie hielt sich mit eigenen Phantasien und Aktivitäten genauso zurück wie ich, später sogar mehr wie ich, und ließ sich von Phillip sozusagen „verwenden" wie eine Ko-Therapeutin. Ich möchte die Therapie nach folgenden Entwicklungslinien und Aspekten zusammenfassend wiedergeben:

1) Von der dyadischen Beziehung zur Dreierbeziehung
2) Die Übertragungs- und Gegenübertragungsprozesse
3) Wiederholen und Durcharbeiten der traumatisch erlebten Übergriffe
4) Integrative Phasen mit der Erschaffung von Bildern für bis dahin Unvorstellbares und Unaussprechbares
5) Zulassen von Scham- und Schuldgefühlen und Ängsten

Eigentlich läßt sich ein therapeutischer Prozess nicht so unterteilen und ordnen, denn alles greift ineinander über. Und doch kann ich hinterher schwerpunktmäßige Entwicklungen erkennen. Phillip *spielte* immer in den Stunden und setzte seine Mutter, seinen Vater und mich voll für seine Inszenierungen ein. Konflikte entfalteten sich innerhalb der Spielszenen und gab es außerhalb durch Grenzerfahrungen. Phillip spielte drei Jahre lang wechselnd mit dem Puppenhaus und Herd, in den beiden Sandkästen mit Burg und Autos oder er baute etwas aus Polstern.

*1) Von der dyadischen zur Dreierbeziehung*

So wie ich das von der allerersten Stunde mit Phillip beschrieben habe, gab es den Ausschluß der dritten Person noch lange Zeit. Obwohl wir ja zu dritt waren, blieb Phillip in der dyadischen Beziehung: entweder ließ er mich daneben sitzen und spielte ganz innig mit seiner Mutter, oder er spielte mit mir zusammen in dem einen Sandkasten und verwies seine Mutter in den anderen daneben. Dort sollte sie irgendetwas für sich bauen. Mich wies er an, ihm in einem aufgeschaufelten Sandberg eine große, stabile Garage einzurichten, in die ein Weg vom Sandhügel herunter hineinführte. Es sah aus wie ein dicker schwangerer Bauch. In die Garage stellte Phillip meistens zwei Autos. Nach und nach kamen ein Haus für ihn direkt daneben dazu, Tiere, Straßenschilder, die die Zufahrt für Fremde untersagten, Zäune als Absperrung. Phillip verwendete mich als Teilfunktion seines Ichs, als pränatale Mutter als anales Teilobjekt, als ödipales Teilobjekt. (Ich baute für ihn im Sand, ich wurde zu einem Bauch, zum Anus, zur Vagina ...) Nach vielen solchen Stunden sollte ich mir im Sandkasten bei seiner Mutter auch ein Grundstück anlegen, aber immer erst, nachdem ich ihm die Garage gebaut hatte. Wir besuchten uns alle gegenseitig, jeder besuchte jeden.

Parallel dazu spielte Phillip im Puppenhaus, daß er dort mit seiner Mutter wohnte und ich sollte „woanders" wohnen und eine Bäckerei, einen Kaufladen oder eine Metzgerei besitzen und die beiden mit guten Nahrungsmitteln versorgen. Anfangs waren die Zimmer im Puppenhaus nicht eindeutig von Phillip oder seiner Mutter bewohnt, das Wohnen war vermischt, beide waren in allen Räumen. Phillip begann dann die Räume genauer zuzuweisen, schließlich zog er auf ein Stockwerk, seine Mutter auf ein anderes. Ich mußte als Handwerker kommen und einen Kamin von unten bis oben einbauen. Da alles auf der Handlungsebene stattfand, baute ich tatsächlich einen langen

Kamin aus Knete in das Puppenhaus ein. Das Haus wurde total renoviert, gestrichen (symbolisch mit Pinseln), mit neuen Dachziegeln (aus Knete) eingedeckt. Schließlich war es soweit: ich konnte als Dritte(r) ins Dachgeschoß des Hauses mit einziehen.

In der Interaktion zwischen Phillip und mir bildete sich das Dritte gleichlaufend mit den Settingveränderungen und den Spielhandlungen mithilfe vieler äußerer Grenzerfahrungen, bei denen Phillip oft – wie oben beschrieben – „ausrastete". Das Dritte bildete sich zwischen uns, indem wir miteinander in jeder neuen Stunde Neues uns erspielten. Die Spiele wurden immer kreativer, die Phantasien von Phillip und meine Phantasien in der Artwort auf das, was ich mit ihm erlebte (Gegenübertragung), ergaben „unsere Geschichten".

## 2) Übertragungs- und Gegenübertragungsprozesse

Die Übertragungsbeziehung gestaltete und entwickelte sich im ersten Behandlungsjahr entlang der Abwehr. Ich tat, was Phillip wollte und ließ mich in oben beschriebener Weise verwenden. Konflikte, die sich durch die Realität des Therapiesettings ergaben, verschob Phillip zunächst auf seine Mutter.

In der Gegenübertragung spürte ich lange Zeit nicht viel, außer meiner Freude an diesem lebendigen, begabten Kind, das seine Not so kreativ auszudrücken und zu vermitteln wußte. Es paßt zu dieser Gegenübertragung, daß Phillip bereits ab der dritten Stunde damit begann, mich gegen Ende der Stunden mit einem Holz, das aussah wie ein Gewehr, totzuschießen – was für ihn gleichzeitig bedeutete, daß ich „krank" war. Er und seine Mutter untersuchten und behandelten mich dann, vornehmlich am Bauch und an den Ohren! Während ich da so am Boden lag, dachte ich an das, was Phillip von Ärzten erfahren hatte, ich dachte auch an die depressive Position. Aber das waren theoretische Überlegungen, denn in der Gegenübertragung fühlte ich mich tatsächlich lange Zeit wie „tot". Das erste deutliche Gefühl, das ich wahrnehmen konnte in Bezug auf die therapeutische Beziehung, war ein Gefühl von Last, das allmählich zu Angst wurde vor den Stunden mit Phillip. Später konnte ich dieses Gegenübertragungsgefühl als seine Angst vor dem Leben verstehen, das wahrscheinlich mit Ängsten bei mir vor der Destruktivität und Hilflosigkeit, die ich noch selber würde spüren können, korrespondierte.

Gegen Ende des ersten Behandlungsjahres begann Phillip zu „rauben". Wenn ich mir irgendetwas Eigenes in meiner von ihm zugewiesenen Rolle holte, also z.B. mir ein paar Bäume auf mein Grundstuck stellte, einen Liegestuhl und Sonnenschirm im Garten aufstellte, sah Phillip sich das zunächst stillschweigend an. Am Anfang der nächsten Stunde holte er sich dann sofort diese Sachen und wollte die gleiche Geschichte vom letzten Mal wieder oder weiter spielen. Nach einigen Stunden wurde er direkter, indem er mich in „den Urlaub fortschickte" und die begehrten Dinge gleich an sich nahm.

Zur Technik möchte ich hier doch mal einschieben, daß ich stets auf der Ebene der Handlungsdeutungen blieb, d.h., innerhalb unseres Spiels, in meiner Rolle versuchte ich Phillip zu vermitteln, wovon ich meinte daß es ihm weiterhalf. Ich verließ mich dabei ganz auf meine Gegenübertragug und seine Signale in der Übertragung. So führte ich diese „eigenen" Dinge im Spiel ein, als ich merkte, daß durch ständiges Wiederholen bestimmter Spielsequenzen unsere Beziehung „entleert" wurde, durch die Mechanisierung entstand so etwas wie „die Verwerfung der Beziehung" (Küchenhoff 1990, S. 26), wie Küchenhoff diese „Phantasie des leeren Raumes" auch benannt hat. Das „Totsein" oder „Totgemachtwerden" differenzierte sich nun in unterschiedliche Bedeutungen und hier wollte ich lebendig bleiben. Zum „Raub" dieser eigenen Dinge äußerte ich in meiner Rolle, daß ja meine Sachen jetzt bei ihm seien. Ich spürte hier überhaupt noch keinen Ärger, erlebte Phillip als Säugling, der dringend gute Nahrung braucht.

Mit dem Erscheinen des Vaters in den Therapiestunden begann Phillip mich direkter anzugreifen. Immer öfter bekam ich die Rolle des Eindringlings und wurde dann gequält, als Arzt verpaßte Phillip mir blitzschnell von hinten Spritzen. Wenn etwas im Spiel nicht klappte, funkelte Phillip mich wütend mit den Augen an, rannte raus, knallte mehrmals mit voller Wucht die Tür. Als „Opfer" begann ich auszudücken, wie sich das anfühlt. Bei direkten Wutausbrüchen in meine Richtung, blieb ich ruhig – auch wenn ich innerlich einen großen Schreck spürte – und versuchte in Worte zu fassen, daß da jetzt etwas für ihn anders war, als er sich das vorgestellt hat, daß das ganz furchtbar für ihn sei und deshalb werde er so zornig. Phillip begann seinerseits zuzuhören und sich zu beruhigen.

Etwa zur gleichen Zeit mit der Settingveränderung, daß Phillip allein in seine Therapiestunden kam, wurde die Schwangerschaft seiner Mutter uns beiden bekannt. Phillip stürzte in eine Krise und bekam eine Grippe mit Bronchitis und Mittelohrentzündung. Obwohl er wirklich über einige Wochen sehr krank war, lehnte er es ab, Medikamente zu nehmen, er spuckte das Antibiotikum wieder aus und sagte seiner Mutter und seinem Kinderarzt, er wolle jetzt ohne Medizin gesund werden. Phillip wurde auch aus eigenen Kräften gesund. Ich nehme an, daß er sich damals bereits mit guter und schlechter Nahrung auseinandersetzte und die „schlechte und vergiftete Nahrung" in die Medikamente projizierte. Sowie ich nun als seine Therapeutin seine destruktiven Impulse in vollem Ausmaß projiziert bekam. Die Situationen, in denen Phillip ein Spiel vorschlug und in mir eine Welle heftigster Wutgefühle hochbrauste, so daß ich ihn hätte packen und wenigstens hätte durchschütteln können, diese Momente traten immer häufiger und immer dichter auf. Ich mußte mich, wie ich es ja bereits aus anderen Behandlungen kannte, mit meiner eigenen Gewalttätigkeit befassen und konnte damit die Hilflosigkeit überwinden und meine Gegenübertragung wiederum im Spiel umsetzen in mehr Abgrenzung und Lebendigkeit meinerseits. Das konnte sich dann so gestalten, daß ich – wieder in meiner Rolle – verbal Verhandlungen und Auseinandersetzungen wegen bestimmter Dinge, die er mir wegnehmen wollte, begann, daß ich mehr Phantasien meinerseits einbrachte.

Phillip begann in diesem zweiten Behandlungsjahr seine positive Übertragung mit ganz neuen Beziehungsmöglichkeiten und neuen Ausdrucksmöglichkeiten deutlich aufzubauen und zu entfalten.

Er baute aus Polstern Wohnungen, Autos, Schiffe, in denen wir beide lebten und in die weite Welt hinein fuhren. Er lud ein, was wir seiner Meinung nach dringend zum Leben brauchten: den Herd, Nahrungsmittel, Waffen, Stofftiere und Musikinstrumente. Immer wurden wir verfolgt, entweder von der Polizei, weil wir etwas gestohlen oder zerstört hatten oder von einem Mann und einer Frau, die uns berauben wollten. Phillip verteidigte uns, indem er auf die imaginären, manchmal an die Wandtafel gemalten Verfolger mit der Armbrust schoß. Wir versteckten uns im Wald oder Schilf und spielten auf dem Xylophon und der Trommel, um die Verfolger abzulenken. Anfangs schlug Phillip mit vollster Kraft auf die Trommeln, im Laufe der Zeit konnte aus unserem Spiel mit den Instrumenten auch für ein paar Minuten ein Musizieren werden. Während der Schwangerschaft seiner Mutter baute Phillip wiederholt eine Höhle für uns beide, in die ich aber nicht hineinpaßte. So sah ich außen, wie er sich in der Höhle bewegte, was diesmal nicht nur wie ein schwangerer Bauch aussah, sondern sich sehr lebendig auch als ein solcher anfühlte. Ich konnte mit ihm zum ersten Mal über seine Geburt, den situs inversus, über die Schmerzen und Krankheiten, die er als Kind hatte, sprechen. Die Höhle war ihm aber eindeutig wichtiger, er richtete viele Schüsseln und Töpfe mit ausreichend gutem Essen für uns beide darin her und legte die Armbrust mit Pfeilen zurecht. Phillip begann nun offensichtlich, mit Lust und einem Gefühl von Sinn aggressiv zu sein. Er sah forschend in die Welt hinaus, natürlich gab es auch wieder Verfolger, die uns unsere Höhle und unsere Feuerstelle wegnehmen wollten. So wie er sich dann anschlich und schoß und im Zimmer herumsprang kam er mir jungenhaftphallisch vor, mit Lust am Abenteuer und am Körperlichen. Im Rahmen eines Therapiezimrners kann das ja nur andeutungsweise agiert werden und es gehört viel Phantasie dazu, dennoch erlebte ich Phillip ganz körperlichlebendig anwesend.

Als sein Bruder geboren war, reagierte Phillip mit Rückgriff auf die alte Symptomatik, die vorher weitgehend verschwunden war. Er wurde tagsüber wieder schwieriger, ungeduldiger, er konnte nachts wieder nicht allein schlafen, er näßte wieder verstärkt ein. Mir gegenüber betonte Phillip, daß sein Bruder für ihn der „allerliebste auf der Welt" sei. Zu Hause wandelte sich diese Liebe oftmals unversehens in Attacken um. Es brauchte ein paar Wochen, bis es in den Stunden mit ihm möglich wurde, mit ihm seine Eifersucht und Wut anzuschauen. Es ging, als er anfing, Bauwerke von anderen Kindern im Sandkasten zu zerstören. Nun konnte ich ihm sagen, wie schwer das sein kann, wenn auch noch andere Kinder da sind. Phillip lehnte das für sich total ab. Er erlebte sich wohl wieder als der Böse. Ich ließ nicht locker und sagte ihm, ich wüßte aber von vielen anderen Kindern, daß sie wütend und eifersüchtig seien auf andere Kinder oder Geschwister, auch wenn sie sie zugleich liebhaben würden. Phillip stimmte nun zu und wirkte etwas erleichtert.

Im dritten Behandlungsjahr wurde die positive Übertragungsbeziehung deutlich ödipaler und die negativen Übertragungsvorgänge wurden faßbarer, bekamen Bedeutung zwischen uns. So führte Phillip mir bei einer unserer Schiffsreisen vor, welche Kunststücke er als Taucher im Wasser könne – oder er ließ ein kleines Krokodil ganz zärtlich über meine Hand laufen, dieses Krokodil war unser Kind und wohnte mit uns im Wohnmobil. Daneben spielte Phillip immer und immer wieder, daß wir beide in einer Burg wohnen würden und zugleich mußte ich Personen spielen, die mit dem Auto angefahren kamen und unangemessene Geldforderungen stellten. Wir hatten z. B. einen Blumenstrauß im Blumenladen für DM 15,– gekauft, danach kam der Verkäufer und forderte 100 Millionen. Phillip ließ ihn in den Burggraben oder in den Burgbrunnen fallen, dort wurde er mit Fäkalien überschwemmt. Ich habe eine Weile gebraucht, bis ich begriffen habe, was Phillip damit meinte: „Ich glaube, du verstehst gar nicht, warum ich für die Stunden Geld verlange, wo wir beide doch so schön und gerne miteinander spielen". Phillip: „Ja, genau!" Ich: „Dann kannst du ja noch weniger verstehen, warum wir Erwachsene überlegen, wie lange die Therapie noch gehen kann, wie lange deine Eltern die Stunden bezahlen können" ( Die bewilligten Kassenstunden liefen aus.) Phillip: „Ich kann doch auch so kommen." Das war's und all seine ohnmächtige, narzistische und anale Wut drückte er verschoben auf den Forderer aus. Mir ging es in solchen Situationen noch ganz gut, weil ich durch die Spaltung immer auch mit ihm verbunden blieb. Anders war es beim

*3) Wiederholen und Durcharbeiten der traumatisch erlebten Übergriffe und in den*

*4) Integrativen Phasen mit Erschaffung von Bildern für bis dahin Unvorstellbares und Unaussprechbares*

Für diese beiden Bereiche, die zusammen gehören, konzentriere ich mich auf Phillips Bauchkoliken, seine Schmerzen im Darm und die Darmuntersuchung, die als traumatischstes Ereignis von seinen Eltern berichtet wurde.

Brunnenschächte und Kanäle waren Orte, die durchgängig während der ganzen Therapie von Phillip gewählt wurden, um mich in der Rolle des Verfolgers oder auch – im gespielten-symbolischen Sinne – persönlich hineinzustoßen. Ganz am Anfang sollte ich dort drinnen sitzen und Phillip heulte draußen „wie Gespenster". Er vermittelte mir damit recht deutlich etwas von dem Grauenvollen, das er offensichtlich kannte. Daraus wurden nach und nach Quälereien, indem fürchterlichstes Zeug in den Brunnen gekippt wurde. Schließlich wurden daraus Fäkalien, denn Phillip ging oben in der Burg auf die Toilette, machte seine „Geschäfte" und spülte hinunter in den Brunnenschacht, so daß ich davon überschwemmt wurde. Hier blieb ich am allerlängsten in der Rolle des Opfers, drückte in dieser aus, was ich dabei in der Gegenübertragung erlebte, beschrieb vor allem die Sinneswahrnehmungen: hustete und prustete, es schauerte mich, es stark furchtbar, ich wollte raus, ich fühlte mich hilflos und eingesperrt und ekelhaft schmutzig, ich schimpfte und war sehr wütend – im Spiel. Phillip nahm diese Reaktionen bei mir mit erkennbarer Lust und Wonne wahr. Er hatte seinen Darm und den Anus zu dem Ort werden lassen, wo er das traumatisierende Objekt untergebracht hatte, damit war möglicherweise sein Darm durch den Introjektionsmechanismus zum traumatischen Objekt geworden. Auf dem Höhepunkt dieser Spielszenen erfuhr ich von Phillip selbst, daß er unter Verstopfungen litt und deshalb bei mir nicht so gerne auf die Toilette gehen wollte. Das traumatische Objekt projizierte er in den Brunnenschacht und handelte und erlebte mit mir zusammen in der Therapie sein traumatisches Erlebnis durch. Über drei Jahre hinweg wurde eine – wenigstens teilweise – Rückauflösung der Abwehr und des Traumas möglich. Denn zum Ende der Therapie hin konnte Phillip dann die Gefühle und Empfindungen bei sich zulassen, um deren Verbannung es mit seinen Abwehr- und Schutzmechanismen wohl eigentlich ging:

*5) Zulassen von Scham- und Schuldgefühlen und Ängsten*

Wenn Phillip sich früher an seine Mutter klammerte, wenn er schrie, sobald sie wegging, wurde das als Ausdruck von Angst verstanden. Ich bin inzwischen sicher, daß er selbst diese Angst nicht spürte, sondern gegen das Trauma handelte, allenfalls in Panik geriet. Als nun einmal im 3. Behandlungsjahr seine Mutter 2–3 Minuten verspätet kam, um Phillip von der Therapiestunde abzuholen, Phillip war wie immer allein hinausgegangen, klingelte er Sturm bei mir, kam wieder herein, setzte sich bitterlich weinend an den Tisch und jammerte, seine Mutter habe ihn vergessen. Es waren echter bewußter Schmerz und Angst bei ihm. Von da an sorgte er lange Zeit dafür, daß ich in der Praxistür wartete, er ging zur Haustür und sah nach, ob Mutter oder Vater draußen waren, verabschiedete sich von mir noch einmal und lief hinaus. Er ging selbstsorgend mit sich und seinen Ängsten um.

Im Frühjahr sagte ich Phillip, daß wir mit den Sommerferien die Therapie beenden würden (seine Eltern hatten entschieden, bis dahin die Stunden privat zu bezahlen). Phillip wurde rot im Gesicht, ich nehme an, er spürte genau wie ich einen Schmerz und Trauer. Zum ersten Mal sitzt Phillip nur da und weiß für mehrere Minuten nicht, was er spielen könnte. Wir sind beide ganz still. Schließlich sage ich zu ihm: „Jetzt sind wir beide so traurig, daß uns nichts mehr zum Spielen einfällt." Phillip nickt. Nach einer weiteren Pause baut er aus Jenga-Klötzen einen Turm und fährt ihn mit einem Auto, das er an diesem Tag von daheim mitgebracht hat, um. Er wiederholt das mehrmals, ich helfe beim Aufbauen, und nach einigen Wiederholungen fängt er an zu lachen und freut sich immer wieder am Einsturz.

Ich muß gestehen, erst mit dieser Stunde wurde mir bewußt, daß ich bei Phillip bisher noch nie ein Rotwerden oder Trauer oder Peinliches miterlebt hatte. Er hatte immer dafür gesorgt, daß solche Gefühle und Empfindungen gar nicht auftauchen konnten – genauso wie seine Schuldgefühle, die nun wie die anderen ebenfalls bewußter werden konnten.

Als Phillip in diesem Sommer wieder einmal im Sandkasten spielte, – inzwischen baute er seine Garage, seine Straße, sein Haus, die Gartenanlage, alles selbst und ich legte mein Grundstück im benachbarten Sandkasten an – als wir dort also wieder bauten und wie oft zuvor zwei Männer zu uns kamen, der eine war unser Freund, der andere „der Motzer", „der Böse", sagte ich zu Phillip, ich wüßte ja schon gern einmal, wen er mit dem Motzer meint. Phillip erzählte spontan von einer Frau, die ihn und seinen Freund gestern auf der Straße ausgeschimpft hätte. Sie hätte gesagt: „Müßt ihr da so stehen?" Ich: „Was ist denn so schlimm da dran gewesen?" Phillip: „Die Stimme von der klang so böse." Wenig später erwähne ich, daß er als kleines Kind viel erlebt hätte mit den Erwachsenen, was böse war, weil sie ihm wehtaten. Phillip: „Aber in XX wars nicht so schlimm" (In XX wurde er wegen seines Herzens mit Ultraschall untersucht). Dann merke ich, wie er den Kopf wegdreht und an seiner Nase wischt. Ich spüre, daß ihm etwas sehr peinlich ist. Ich hole ein Taschentuch und halte es ihm von der Seite vorsichtig hin. Phillip nimmt es und hält es vor seine Nase. Nun sehe ich, daß er Nasenbluten hat. Die Spannung des Peinlichen ist weg, als er das Taschentuch annimmt.

In einer nachfolgenden Stunde können wir noch eimal über die „böse" klingenden Stimmen bei den Erwachsenen sprechen. Phillip macht sie mir vor, wie sie schimpfen. Ich bemerke, daß es wohl auch ganz bestimmte Leute gibt, die er böse findet. Phillip: „Ja der Opa", eigentlich sogar beide Opas. Und am liebsten wäre er mit Mama und Papa zusammen. Ich: „Und manchmal findest du dich vielleicht sogar selber böse." Phillip heftig: „Bin ich aber nicht!" Er wechselt das Spiel und schlägt mit einem Schwert auf den Boxsack. Auf seinen Wunsch hin boxe ich auch mal mit dem Boxsack. In diesem Augenblick haut Phillip mir plötzlich mit seinem Schwert hinten drauf. Ich drehe mich erschrocken um und sage streng: „Nein, das nicht!" Phillip schmeißt sein Schwert gegen den Boxsack, albert und hampelt herum. Jetzt sage ich zu ihm: „Ich glaube, genau jetzt hast du dich als der Böse gefühlt." Phillip guckt mich an und sagt nichts. Dann ich: „Und dabei müssen doch die Erwachsenen aufpassen, daß sowas nicht passiert." (Es war das einzige Mal, daß Phillip mich körperlich so angegriffen hat.) Danach boxt er kräftig mit dem Boxsack und kämpft mit mir mit den Schwertern. Wir passen beide auf, daß wir uns gegenseitig nicht wehtun.

Wie stark Schuldgefühle und das Bild von sich als „Bösen" mit seinem primären Narzissmus verknüpft waren, möchte ich an einem letzten Beispiel zeigen: Phillips Mutter rief mich kurz vor der Therapiestunde an und teilte mir mit, Phillip käme heute ganz verwettert in die Stunde, weil es im Kindergarten eine Auseinandersetzung mit den anderen Kindern gegeben habe, weil die andern sich dagegen wehrten, in der Bauecke immer von Phillip bestimmt zu werden. Er sei außer sich, habe zu Hause wütend geschrien, er gehe nie mehr in den Kindergarten. Phillip sah tatsächlich ziemlich erschöpft aus, als er kam. Ich erzählte ihm kurz vom Anruf seiner Mutter. Phillip zieht sich in den Sandkasten zurück und will offensichtlich nicht mit mir darüber sprechen. Ich möchte ihn aber nicht so allein damit lassen. Schließlich rede ich so vor mich hin: „Naja, ich verstehe schon, daß die anderen bisher gerne mit dir spielten, weil du im Kindergarten wahrscheinlich auch immer so viele gute Ideen hast wie hier. Deswegen bist du ganz leicht der Bestimmer. Bloß immer wollen die anderen Kindern das eben auch nicht." „Phillip reagiert wie umgewandelt, kommt zu mir her, lehnt sich ein bißchen an, will mit mir „Urlaub am Meer" spielen. Während dieses Spiels geraten wir in Streit darüber, ob in die Sanddünen eine Garage „aus Beton" gebaut werden soll oder nicht, wir streiten beide mit Lust und finden dann einen Kompromiß: Phillip setzt eine Holzgarage auf den Sand.

Mit diesem Beispiel meine ich, deutlich zeigen zu können, wie ein Loslassen von Schuld, negativer Selbstbesetzurng i. S. auch eines sado-masochistischen Erlebens möglich werden kann, wie ein Befreien auch vom introjizierten traumatischen Objekt möglich werden kann, wenn es gelingt, mit dem Kind – dem Patienten – zusammen die unter der destruktiven Abwehr verborgenen vitalen Lebensfähigkeiten zu finden und miteinander zu erleben. Ich meine hier nicht die korrigierende Erfahrung, sondern auf der Basis des analytischen Verständnisses den langen, mühsamen Weg von der Handlung zur Sprache, von der Handlungsdeutung zur sprachlichen Deutung.

## Überlegungen zur Technik

Ich möchte mich in meinen Beschreibungen und Überlegungen zur Technik auf die Phänomene beschränken, die spezifisch sind für die therapeutische Arbeit mit körperlich traumatisierten Kindern und Jugendlichen.

Von zentraler Bedeutung halte ich das, was Küchenhoff als „die Personifizierung des Traumas im traumatischen Objekt" (Küchenhoff 1990, S. 23) beschreibt: „... es ist eine Konstruktion des Patienten, eine Reaktion auf das

Trauma, nicht mehr dieses selbst. Das traumatische Objekt wird allgegenwärtig erlebt; bei – diesen Patienten (B. P. ) – ist es im Körper und liegt dort ... auf der Lauer.... . Es entsteht in jeder Objektbeziehung neu, das macht die Bearbeitung so schwierig, da es sich überall zeigt und nicht durch andere Erfahrungen relativierbar ist... . Die Abwehr des Ichs ist darauf gerichtet, der Vernichtung durch das traumatische Objekt zu entgehen." (ebda., S. 23–24) Die von Küchenhoff genannten Hauptabwehr- und Schutzmechanismen wie *„Unterwerfung* (Identifikation mit dem traumatischen Selbst und Projektion des omnipotenten Objekts)" *„Triumph* (Projektion des traumatischen Selbst und Identifikation mit dem omnipotenten Objekt)" *„Abspaltung der libidinösen Objektbeziehung"*, *„Verwerfung der Beziehung zum traumatischen Objekt"* habe ich alle auch bei und mit Phillip wahrnehmen können.

Der erste Punkt, den ich als Besonderheit zur Technik nennen will, ist *das Mehrpersonensetting und die Stundenfrequenz.* Steale und Pollock (1978) beschreiben dies als Erfahrung aus ihrer therapeutischen Arbeit mit Eltern, die zu Tätern an ihren Kindern wurden, weil sie selber einmal Opfer waren. Sie haben nicht nur hinter diesen Eltern wegen der Termine hinterhertelefonieren müssen, sie haben für diese Eltern zusätzlich Sozialarbeiter als Ausweichpersonen für mögliche Nebenübertragungen in die therapeutische Arbeit einbezogen. Sehr oft haben körperlich traumatisierte Patienten mehrere therapeutische Bezugspersonen oder sie wechseln von Therapie zu Therapie, lassen diese teilweise parallel laufen. Viele bevorzugen eine Gruppentherapie. Ich habe Phillip nicht nur wegen seines jungen Alters und wegen der Trennungsproblematik zusammen mit Mutter oder Vater in die Sitzungen genommen und die Therapie einstündig anlaufen lassen. Mir ging es darum, ihn vor einer zu schnell sich herstellenden und zu intensiver Übertragungsbeziehung zu schützen. Andere, wie z. B. Ursula Wirtz, bestätigen, daß die Übertragungsbeziehung mit Patienten, die körperliche Gewalt oder Mißbrauch erlebt haben, nicht ausschließlich zur *traumatischen Übertragungsbeziehung* werden dürfe, es müsse auch ein Teil realer Beziehung und Realitätsprüfung bw erhalten bleiben. Da diese Patienten – auf jeden Fall zu Beginn einer Therapie – noch nicht zwischen traumatischem Introjekt (Objekt) und sich als Subjekt unterscheiden können, müßten sie die Therapie aus Schutz vor einer realen Wiederholung des Traumas abbrechen.

Der zweite besondere Punkt ist bedingt durch die Abwehr auf den frühesten Entwicklungsstufen, auf der Körper- und Handlungsebene, und bringt für beide Seiten das mit sich, was ich *den Sog auf die Handlungsebene* nenne. Zum einen werden wir zu Handlungsreaktionen provoziert, indem die Patienten ihre libidinösen Bedürfnisse und destruktiven Aggressionen agieren: sie wollen auf den Schoß, sie ziehen sich aus, sie schlagen oder treten nach uns, sie wollen mit Essen und Trinken versorgt werden. Hier die Grenzen zu halten, ohne die Patienten kränkend zurückzuweisen und zugleich ihr Bedürfnis zu akzeptieren, ist nicht so schwer für uns. Schwieriger, meine ich, wird es, wenn wir mit Fortschreiten der Therapie projektiv zum traumatischen Objekt gemacht werden, wenn wir in die Nähe der unerträglichen körperlichen Erfahrungen unserer Patienten geraten. Hier kann sich leicht das Opfer-Täter-Pendel zwischen den Patienten und uns herstellen. In der Literatur wird vielfach bestätigt, wie wichtig es sei, hier nicht in die Reaktionsbildung zu gehen, sondern sich den eigenen Ängsten und gewalttätigen Impulsen zu stellen, sich in Bezug auf die eigene Persönlichkeit immer wieder damit zu befassen, nach Winnicott dahin zu gelangen, „objektiv hassen" zu können (Winnicott 1983, S. 80). Die geläufigste Reaktionsbildung ist wohl, stumm zu werden oder mithilfe von Interpretationen und verfrühten verbalen Deutungen das Unerträgliche wegzureden.

Ich hoffe, es ist mir am Beispiel der Therapie mit Phillip gelungen, zu zeigen, wie wir versuchen können, den Patienten auf der Handlungsebene zu antworten, ohne daß wir auf der Handlungsebene mitagieren, man kann das auch *Handlungsdeutungen* nennen. Meiner Erfahrung nach geht es nicht, bei diesen Patienten am sogenannten Übertragungswiderstand, der ja eigentlich auch Übertragung ist (Morgenthaler 1991), mit dem Ziel des Bewußtmachens spiegelnd oder verbal deutend zu arbeiten, das trifft beim Patienten sofort wieder auf das „inkorporierte traumatische Objekt" (Küchenhoff 1990), bestätigt und verstärkt Schuldgefühle und das Bild von sich als „Bösen". Sondern wir können versuchen, auf der Ebene, auf der sich unser Patient befindet, und das ist über lange Zeit die Handlungsebene, die „emotionale Bewegung" (Morgenthaler 1991), die wir in der Gegenübertragung spüren, und die Sinneswahrnehmungen die der Patient mit dem Trauma „verbannnen" mußte, wieder zugänglich werden zu lassen. Wir bieten es an, damit es zurückgenommen oder ganz neu erlebt werden kann. Mit Phillip war das gut möglich, weil er über den Mechanismus der projektiven Identifikationn verfügte. Ich habe bei Kindern oder Jugendlichen, die mit der körperlichenn Traumatisierung zugleich ihre primären Bezugspersonen verloren haben, miterlebt, daß die Phasen der „Verwerfung der Beziehung zum traumastischen Objekt", der Entleerung, hartnäckiger und länger andauerten. Es gibt Patienten, die finden für diese leeren Stellen in sich keine Bilder. Hier kann der Weg über ein Angebot von Bildern unsererseits (i. S. Benedettis) zum Finden eigener Bilder führen.

Der dritte wichtige Punkt für die Technik ist m. E. *die Zeugenfunktionn.* Nicht nur A. Miller, auch andere wie Ferenczi oder H. und S. Becker haben darauf hingewiesen, daß es von Seiten der Therapeuten sehr wichtig ist, innere und äußere Realität zu unterscheiden. Ich zitiere aus der Arbeit von H. und S. Becker: „Die mangelnde Fähigkeit oder Bereitschaft des Therapeuten, mit den Analysanden auf der realen Ebene im Sinne der therapeutischen Spaltung zu kommunizieren und statt dessen ausschließlich auf der Übertragungsebene zu bleiben oder primär den neurotischen Anteil aufzugreifen und zu deuten, birgt die Gefahr in sich, die vorhandenen ichstarken, gesunden Anteile des Patienten zu gefährden und ihn in einen Abhängigkeits- und Anpassungsprozess zu drängen" (Becker u Becker 1987, S. 300–301). Es geht darum, daß die Patienten ihre Wahrnehmungen, die sie meistens mit der Abwehr des Traumas mit verdrängt haben, wiederfinden und diesen glauben können. Oftmals leiden körperlich traumatisierte Patienten auch an Wahrnehmungsstörungen. Sie brauchen unsere Zeugenfunktion, damit sie sich selber glauben können in ihren Erinnerungen. Es kann nicht darum gehen in eine „narzistische Fusion" (Rauchfleisch 1992) mit unseren Patienten zu geraten. Ich meine mit der Zeugenfunktion ein Mitgehen in die innere Realität des Patienten (Übertragung und Gegenübertragung) bei gleichzeitigem Wahrnehmen der äußeren Realität des Patienten. Dazu gehört dann auch das Herstellen von Zusammenhängen mit der Lebensgeschichte. Die Patienten brauchen unsere Ich-Funktionen, um die eigenen neu aufbauen zu können.

Ähnlich wie Küchenhoff (1990) es beschrieben hat am Beispiel seiner Patientin, habe ich miterleben und beobachten können, wie meine Patienten anfingen, ihre Wahrnehmungen zu differenzieren, Realität und Phantasie zu unterscheiden, ihr vormals verzerrtes Körperbild zu reparieren, ganzheitlicher und positiver zu besetzen, empfindungsreicher zu werden und für sich „die Fähigkeit zur Besorgnis" (Winnicott 1984 und Küchenhoff 1990) zu entwickeln. Die Voraussetzungen für eine altersgemäßere Ich-Entwicklung sind damit gegeben .

Phillip wird immer mit seinen traumatischen Erlebnissen leben müssen, aber er hat in der Therapie begonnen, seinen Körper und sich selbst ausgeglichener zu besetzen und mit sich und seinen Ängsten „sorgend" umzugehen.

# Literatur

Amati, S., 1990: Die Rückgewinnung des Schamgefühls, Psyche 44, S. 724–740

Anzieu, D., 1991: Das Haut-Ich. Frankfurt am Main (Suhrkamp).

Becker, H. u. Becker, S., 1987: Zwischen innerer und äußerer Realität, Psyche 41, S. 289–306.

Diepold, B., 1994: Borderline-Störungen im Kindesalter, Analytische Kinder- und Jugendlichen, Psychotherapie, Heft 81, S. 5–39.

Ehlert, M. und Lorke, B., 1988: Zur Psychodynamik der traumatischen Reaktion, Psyche 42, S. 502–532.

Ferenczi, S., 1932 (1982): Sprachverwirrung zwischen den Erwachsenen und dem Kind, Schriften zur Psychoanalyse, Band II, S. 303–313. Frankfurt am Main (Fischer).

Freud, S., 1917: Vorlesungen zur Einführung in die Psychoanalyse, in Band I, Studienausgabe, 1971, Frankfurt am Main (Fischer).

Freud, S., 1920: Jenseits des Lustprinzips, in Band III, Studienausgabe 1971, Frankfurt am Main (Fischer).

Freud, S., 1926: Hemmung, Symptom und Angst in Band IV, Studienausgabe, 1971, Fischer, Frankfurt am Main.

Gäßler, K., 1990: Extremtraumatisierung in der Pubertät, Psyche 49, S. 41–68.

Hopf, H., 1995: „... eine wilde Bestie, der die Schonung der eigenen Art fremd ist“, Vortrag über die historische Entwicklung der Aggressionstheorie in der Psychoanalyse, gehalten am 26. Mai 1995 anläßlich der Jahrestagung der VAKJP in Göttingen.

Küchenhoff, J. 1990: Die Repräsentantion früher Traumata in der Übertragung, Forum der Psychoanalyse 6, S. 15–31.

Lichtenberg, J. D., 1990: Klinische Relevanz der Säuglingsbeobachtung für die Behandlung von narzistischen u. Borderline-Störungen, Psyche 44, S. 871–900.

Montagu, A., 1988: Körperkontakt, Stuttgart (Klett-Cotta).

Morgenthaler, F., 1991: Technik. Hamburg (Europäische Verlagsanstalt).

Parens, H., 1992: Die besondere Rezension von B. Friedrich über Parens: Die Entwicklung der Aggression in der frühen Kindheit, Beiträge zur analytischen Kinder und Jugendlichen, Psychotherapie, Heft 76, S. 90–113.

Rauchfleisch, U., 1992: Gewalttätige Kinder, Mitherausgeber: E. Heinemann u. T. Grüttner, Frankfurt am Main ( Fischer).

Rauchfleisch, U., 1992: Allgegenwart von Gewalt, Sammlung Vandenhoek, Göttingen

Steale und Pollock, 1978: Das geschlagene Kind, Herausgeber: Helfer und Kempe, Frankfurt am Main (Suhrkamp).

Winnicott, D.W., 1983: Von der Kinderheilkunde zur Psychoanalyse, Frankfurt am Main (Fischer).

Winnicott, D.W., 1984: Reifungsprozesse und fördernde Umwelt, Frankfurt am Main (Fischer).

Wurmser, L., 1990: Die Maske der Scham, Berlin-Heidelberg (Springer).

# Intrusive psychoanalytische Interventionen und ihre Verarbeitung

*Jutta Kahl-Popp*

Ich möchte Ihnen einen kurzen Überblick geben, was Sie mit meinen Ausführungen erwartet:

Die Diskussion um die Heilwirkung der Psychoanalyse ist u.a. durch Grawes Studie „Psychotherapie im Wandel" (1994) aktuell. Ihre Kritik an der Psychoanalyse und Freuds Überlegungen einer möglichen „... Schädigung des Kranken durch die analytische Kur aus der Existenz der Übertragungen . . ." (Freud, 1905, S. 281) haben mich im Hinblick auf unser Tagungsthema „Aggression und seelische Krankheit" dazu angeregt, den verletzenden, bedrohlichen Anteilen und Implikationen psychoanalytischer Interventionen und ihrer Verarbeitung durch den Patienten nachzugehen.

Zur Untersuchung dieser intrusiven Interventionen, wie ich sie nenne, stelle ich folgende Hypothese auf:

Passagere Symptombildung, Verstärkung von Symptomen und Abwehr, bedrohliche negativ getönte Introjekte in den Abkömmlingen des Patienten in der Psychoanalyse sind mit verschlüsselten und implizierten Botschaften des Psychoanalytikers verknüpft, die bedrohlichen Charakter haben.

Nach einer Definition intrusiver Therapeuten-Interventionen diskutiere ich die latente Verarbeitung dieser Interventionen durch den Patienten und ihr Struktur-veränderndes Potential. Intrusive Interventionen werden dann an Beispielen meiner klinischen Arbeit mit Kindern und Jugendlichen unter folgenden Schwerpunkten betrachtet:

1. Intrusive Implikationen des analytischen Settings und eines sicheren Rahmens
2. Intrusive Interventionen des Analytikers als Ausdruck seiner Konflikthaftigkeit

Abschließend überlege ich, ob meine Erkenntnisse über intrusive Interventionen wissenschaftstheoretisch eine die Theorie von der Heilwirkung durch die Psychoanalyse „falsifizierende Hypothese" (Popper) bilden.

In meinem Vortrag beziehe ich mich auf Erkenntnisse der kommunikativen Psychoanalyse, der Systemtheorie und der Säuglingsforschung.

Aus Zeitgründen werde ich einige Aspekte meines Themas nur kurz behandeln, andere Aspekte nicht berücksichtigen können.

## Einführung

Die Gültigkeit von Freuds Übereinstimmungsargument: „Die Lösung seiner Konflikte – gemeint ist der Patient – und die Überwindung seiner Widerstände glückt doch nur, wenn man ihm solche Erwartungsvorstellungen gegeben hat, die mit der Wirklichkeit in ihm übereinstimmen" (Freud 1917, S. 470) – wurde insbesondere von Grünbaums Kritik an der Wissenschaftlichkeit der Psychoanalyse (Grünbaum 1988) als nicht verifizierbar in Frage gestellt.

Auf der Basis empirischer Forschungsergebnisse der kommunikativen Psychoanalyse, insbesondere des Konzepts, wie der Patient die Therapeuten-Intervention unbewußt evaluiert und danach kognitiv und interpersonell validiert, reinstalliert Berns Freuds Übereinstimmungs-Argument am Beispiel der psychoanalytischen Deutung (Berns 1994). D. h. der Patient gibt in seinen der Deutung folgenden primär-prozeßhaften Abkömmlingen zu erkennen, ob die Interpretation des Therapeuten mit seiner inneren Wirklichkeit übereinstimmt oder nicht.

Dies geschieht m.E. nicht nur als Antwort auf Deutungen, sondern auf alle für den Patienten relevanten Therapeuten-Interventionen, insbesondere die Interventionen, die den Rahmen der Therapie betreffen (Petersen 1995).

In meinem Vortrag möchte ich Wirkung und Verarbeitung von intrusiven Interventionen darstellen, die ich als Nicht-Übereinstimmungs-Interventionen auffasse.

Wenn die Heilwirkung von Psychoanalyse und Psychotherapie (meine hier entwickelten Überlegungen gelten für analytische Psychotherapie und Psychoanalyse gleichermaßen) im Wesentlichen durch Übereinstimmungs-Interventionen geschieht, welchen Einfluß haben dann intrusive Therapeuten-Interventionen auf den Patienten und auf den psychotherapeutischen Prozeß?

Freud reflektiert seine Analyse mit Dora auch aus dem Blickwinkel der „Neubildung von Symptomen" und der „Schädigung des Kranken durch die analytische Kur aus der Existenz der Übertragungen" (Freud 1905, S. 181). Er bedenkt, wie er nach dem ersten Traum Doras hätte intervenieren sollen: „Haben Sie etwas bemerkt, was sie auf böse Absichten schließen läßt, die denen des Herrn K. ähnlich sind, oder ist Ihnen etwas an mir aufgefallen oder bekannt geworden, was ihre Zuneigung erzwingt wie ehemals bei Herrn K. ?" (Freud 1905, S. 282).

Diese präzise Reflexion Freuds klingt für mich, als verstehe er die Abkömmlinge Doras wie eine unbewußte Bedeutungsanalyse seiner vorangegangenen Interventionen, ohne sich deren intrusiver Qualität bewußt zu sein, nämlich, daß er, Freud, mit dem Vater Doras ein Bündnis hinter ihrem Rücken eingegangen war. Dora könnte ihm dies verschoben auf Herrn K. mit ihren Abkömmlingen kommuniziert haben.

Auch in Freuds Ringen um den Übertragungsbegriff und in seiner Auseinandersetzung um Realität oder Phantasie von Verführungserlebnissen (Freud 1917, 1918) wird sein Unbehagen über eine mögliche Kontamination mit dem Patienten deutlich.

Beunruhigt und empört antwortet er seinen Kritikern, Jung und Adler, in der Diskussion um die Infantilszenen:

„Sie (gemeint sind die Infantilszenen) sollten nicht Wirklichkeiten sein, sondern Phantasien. Nun wird es offenbar: Nicht Phantasien des Kranken, sondern des Analytikers selbst, die er aus irgendwelchen persönlichen Komplexen dem Analysierten aufdrängt. Der Analytiker freilich, der diesen Vorwurf hört, wird sich zu seiner Beruhigung vorführen, wie allmählich die Konstruktion dieser angeblich von ihm eingegebenen Phantasie zustande gekommen ist, wie unabhängig sich doch deren Ausgestaltung in vielen Punkten von der ärztlichen Anregung benommen hat..." (Freud 1918, S. 81)

Diesen Zusammenhang zwischen der „ärztlichen Anregung" und den unbewußten Abkömmlingen des Patienten möchte ich nun näher betrachten.

## *Intrusive Therapeuten-Interventionen*

Unter dem Begriff intrusiv verstehe ich eindringend, übergriffig, verletzend. Er scheint mir sinnvoll, da er sowohl sexuell-verführerische, als auch aggressiv-verfolgende Elemente beinhaltet.

In Begriffen der Systemtheorie fasse ich die analytische Situation als Interaktionssystem auf, die eine Umwelt der Psyche des Patienten bildet. Die psychischen Prozesse im Analytiker und im Patienten bilden zwei Umwelten des therapeutischen Interaktionssystems (Simon 1994).

Unter der Prämisse der Adaption von Interaktionssystemen untersucht und beschreibt die kommunikative Psychoanalyse, wie der Patient unterschwellige Botschaften des Analytikers unbewußt valide, also unverzerrt wahrnimmt und diese Wahrnehmungen in Abkömmlingen verschlüsselt, auf dem Hintergrund traumatischer, genetischer Erfahrungen mitteilt, bzw. weiterverarbeitet. Erst diese Weiterverarbeitung bildet den verzerrten Übertragungsanteil des Patienten (Langs 1988, 1992). Dem folgend sagt Goodheart:

> „Die vielleicht bedeutungsvollste Frage, die der Therapeut sich zu stellen hat, während er dem Patienten zuhört, lautet wie folgt: Welche Intervention tat ich und was sind die Implikationen, Eigenschaften, Elemente und Qualitäten dieser Intervention, um die Mitteilungen des Patienten als verschobene, verdichtete, symbolische, valide Repräsentation und bedeutungsvolle Analyse von mir selbst zum Zeitpunkt der Intervention verstehen zu können" (Goodheart 1993, zit. in Berns 1994, S. 235).

Diese Haltung einzunehmen, d. h. bedrohliche, aggressive oder verführerische Abkömmlinge des Pt. als unbewußte und weiterverarbeitete Wahrnehmungen unserer Interventionen, deren Implikationen und verschlüsselten Botschaften zu betrachten, steht m.E. unser therapeutisches Ich-Ideal, mit Schuldgefühlen und deren Abwehrmanövern entgegen. Bettighofer nennt dies die „Unlust vermeidende Kompromißbildung des Analytikers" (Bettighofer 1994), die, da unbewußt, projektive Entlastungs-Interventionen mit intrusiver Qualität begünstigt. Wenn ich außerdem bedenke, daß besonders traumatisierende, therapeutische Interventionen, wie z.B. die eben beschriebene projektive Entlastung des Analytikers, vom Patienten auch unbewußt mittels Idealisierung abgewehrt wird, konstelliert sich u.U. ein pathologisches therapeutisches Interaktionssystem, das sich z.B. in einer fortgesetzten negativen therapeutischen Reaktion oder einer malignen Regression des Patienten manifestieren kann.

Die Abwehr von Schuldgefühlen und damit verknüpften Aggressionen im Analytiker als Ausdruck eines virulenten Über-Ich-Konflikts kann auch darin bestehen, aus der therapeutischen Beziehung hinauszudeuten, Verschiebungen des Patienten mitzuagieren, ohne Einbeziehung seiner Intervention genetische Aspekte zu betonen oder theoretische Klischees und psychoanalytische Ideologien zu bilden, auf die z. B. Dornes hinweist:

> „Es ist eine in klinischen Fallberichten weit verbreitete Unsitte, die bewußten Phantasien des Analytikers über den Patienten als dessen unbewußte Phantasien zu deklarieren" (Dornes 1994, S. 1170).

Als Therapeutin fällt es mir besonders schwer, mich in grausamen und quälenden Vorstellungen meiner Patienten, wenn auch verzerrt, gespiegelt zu sehen. Ich denke hier z.b. an eine 18jährige Jugendliche, die von einer Gestapofrau träumte, gegen die sie sich wehren mußte, weil sie von ihr geknebelt und gefesselt wurde.

Diese Traummitteilung ist ihre latente Wahrnehmung und Weiterverarbeitung meiner intrusiven Intervention, ihre Stunde zu überziehen und sie damit festzuhalten.

## Latente Verarbeitung intrusiver Interventionen durch den Patienten

Schon Freud sagt, daß die bewußten Kommentare des Patienten zu einer Therapeuten-Intervention aus Gründen der ihnen immanenten Abwehr zu vernachlässigen seien, zugunsten indirekter Arten der Bestätigung. Hier nennt er:

1. Die Assoziationen die dem Inhalt der Konstruktion als eine Form der Therapeuten-Intervention ähnliches oder analoges enthalten
2. Die Verschlimmerung seiner Symptome (des Patienten) und seines Allgemeinbefindens (Freud 1937, S. 50–52).

Freuds weitere Schlußfolgerung, daß der Patient mit Symptomverschlimmerung therapeutische Interventionen in jedem Fall validiert, stelle ich in Frage, ohne hier weiter darauf eingehen zu können.

Bei den latenten, assoziativen oder symptomatischen Äußerungen des Patienten handelt es sich um einen verschlüsselten Kommentar, wie gut oder wie schlecht ihm, dem Patienten, die Intervention des Therapeuten getan hat, ob sie mit seiner inneren Wirklichkeit übereinstimmt oder nicht. Denn die latenten Abkömmlinge haben die Funktion eine Interaktionssituation unbewußt sie adaptierend zu verarbeiten.

Als verschlüsselte Botschaft ist das Symptom Ausdruck des informationsverarbeitenden Systems der Psyche im Zustand der Überforderung. In diesem Zustand ist die Psyche nicht mehr fähig, mit den eintreffenden, ängstigenden, traumatischen Botschaften zurechtzukommen. Diese Überforderung führt zu einer Verschiebung der Produktion von Abkömmlingen hin zur Produktion von Symptomen und Widerständen (Langs 1988).

Bevor ich auf die klinischen Ausprägungen der gegenseitigen psychischen Verarbeitung von Therapeut und Patient unter besonderer Berücksichtigung intrusiver Interventionen eingehe, möchte ich aus systemtheoretischer Sicht überlegen, welche Konsequenzen aus dem bisher Gesagten möglich sind.

## Strukturveränderung durch intrusive Interventionen

Systemtheoretisch sind alle Interventionen des Psychoanalytikers Perturbationen, d.h. Störungen für die autopoietische Selbstregulation des Patienten, „... die im optimalen Fall in einer therapeutischen Richtung entwicklungsfördernd, d.h. das Erreichen eines neuen Eigen-Werts oder einer neuen Eigen-Struktur wirken" (Simon 1994, S. 64).

Nicht-störende Interaktion würde in diesem Sinn zu keiner Strukturveränderung anregen, während zerstörende Interaktion zur Auflösung von Struktur führen würde.

Bei der Einschätzung intrusiver Interventionen geht es mir darum, ihr Struktur-zerstörendes Potential, ihre entwicklungshemmende Kraft frühzeitig zu erkennen und möglichst in eine, das System fördernde Perturbation zu transformieren. Welche Mittel stehen dafür zur Verfügung?

1. Systemtheoretische und kommunikativ-analytische Ergebnisse deuten darauf hin, daß die Sicherung des Therapierahmens zur Erhaltung des Patient-Therapeut-Systems, zu dessen Wachstum und zur Entwicklung einer neuen Eigen-Struktur beiträgt (Langs, Smith u.a., insbesondere Petersen 1995).

2. Die Auffassung einer Moment-zu-Moment-Psychoanalyse hilft m.E., latente intrusive Elemente therapeutischer Interventionen in der Verarbeitung des Patienten frühzeitig zu erkennen und dadurch dem therapeutischen Prozeß nutzbar zu machen.

3. Psychoanalytische Interpretationen, die die Auslösefunktion der vorangegangenen Intervention für psychopathologische Verarbeitungsweisen im spezifisch genetischen und psychodynamischen Kontext des Patienten als Ausgangspunkt nehmen und einbeziehen, ermöglichen tiefe Einsichten, wie der Patient Störungen der therapeutischen Interaktion verarbeitet. Seine gegenwärtige Erfahrung mit einer störenden Interaktion

des Analytikers kann mit seiner genetischen Interaktionsstörung verknüpft werden. Die Verarbeitungsweisen des Patienten gewinnen dadurch Plausibilität und Authentizität. Nach meiner Erfahrung wirken Auslöser-orientierte Interpretationen besonders den Affekten der Isolation und Schuld des Patienten entgegen und bestätigen die Gültigkeit seiner latenten Wahrnehmung.

## a) Intrusive Implikationen des analytischen Settings und eines sicheren Rahmens

In meinen vorangegangenen Überlegungen zu intrusiven Interventionen habe ich zu zeigen versucht, wie unmittelbar und systematisch therapeutische Intervention und Verarbeitungsmodalitäten des Patienten miteinander verknüpft sind. Wie der Patient die Intervention des Analytikers versteht, hängt auch von seiner Geschichte und seiner Persönlichkeitsstruktur, die seine bewußten und unbewußten Interpretationsschemata prägen, ab.

Wie läßt es sich in diesem Kontext erklären, daß viele Patienten auf das analytische Setting und einen sicheren Rahmen mit dem Abklingen von Symptomen, zunehmend positiven Introjekten und der Stärkung ihrer Symbolisierungsfähigkeit und ihrer Interaktionskompetenz „antworten", andere jedoch auf das gleiche Angebot mit Verzweiflung, Rückzug oder Wut reagieren?

Mit Blick auf die Ergebnisse der neueren Säuglingsforschung hat die unbewußte Bedeutungsanalyse des Patienten ihre Wurzeln im perzeptuell-affektiven Handlungsmodus des Säuglings und dem intrapsychischen symbolischen Repräsentationsmodus des älteren Kindes und Erwachsenen (Lichtenberg 1991). Beide Modi sind Organisationsformen von Erfahrungen mit dem Ziel der Adaption innerhalb der Interaktionsmatrix. Dabei dienen nach Lichtenberg, Affekte als Triebfeder der Evaluierung interaktioneller und intrapsychischer Prozesse. Erst die Affektintensivierung, ausgelöst durch Reize des Körperinneren und der personalen und dinglichen Umwelt, führt zu Kennungen im Gedächtnis, später zur Bildung primär- und sekundär-prozesshafter, symbolischer Verarbeitung. Der Affekt ist nur dann adaptiv hilfreich, „...wenn er sich innerhalb eines Spannungsoptimums bewegt. Affektive Spitzenzustände oder affektive Unterstimulation, Reizdeprivation führen zu empfindlichen Leistungseinbußen in den Ordnungsfunktionen des Gehirns" (Naumann-Lenzen 1995, S. 7).

Daraus läßt sich schließen, daß ein affektives Spannungsoptimum mit einer gelungenen Interaktion korreliert. Mehrere Prozeßeinheiten basaler interaktiver Erfahrung, die von Stern beschriebenen RIGs, führen zur Bildung eines intrapsychischen und interaktiven „Arbeitsmodells" (Bowlby), das die bewußten und unbewußten Interpretationsschemata charakterisiert.

In vielen Bespielen beschreibt Stern die Folgen mütterlicher Fehlabstimmung, die sich als individuell entwickelte Antworten des Säuglings auf Unter- oder Überstimulierung in der Affektabstimmung lesen lassen und zu einer Generalisierung der Erfahrungen einer dysregulierenden Einheit mit der Mutter, der „intersubjektiven Disjunktion" (Stolorow) führen (Stern 1992).

In diesem Kontext denke ich z.B. an die adaptive Funktion von Symptomen im Dienste der Aufrechterhaltung der Steuerung von Selbstregulierung und Interaktion.

„Wenn Regulierungsstörungen durch den Symbolprozeß enkodiert werden, ergeben sich daraus konflikthafte Konfigurationen, die als Symptome und Charaktereigenschaften die Formen annehmen, die der Psychoanalyse vertraut sind" (Lichtenberg 1991, S. 180).

Dazu möchte ich ein Beispiel aus meiner klinischen Erfahrung geben:

Mir wird ein 7jähriger Junge wegen Hyperaktivität und schweren aggressiven Durchbrüchen vorgestellt, dessen Vater kurz nach seiner Geburt unter besonderen Umständen gestorben war und dessen Mutter ihn mehrere Jahre lang gestillt hatte.

Vermutlich in Identifikation mit der überstimulierenden, eine eigene Depression abwehrenden Mutter, hat dieser Junge eine pathologische Selbstregulierung seiner Todesängste und destruktiven Impulse entwickelt, die darin bestand, jede Form von Stille und Ruhe mit Hyperaktivität und aggressiven Handlungen zu vermeiden, um sich und die Welt lebendig zu erleben, während er z.B. nicht blinkendes Spielmaterial oder seine schlafende Mutter und die Stille in der Schule unbewußt mit Tod und Verzweiflung assoziierte, genauso wie meine passiv-abwartende Haltung in der Erstuntersuchung.

Das kinderanalytische Setting und der sichere Rahmen lösten unmittelbar Verzweiflung, Panik, mörderische Impulse und Wünsche mich mit aggressiven Handlungen lebendig zu machen, bei ihm aus. Der Patient war einer Interpretation zugänglich, die mich und meine passive Form der Interaktion als Auslöser seiner Ängste und Verzweiflung zum Ausgangspunkt machte.

Auf dem Hintergrund einer anzunehmenden selektiven Fehlabstimmung und Überstimulierung durch die Mutter, die sich quasi am Kind stillte, hatte der Patient eine „intersubjektive Disjunktion" entwickelt, deren „evoziierter Gefährte" (Stern) bestimmte Merkmale aufzuweisen hatte, die ich nicht anbot. Die für ihn deutliche äußere Unterstimulierung in Form des analytischen Settings und des sicheren Rahmens ließ paradoxer Weise seine Selbstregulierung bedrohlicher Affekte fast zusammenbrechen und ihn sich verzweifelt bemühen, mich seinem evozierten Gefährten gleichzumachen, um seine von mir ausgelösten Vernichtungsängste abzuwehren.

Bei diesem Patienten handelte es sich gerade um die Adaption und Regulation der Affekte von Tod, Vernichtung und totalem Verlust, die in der frühen Interaktion mit der Mutter aus Gründen ihrer eigenen Abwehr nicht transformiert worden – der Patient wußte bis Therapiebeginn nichts von den Todes-Umständen seines Vaters – und deshalb keiner symbolischen Verarbeitung zugänglich waren.

Ich nehme an, daß die intersubjektive Disjunktion als wesentliches Bestandteil seines Arbeitsmodells von den Implikationen der leisen Therapeutin und ihres Settings zutiefst in Frage gestellt wurde, zur affektiven Überstimulierung von Verzweiflung, Wut, Zorn und Verlustangst führte, die Aversion und negative Rückkopplung in Gang setzten.

Ich denke, daß eine analytische Interpretation seiner unbewußten Bedeutungsanalyse und interpersonellen Verarbeitungsprozesse ohne Einbeziehung des sie auslösenden therapeutischen Interaktionskontextes wirkungslos geblieben wäre.

Deshalb möchte ich Dornes Plädoyer für eine interaktionelle Neurosenlehre (Dornes 1995) um ein Plädoyer für eine interaktionelle Behandlungstheorie und -technik ergänzen.

Sie würde u.a. die Erkenntnis des Psychoanalytikers darüber erweitern, ob und wie psychische Verarbeitungsprozesse des Patienten Ausdruck seiner intersubjektiven Disjunktion oder, wie im folgenden Abschnitt dargestellt, Ausdruck der unbewußten Verarbeitung der Konflikthaftigkeit des Analytikers ist, um den Ausgangspunkt für eine valide Interpretation zu finden.

## *b) Intrusive Interventionen des Analytikers*
## *als Ausdruck seiner Konflikthaftigkeit*

Die Gegen-Übertragungs-Intervention des Analytikers hat unmittelbare Auswirkungen auf Symptomatik, Abwehr und die Bildung primär-prozeßhafter Abkömmlinge des Patienten, mit denen er die intrusive Qualität des Analytikers verarbeitet.

Dies möchte ich an einem Beispiel verdeutlichen, in dem die Patientin meine Intervention sexuell-verführerisch verarbeitet: Die 16jährige Patientin beginnt die Stunde mit einer wortreichen Schilderung, wie unbegabt sie sich für die naturwissenschaftlichen Schulfächer halte, und den Beweis dafür in ihren schlechten Noten sähe. Während ihrer Ausführungen habe ich die Patientin skeptisch zweifelnd und gleichzeitig verschmitzt angeschaut. Sie beginnt nun zu lachen, ansteckend befreiend und unwillkürlich stimme ich in dieses Lachen ein.

Plötzlich ernst äußert sie, eigentlich gäbe es nichts zu lachen. Sie denke gerade an Richard Löwenherz, der so naiv gewesen sei, seinen Gegner vor einer anstehenden Schlacht hinter die Mauern seiner Festung zu führen, weil er homosexuell an ihn gebunden war. Als nächstes assoziiert sie von einer Freundin, die alles was mit Therapie verknüpft sei, als Pseudo-Therapie abtue. Dann erzählt sie von einem Kater, den sie gar nicht artgerecht behandle, „...weil ich mich nicht abgrenzen kann. Ich nehme ihn immer gegen seinen Willen auf den Schoß, weil ich mein Schmusebedürfnis an ihm stillen muß, auch wenn er mich hinterher in die Nase beißt."

Ich denke mit dem Derivat von Richard Löwenherz beginnt die Patientin eine präzise primär-prozeßhafte Bedeutungsanalyse meiner Intervention des Mitlachens, wahrscheinlich auch meines vorangegangenen Blickwechsels, die sie als naiv und als Verletzung des Therapierahmens und meiner Containerfunktion (die Festung), der homosexuell verführerische Impulse zugrunde liegen, analysiert. Gleichzeitig enthält ihr Kommentar eine verschlüsselte Rektifikation: Wenn eine Schlacht, d.h. eine Auseinandersetzung anliegt hat Verführung vernichtenden Charakter. Meine intrusive Intervention löst bei der Patientin bedrohliche Introjekte aus, wobei ihr nächster Einfall bewußtseinsnäher ist und den Auslöser repräsentiert: Was hier gerade läuft, ist Pseudo-Therapie.

Auf sich und den Kater verschoben, schildert die Patientin nun die Implikation meines gegen-übertragungs-getränkten Schauens und Mitlachens: Ich behandle sie nicht artgerecht, grenze mich nicht ab, stille mein Schmusebedürfnis an ihr und löse Verschmelzungswünsche und ihre reaktive aggressive Symptomatik aus (der Nasenbiß). Gleichzeitig sind in ihren Derivaten Selbstanteile enthalten: Die Patientin leidet wie ihre beiden Eltern an schnell wechselnden Abhängigkeitsbedürfnissen und aggressiven Durchbrüchen, die ihre soziale Isolation schmerzvoll steigern und ihre Lernstörung begründen.

Inwieweit unterscheiden sich die unter a und b beschriebenen Formen intrusiver Interventionen?

In der Therapeut-Patient-Interaktion fungiert der Therapeut m.E. als ein das „Selbst regulierender Anderer" (Stern).

Zur Regulierungsfunktion des primären Objekts gehören die „zweckbestimmten Fehlabstimmungen" (Stern), die zur Steigerung oder Senkung von Affektzuständen im Säugling führen.

Ich denke, der sichere Rahmen, den der Therapeut verkörpert und handhabt hat eine basale Regulierungsfunktion im interaffektiven Austausch zwischen Therapeut und Patient, die dem therapeutischen „tuning" (Stern) dient.

Die unter a beschriebenen intrusiven Implikationen des sicheren Rahmens für den Patienten wären dann die Folge zweckbestimmter Fehlabstimmungen des Therapeuten, systemtheoretisch gesprochen, Perturbationen der pathologischen Selbstorganisation des Patienten, die zur Entwicklung einer neuen „Eigen-Struktur" (Simon) anregen sollen, sofern der Therapeut dem Patienten ein Verständnis anbietet, daß die Perturbation durch ihn und deren Folgen beinhaltet.

Bei der unter b beschriebenen Gegen-Übertragung des Analytikers handelt es sich um eine „eigentliche Fehlabstimmung" (Stern) des Therapeuten, Ausdruck mangelnder Einfühlung, die seinen affektiven Selbstregulierungs-Bedürfnissen entstammt, für die der Patient interaktiv benutzt wird.

Auch diese eigentlichen Fehlabstimmungen können korrigiert und durch Auslöser-orientierte Interpretation therapeutisch fruchtbar gemacht werden, indem der Therapeut die korrekte, subliminale Wahrnehmung des Patienten und dessen Weiterverarbeitung seiner Affektregulierungsstörung (des Therapeuten) analysiert.

In meiner Praxis erlebe ich regelmäßig, wie Patienten Verantwortung für sich und ihr selbstschädigendes Verhalten übernehmen, nachdem ich meine intrusiven Interventionen und deren Verarbeitung durch den Patienten zum Inhalt einer Deutung gemacht habe.

## Abschließende Bemerkungen

Ich möchte an den Anfang meiner Ausführungen anknüpfen, in dem ich davon ausgegangen bin, daß Übereinstimmungs-Interventionen vom Patienten unbewußte Validierung erhalten. Folge ich den wissenschaftstheoretischen Überlegungen Poppers, reicht es nicht aus, die Verifizierung psychoanalytischer Interventionen heranzuziehen, um die Gültigkeit der Psychoanalyse als empirisch-wissenschaftliche Theorie ihrer Heilwirkung zu belegen.

Popper schlägt vor, als Abgrenzungskriterium für Wissenschaftlichkeit nicht die Verifizierbarkeit, sondern die Falsifizierbarkeit des Systems zu nehmen. Popper warnt vor allem die Soziologie, Psychologie und Psychoanalyse davor, nicht in konventionalistische Verfahrensweisen zu verfallen, um ein System zu retten, d. h... . nicht unter allen Umständen das zu „... erzielen, was Übereinstimmung mit der Wirklichkeit genannt wird" (Popper 1935, 1994, S. 50).

Und er sagt, „Eine Theorie heißt „empirisch" bzw. „falsifizierbar", wenn sie die Klasse aller überhaupt möglichen Basissätze eindeutig in zwei nicht leere Teilklassen zerlegt: In die Klasse jener, mit denen sie in Widerspruch steht, die sie „verbietet" – wir nennen sie die Klasse der Falsifikationsmöglichkeiten der Theorie – und in die Klasse jener, mit denen sie nicht in Widerspruch steht, die sie „erlaubt" (Popper a. a.O., S. 53).

Intrusive, d.h. Nicht-Übereinstimmungs-Interventionen gehören demnach in die Klasse der Falsifikationsmöglichkeiten der Theorie von der Heilwirkung durch die Psychoanalyse.

Denn „... die Theorie wird dann als falsifiziert betrachtet, wenn ein die Theorie widerlegender Effekt aufgefunden wird" (Popper a. a.O., S. 54).

Diesen Effekt habe ich versucht, an der Verarbeitung intrusiver Interventionen durch den Patienten, d.h. deren immanentes Struktur-zerstörendes Potential, das der Heilung entgegenwirken könnte, darzustellen.

Unter diesem Blickwinkel ist meine Anfangshypothese eine, die Theorie von der Heilwirkung durch die Psychoanalyse „falsifizierende Hypothese" (Popper).

## Literatur

Appignanesi, L. und Forrester, J. (1994): Die Frauen Sigmund Freuds, List, München, Leipzig.

Berns, U., (1994): Die Übereinstimmungsdeutung; In: Forum der Psychoanalyse 10(3), S. 226–244, Springer, Berlin, Heidelberg.

Bettighofer, S. (1994): Die latente Ebene der Übertragung. Interaktionelle und systematische Aspekte der therapeutischen Situtation, In: Forum der Psychoanalyse 10(2), S. 116–129, Springer, Berlin, Heidelberg.

Bonac, V. (1993): Clinical Issues in Communicative Psychoanalysis: Premature Securing of Patient's Breaks in Psychotherapy Frame as Expression of Therapist's Countertransference Difficulty with Containing Patient's Projective Identifications, The International Journal of Communicative Psychoanalysis and Psychotherapy, Vol. 8, No. 4, S. 115–121, Dale, Yachats, Oregon, USA.

Bott Spillius (Hg.) (1990): Melanie Klein Heute, Bd. 1, Verlag Internationale Psychoanalyse, München, Wien, daraus: Bion W., Angriffe auf Verbindungen, S. 110

Dornes, M. (1993): Der kompetente Säugling, Fischer, Frankfurt/M.

ders. (1994): Können Säuglinge phantasieren?, Psyche, 48. Jahrgang, Heft 12, S. 1154–1175, Klett-Cotta, Stuttgart.

ders. (1995): Gedanken zur frühen Entwicklung und ihrer Bedeutung für die Neurosenpsychologie; In: Forum der Psychoanalyse 11(1), S. 27–49, Springer, Berlin, Heidelberg.

Dorpat, T. (1993): The Type C Mode of Communication – an interactional Perspektive, In: The International Journal of Communicative Psychoanalysis and Psychotherapy, Vol. 8, Nos. 2–3, S. 47–54, R. Dale, D. Yachats, Oregon, USA.

Einnolf, U. (1995): Der kompetente Patient – Über die Wirksamkeit präverbaler Botschaften in der Therapie, Vortrag gehalten anläßl. der Konferenz der VAKJP-Arbeitsgemeinschaft für Wissenschaftlichen Austausch am 4. 3. 95 in Frankfurt.

Freud, S. (1905): Bruchstück einer Hysterie-Analyse, In: G.W.. Bd. 5, Fischer, Frankfurt/M.

ders. (1917): Vorlesungen zur Einführung in die Psychoanalyse, In: G.W., Bd. 11, Fischer, Frankfurt/M.

ders. (1918): Aus der Geschichte einer infantilen Neurose, In: G.W.. Bd. 12, Fischer, Frankfurt/M.

ders. (1937): Konstruktionen in der Psychoanalyse, In: G.W.. Bd. 16, Fischer, Frankfurt/M.

Grawe, K., Donati, R., Bernauer, F. (1994): Psychotherapie im Wandel. Von der Konfession zur Profession, Hogrefe, Göttingen, Bern.

Grünbaum, A. (1988): Die Grundlagen der Psychoanalyse. Eine philosophische Kritik. Reclam, Stuttgart.

Langs, R. (1976): The Therapeutic Interaction, Vols. I, II, Aronson, New York.

ders. (1988): A Primer of Psychotherapy, New York, Gardener Press.

ders. (1989): Die Angst vor validen Deutungen und vor einem festen Rahmen, Forum der Psychoanalyse, 5/1989, S. 1–18, Springer, Berlin, Heidelberg.

ders. (1992): A Clinical Workbook for Psychotherapists, London, Karnac.

ders. (1992): Science, Systems and Psychoanalysis, Karnac Books, London, New York.

ders. (1995): Clinical Practice and the Architecture of the Mind, London, Karnac.

Lichtenberg, J.D., (1991): Psychoanalyse und Säuglingsforschung, Springer, Berlin, Heidelberg, New York.

Maturana, H. und Varela, J., (1987): Der Baum der Erkenntnis, Scherz, Bern, München.

Maturana, H. (1994): Was ist Erkennen?, Piper, München, Zürich.

Naumann-Lenzen, M. (1995): Spiel, Metapher und Lernen in der Kinderpsychotherapie. Thesen zur Überprüfung des Spiel/Deutung-Paradigmas, unveröffentlichtes Manuskript, Hennef.

Petersen, M. (1995): Der sichere Rahmen, unveröffentlichtes Manuskript, Barntrup

Popper, K. (1935/1994): Logik der Forschung, Mohr, Tübingen.

Simon, F. (1994): Psychoanalyse und neuere Systemtheorie, In: Psyche, 48. Jahrgang, Heft 1, S. 50–79, Klett-Cotta, Stuttgart.

Smith, D. (1991): Hidden Conversations, London, Routledge.

Smith, W. (1994): Survivors of Sexual Abuse and Post-Traumatic Stress Disorder: A Communicative Perspektive, In: The International Journal of Communicative Psychoanalysis an Psychotherapy, Vol. 9, No. 1, S. 3–10, Dale, Yachats, Oregon, USA.

Stern, D. (1992): Die Lebenserfahrung des Säuglings, Klett-Cotta, Stuttgart.

Watzlawik, P. u.a. (1972): Menschliche Kommunikation, Huber, Bern, Stuttgart, Wien.

# Bedeutung und Deutung der Agression in psychoanalytischen Behandlungen

# Aggression und Destruktion in der psychoanalytischen Behandlung

*Michael Ermann*

W as ich in diesem Beitrag sagen möchte, hätte ich auch unter das Thema stellen können: Über die Verarbeitung von Destruktion in der Analyse als interaktioneller Prozeß. Dann hätte ich bereits im Titel auf den Kern der Ideen vorbereitet, die ich vortragen möchte; auf die Erfahrung nämlich, daß destruktive Phänomene in der Analyse neutralisiert werden können, wenn es uns als Analytikern gelingt, korrespondierende destruktive Phänomene in uns selbst zuzulassen und wenn wir die begleiten-den paranoiden Affekte, nämlich paranoide Ängste, Scham- und Schuldge-fühle – in depressive Phänomene umzuwandeln wie Trauer, Betroffenheit (concern) und Sorge. Ich trage damit nicht neue Ideen vor, sondern beschrei-be Erfahrungen, die wir miteinander teilen, um sie zu systematisieren und mit Ihnen gemeinsam darüber nachzudenken.

Indem ich Destruktion von Aggression unterscheide, begebe ich mich mit-ten in die Diskussion um die schwierige psychoanalytische Ag-gressionstheorie. Unsere Konzepte von Aggression und Destruktion bestim-men aber unser therapeutisches Handeln. Ich will im ersten Teil meines Vor-trages deshalb einige Punkte benennen, die den Hintergrund meiner eigenen klinischen Haltung im Umgang mit Aggression und Destruktion in der ana-lytischen Situation klären, und im zweiten Teil dann die therpeutischen Kon-sequenzen aufzeigen.

Freuds Annahme eines Todestriebes hat mich nie überzeugt. Ich teile zwar ein Welt- und Menschenbild, das die Existenz im Kontext von zwei überper-sönlichen Tendenzen begreift, die man mit den Metaphern Lebensprinzip und Todesprinzip beschreiben kann. Daraus eine motivationsbildende indivi-duelle Triebhaftigkeit abzuleiten und sie mit den aggressiven Phänomenen des menschlichen Erlebens und Verhaltens in Verbindung zu stellen, kann ich aber nicht nachvollziehen. Die Ableitung der menschlichen Aggression aus der Konzeption eines Todestriebes ist mir also fremd, und die Kritik daran, die z.B. von Hartmann (1939) und Fenichel (1945) geäußert wurde, kann ich gut teilen.

Es hat mich dagegen die Argumentation von Autoren wie Anna Freud (1972) und Stone (1971) überzeugt, die die primäre Triebhaftigkeit der Aggression in Frage stellen. Ihre Hauptargumente sind, daß der Aggression ein spezifisches Organ fehlt und daß sie nicht die von Freud (1905) vorgeschlagenen Definitionsstücke eines Triebes aufweist, nämlich eine Triebquelle und eine spezifische Energie (A. Freud). Thomä (1990) weist außerdem auf die Unersättlichkeit der destruktiven menschlichen Aggression hin, die mit dem Erreichen ihres Zieles nicht befriedigt ist.

Aber was ist dann aus der psychoanalytischen Sicht das Wesen der Aggression, wenn nicht eine angeborene triebhafte Tendenz zur Zerstörung?

Die Antworten, die die modernen Autoren unseres Faches geben, lassen sich schwer auf eine einfache Formel reduzieren. Breite Zustimmung scheint die Auffassung zu finden, daß der biologische Sinn der Aggression die Selbsterhaltung ist (Greenacre 1960, Spitz 1965, Solnit 1972). Diese Auffassung steht im Einklang mit den Ergebnissen der Verhaltensforschung: Im Tierreich treten aggressive Verhaltensweisen auf, wenn das Leben oder der Interessens- und Lebensraum bedroht oder verletzt werden. Wenn das Ziel erreicht ist, das mit dem aggressiven Verhalten intendiert wird, und zum Beispiel der Gegner sich unterworfen hat, der Angreifer geflohen ist, dann findet die Aggression der Tiere ein Ende (Eibl-Eibelsfeld 1970).

Zugleich mit der Anerkennung der Selbsterhaltungsfunktion der Aggression setzt sich in der Psychoanalyse zunehmend die Unterscheidung von 2 Arten der Aggressivität durch (Storr 1968, McDevitt 1983, Parens 1993): Die eine ist die nichtdestruktive Aggression. Sie wird von manchen als triebhaft verstanden. Sie dient der Anpassung und ist für die Lebensbewältigung unentbehrlich. Die andere ist die destruktive Feindseligkeit. Sie stammt nach überwiegender Meinung aus Erfahrung. Für das Verständnis dieser zweiten Form fand seit den 70er Jahren immer stärker die Auffassung Zustimmung, daß sie durch Verletzungen und Kränkungen hervorgerufen wird (Rochlin 1973, Kohut 1977): „Destruktive Wut," meine Kohut, „wird immer durch eine Verletzung des Selbst motiviert, ... eine schwere narzißtische Kränkung, die die Kohäsion des Selbst bedroht..." (1977, dt. S. 108).

Nach meiner Ansicht bringt es uns für klinische Zwecke am meisten, Aggression als eine zunächst unspezifische Aktivität des Ich im Dienste der

Selbsterhaltung zu betrachten. Sie kann an alle möglichen Vorstellungen, Affekte und Handlungsabläufe geknüpft werden, wenn diese in den Dienst der Selbsterhaltung gestellt werden. Selbsterhaltung ist dabei in einem weit gefaßten Sinne gemeint: Als Selbstschutz gegen Unlust, Gefahr und Überforderungen von innen und von außen und als Selbstentfaltung im psychischen Außenraum. Je nach der Art der sekundären Verknüpfung entstehen dann die verschiedensten aggressiven Phänomene: aggressive Triebhandlungen, z.b. im sexuellen oder oralen Akt, aggressive Affekte, z.b. Neid, Eifersucht und Wut, oder aggressive Vorstellungen, z.b. Rivalitäts- und Bemächtigungsphantasien.

Bei allen diesen Phänomenen kann die Selbsterhaltung das leitende Motiv sein. Dann ist die Aggression adaptiv. So wie im Tierreich steht sie in unmittelbarem Bezug zu einem instrumentellen Ziel und klingt ab, wenn dieses Ziel erreicht ist. Mit instrumentellem Ziel meine ich z.b. die Überwältigung des anderen, von dem man sich bedroht fühlt, seine Unterwerfung im Rivalitätskampf, seine Einverleibung zur oralen Versorgung oder seine Zerstörung zur Abwendung von Gefahr. Diese Aggression bleibt auf ein Ausmaß begrenzt, das die Selbstentfaltung gewährleistet oder den Lebenserhalt sichert.

Konflikte um die adaptive Aggressivität beschäftigen uns in der psychoanalytischen Praxis bei den reiferen Formen der neurotischen Psychopathologie. Dieser Komplex ist unter dem Begriff der sogenannten aggressiven Gehemmtheit im Anschluß an Freud insbesondere von der Berliner neoanalytischen Schule (Schultz-Hencke 1940) konzipiert worden. Bei den damit gemeinten Erscheinungen handelt es sich aus theoretischer Sicht im allgemeinen nicht um eigentliche Probleme der Aggressivität. Es sind vielmehr sekundäre Probleme, die durch Schuld- und Schamgefühle, Überich-Ängste und überfordernde Ichideale motiviert sind und die sich als Schwierigkeiten manifestieren, sich im sozialen Feld zu behaupten und zu entfalten. Es sind sekundäre Aggressionsprobleme, die uns hier nicht näher beschäftigen sollen.

Wenn die Aggression das Ziel verliert, die tatsächliche Existenz zu sichern, dann wandelt sie sich in Destruktion. Dann verselbständigt sich das instrumentelle Ziel der Aggression und die Überwältigung, die Unterwerfung, die Einverleibung oder Zerstörung werden scheinbar zum Selbstzweck. Ausmaß und Dauer der Aggression bleiben dann nicht mehr auf das Ziel bgrenzt, die konkrete Existenz zu sichern, sondern eskalieren in einen zwingenden Zerstörungswillen. Oder, um es noch einmal anders zu sagen: Im destruktiven Phänomen ist der Bezug aufgehoben zwischen dem primären

Ziel der Aggression, das darin besteht, die reale Existenz zu erhalten, und ihrem instrumentellen Ziel, das darin liegt, den anderen zu beseitigen. Aus Neid, Rivalität und Unterwerfung werden dann Zerstörungswut und bloße Vernichtung.

Nach den Befunden der Säuglingsforschung (McDevitt 1983, Parens 1991) gibt es feindselige Destruktivität schon beim Neugeborenen. Sie äußert sich als ungerichtete Wut und scheint eine Reaktion auf „Unlusterlebnisse", wie Parens (1993) es nennt, zu sein. Die destruktive Reaktionsbereitschaft scheint also angeboren zu sein, sie entsteht aber nicht spontan, sondern wird als Reaktion auf Unlusterlebnisse im weitesten Sinne aktiviert. Im Verlauf der weiteren Entwicklung tritt dann objektgerichtete Destruktivität auf.

Obwohl es also eine empirisch belegte Entwicklungsdynamik der Aggression gibt, verfügen wir heute noch nicht über ein entwicklungsdynamisches Konzept, das uns helfen würde, die Aggressionsentwicklung stringent zu verfolgen. Unsere vielfältigen klinischen Erfahrungen erlauben es uns aber, dennoch eine Entwicklungslinie zu konstruieren, die sich an den Regressions- und Integrationsphänomenen Erwachsener orientiert. Sie reicht von der ungerichteten Destruktivität, der wir in Zuständen völliger Desintegration, z. B. bei Psychosen, begegnen, über die objektbezogene Destruktion der paraniod-schizoiden Position bis hin zu adaptiver Aggression der depressiven Position unserer typischen neurotischen Patienten. Kernberg (1991), der allerdings von einem Aggressionstrieb ausgeht, hat dementsprechend am Beispiel des Hasses gezeigt, wie die Intensität und Häufigkeit aggressiver Affekte bei Borderline-Störungen am größten ist und mit dem Reifegrad des Störungsniveaus abnimmt.

Wir können also annehmen, daß übermäßige Destruktion auftritt, wenn die Umwandlung von Feindseligkeit in zielgerichtete adaptive Aggression in den entscheidenden Beziehungen nicht stattgefunden hat. Dahinter steht die entwicklungstheoretische Vorstellung, daß schwerwiegende destruktive Phänomene auf einer mißglückten Frühentwicklung beruhen, die die Fortentwicklung großer Teile der Persönlichkeit in den Bereich der depressiven Position beeinträchtigt oder dauerhaft verhindert. Im klinischen Kontext gesprochen, bedeutet das, daß zumindest schwere Formen der destruktiven Aggression im wesentlichen ein narzißtisches Phänomen auf Borderline-Niveau sind und die Funktion haben, ein gefährdetes Ich-Selbst-System in seiner Funktionsfähigkeit zu stabilisieren. Diese Auffassung erklärt, warum die Analyse von Destruktion und feindseliger Aggression so schwierig ist. Die Schwierigkeiten beruhen einer Kumulation mehrerer Faktoren:

Ein Faktor ist, daß die Frustationen, Unlusterlebnisse und im Zweifelsfall die Traumatisierungen in der mißglückten Frühentwicklung zur Bildung destruktiver Phantasien und Übertragungsbereitschaften führen, die in der Regression aktiviert werden. Dadurch wird die analytische Beziehung, die als hilfreiche Beziehung konzipiert ist, in der Übertragung oft zur ausschließlich schlechten Beziehung.

Der zweite Faktor verstärkt diesen Effekt. Er besteht darin, daß mit den pathogenen Beziehungserfahrungen die Bildung der borderlinespezifischen Ichschwäche und der spezifisch paranoiden Abwehrstruktur verbunden ist, die die Umwelt feindlicher erscheinen läßt als sie tatsächlich ist. In der Übertragung wird der Analytiker durch Spaltung und Projektion dabei oft zum nur schlechten Teilobjekt. Diese Vorgänge sind die Basis für eine besondere Instabilität und Verletzlichkeit der Patienten und schaffen in der analytischen Begegnung oft ein feindseliges Klima.

Als dritter Faktor kommt hinzu, daß die verhinderte Umwandlung der Destruktion dazu führt, daß aggressive Phänomene oft in der analytischen Situation in Form von bisweilen bedrohlicher Destruktion in Erscheinung treten und den Bestand der Behandlung gefährden.

Damit steht die therapeutische Aufgabe vor unermeßlichen Problemen, die darin besteht, durch neue Beziehungserfahrungen die Umwandlung von Destruktion in adaptive Aggression zu ermöglichen und zu fördern.

Der schwierige Weg dorthin führt in der psychoanalytischen Behandlung, global gesprochen, durch die Offenlegung und die Analyse der Anlässe, die die Destruktionswut in der Übertragung entfesseln (vgl. auch Ermann 1985). Die einschlägigen Empfehlungen dazu von Autoren wie Kernberg (1989) oder Thomä und Kächele (1985) kann ich aus eigener Erfahrung nur bestätigen. Es geht darum, die „Auslöser aggressiver Impulse, Phantasien und Handlungen zu entdecken" und eine „Analyse [ihrer] situativen Entstehung vorzunehmen" (Thomä 1990, Seite 39, 40).

Dabei können wir uns nicht darauf beschränken, die im Patienten durch das Setting und die therapeutische Regression ausgelösten Allmachts- und Ohnmachtserlebnisse (Thomä) zu betrachten und die Schamgefühle, die dadurch ausgelöst und durch wütende Angriffe auf den Analytiker verdeckt werden. Es scheint sich vielmehr immer stärker die wichtige Erkenntnis durchzusetzen, daß destruktive Phänomene in der Analyse durch tatsächliche Verletzungen ausgelöst werden, die der Analytiker mit seinem Verhalten, seinen Interventionen oder oft auch nur sublimal gespürte Befindlichkeiten wie Wut, Langeweile oder Erregung erzeugt. Es sind Geschehnisse, die Wut und

Destruktion auslösen, weil sie tatsächlich verletzen, kränken, entwerten oder notwendige Grenzen überschreiten.

Ohne diese Dynamik und den Umgang damit ausführlicher an klinischem Material entwickeln zu können, möchte ich an einem kleinen Beispiel wenigstens zeigen, um welche Phänomene es sich handelt. Dieses Beispiel* stammt aus der Behandlung einer Frau, die sich wegen manifester Verfolgungsängste, destruktiver Verhaltensstörungen, Kontakt- und Arbeitsproblemen bei mir in Analyse befand (vgl.. Ermann 1985 S. 249–251). Die Behandlung war außerordentlich mühsam und über lange Zeit durch Passagen geprägt, in denen sie schwieg und ich müde wurde und dagegen kämpfte einzuschlafen. In dieser Zeit berichtete sie mir in einer Stunde, daß es sie störe, daß sie sich in der Gegenwart eines Bekannten oft ziemlich gelangweilt fühlte. Nachdem einige Aspekte des Problems zur Sprache gekommen waren, ging die Stunde zu Ende. Ich war froh, daß sie sie einen konstruktiv wirkenden Verlauf genommen hatte und, und ich sagte zum Abschluß ganz spontan: „Darüber sollten wir weiter sprechen."

Sie kam in die nächste Stunde ziemlich erregt und machte mir Vorwürfe, die mich entwerteten und mir jede Einfühlung streitig machten. Ich fühlte mich bedrängt und in die Enge getrieben und verstand nicht, was der plötzliche Umschwung der Stimmung zwischen uns bedeutete und was ihn bewirkt hatte. Schließlich führte ein Traum uns weiter, den sie ziemlich am Ende der Stunde – noch immer mit vorwurfsvollem Unterton – berichtete:

„Ich habe geträumt, Sie gehen auf mich zu und wollten mich streicheln. Ich wollte das nicht. Der Traum hat mir Angst gemacht."

Der Traum deutete natürlich auf einen Übertragungsaspekt der Langeweile hin, über die wir in der letzten Stunde gesprochen hatten und der auch ihr Schweigen und meine Müdigkeit erhellte. Ich verstand ihn im Zusammenhang mit der jetzigen Wut aber auch so, daß er auf das Ende der letzten Stunde Bezug nahm: Auf meine spontane Anregung, weiter mit ihr über das Thema der Stunde zu sprechen. Auch wenn diese Anregung ermutigend gemeint war, hatte ich damit doch gezeigt, daß ich nicht genügend Einfühlung in ihre innere Situation hatte. Tatsächlich war ich ja erleichtert, daß mit dem Thema „Langeweile mit einem Mann" ihr Schweigen beendet und drückende Müdigkeit von mir genommen war und die Dynamik der Beziehung begann, verständlicher zu werden. Mit meiner Bemerkung hatte ich im Grunde zum Ausdruck gebracht, daß es mein Interesse war, es nicht gleich wieder zu neuem belastenden Schweigen kommen zu lassen. Damit hatte ich aber nicht berücksichtigt, daß das Thema, das mich erleichterte, sie zutiefst beunruhigte. Im Grunde war ich damit trotz meiner vordergründigen Ermunterung rücksichtslos mit ihr umgegangen, war meinem Bedürfnis gefolgt und nicht ihrem. Im Traumbild gesprochen; Ich will etwas von ihr, das sie nicht will, sondern das ihr Angst macht. Durch diese ungewollte, aber dennoch tatsächliche Rücksichtslosigkeit hatte ich die destruktiven Affekte aktiviert, mit denen sie sich jetzt von mir Abstand verschaffte.

Um solche Phänomene zu verstehen, wird die Aggressivität des Analytikers heute meistens als ein Phänomen betrachtet, das von Analysanden auf dem Wege der projektiven Identifizierung in ihn hineingelangt ist. Tatsächlich ist die Aktivierung von aggressiven und besonders von destruktiven Phänomenen wie Haß, Wut, Ablehnung oder Rücksichtslosigkeit im Analytiker in Borderline-Behandlungen oft das Ergebnis projektiver Prozesse, die mit den bewußten und unbewußten Phantasien und Einstellungen der Patienten in Beziehung stehen. Es besteht aber die Gefahr, daß dieses Modell der projektiven Identifizierung vom Analytiker als defensive Phantasie verwendet wird. Dann kann es geschehen, daß der Patient offen oder verdeckt für die Aggressivität des Analytikers verantwortlich gemacht wird, statt daß die Dynamik der Auslösesituation umfassend analysiert wird. Umfassend heißt dabei: mit hinreichender Berücksichtigung des Anteils des Analytikers am Übertragungsgeschehen. Der Grund für diese Abwehr ist das Erschrecken des Analytikers über die Aggression, die ja immer die seine ist, selbst wenn sie durch die projektive Abwehr des Analysanden in ihm aktiviert wird.

Die Analyse der Auslöser muß deshalb im Analytiker beginnen. Sie beginnt mit dem Ringen darum, unsere Beteiligung an der analytischen Begegnung als eine mitgestaltende konkrete Realität anzuerkennen. Dazu müssen Scham- und Schuldgefühle überwunden werden, die uns verleiten, die eigene Aggressivität gegenüber unseren Analysanden zu verharmlosen, zu verleugnen oder, wie gesagt, projektiv auf sie zurückzuwenden. Aber wahrscheinlich müssen wir erst die Verharmlosung und Verleugnung unserer eigenen Aggressivität gegenüber unseren Analysanden entdecken und in unseren eigenen Lebensbezügen nachvollziehen, damit wir der Wahrnehmung in uns genügend Raum geben und uns darauf einlassen können, daß wir tatsächlich rücksichtslos sind, verletzt haben, entwertet haben, uns abgewendet haben, verurteilt haben oder eingedrungen sind. Dann erst kann sich der Weg öffnen, in Identifikation mit dem Erleben des Analysanden unsere Aggressivität zu bedauern und zu bedauern, daß der Dialog entgleist ist.

Die Begegnung mit der eigenen Aggressivität oder, wie in meinem kleinen Beispiel: mit der eigenen Rücksichtslosigkeit, das Erschrecken darüber, die

Widerstände, die sich dagegen richten, sie anzuerkennen, ihre Überwindung in der Selbstanalyse und das Bedauern sind ein Prozeß im Analytiker, den man auch als ein Ringen um Verstehen und um die Beziehung beschreiben kann. Sie versetzen ihn in die Lage, sein Verständnis der gemeinsamen Situation aus der Identifizierung heraus zu vermitteln und nicht, um sich Distanz von seinen eigenen Gefühlen zu verschaffen. Damit gibt er ein Modell für die Verarbeitung von Aggression, das der Analysand introjizieren kann und das eine neue Erfahrung in ihn repräsentiert. In diesem Sinne handelt es sich um einen Metabolisierungsprozeß der Aggression, den der Analytiker auch stellvertretend für den Analysanden in sich vollzieht. Es handelt sich hier um Prozesse, für die Bion (1962) unser Verständnis mit seinem Modell der Containerfunktionen bereichert hat.

Die Deutungen, die nun die Dynamik der Destruktion aus der Beziehungsdynamik heraus erhellen, haben die Chance, Feindseligkeit in adaptive Aggressivität umzuwandeln: Indem die eigene Aggressivität als Auslöser benannt wird, erhält die scheinbar blinde Feindseligkeit der Analysanden eine interaktionelle Bedeutung und einen berechtigten Platz in der Beziehung. Die Deutung wird damit zum Symbol des Verstehens und zu einer neuen Beziehungserfahrung (Ermann 1993).

Auf dieser Basis kann die Analyse der Funktionen beginnen, die die destruktiven Phänomene im konkreten Falle erfüllen. Anna Freud (1972) beschreibt dabei zum Beispiel die Abwehrfunktion gegen Angst, den Widerstand gegen die Verbalisierung vorbewußten und unbewußten Materials und die Abwehr gegen sexuelle oder aggressive Impulse, gegen libidinöse Bindung oder passive Strebungen. Man kann weitere Funktionen hinzuzufügen, zum Beispiel die Abwehr von Unlusterlebnissen und Scham, die durch den Rahmen und die Regeln vorgegeben werden oder die Regulierung von Distanz und Nähe, wie in meinem kleinen Beispiel. Mit der Klärung der Funktion der Aggression verknüpft ist die Klärung von unbewußten Phantasien, die durch die Auslöser aktiviert worden sind, aber auch der Bedeutungsgehalt der projektiven Identifizierung, ihre kommunikative oder ihre defensive Funktion im Rahmen der Übertragung.

All das kann ich nur andeuten und ist in der neueren Literatur der psychoanalytischen Borderlinebehandlung, z. B. bei Kernberg, Volkan und in den neokleinianischen Schriften, ausführlich beschrieben. Mein Anliegen war es, mit Ihnen heute vor allem darüber zu sprechen, daß wir nach meinen Erfahrungen die größte Chance haben, die feindselige Destruktion in der Analyse in adaptive Aggression umzuwandeln, wenn wir den aggressiven

Regungen, die unsere Analysanden in uns selbst auslösen, genügend Raum lassen und darüber in einem verstehenden Sinne emotional nachdenken.

## *Literatur*

Bion, W. R. (1962): Lernen durch Erfahrung. Suhrkamp, Frankfurt a.m. 1990

Eibl-Eibelsfeld, I. (1970): Liebe und Haß. Piper, München.

Ermann, M. (1985): Ansatz und Technik der psychoanalytischen Borderline-Behandlung. Prax Psychother Psychosom 30: 243–253.

Ermann, M. (1993): Übertragungsdeutungen als Beziehungsarbeit. In: Ders.: Die hilfreiche Beziehung in der Psychoanalyse. Vandenhoeck u. Ruprecht, Göttingen.

Fenichel, O. (1945): The psychoanalytic theory of neurosis. Norton, New York.

Freud, A. (1972): Comments on aggression. Int J Psycho-Anal 53: 163–171.

Freud, S. (1905): Drei Abhandlungen zur Sexualtheorie GW Bd 7.

Greenacre, P. (1960): Considerations regarding the parent-infant relationship. Int J Psycho-Anal 41: 571–584.

Hartmann, H. (1939): Ichpsychologie und das Anpassungsproblem. Psyche 14: 81–164 (1960).

Kernberg, O. (1989): Psychodynamische Psychotherapie bei Borderline-Patienten. Dt.: Huber, Bern 1993.

Kernberg, O. (1991): Zur Psychopathologie des Hasses. Forum Psychoanal 7: 251–270 Haß.

Kohut, H. (1977): Die Heilung des Selbst. Dt.: Suhrkamp, Frankfurt a.m. 1979.

McDevitt, J. B. (1983): The emerge of hostile aggression and its defensive and adaptive modifications during the separation-individuation process. J Am Psychoanal Assn 31: 273–300.

Parens, H. (1991): A view of the development of hostility in early life. J Am Psychoanal Assn (suppl.) 39: 75–108.

Parens, H. (1993): Neuformulierungen der psychoanalytischen Aggressionstheorie und Folgerungen für die klinische Situation. Forum Psychoanal 9: 107–121 (1993).

Rochlin, G. (1973): Man's aggression. Gambit, Boston.

Schultz-Hencke, H. (1940): Der gehemmte Mensch. Thieme, Stuttgart (Neuaufl. 1982)

Solnit, A.J. (1972): Aggression. A view of theory building in psychoanalysis. J Am Psychoanal Assn 20: 435–450.

Spitz, R. (1965): Vom Säugling zum Kleinkind. Dt.: Klett, Stuttgart 1967.

Stone, L. (1971): Refelections on the psychoanalytic concept of aggression. Psychoanal Q 40: 195–244.

Storr, A. (1968): Human aggression. Atheneum, New York.

Thomä, H. (1990): Aggression und Destruktion jenseits der Triebmythologie. In: Buchheim P, Seifert Th (Hg): Zur Psychodynamik und Psychotherapie von Aggession und Destruktion. Springer, Berlin Heidelberg, Seite 29–42.

Thomä, H., Kächele, H. (1985): Lehrbuch der analytischen Psychotherapie, Bd. I. Springer, Berlin Heidelberg.

# Ungetrenntheit und Endlosigkeit

## Zum Umgang mit sado-masochistischen und süchtigen Phänomenen in der psychoanalytischen Situation

*Manfred G. Schmidt*

### *Einleitung*

E twas von der verzweifelten Klebrigkeit von Ungetrenntheit kommt in einer Slapstick-Szene in einem Film von Charlie Chaplin sehr plastisch zum Ausdruck: Die gewohnte Gestalt von Charlie Chaplin mit Melone und schwingendem Spazierstöckchen geht auf einer Straße spazieren. Plötzlich ein Stocken im fröhlichen Daherwatscheln – er entdeckt, daß an seinem rechten Schuh ein Fetzen Papier – Zeitungspapier – klebt. Er versucht, ihn zu entfernen, was scheinbar gelingt. Er wackelt weiter, stockt aber bald wieder und entdeckt den nämlichen Fetzen am linken Ärmel, wo er sogleich entfernt wird. Nun klebt er am Kragen, und dieser Ablauf wiederholt sich nun scheinbar endlos.

Ungetrenntheit und Endlosigkeit – mit diesen beiden Begriffen meine ich eine Fülle von Phänomenen, die in vielen psychoanalytischen Behandlungen eine Rolle spielen. Oft sind es sozusagen Nebenrollen, die aber von besonders hartnäckiger Natur sein können. Menschen können sich in Abwesenheit von anderen nicht richtig getrennt von diesen erleben. Getrenntheit ist vielmehr identisch mit realer physischer Trennung. Und solche Trennung bedeutet dann schnell verlassen werden, alleingelassen werden, abgeschoben – ausgestoßen – abgetrieben werden. Das heißt, hier wird schon deutlich, daß Trennung schnell eine traumatische Bedeutung bekommt, vielleicht weil Getrenntheit *in der Anwesenheit* von anderen so schwer möglich scheint. Das Objekt erscheint nur anwesend und benutzbar, wenn es physisch anwesend ist, d.h. es gilt der Satz: „...aus den Augen – aus dem Sinn!" Nur die unmittelbare senso-motorische Verbindung scheint die Objektbeziehung zu sichern und aufrechtzuerhalten. Die Objektkonstanz scheint nicht vorhanden, d.h. die symbolische Präsenz von Objekten bei deren realer Abwesenheit ist kaum bzw. nur andeutungsweise herstellbar und aufrechtzuerhalten.

Eine 34-jährige verheiratete Frau mit zwei Kindern und einer Halbtagsstelle in einem pädagogischen Beruf klagt darüber: „Es ist so schrecklich, abends oder am Wochenende, wenn es richtig ruhig wird, niemand anruft!" Sie kommt oft ein wenig zu spät zu den Stunden, weil sie sich so schwer losmachen kann von zu Hause oder von wo auch immer. So ist auch das Stundenende schwer, umständlich und zäh. Sie kann keine Ruhe finden, sie muß ständig mit jemand befaßt sein, sich sorgen und mehr oder weniger fürsorglich belagern können, die Kinder, den Ehemann, Freundinnen und Kollegen. Die chronisch verbundene Bemühtheit und Ruhelosigkeit ist ein Teil der schweren auch körperlichen Erschöpfung, weswegen sie u.a. zur Analyse kam. Außerdem klagt sie über wiederkehrende depressive Verstimmungen. Sie erzählt sehr viel in den Sitzungen, es sind oft endlos scheinende Geschichten, gleichsam ohne Punkt und Komma, die sie gedanklich zu enträtseln und zu lösen sucht, oder auch die ich klären und lösen soll. So entsteht tendenziell eine sehr dichte und feste Beziehungssituation, in der wir scheinbar nahtlos und endlos verbunden sind. Gleichzeitig wird deutlich, daß sowohl die Grundregel auf der Seite des Analysanden als auch die gleichschwebende Aufmerksamkeit beim Analytiker sozusagen fast außer Kraft gesetzt sind. Alle geäußerten und relevanten psychischen Inhalte, Gedanken, Gefühle, Erinnerungen, Wahrnehmungen, haben primär die Funktion, ständig fühlbare verbundene Nähe herzustellen. Der Spielraum des Assoziierens ist weitgehend zurückgedrängt zugunsten der Beschreibung von Verhalten, von Problemen sowie deren Lösung bzw. Nichtlösung. Der Möglichkeitsraum oder potential space, in dem Bedeutungen, mögliche Bedeutuungen, Verbindungen und Verästelungen symbolischer Art erprobt werden, ist fast völlig zusammengeschrumpft. Assoziieren bedeutet offenbar Trennung, sich lösen von der eigenen kontrollierbaren Sorge, Bemühung, dem eigenen kontaktstiftenden und konkreten Denken.

Diese Widerstandsformation, wie man sie auch bezeichnen könnte, gegenüber der psychoanalytischen Grundregel und manchmal auch gegenüber dem psychoanalytischen Setting insgesamt, hat oft etwas mit Problemen der Ungetrenntheit und Endlosigkeit zu tun. Es entsteht hierbei eine Art Zwang zu mehr oder weniger ständig nahem engen Kontakt – Getrenntheit und Distanzierung sind die Bedrohungen dieses Zwangskontaktes. Solche Phänomene der Ungetrenntheit, deren zeitliche Dimension oft Endlosigkeit bedeutet, spielen bei den verschiedensten Störungen oft eine tragende Nebenrolle: So die Endlosigkeit von sado-masochistischen Beziehungen, die süchtigen Aspekte von Konversionsneurosen und Phobien, die Trennungs- und Getrenntheitsproblematik von Zwangsstrukturen, die Konkretisierungs- und Kontretismusneigung bei psychosomatischen Störungen und auch das Phänomen, das J. Mc Dougall beschrieben hat als „Ein Körper für zwei" (Mc Dougall 1991, S. 157ff.), den hintergründigen Zwangsaspekten von dissozialen und narzißtischen Persönlichkeitsstörungen. Auch bei manchen Fällen von pathologischen Trauerreaktionen gewinnt diese Ungetrenntheit gegenüber dem verlorenen Objekt eine besondere Rolle. Bei allen Süchten und Borderline-Störungen spielen Ungetrenntheit und Endlosigkeit bzw. Zeitlosigkeit ja oft eine führende Hauptrolle. Es handelt sich um Phänomene, die sich erst im intersubjektiven Bereich, d.h. im Bereich von sich entwickelnden Objektbeziehungen, zeigen. Sehr oft sind diese Phänomene für die betreffenden selbst völlig ich-synton. Es handelt sich also zunächst nicht um Symptome, die diese Menschen beschreiben oder beklagen, sondern um Besonderheiten, die sich dann auch im Bereich der therapeutischen Objektbeziehungen entwickeln und äußern und dann vom Therapeuten aus gesehen symptomatische Bedeutung bekommen. Es ist also keine Symptomatik, der eine intrapsychische Konfliktsituation zugrunde liegt, sondern sie zeigt sich primär intersubjektiv und hierbei tendenziell auf konkretisierendem, agierendem, präsymbolischem Niveau.

Neben diesem klinisch-therapeutischen Kontext haben diese Phänomene auch eine gesellschaftliche Bedeutung. In einer vielbeachteten sozialwissenschaftlichen Arbeit hat R. Sennett (1983) von der „Tyrannei der Intimität" gesprochen und damit einen bestimmten Trend im gesamtgesallschaftlichen Feld gemeint: „Heute dominiert die Anschauung, Nähe sei ein moralischer Wert an sich. Es dominiert das Bestreben, die Individualität im Erlebnis menschlicher Wärme und in der Nähe zu anderen zu entfalten. Es dominiert ein Mythos, demzufolge sich sämtliche Mißstände der Gesellschaft auf deren Anonymität, Entfremdung und Kälte zurückführen lassen. Aus diesen drei Momenten erwächst eine Ideologie der Intimität, die dann zur Tyrannei der Intimität werden kann" (Sennett 1983, S. 28ff.). Sennett macht dann noch den interessanten Umkehrschluß: „Um sich gesellig zu fühlen, bedürfen die Menschen einer gewissen Distanz zu anderen" (Sennett 1983, S. 28).

Auch N. Elias hat wohl ein ähnliches Phänomen gemeint, wenn er sowohl für den sozialwissenschaftlichen Forschungsprozeß selbst als auch für menschliche Beziehungen überhaupt die notwendigen sich ergänzenden Prozesse von Engagement und Distanzierung betont hat, um zu verhindern, daß aus Engagement Ungetrenntheit und aus Distanzierung Distanz wird (Elias 1983, S. 7–73).

## Zur Entstehungsgeschichte von Ungetrenntheit

Ungetrenntheit als Phänomen in menschlichen Beziehungen hat viel zu tun mit dem, was D. W. Winnicott „als die Unfähigkeit, allein sein zu können, in Anwesenheit eines anderen" (Winnicott 1979, S. 38) beschrieben hat.Die Vermeidung von Getrenntheit innerhalb von menschlichen Beziehungen ist ein recht häufiges Phänomen. Am ehesten könnte man von einer Getrenntheitsangst sprechen, die einhergeht mit der Schwierigkeit, das Objekt in seiner Eigen- und Andersartigkeit wahrnehmen und respektieren zu können. Aufgrund welcher Entwicklungen entstehen beim Menschen solche Phänomene und welche Bedeutung haben sie im „psychischen Funktionsablauf" (Green 1975, S. 519)?

Nach meinen eigenen klinischen Erfahrungen spielt hierbei das , was ich „Abwendunsmonopol des primären Objektes" nennen möchte, eine besonders wichtige Rolle. Gemeint ist die Einseitigkeit des Spielraums zur Abwendung in den ersten Lebensjahren. Dies betrifft die vielen hundert und tausend Sequenzen des täglichen Umgangs bei Mutter und Kind als auch von Vater und Kind. Hierbei läßt sich u.a. ein Muster von Handlungen, Verhaltensweisen, Affektäußerungen beschreiben, in denen das primäre Objekt einerseits sich abwendet, aber gleichzeitig die Abwendungsversuche des Säuglings, Kleinkindes und Kindes gleichermaßen hemmt, straft und sanktioniert. Das heißt, es läßt sich ein Muster beschreiben, in dem tendenziell alle separativen Bewegungen des Kindes buchstäblicher – und später auch symbolischer Art vom primären Objekt nicht gefördert werden. Vielmehr werden Abwendungsbewegungen, z.B. des Säuglings mit dem Kopf, mit einer bösen Mimik „bestraft", die ersten Gehversuche werden in chronisch überängstlicher Weise begleitet usw. Hierdurch bildet sich allmählich ein Beziehungsmuster, bei dem das Kind sozusagen lernt, daß es immer darauf achten muß, den Kontakt zum Objekt zu sichern, damit das Objekt nicht plötzlich verschwindet, und es hat sehr viel weniger Erfahrungen und Ressourcen bilden können des eigenen relativ gefahrlosen Abwendens. Dies ist gemeint mit Abwendungsmonopol des primären Objektes. Dies bildet eine zentrale Entwicklungslinie für das hier beschriebene Phänomen der Ungetrenntheit. Es ist wohl auch schon deutlich geworden, welche Bedeutung diese Phänomene im psychischen Funktionsablauf haben: Sie dienen der Sicherung der Anwesenheit des Objektes, das seinerseits die Abwendungsressourcen des Subjektes nicht fördert und damit ein Übermaß an Abhängigkeit schafft, wodurch die Symbolisierung der Abwesenheit beim Subjekt erschwert wird. Auf den präsymbolischen Status dieses Phänomens habe ich ja schon verschiedentlich hingewiesen. Die Symbolisierung setzt Getrenntheit voraus, wie dies in der Definition von Symbol auch ausgedrückt ist: „Das Symbol ist das aus zwei Teilen bestehende Zeichen, an deren Zusammenpassen sich die Besitzer der beiden Teile erkennen" (Hoffmeister 1995, S. 594).

In mehreren Behandlungen, und zwar sowohl zweistündigen als auch drei- und vierstündigen analytischen Prozessen habe ich mich entschlossen, für eine längere Zeit mit dem Patienten im Gegenübersitzen zu arbeiten. Dabei achte ich besonders auf die entwicklungsfördernden Aspekte der Stärkung der Abwendungsmöglichkeiten der Patienten. Wenn die Symbolisierungsfähigkeit selbst das Problem ist, hilft es, die senso-motorisch gesichtsmimischen Abstimmungsprozesse des Gegenübersitzens zu Hilfe zu nehmen. Hierbei ist die Förderung der Abwendungsmöglichkeiten des Patienten besonders bedeutsam. Es kann sein, daß das analytische Setting des Liegens bei Analysanden die objektsichernden Bemühungen zu sehr verstärkt. Manchmal entsteht ein pseudo-symbolischer Kontakt, bei dem scheinbar interessante psychodynamische Inhalte besprochen werden, allerdings mit dem entscheidenden Nachteil, daß sich keinerlei Veränderungen beim Patienten einstellen.Die akzentuierende Förderung der Abwendungsressourcen beim Analysanden geht einher mit dem nach und nach auch symbolischen Analysieren der Ungetrenntheitsproblematik. Dies bedeutet die Herausarbeitung der vielfältigen Ängste wegen des Verlustes des Objektes genau dann, wenn der Analysand seinerseits separative Wünsche bzw. Bedürfnisse hat, die er bislang gar nicht ausreichend erproben konnte. Hierbei hat die Bearbeitung der verschiedenen Formen von „Trennungsschuld" (vgl. a. Dunn 1995 u. Schwaber 1995) besondere Bedeutung. Das heißt, um es noch einmal anders auszudrücken, die Abwendungsimpulse sind nicht intrapsychisch abgewehrt worden, sondern infolge der kumulativen Traumatisierung gar nicht als intrapsychische Struktur und Repräsentanz verfügbar geworden. Es dominiert die konkretisierende präsymbolische Handlungsbereitschaft von Ungetrenntheit.

Soweit Vorstellungsrepräsentanzen vorhanden sind, ist die Legierung der Objektvorstellung: „Sie verläßt mich!" mit der Subjektvorstellung: „Wenn ich mich abwenden will!" von größter Bedeutung.

## Über die Entwicklungstheorie des Separationsprozesses

Für den therapeutischen Umgang mit Ungetrenntheit sind u.a. unsere theoretischen Konzepte über Getrenntheit und wie diese entwicklungspsychologisch möglich wird, von großer Bedeutung. Wie wird Getrenntheit, Separation, relative Autonomie und Selbständigkeit möglich? Wie erwerben wir eine angemessene Fähigkeit, uns abwenden zu können, uns distanzieren und zurückziehen zu können, auch und gerade innerhalb einer Beziehung? G. Bruhns schreibt über diesen Separationsprozeß: „Der Trennungsvorgang muß vom Kind gelernt werden. In diesem Lernprozeß muß das Kind die Fähigkeit erwerben, von der psychischen Anwesenheit der Mutter ein Mindestmaß an Unabhängigkeit zu erringen und begrenzte Zeiten ihrer Abwesenheit zu tolerieren. Der entscheidende psychische Mechanismus, der zu dieser Fähigkeit führt, ist die Verinnerlichung des äußeren Objektes. Durch Identifizierung mit der Mutter oder Teilen von ihr bleibt sie als inneres Objekt erhalten, auch dann, wenn sie physisch verschwunden ist. Allerdings sind diese frühen Formen mütterlicher Objektrepräsentanzen fragil und leicht erschütterbar. Sie werden entlastet und unterstützt durch zwei weitere Mechanismen: die in der Symbolisierung der Mutter in einem Übergangsobjekt (Winnicott 1971) und dem der Hinwendung des Kindes zu einem Dritten, dem Vater. Diese frühe Triangulierung (Rotmann 1978) reduziert die reale Abhängigkeit von der Mutter, erweitert die Identifizierung des Kindes und verbreitert damit die Basis seiner Objektrepräsentanzen (Bruhns 1991)".

Dies ist sozusagen die gültige psychoanalytische Theorie über Separation und Ablösung. Die Identifizierung als intrapsychische Leistung ist der Endpunkt des Separationsprozesses, die die symbolische Repräsentanz eines Objektes festigt. In der psychoanalytischen Theoriebildung über Separation ist aber vernachlässigt worden, die intersubjektiven Vorraussetzungen genauer zu benennen, die diesen intrapsychischen Vorgang erleichtern bzw. erst ermöglichen. Dieser Gesichtspunkt ist behandlungstechnisch von größter Wichtigkeit. Im Umgang mit Phänomenen der Ungetrenntheit, die ja gerade durch das Fehlen angemessener symbolischer Objektrepräsentanzen gekennzeichnet ist, ist die Berücksichtigung der Bedingungen, unter denen eine

Identifizierung erst möglich ist, ganz zentral. Die Vorraussetzungen für angemessene Identifizierungen, das heißt der intrapsychischen Vorgänge, liegen
aber im Bereich der intersubjektiven Erfahrung. Am klarsten hat J. Benjamin
diese Vorraussetzungen der Separation „jenseits von Verinnerlichung" formuliert (Benjamin 1993, S. 45ff.), jenseits der Verinnerlichung durch Differenzierung im intersubjektiven Raum und im Übergangsraum (vgl. a. Dunn
1995 u. Schwaber 1995). Dabei geht es eben nicht darum, auf welche Weise
wir sozusagen genug vom Objekt aufnehmen können, um uns entfernen und
separieren zu können. Es geht bei dieser intersubjektiven Betrachtung darum,
auf welche Weise der andere uns *von Anfang an* die Möglichkeit gibt, selbständig zu sein und dies ermöglicht dann die Identifizierung. Die intersubjektive Dimension der Separation betont den Prozeß der Entdeckung des anderen, die Entdeckung der Andersartigkeit des anderen einerseits und die Entdeckung der Selbsttätigkeit des eigenen Selbst, und zwar von Anfang an.
Durch eine ausschließliche Theorie der Ablösung durch Verinnerlichung des
Objektes bleibt die Selbsttätigkeit des Subjektes sozusagen automatisch reduziert und dies spielt bei unseren Theorien über Behandlungstechnik mehr
oder weniger implizit eine Rolle. Es geht nicht nur darum, daß das Selbst
etwas von dem Objekt hineinnimmt und sich dann anderen anpaßt, sondern
daß das Objekt entdeckt werden kann und darf. Die intersubjektive Betrachtung betont also nicht nur eine zeitlich der Identifizierung vorangehende
Erfahrung, sondern einen generellen anderen Aspekt des Separationsprozesses: die ausdrückliche Anerkennung der selbsttätigen Aspekte des Kindes bzw.
des Analysanden, und zwar von Anfang an in der Lebens- bzw. in der
Behandlungsgeschichte. Bei aller Asymmetrie zwischen Mutter und Kind wie
auch  in der analytischen Situation zwischen Analytiker und Analysand ist
eine Ebene der gegenseitigen Anerkennung notwendig. Die ausdrückliche
Anerkennung des Analytikers gegenüber den separativen Bewegungen des
Analysanden, und zwar von Anfang an im analytischen Prozeß, ist nicht her-
stellbar allein durch eine fortlaufende Interpretation dessen, was geschieht.
Wenn der Analytiker auf seinem „Deutungsmonopol" (vgl. Bliersbach,
Schmidt 1992) besteht, besteht die Gefahr, daß er im Zusammenhang des
Umgangs mit Phänomenen der Ungetrenntheit – ungewollt vielleicht – das
Abwendungsmonopol des primären Objektes wiederholt. Dem immer ver-
stehenden Analytiker gegenüber gibt es kaum eine Chance des Entkommens,
des Separierens. So gesehen kann das *Verstehen* des Analytikers gnadenlos werden, weil die *Verständigung* über die gegenseitigen Wahrnehmungen immer
weniger stattfinden. Es gibt dann für den Analysanden keinen Abwendungs-

spielraum in der therapeutischen Situation selbst. Wenn tendenziell alles gedeutet wird, fehlt die ausdrückliche Anerkennung von selbsttätiger Eigenheit des Analysanden durch den Analytiker, daß er anders sein darf, z.B. als der Analytiker meint, daß er ist. N. Treurniet spricht von einer „nicht-symmetrischen Gleichwertigkeit" der analytischen Situation und von einer „nicht-intrusiven bestätigenden Haltung des Analytikers" (Treurniet 1995). Dies sind Beschreibungen, die eine ähnliche behandlungstechnische Haltung implizieren, wie dies J. Benjamin für die Entwicklung des Selbst beschrieben hat: die gegenseitige Anerkennung der beiden Subjekte schließt ein, daß jedes Selbst die Möglichkeit der Selbstbehauptung haben muß. Menschen, die intersubjektiv tendenziell dazu neigen, Ungetrenntheit herzustellen, haben eben diese Möglichkeiten von Anfang an wahrscheinlich zu wenig erlebt, das heißt, es handelt sich auch um ein Entwicklungsdefizit. Sie sind es nicht gewohnt, sich gefahrlos ohne große Angst und Schuldgefühle abwenden und sich unterscheiden zu können. Anders formuliert, sie haben ein Objekt internalisiert, das sich abwendet, und meinen, sich selbst eben deshalb sozusagen immer dem Objekt zuwenden zu müssen, so wie dies in der endlos bemühten Zugewandtheit der Patientin, die anfangs beschrieben wurde, zum Ausdruck kommt.

## Anmerkungen über die Endlosigkeit

Wie die Ungetrenntheit in dem hier beschriebenen Sinne ist auch die hier gemeinte Endlosigkeit ein Phänomen, das mit traumatischen Erfahrungen zu tun hat. Endlosigkeit ist sozusagen die Ungetrenntheit in der zeitlichen Dimension. Als Folge traumatischer Vorgänge in unserem Zusammenhang des mehr oder weniger chronischen Abwendungsverhaltens des primären Objektes, ohne daß Spielraum für einigermaßen gesichertes sich abwenden des Subjektes besteht, wird die Vergangenheit endlos. Gegenwart und Zukunft verlieren ihre jeweils konkret individuellen Abläufe und Rhythmen. Im Unterschied zur Formation einer manischen Abwehr, in der Gegenwart endlos ausgedehnt wird (Modell 1990, S. 80), wird im Phänomen der Endlosigkeit tendenziell die Vergangenheit endlos. Die Vergangenheit des selbstverständlich unerbittlich sicheren Verlassenwerdens im Kontext eigener separativer Impulse dominiert tendenziell jede gegenwärtige Erfahrung. Damit entsteht das endlos rastlose Bemühen, selbst Verbindung zu den Objekten herzustellen und permanent aufrechtzuerhalten. Diese Dynamik bestimmt ja einen Teil der beschriebenen Symptomatik der ewigen Bemühtheit der Patientin bis hin eben zur körperlichen Erschöpfung. T. Levold (1994) macht im Anschluß an N. Bischof (1989) auf die Unterscheidung von „figuraler und medialer Zeiterfahrung" aufmerksam: „Konkrete Ereignisse haben insofern eine figurale Zeitlichkeit, als sie deutlich von einem Vorher und Nachher abgrenzbar sind. Sie haben eine Richtung auf dem Zeitpfeil, finden gleichzeitig Anschluß zu anderen ganz andersartigen Ereignissen und lassen sich in ihrer Dauer messen und vergleichen. Die Abfolgen von Ereignissen ordnen sich zu individuellen oder kollektiven Geschichten, zur Geschichte schlechthin. Das mediale Zeiterleben ist dagegen weniger faßbar, es umfaßt die Spanne unserer Existenz, schließt die Gegenwart in Vergangenheit und Zukunft ein. Subjektiv kann Zeit als Medium ausgedehnt werden zu einem ewigen Jetzt oder erweist sich in der rhytmischen Wiederholung des ewig Gleichen: dann ist die Zukunft die Vergangenheit und die Geschichte ist aufgehoben. Dies entspricht übrigens dem Zeiterleben einfacher bäuerlicher Gesellschaften, während in der Hektik unserer Industriegesellschaft die meisten sozialen Prozesse nicht mehr dem individuellen oder kollektiven Lebenszyklus folgen, sondern auf das figurative Erleben von Terminen, Minuten und Sekunden fixiert sind" (Levold 1994). Die Zeit ist im Phänomen der Endlosigkeit zur medialen allgegenwärtigen Erfahrung geworden. Jeweils individuelle und konkrete figurale Erfahrungen verlieren an Bedeutung, tendenziell wird alles durch das traumatisch bestimmte Medium dominiert. Hierdurch kommt es zum Verlust individuell erlebter Geschichte im figuralen Sinne, z.B. in Form von Erzählungen, von umschriebenen Szenen, von Geschichten, sondern es geht um eine allgegenwärtige Gefahr aus der Vergangenheit und deren Bewältigung. Levold diskutiert dieses Phänomen im Zusammenhang mit Gewaltopfern und der Gefahr der Betonierung einer Opferrolle. Diese Überlegungen lassen sich auch für unseren Kontext verwenden. „...Der tröstende Rückgriff auf die Vergangenheit als Quelle von Ressourcen oder die hoffnungsvolle Ahnung einer erfolgreichen Zukunft ist verbannt, verbaut. Der mediale Aspekt der Zeit dominiert das Erleben, es geht um Sicherung dessen, was ist, und nicht um Erschließung neuer Möglichkeiten. Das Einfrieren von Aspekten, die Fixierung von Grenzen, das zwanghaft Figurale, das sich in der mechanischen Routine des Alltags offenbart, ist genauso zeitvernichtend wie die Überflutung durch traumatische Bilder" (Levold 1994). Die Dominanz von medialen Zeitaspekten, das heißt, Zeit ist wie ein diffuses gleichmäßiges Rauschen, oder von zwanghaft figuralen Aspekten, das heißt, es gibt endlose Wiederholungen des immer gleichen Musters, bestimmen auch die hier beschriebenen Phänomene von Endlosigkeit. Die Schlußfolgerung von Levold führt uns schließlich zum letzten Abschnitt, zu einigen behandlungstechnischen Konsequenzen. „Wie sie sehen, geht es mir nicht um eine polarisierte Bewertung von figuralen und medialen Aspekten im Sinne von gut und schlecht, sondern um die Entwicklung ausreichend durchlässiger Grenzen zwischen beiden Wahrnehmungsmodi, die einen Ausbruch aus dem Gefängnis der Vergangenheit und damit eine Verflüssigung von erstarrter Zeit in Gang setzen kann" (Levold 1994).

## Schlußfolgerungen für die Behandlungstechnik

Der bedeutsamste Gesichtspunkt für die Behandlungstechnik besteht darin, daß Ungetrenntheit und Endlosigkeit einen traumatischen Ursprung haben. Wie R. Krause beschreibt, gehört zur traumatischen Situation „...die Randbedingung, daß der Wunsch, das als bedrohlich wahrgenommene Objekt zu verlassen, langfristig verhindert wird. Eine dauerhafte Blockade der Fluchtreaktion vergrößert die Wahrscheinlichkeit einer Traumatisierung" (Krause, 1990, S. 674). In unserem Zusammenhang, Ungetrenntheit und Endlosigkeit, ist diese Rahmenbedingung die traumatische Situation selbst. Das Abwendungsmonopol des primären Objektes blockiert ja fast jede eigene Abwendungsbewegung des Subjektes. Daraus resultiert eine besondere Schlußfolgerung für die therapeutische Situation , und zwar *von Anfang an:* Der Analytiker soll darauf achten, daß für den Patienten in der therapeutischen Situation immer eine für ihn selbst erkennbare Alternative, eine erkennbare Fluchtmöglichkeit besteht. Dies ist zum einen ganz real gemeint: das heißt, der Patient sollte den Spielraum haben, aufzustehen, umherzugehen oder auch das Zimmer verlassen zu können. Daß dies irgendwann und später in seiner Bedeutung bearbeitet wird, ist eine zweite und ganz andere Frage. In der therapeutischen Situation sollte der Analysand immer die Sicherheit haben, sich zurückziehen zu können, ohne daß dann immer diesem eine Bedeutung zugeschrieben wird, wodurch der Rückzug wiederum sozusagen tendenziell aufgehoben wird. Eine vielleicht inhaltlich passende Deutungsarbeit in diesem Zusammenhang kann auf der Beziehungsebene bedeuten, daß der Patient wieder erlebt, daß er nicht für sich sein kann, sich nicht abwenden darf bzw. kann. Die technische Schlußfolgerung heißt hier, die Arbeit der Verständigung in der analytischen Situation hat hier Vorrang vor der inhaltlich symbolischen Arbeit des Verstehens. Die Verständigung über die intersubjektive Beziehungssituation in der Therapie ist *zunächst* wichtiger als die Arbeit an der intrapsychischen Seite des Materials. Zur entwicklungsfördernden therapeutischen Arbeit in Richtung größerer Getrenntheit kann auch gehören, daß der Analysand, vor allen Dingen am Anfang, dem Analytiker gegenüber sitzen kann, um mit seinen basalen senso-motorischen Ich-Funktionen Orientierung herstellen zu können. Der Spielraum des Analysanden, sich selbst orientieren zu können, muß vom Analytiker sehr sorgsam immer wieder hergestellt und aufrechterhalten werden. Die „eigene" Wahrnehmung und das Entdecken der Objekte, gehört wesentlich zum Prozeß der allmählichen Separation, und zwar wiederrum von Anfang an. Dies fordert vom Analytiker, manchmal etwas zu unterlassen, was auf der anderen Seite sozusagen zu seiner Leidenschaft gehört, nämlich das Deuten. Das bedeutet nicht, die Deutungsarbeit einzustellen oder aufzugeben, sondern es geht um das Timing.

Der Analysand, der Ungetrenntheit und Endlosigkeit agiert, wird den Analytiker oft endlos in Versuchung führen, ihm zu sagen, worum es geht und was los ist, und dies sind Übertragungstests, ob der Analytiker die Eigenbewegungen des Analysanden respektiert oder ob er wie das primäre Objekt es doch immer besser weiß, was das Subjekt bewegt, wünscht oder auch nicht (s.a. Weiss, Sampson 1986, S. 84ff.). Hier stoßen wir auf das zentrale und komplizierte Übertragungsproblem: Wird der Analytiker in der analytischen Beziehung auch wieder „einen Körper für zwei herstellen", jedenfalls ist dies die traumatisch bedingte Erwartung, die es nach und nach aufzulösen gilt, und zwar wesentlich durch die Herstellung und die Ermöglichung anderer Erfahrungen. Das was J. Mc Dougall beschrieben hat, für psychosomatische Störungen, gilt meiner klinischen Erfahrung nach mit einigen kleinen Veränderungen auch für sado-masochistische Paarungen, für Süchtige und deren Co-Süchtige und für manche schwere Phobien und deren Beschützerobjekte (Wurmser 1987, S. 223). Die sukzessive Entkräftung dieser Ungetrenntheitserwartung ist die Hauptaufgabe der analytischen Arbeit. In späteren Phasen der Behandlung wird dabei die inhaltliche Deutungsarbeit immer mehr Gewicht bekommen. Zu Beginn und oft für lange Zeit hat die Arbeit an – und mit der asymmetrischen Gleichwertigkeitssituation Vorrang. Die sorgfältige Beachtung des Ablaufes der Stundenenden, der Wochen- und Ferienunterbrechungen und der *aktiven* Antizipation dieser Situationen durch den Analytiker sind Teil dieser Arbeit an der Herstellung von Repräsentanzen von Objekten jenseits der physischen Präsenz des Objektes. Hierbei kann es notwendig sein, daß der Analytiker gemäß seiner je individuellen Eigenheit sehr aktiv mit seiner

Begrenztheit arbeiten muß. Geschieht diese Arbeit nicht ausreichend und nicht frühzeitig, dann entstehen manchmal ungetrennte Analysanden-Analytikerpaare und vielleicht auch endlose Analysen. Wie hat eigentlich Charlie Chaplin die „Zweier-Klebrigkeit" zwischen ihm und dem Papierfetzen gelöst?

## Literatur

Benjamin, J. (1993): Die Fesseln der Liebe. Frankfurt (Fischer).

Bischof, N. (1989): Phase Transitions in Psychoemotional Development. In: Haken, H. u. Stadler, M. (Eds.) (1990): Synergetics of Cognition Proceedings of the Intern. Symp. at Elman 1989. Berlin, Heidelberg, New York, (Springer),Vol. 45, S. 361–378.

Bliersbach, G. u. Schmidt, M.G. (1992): Räume ohne Wände – Caroline Neubaurs Winnicott-Rezeption schafft neue Perspektiven. In: Zeitschrift für psychoanalytische Theorie und Praxis (1992), Jhrg. 7,1, S. 16–27.

Bruhns, G. (1991): Die Fähigkeit zum Abschied. In: Jahrbuch der Psychoanalyse, Bd.28, S. 71/105.

Dunn, J. (1995):Intersubjectivity in psychoanalysis: a critical review. In: International Journal of Psychoanalysis (1995), Vol. 76, Part 4, S. 759–793.

Elias, N. (1983): Engagements und Distanzierung. Frankfurt (Suhrkamp).

Green, A. (1975): Analytiker, Symbolisierung und Abwesenheit im Rahmen der psychoanalytischen Situation. In: Psyche, 26. Jhrg.,Heft 6, S. 503–541.

Hoffmeister, J. (1955): Wörterbuch der philosophischen Begriffe. Hamburg.

Krause, R. (1990): Psychodynamik der Emotionsstörungen. In: Enzyklopädie der Psychologie, Serie 4, Bd. 3, S.630–690.

Levold, T. (1994): Die Betonierung der Opferrolle – Zum Diskurs der Gewalt in Lebenslauf und Gesellschaft. In: System Familie, Bd. 7, Heft 1.

Mc Dougall, J. (1991): Theater des Körpers. Weinheim (Verlag Internationale Psychoanalyse).

Modell, A. (1990): Other Times, other Realities. Cambridge/London (Harvard University Press).

Schwaber, E.A. (1995):Towards a definition of the term and concept of the interaction. In: International Journal of Psychoanalysis (1995) Vol. 76, Part 3, S. 557–565.

Sennett, R. (1983): Verfall und Ende des öffentlichen Lebens. Die Tyrannei der Intimität. Frankfurt (Fischer).

Treurniet, N. (1995): Über eine Ethik der psychoanalytischen Technik. Vortrag aus Anlaß der Ehrung von E. Meistermann-Seeger. Juni 1995, Köln.

Weiss, J. u. Sampson, H. (1986): The Psychoanalytic Process. New York, London, (The Guilford Press).

Winnicott, D. W. (1974): Reifungsprozesse und fördernde Umwelt. München (Kindler).

Wurmser, L. (1987): Die Flucht vor dem Gewissen. Berlin, Heidelberg, New York (Springer).

# Aggressive Anteile der Übertragung des Analytikers als konstitutive Elemente des analytischen Prozesses

*Reinhard Stange*

„Sich zu ärgern ist nicht Sache eines Analytikers, er hat zu verstehen und zu helfen. Wo diese Leistungsfähigkeit stockt, muß er die Fehler in sich selber suchen" (Ferenczi 1988, S. 214).

Dieser Satz Sandor Ferenczis scheint einen wichtigen Teil unserer Berufs-ethik und unseres Selbstverständnisses als psychoanalytische Therapeuten auszudrücken. Ferenczi selbst hat große Anstrengungen unternommen, um seinem eigenen Anspruch gerecht zu werden: sein herausragendes Experiment der ‚mutuellen Analyse' entsprang der Erfahrung, daß es ihm nicht gelang, seiner Aggressionen gegenüber der Patientin N.B. Herr zu werden. Er konnte sie nicht ‚wirklich lieben', wie er selber für das Gelingen einer Analyse forderte (Ferenczi 1988, S. 184).

Sich nicht über die Analysanden zu ärgern, ist eine Sache – sie zu lieben eine andere. Mit dieser Forderung Ferenczis, die auch von seinen analytischen Zeitgenossen eher als anstößig empfunden wurde, tun wir uns schwerer.

Das Thema dieses Vortrags ist die Problematik von bedingungsloser Zuwendung und Aggressivität in der analytischen Beziehung. Meine These lautet: Praktizierte Psychoanalyse als eine Form zwischenmenschlicher Beziehung bedarf zur Erreichung ihrer Ziele bestimmter aggressiver Beziehungsformen seitens des Analytikers.

Ich beginne mit einem Beispiel aus meiner analytischen Praxis, bei dem es zunächst um einen aggressiven Affekt des Analytikers geht: Vor kurzem erst passierte es mir in einer Analysestunde, daß ich mich ärgerte und diesem Ärger auch deutlich Ausdruck verlieh.

Es handelte sich um eine etwa 35-jährige Patientin, die wegen depressiver Reaktionen seit über einem Jahr in Analyse ist. Sie hat eine jüngere und eine ältere Schwester. In der besagten Stunde ging es ihr verhältnismäßig gut, sie berichtete lebhaft über eine Auseinandersetzung, die ihre jüngere Schwester mit dem Vater gehabt hatte. Im Verlauf dieser Auseinandersetzung wurde der Vater aggressiv und drohte mit dem Abbruch der Beziehung zu der Schwester. Die Patientin sagte spontan: „Ich will mich jetzt mehr um die Schwester kümmern, ich muß sie beschützen". Ebenso spontan antwortete ich: „Hören Sie mal, die ist doch erwachsen, die kann doch auf sich selbst aufpassen".

Wir schwiegen beide betroffen. Die Patientin war offensichtlich erschrocken und wendete das Gesicht ab. Ich bekam ein schlechtes Gewissen und war zunächst ratlos. Nach einer Weile konnte die Patientin auf meine diesbezügliche Frage mitteilen, daß sie Angst bekommen und gedacht habe: „Jetzt ist alles aus, jetzt schmeißt er mich raus".

Ich bestätigte, daß sie Grund hatte, sich zu ängstigen. Ich hätte mich tatsächlich über sie geärgert und sie dies spüren lassen. Ich wisse aber noch nicht die Ursache meines Ärgers. Während ich dies sagte, fiel mir eine Erklärung ein: „Vielleicht", so sagte ich „hängt es damit zusammen, daß ich selbst zwei ältere Schwestern habe, über deren Bevormundung ich mich als Kind oft ärgern mußte." Diese Erklärung führte zu einer gewissen Entspannung. Die Stunde konnte weitergehen, und die Patientin nahm das Thema ‚kleine Schwester' wieder auf.

In der nächsten Stunde kam sie auf den Vorfall zurück. Sie meinte, daß einem Analytiker ja so etwas eigentlich nicht passieren dürfte. Aber zuhause habe sie lachen müssen, als sie daran dachte und sich mich als kleinen Bruder wie so eine Art Zwerg vorstellte.

Dies ist ein Beispiel dafür, wie ein aggressiver Affekt des Analytikers in einer analytischen Situation durchaus konstruktiv verwertet werden kann. Deshalb möchte ich der eingangs genannten Aussage von Ferenczi nur bedingt zustimmen: Meiner Meinung nach darf der Analytiker sich ruhig ärgern, er muß jedoch einen analytisch korrekten Gebrauch von diesem Ärger machen, wie ich es, wie ich meine, in dem geschilderten Fall getan habe. Dennoch hat Ferenczi im Prinzip recht: Die Reaktion des Analytikers mit aggressiven Affekten gehört nicht zur Natur der analytischen Situation, sie ist die Ausnahme, nicht die Regel. Eigentlich sollte der Analytiker sich nicht über seinen Analysanden ärgern, sondern ihm mit gleichbleibender Sympathie, Geduld und Wohlwollen begegnen. Aber wie kann er das? Meiner Ansicht nach wird es ihm nur gelingen, wenn er seine Aggressivität als konstitutives Element in die analytische Situation einbringt. Es geht mir also nicht um gelegentlich auftretende affektive aggressive Übertragungs- und

Gegenübertragungsreaktionen des Analytikers, sondern um eine aggressive Einstellung oder Haltung des Analytikers, die als strukturierendes Element der analytischen Situation zu ihrem Wesen gehört.

Ich komme auf mein Beispiel zurück.

Es war mir ein Fehler unterlaufen. Ich hatte ihn erkannt und der Patientin gegenüber nicht verleugnet. Als mir die Übertragungsbedeutung meines Verhaltens klar wurde, teilte ich sie der Patientin in geeigneter Form mit und entlastete sie dadurch. Ich hatte mich also im Sinne einer interaktionellen Auffassung des analytischen Prozesses korrekt verhalten und sogar eine positive Wirkung erzielt. Trotzdem war ich nicht zufrieden. Der Vorfall beschäftigte mich weiter. Mein Gefühl sagte mir, daß noch etwas Unbewußtes mitspielen mußte, etwas, das nicht nur mit meiner persönlichen Vergangenheit, sondern auch mit meiner jetzigen Beziehung zu der Patientin zusammenhing.

Es handelte sich um eine intelligente junge Frau, beruflich erfolgreich, von ansprechendem Äußeren, sympathisch, eher höflich und freundlich als aggressiv. Wie bereits erwähnt, kam sie wegen schwerer depressiver Reaktionen mit Suizidgedanken zur Analyse. Diese hingen auslösend und kausal mit ihren jetzigen und früheren Beziehungen zu Männern zusammen. Aufgrund kindlicher Mißbrauchserlebnisse, die erst zum Teil aufgeklärt sind, erlebte sie Männer grundsätzlich als „Maschinen", wie sie sagte, und erwartete in jeder Beziehung mit einem Mann von diesem sexuell attackiert zu werden, und sich nicht dagegen wehren zu können.

Diese Angst, sich nicht wehren zu können, hatte sie auch in der Beziehung zu mir. Noch nach über einem Jahr trat sie stets wie ein ängstliches Kind auf, kam nur zögernd zur Tür herein, lag starr und ständig zur Flucht bereit auf der Couch und ließ mich immer wieder spüren, daß sie mir nicht traute.

Gerade bei dieser Patientin also hätte mir das Malheur wegen ihrer vorhandenen Beziehungsstörung auf keinen Fall passieren dürfen. Daß es dennoch geschehen war, schien mir dementsprechend auf eine Störung in meiner Beziehung zur ihr hinzuweisen.

In den ersten Jahren meiner analytischen Praxis wäre es mir kaum in den Sinn gekommen, das Wort ,Beziehung', gemeint im Sinne einer psychischen Verbindung, als Bezeichnung dafür zu gebrauchen, was sich in der analytischen Situation zwischen einem Analysanden und mir ereignet.

Daß ich mir jetzt Gedanken über meine Beziehung zu dieser Patientin machte und machen konnte, ist das Ergebnis einer langen Entwicklung in der Handhabung meiner psychoanalytischen Praxis, die von der allgemeinen Entwicklung der Psychoanalyse in Deutschland beeinflußt wurde.

Ich habe meine Ausbildung Ende der fünziger bis Anfang der sechziger Jahre an einem neoanalytischen Schultz-Henckeschen Institut absolviert. Dort herrschte die feste Überzeugung, daß wir im Verständnis der Neurosenpsychologie und der therapeutischen Handhabung der Probleme unserer Patienten weit über Freud hinausgekommen seien – Libidotheorie und Metapsychologie waren nicht mehr gefragt. Zugleich aber – das fiel mir damals noch nicht auf – galten Freuds technische Schriften als unhinterfragter Kanon, den wir, so wurde es jedenfalls im Kreise der Kandidaten kolportiert, für das Abschlußkolloquium in allen Einzelheiten parat haben mußten, und den es dann in unserer analytischen Praxis umzusetzen galt.

Die Quintessenz der Botschaft, die uns damit vermittelt wurde, hieß: Als Analytiker hast Du Deinen Patienten gegenüber eine Funktion auszuüben – und sonst nichts. Das heißt, je weniger Du Dich persönlich für den Patienten interessierst, um so besser ist es. Wenn Du Dich jedoch in eine persönliche Beziehung mit dem Patienten verwickelst, dann ist das auf Deine eigenen, nicht genügend analysierten neurotischen Anteile zurückzuführen und bedarf dringend der Nachbesserung.[1]

Dementsprechend hätte ich damals vielleicht gar nichts über meine Reaktion zu der Patientin gesagt, sie allenfalls gefragt, ob sie sich über mich geärgert habe, und wäre im übrigen voller Schuldgefühle über meine neurotische Fehlbarkeit mit mir zu Rate gegangen.

Diese Vorstellung von der korrekten Arbeitsweise eines Psychoanalytikers brachte mich in den ersten Jahren meiner selbständigen analytischen Praxis in ziemliche Schwierigkeiten, da mir die geforderte völlig neutrale Einstellung ohne jedes Eigeninteresse nur bedingt gelang.

Das brachte mir ein schlechtes Gewissen ein – unabhängig davon, ob ich ‚Erfolge' hatte, d.h. ob die Patienten gesünder wurden oder nicht. Ich hielt mich für einen schlechten Analytiker.

Glücklicherweise setzte sich seit Ende der 50er Jahre allmählich die Anerkennung der Gegenübertragung durch, was laut Thomä und Kächele dazu führte, „daß sich viele Analytiker sofort ähnlich befreit fühlten wie nach der glanzvollen Rehabilitierung des Narzißmus durch Kohut." (Thomä/Kächele 1985, S. 85) Dies kann ich für mich nur bestätigen.

Subjektive Reaktionen des Analytikers waren jetzt nicht mehr nur Anzeichen eigener neurotischer Verstrickung, die es auszumerzen galt. Sie kamen anscheinend nicht nur häufig vor, sondern konnten auch therapeutisch nutz-

---

[1] Ob Freud selbst die Gegenübertragung lediglich als Störfaktor angesehen hat, ist neuerdings angezweifelt worden (vgl. Nerenz 1983, S. 146ff.).

bar gemacht, also produktiv eingesetzt werden. In dieser Phase hätte ich vielleicht zu der Patientin in meinem Beispiel gesagt: „Könnte es sein, daß ihr Wunsch, die Schwester zu beschützen, mich ärgerlich macht, weil Sie selbst über die Hilflosigkeit der Schwester auch ärgerlich sind?"

Die ‚Rehabilitierung' der Gegenübertragung brachte mir nicht nur Erleichterung in meiner alltäglichen Praxis. Sie bestätigte und verstärkte auch mein Interesse an der Beobachtung und analytischen Klärung meines persönlichen inneren Lebens und Verhaltens in der analytischen Situation.

Die in der Gegenübertragungsdiskussion eingeführte Kleinianische Deutung einiger oder aller Gegenübertragungsreaktionen als projektive Identifikationen löste bei mir eine intensive Auseinandersetzung mit folgenden Fragen aus: Welche inneren Abläufe und Verhaltensweisen bringe ich von mir aus in die analytische Situation ein, und was hat andererseits der Analysand unbewußt in mir bewirkt? Wenn der Analysand bewußte und unbewußte Reaktionen in mir hervorrufen kann, dann hat er eine psychische Bedeutung für mich, d.h. es besteht eine Beziehung zwischen uns. Welcher Art ist diese Beziehung?

Das Wort ‚Beziehung' im Zusammenhang mit der analytischen Situation begegnete mir zuerst im Begriff ‚Arbeitsbeziehung', auch ‚Arbeitsbündnis' genannt, zu Beginn der 70er Jahre. Die Sache allerdings war mir wohl bekannt: Sie ist bei Schultz-Hencke in der Konzeption des sogenannten ‚Paktes' enthalten, welcher zu Beginn der Analyse abzuschließen ist. In ihm bekräftigen die Beteiligten, daß sie die besprochenen Bedingungen der Behandlung einhalten wollen (Schultz-Hencke 1951, S. 186ff).

Der Begriff ‚Arbeitsbündnis' begründet sich als eine neben der analytischen Situation bestehende Beziehungsebene auf der von Greenson und Wexler eingeführten Unterscheidung von ‚Übertragungsbeziehung' und ‚Nichtübertragungsbeziehung' (Greenson/Wexler 1969). Die Autoren berufen sich hierbei ausdrücklich auf Anna Freud. Diese hatte schon 1954 in einem, inzwischen zu einem Klassiker gewordenen, Vortrag gesagt: „With due respect for the necessary strictest handling and interpretation of transference, I feel still that we should leave room somewhere for the realisation that analyst and patient are also two real people of equal adult status, in a real personal relationship to each other .... But these are technically subversive thoughts and ought to be handled with care" (zitiert nach Greenson/Wexler 1969, S. 27).

Wenn man den Vortrag von Greenson und Wexler und vor allem das Protokoll der anschließenden Diskussion (Discussion 1971) liest – sie wurde von

Paula Heimann moderiert, die bei der Rehabilitierung der Gegenübertragung eine entscheidende Rolle spielte – dann spürt man die Schwierigkeit der Thematik, die Anstößigkeit solcher Gedanken in der damaligen Zeit und die Vorsichtigkeit der Verfasser und der Diskussionsteilnehmer, die sich immer wieder rückzuversichern versuchten.

Greenson/Wexler führten einen schon bei Anna Freud auftauchenden inhaltlichen Gesichtspunkt in die Debatte ein: transference und non-transference Beziehungen unterscheiden sich durch ihren Realitätsgehalt. Zwar bestehen alle „Objektbeziehungen ... aus verschiedenen Arten und Mischungen von Übertragung und Nicht-Übertragung", aber die reale „or non-transference relationship differs from the transference in having less distortion, being more relevant, appropriate and accurate. Real object relations are less rigid, and more readily modifiable by external and internal reality." (Discussion 1971, S. 144)

Auch diese Innovation bedeutete für mich eine Erleichterung. Mir war schon seit langem klar, daß die inneren Gründe, die mich zum Beruf des Analytikers geführt hatten, nicht nur mit dem Geschäft des Analysierens, sondern auch mit meiner Beziehung zu den Analysanden zu tun hatten. Hier fand ich eine Bestätigung dafür, daß es eine wirkliche Beziehung zwischen ihnen und mir geben konnte und sollte. Allerdings blieb die Wirklichkeit dieser Beziehung eher auf den außer- oder nebenanalytischen Bereich beschränkt. Was sich innerhalb der analytischen Situation abspielte, schien als transference-relation eher den Charakter von Falschheit und Unwirklichkeit zu haben.

Außerdem gefiel es mir nicht, daß Greenson und Wexler in Bezug auf die praktische Anwendung dieses Konzeptes bei Neurotikern Konsequenzen zogen, die wiederum einer Art Moralvorschrift für Analytiker glichen: „We are proposing that it is necessary for the analyst to demonstrate his consistent and unwavering pursuit of insight plus his concern, respect and care for the totality of the patient‚s personality, sick and healthy in order to contribute to the real relationship." (Discussion 1971, S. 144) Aggressivität auf seiten des Analytikers war also wiederum ausgeschlossen.

Vor diesem Hintergrund hätte ich vielleicht zu der Patientin aus meinem Beispiel sagen können: „Meine Reaktion hat sie sehr enttäuscht. Ich hoffe, Sie können mir glauben, daß diese Reaktion mit Ihnen und Ihrer Analyse nichts zu tun hat."

Erst meine Auseinandersetzung mit Ferenczis 1988 in Deutschland erschienenem „Klinischen Tagebuch" von 1932 ließ mich das Beziehungsproblem in der analytischen Situation in einem anderen Lichte sehen.

Das ‚Klinische Tagebuch‘ hat mir in mehrfacher Hinsicht wichtige Impulse gegeben: Ferenczi machte sich Gedanken darüber, welche Wirkung die Person des Analytikers auf den Analysanden hat und war in diesem Zusammenhang insbesondere über das Problem der Aggressivität des Analytikers beunruhigt. Alice Balint, seine unmittelbare Schülerin, drückte es in ihrem Vortrag aus dem Jahre 1935 so aus: „Doch hoffe ich gezeigt zu haben, daß der Charakter des Analytikers ein wesentlicher Faktor der analytischen Situation ist, den wir beim besten Willen nicht ausschalten können, und daß die aus dieser Quelle stammenden Störungen der Übertragungssituation nur dadurch unschädlich gemacht werden können, daß wir ihnen eine gesteigerte Aufmerksamkeit zuwenden." (Balint 1969, S. 55)

Damit wurde damals schon eine Grenze überschritten, die zwischen dem Analytiker als einem nach bestimmten Regeln funktionierenden Psychotechniker und dem Analytiker als Menschen errichtet worden war. Ferenczi und Balint waren der Ansicht, daß der Analytiker mit seinem ‚Charakter‘, d.h. als ganzer Mensch in der Analyse anwesend ist, und daß alles, was sich zwischen ihm und seinem Analysanden abspielt, auch damit zu tun hat, wie der Analytiker ist, nicht nur damit, was er sagt.

Aus diesem Verständnis der analytischen Situation als einer Beziehungssituation, in der beide Partner mit ihrem ‚Charakter‘ anwesend sind und aufeinander reagieren, ergab sich Ferenczis radikale Kritik am herkömmlichen Übertragungsverständnis. Am 18. Juni 1932 schreibt er in seinem Tagebuch: „Durch die nunmehr zielbewußte Demaskierung der sog. ‚Übertragung‘ und ‚Gegenübertragung‘ als Verstecke der bedeutsamsten Hindernisse der Vollendung aller Analysen kommt man beinahe zur Überzeugung, daß keine Analyse gelingen kann, solange die falschen, vermeintlichen Unterschiede zwischen ‚analytischer Situation‘ und gewöhnlichem Leben nicht ebenso überwunden sind, wie die immer noch auch von Analytikern gepflegte Eitelkeit und Überlegenheitsgefühl dem Patienten gegenüber." (Ferenczi 1988, S. 183) Ferenczi behauptete damit nicht, daß es gar keine Unterschiede zwischen der analytischen Beziehung und den Beziehungen im ‚gewöhnlichen Leben‘ gebe. Er wendet sich jedoch gegen ‚falsche, vermeintliche‘ Unterschiede.

Falsch und vermeintlich ist die Unterscheidung zwischen analytischer Situation und gewöhnlichem Leben gerade wenn man sie auf die Übertragung bezieht. „Die Übertragung stellt sich in allen menschlichen Beziehungen ebenso wie im Verhältnis des Kranken zum Arzte spontan her ..." (Freud 1964, S. 55) Übertragung ist somit ubiquitär. In der gegenseitigen Übertragung besteht die Wirklichkeit jeder emotionalen Beziehung. Nur wenn man daran festhält, daß der Analytiker in gar keiner Beziehung zum Analysanden steht, kann man an der Vorstellung einer einseitigen Übertragungsneurose festhalten. Veränderungen in der gegenseitigen Wahrnehmung, auch wenn sie zu mehr ‚Realität' im Sinne von ‚Unverzerrtheit' führen, sind immer Veränderungen in der gegenseitigen Übertragung.

Wie Analytiker und Analysand sich gegenseitig wahrnehmen und erfahren, das bildet die Wirklichkeit ihrer Beziehung – wie in jeder anderen Beziehung auch. Selbst die Verschiedenartigkeit der Bedeutung und der Wichtigkeit, die die Partner füreinander haben, die sog. ‚Asymmetrie' der analytischen Beziehung, oder die Tatsache, daß diese Beziehung gewissen Einschränkungen unterworfen ist, unterscheiden sie nicht grundsätzlich von den Beziehungssituationen des gewöhnlichen Lebens.

Was die analytische Situation zu dem macht, was sie ist und ihr damit ihre Einzigartigkeit verleiht, ist allein der Zweck, zu dem sie gebildet wird, und die zur Erreichung dieses Zweckes eingeführten Bedingungen, unter denen sie gelebt wird.

Dieser psychoanalytische Zweck wird verschieden definiert: Bewußtwerdung von Unbewußtem, Einsicht in Übertragungszusammenhänge, korrigierende emotionale Erfahrung etc. Geht man davon aus, daß eine wirkliche Beziehung zwischen Analytiker und Analysandem vorhanden ist, so bedeutet dies immer, daß die Beziehungspartner diese Beziehung einem bestimmten Erkenntnisprozeß unterwerfen und eben dies zum einzigen Zweck der Beziehung erklären. Die alleinige Aufgabe von Analytiker und Analysand ist es, die Erfahrungen, die sie voneinander und miteinander machen, in ihrer Komplexität, Subjektivität und Bedingtheit durch frühere Erfahrungen zu verstehen, zu relativieren und dadurch veränderungsfähig zu machen.

Zur Verwirklichung dieses Zweckes unterwerfen sich Analytiker und Analysand einem strikten Reglement, gemeinhin ‚setting' genannt. Das ‚setting' umfaßt viele Verhaltensvorschriften zur Regulierung der Beziehung. In den Einzelheiten gibt es dabei innerhalb der analytischen Schulen große und umstrittene Unterschiede. Aber, sofern es sich um Analyse handelt, geht es immer um zwei Prinzipien: Grundregel und Abstinenz.

Mag deren Handhabung im Einzelnen auch unterschiedlich aussehen, so wird durch sie dennoch stets die Beziehung der analytischen Partner in bestimmter Weise reguliert.

Die Grundregel – ich nenne sie hier die Erlaubnis absoluter Offenheit –

enthält nicht nur die Aufforderung an den Analysanden, völlig offen zu sein. De facto enthält sie auch ein Beziehungsangebot des Analytikers, welches zweierlei beinhaltet: Ich interessiere mich für alles, was Du mir mitteilen wirst, und, was auch immer es sei, ich werde deswegen die Beziehung nicht abbrechen. Dies ist, wenn man es so ausdrücken will, das äußerste Versprechen ‚wirklicher Liebe‘. Die Abstinenzregel dagegen zielt eher in eine gegenteilige Richtung: Sie verpflichtet beide Partner, auf physische Manifestationen ihrer Intimität (vulgo: Triebbefriedigungen) zu verzichten, und sie beschränkt den Kontakt überhaupt rigoros auf die Zeit der Analysestunden, mögen dies nun zwei, drei oder fünf in der Woche sein.

Fritz Morgenthaler hat anschaulich geschildert, daß diese Beschränkungen im Interesse des Analytikers eingeführt wurden: „Das ‚setting‘, die analytische Situation, hat also für jeden analytischen Prozeß eine große Bedeutung, weil es in erster Linie eine Absicherung für den Analytiker darstellt. Mir ist es unmöglich, den Äußerungen eines Analysanden so weit zu folgen, daß ich wirklich verstehe, was in ihm vorgeht, wenn ich außerhalb des analytischen Rahmens noch intensivere Kontakte mit ihm aufrechterhalte. Angenommen, ich gehe mit meinen Analysanden essen, besuche mit ihren Freunden das Theater ... so sind das möglicherweise alles Vorkommnisse, die meine Analysanden ganz gut vertragen. Ich aber würde es nicht verkraften, besonders dann nicht, wenn ich gar nicht bemerke, daß ich dadurch beeinflußt werde.“ (Morgenthaler 1981, S. 54)

Viele, nicht alle Analysanden haben aufgrund dieser Einschränkung Schwierigkeiten mit dem Ende der Stunde. Die Patientin aus dem geschilderten Beispiel hatte diese Schwierigkeiten auch noch nach über hundert Stunden. Darüber zu sprechen war lange nicht möglich. Sie sagte z. B.: „Erst muß ich mühsam mein Schiff ins Wasser bringen, und wenn es endlich anfängt zu schwimmen, muß ich es ebenso mühsam wieder an Land ziehen“ oder, als sie unter großer Selbstüberwindung über eine jener Mißbrauchssituationen gesprochen hat: „Ich fühle noch den Abdruck von X auf meinem Körper, und da schicken Sie mich damit weg.“

Erst dringen Sie, so könnte man interpretieren, gewaltsam in mich ein, und dann verlassen Sie mich wieder ebenso gewaltsam.

Daß ein solches Verhalten innerhalb einer Beziehungssituation grausam, d. h. aggressiv ist, und daß es gar einem Bedürfnis des Analytikers entspricht, ja entsprechen muß, um ihn fähig zum Analysieren zu machen, scheint bisher wenig reflektiert worden zu sein. Ich habe nur einen Hinweis darauf gefunden. Winnicot beschäftigte sich in einer Arbeit über „Haß in der Gegenübertragung' aus dem Jahre 1949 vor allem mit den von psychotischen Patienten im Analytiker provozierten Wut- und Haßgefühlen. Er machte aber auch einige Bemerkungen über den sozusagen normalen Haß des Analytikers in ‚gewöhnlichen Analysen': „In the ordinary analysis the analyst has no difficulty with the management of his own hate. This hate remains latent...". Als Gründe hierfür nennt Winnicot vor allem verschiedene Befriedigungen, die der Analytiker aus der Analyse ziehen kann und fährt dann fort: „Moreover, as an analyst I have ways of expressing hate. Hate is expressed by the existence of the end of the ‚hour'." (Winnicot 1949, S. 71)

Als ich mir darüber Gedanken machte, was der von mir in der Analysestunde geäußerte Ärger mit meiner Beziehung zu der Patientin zu tun gehabt haben könnte, fiel mir auf, daß ich mich hinsichtlich ihrer Schwierigkeit mit dem Ende der Stunde entgegenkommend verhielt. Ich versuchte Brücken zu bauen, machte sie vorher auf das bevorstehende Ende aufmerksam, sprach noch eine paar Sätze im Sitzen etc. Dieses Verhalten war nicht deshalb falsch, weil es gegen bestimmte Regeln verstößt. Es kann durchaus angebracht sein, wenn es der analytischen Beziehung entspricht. Hier aber war das nicht der Fall. Im Gegenteil, es handelte sich um einen unbewußten Versuch meinerseits, aus der Widersprüchlichkeit der analytischen Beziehung auszubrechen und sie zugunsten einer illusionären aggressionsfreien Beziehung aufzulösen. Ich wäre gar zu gern der ‚gute Mann' gewesen, hätte sie davon überzeugt, daß es ‚wirkliche Liebe' auf der Welt gibt.

Meine ‚Grausamkeit' in der geschilderten Situation war der unbewußte Versuch, wieder ‚ehrlich' zu werden, das gestörte Gleichgewicht wieder herzustellen und die aggressive Seite meiner Übertragung wieder in die Analyse einzubringen.

Als sich dazu eine Gelegenheit bot, brachte ich diese Einsicht in einer Deutung ein: Es ging um einen Freund, der sich sehr um die Patientin bemüht. Einerseits wehrt sie ihn ab, andererseits ermutigt sie ihn, ständig und geduldig weiter um sie zu werben. Analytiker: „Sie stellen ihn auf die Probe?" Patientin lacht: „Ja, mir ist keiner gut genug." Analytiker: „Sie hoffen auf einen, der ganz und gar gut ist. Ich glaube, das spielt auch zwischen uns eine Rolle. Der Ärger neulich, als es um ihren Vater und die kleine Schwester ging, der kam wohl auch daher, daß ich zu gut zu Ihnen sein wollte."

Ich verstehe also die analytische Situation als eine Beziehungssituation, die überwiegend durch bestimmte Bedürfnisse des Analytikers und des Analysanden konstituiert wird.[2] Die Grundregel entspricht dem Bedürfnis des Analytikers, in das Innere des Patienten einzudringen, intim mit ihm verbunden zu sein. Die Abstinenzregel entspricht seinem Bedürfnis, sich den Analysanden vom Leibe zu halten, sich von ihm abzugrenzen und unter allen Umständen die Kontrolle über die Beziehungssituation zu behalten.

Ich hoffe, es ist deutlich geworden, daß es mir nicht um die Anwendung oder Nichtanwendung von Regeln geht. Darüber kann man jeweils geteilter Meinung sein und ist es ja auch. Aber wie auch immer man Grundregel und Abstinenz, Frequenz und Position handhabt: solange die geschilderte in sich widersprüchliche Beziehungssituation aufrechterhalten wird und die Partner bemüht sind, diese Situation und das, was sich in ihr abspielt, zu verstehen und zu artikulieren, findet Analyse statt.

Diese Auffassung enthält allerdings die Grundannahme, daß es aggressionsfreie Beziehungen unter Menschen nicht gibt und nicht geben kann. Ich denke, daß unter anderem unsere analytischen Befunde dies lehren. Gerade im Lichte dieser Befunde erscheint mir die analytische Situation als eine geniale Erfindung. Sie trägt der Tatsache Rechnung, daß es nur ambivalente Beziehungen geben kann. Indem sie dafür sorgt, daß die Aggressivität des Analytikers von vornherein untergebracht und produktiv verwendet wird, schafft sie die für den Analysanden notwendige Bedingung ‚wirklicher Liebe‘.

Aggressivität kann man nicht abschaffen, man kann sie nur produktiv umsetzen. Das geschieht in der analytischen Beziehung. Nur wenn die Psychoanalyse beharrlich diesen Weg verfolgt statt mit glücksverheißenden Psychotechniken zu konkurrieren, wird sie auch als Therapie erfolgreich sein.

---

² Dieter Beckmann hat schon 1974 auf Grund empirischer Untersuchungen das Übertragungs-Gegenübertragungsmodell in Frage gestellt und vorgeschlagen, sich stattdessen auf jeweilige konkrete Interessen von Analytiker und Patient zu beziehen (vgl. Beckmann 1974, S. 66.).

# Literatur

Balint, A. (1969): Handhabung der Übertragung auf Grund der Ferenczischen Versuche, in: Internationale Zeitschrift für Psychoanalyse 22/1, 1936 (Reprint 1969), S. 47–58.

Beckmann, D. (1974): Der Analytiker und sein Patient. Untersuchungen zur Übertragung und Gegenübertragung. Bern, Stuttgart, Wien (Huber).

Discussion (1971) of „The Non-Transference Relationship in the Psychoanalytic Situation", moderiert von Paula Heiman, in: International Journal of Psycho-Analysis 51, 1971, S. 143–150.

Ferenczi, S. (1988): Ohne Sympathie keine Heilung. Das klinische Tagebuch von 1932. Frankfurt/M. (Fischer).

Freud, S. (1964): Über Psychoanalyse. Gesammelte Werke, Bd. VIII. Frankfurt/M. (Fischer).

Greenson, R. R./Wexler, M. (1969): The Non-Transference Relationship in the Psychoanalytic Situation, in: International Journal of Psycho-Analysis 50, 1969, S. 27–38.

Morgenthaler, F. (1981): Technik. Zur Dialektik der psychoanalytischen Praxis. 2. Aufl. Frankfurt/M. (Syndikat).

Nerenz, K. (1983): Eine Legende zum Begriff der Gegenübertragung, in: Hoffmann, S. O. (1983): Deutung und Beziehung. Frankfurt/M. (Fischer), S. 146–151.

Schultz-Hencke, H. (1951): Lehrbuch der analytischen Psychotherapie. Stuttgart (Thieme).

Thomä, H./Kächele, H. (1985): Lehrbuch der psychoanalytischen Psychotherapie 1. Heidelberg (Springer).

Winnicott, D. W. (1949): Hate in the Counter-Transference, in: International Journal of Psycho-Analysis 30, 1949, S. 69–73.

# „Todeslandschaften der Seele" (Benedetti) und „Die Blumen des Bösen" (Baudelaire)

## Erlittene und ersehnte Destruktivität als Bestandteil schizophrener Dynamik

*Joachim Bartholomew-Günther*

B enedetti (1983, S. 51) versteht unter Todeslandschaften „Leerräume, in denen gewisse menschliche Fähigkeiten nicht zur Entwicklung gelangen und existentiell unentbehrliche Grundmuster sich nicht konfigurieren können; überdies mangelt es an elementaren Urerfahrungen, die das amorphe Ich sukzessive strukturieren sollten."

Weiter führt Benedetti (1983, S. 51) aus: „Das Tragische beginnt, wenn solche – sonst abgewehrten – innerfamiliären Todeslandschaften von den Patienten völlig introjiziert und internalisiert werden, wie dies bei Konflikten oder interpersonalen Verzerrungen manchmal der Fall ist. Von diesem Augenblick an breiten sich die Todeslandschaften nicht zwischen den einzelnen Familienmitgliedern aus, die sie begrenzen, sondern im innersten, vitalsten psychischen Zentrum des einen, psychotisch gewordenen Individuums und stehen hier für die versiegte Quelle seiner psychischen Abwehr."

Marguerite Sechehaye (1986, S. 273) hatte für die psychotherapeutische Arbeit mit Schizophrenen die Methode der „symbolischen Wunscherfüllung" gefunden. Sie beschreibt diese Methode „ als eine ständige und gewissenhafte Suche nach dem grundlegenden Verlangen eines Wesens, das seit seiner Kindheit verzweifelt die Befriedigung eben dieses Verlangens fordert." Ferner bestehe die symbolische Wunscherfüllung in einer liebevollen und elterlichen Einstellung, in der Haltung der guten Mutter, die den Patienten wie ein Kind beschützt, ihm Sicherheit und das Recht auf die Wirklichkeit und das Leben gibt. Diese elterliche Einstellung sollte die elementaren Urerfahrungen ermöglichen und das grundlegende Verlangen sein.

Rosen (1964, S. 80) beschreibt die Grundsätze seiner „direkten Psychoanalyse" wie folgt:

„Der Psychiater muß für das psychotische Individuum ein liebender omnipotenter Beschützer sein, der für alles sorgt. Auf diese Weise übernimmt der Psychiater die Verantwortlichkeit für die nochmalige Aufzucht des Menschen, angefangen von den prägenitalen Stufen der Regression, bis zu einem angemessenen Reifungsgrad."

Rosen scheut sich in seiner Technik nicht, die Mutter des Patienten als den eigentlichen Quell der Schwierigkeiten aufzuzeigen und den Patienten zu drängen – er nennt es Erziehung – sich davon überzeugen zu lassen. Dabei stellt er sich selbst als gute Mutter dar, von der die Genesung abhängig ist.

Derartige Vorstellungen, die ergänzt wurden durch idealisierende Überhöhungen der psychotischen Dynamik als eine Möglichkeit verschüttete kreative Potentiale freizusetzen, begleiteten meine ersten berufsmäßigen Auseinandersetzungen in der psychotherapeutischen Arbeit mit psychotisch regressiven Menschen.

Durch meiner Supervisionstätigkeit an einer Nervenklinik, den täglichen Kontakt mit neu aufgenommenen stationären Patienten und die langjährige therapeutische Arbeit mit ein und demselben Menschen formulierten sich Fragen:

Wann manifestiert sich eine, in der Schulpsychiatrie endogene Psychose genannte Erkrankung, wie sieht ihre Pathodynamik und Pathogenese aus und sind regelhafte Abläufe festzustellen?

Mit ersterkrankten Menschen entwickelte ich eine gezielte Fragestellung, um in einer gemeinsamen explorativen Arbeit, die „Präklinische Konstellation" sichtbar werden zu lassen.

1. Welcher reale Mensch wird

2. Durch welches reale Geschehen

3. In seinem Erleben und Verhalten wie weit regressiv verändert

4. Welche regressiven Inhalte lassen sich feststellen

5. Welchen Bezug haben diese zu seiner Biographie?

Zu meinem Erstaunen stellte ich fest, daß derartige Regressionen nicht durch erhebliche Einschränkungen, Verluste oder ähnliche Bedrängnisse ausgelöst werden, sondern sich im Zusammenhang mit normalen, realen Anforderungen des Lebens an Menschen einstellten, die bis dahin ein weitgehend – was ihre Psychopathologie betrifft – normales Leben geführt hatten.

Auslösend waren in der Mehrzahl angestrebte Erweiterungen von Lebensräumen, wie z. B. Abschluß eines Studiums, Beziehungs- und Karrieremöglichkeiten.

Paul Matussek hatte dazu im Gegensatz 1958 in seinem Aufsatz „Zur Frage des Anlasses bei schizophrenen Psychosen" behauptet, daß die häufigsten und eher zu akuten als zu chronischen Veränderungen führenden Ausgangsituationen, keine unspezifischen, allgemein menschliche Konflikte, sondern spezifische Keimsituationen seien. Ihr Wesen müsse in einer mißglückten menschlichen Begegnung gesehen werden, bei der ein Partner entweder dem Kranken zu nahe komme oder in eine unerreichbare Ferne von ihm rücke (vgl. Matussek 1993).

Aus der gemeinsamen Arbeit mit Patienten an der präklinischen Konstellation wurde deutlich, daß die manifeste Psychose regelhaft Vorläufer hat:

1. Die vegetative Beunruhigung
2. Die Befremdung.

Die vegetative Beunruhigung definiert sich durch Störungen des Schlaf-Wach-Rhythmus, übergroße Wachheit, motorische Verausgabung und Störungen der Nahrungsaufnahme und Verdauung. In der sich daran anschließenden Phase der Befremdung (Depersonalisation/Derealisation) erlebt der Mensch Teile seiner Selbst oder der Umwelt als fremd. Der Bezug zu sich selbst und zur Umwelt verändert sich in angstmachender Weise.

Als ob die Existenz in einer derart befremdlichen Welt auf das äußerste bedroht ist, erbaut er sich eine eigene Welt mit eigener Sprache, eigenen Gesetzen und Beziehungsstrukturen. Der andere Mensch aus der realen, objektiven Welt erhält keinen Zutritt als eigenständiges, objektives Wesen, sondern er wird umfunktionalisiert und projektiv definiert.

Die Einrichtung einer subjektivistischen Welt stellt aber für die reale Umwelt einen derartigen Störfaktor dar, daß der betroffene Mensch, der sich selbst als Handelnden erlebt, nun zum Behandelten wird. Bei ihm wird eine endogene Psychose diagnostiziert, in diesem Falle eine Schizophrenie.

Die Reflexion der Arbeit ergab, daß auch im therapeutischen Prozeß regelhafte Abläufe festzustellen sind. Die therapeutischen Phasen wurden von mir folgendermaßen benannt (vgl. Bartholomew-Günther in Streeck u. Bell 1994):

1. „Rettung" in die Realität
2. Garantie des Überlebens
3. Wünsche des Patienten
4. Trauer um das nicht gehabte Leben
5. Leben lernen.

Zusätzliche Erfahrungen zeigten, daß der Übergang aus der subjektivistischen in die reale Welt für den Betroffenen nicht unproblematisch ist. Ausgehend von der Erwartung, daß der Patient froh sei, von seiner Psychose geheilt zu werden, war zu beobachten, wie er – fast süchtig – immer wieder in psychotische Arrangements regredierte.

In der folgenden Kasuistik wird diese Dynamik deutlich: Im April rief mich die damals 48-jährige Frau X an. Sie habe sich aus der stationären Behandlung einer Nervenklinik beurlaubt und wolle nun zuhause bleiben. Ich war in großer Sorge, denn ich kannte Frau X aus einer ununterbrochenen 15 Jahre lang währenden therapeutischen Arbeit.

Nachdem sie sich am Telefon geweigert hatte, in die Nervenklinik zurückzukehren, bot ich ihr an, in unserer Abteilung aufgenommen zu werden. Erleichtert nahm sie das Angebot an und erschien umgehend auf der Station. Im ersten Gespräch saß sie mir erstarrt gegenüber, ihre unbewegten Augen bohrten sich in mein Gesicht – ohne mit der Wimper zu zucken –, die gesamte Körpermotorik, inklusive der Mimik war angespannt, bewegungslos. Der Blick hatte eine ansaugende, vereinnahmende Qualität.

Die Patientin war von mir zuletzt 10 Tage vor Weihnachten gesehen worden. Frau X befand sich zu diesem Zeitpunkt schon seit 15 Jahren bei mir in psychotherapeutisch/psychoanalytischer Behandlung, die ersten 7 Jahre davon stationär. Die anfangs hochfrequente Behandlung hatte sich in den letzten zwei Jahren auf eine halbe Stunde pro Woche reduziert.

Die Patientin arbeitete seit einigen Wochen im Diakonischen Bereich als Hauskrankenpflegehelferin. Sie hatte außerordentlich schwierige Patienten zu versorgen. Insbesondere eine Diabetikerin und eine Alkoholkranke strapazierten sie mit ständigen Wünschen nach Süßigkeiten und Alkohol, die sie ihnen mitbringen sollte. Frau X merkte eine zunehmende Beunruhigung, die sich für sie folgendermaßen ableitete: Wenn sie den Wünschen nicht nachgab, hatte sie mit besonders schwierigem Verhalten zu rechnen. Wenn sie den Wünschen nachgab, würde sie die Gesundheit der Betreuten schädigen und ihre Pflichten verletzen.

Zu dieser Zeit war ihre Beziehung zu mir, insbesondere unter dem Aspekt des bevorstehenden Weihnachtsfestes, ebenfalls problematisch. Trotz meiner wiederholten Versuche, ihre Beziehung zu mir zu thematisieren, zog es Frau X vor, ihre inneren Phantasien zu schützen und einer Bearbeitung nicht zugänglich zu machen. Frau X hatte mich – und das gehörte zu ihrer Realität – aufgeteilt einerseits in den Therapeuten, der verheiratet war und andererseits in das sehr geheimgehaltene Idol, das sich irgendwann schließlich doch zu ihr bekennen, sie heiraten und mit ihr ein glückliches Leben führen würde.

In der unmittelbaren Vorweihnachtzeit trafen diese beiden problematischen Situationen aus der Arbeitswelt und dem therapeutischen Setting zusammen und luden einen alten intrapsychischen Konflikt energetisch auf:

Du darfst keine Wünsche haben, Dir steht nichts zu, weil Du nichts wert bist. Wütend sein darfst Du auch nicht, denn dann bist Du ein böses Kind.

versus

Was ich haben will, nehme ich mir. Was mich stört, zerstöre ich.

Zu der nächsten Therapiestunde am 23.12.93 erschien Frau X nicht. Am 25.12.93 wurde sie in einer anderen Nervenklinik aufgenommen. Bei dieser Aufnahme war ein geordnetes Gespräch mit ihr nicht möglich, ihr Verhalten war sehr wechselhaft, inadäquat. Sie äußerte „Ärzte wollen mir die Därme herausreißen. Der Teufel steht hinter mir". Die Haut ihrer Füße sei am Vortag mit Laserstrahlen entfernt worden. Sie sei mehrere Male vergewaltigt worden, anschließend im Himmel gewesen, wo Gott sie jedoch zurückgewiesen habe.

Die Patientin war in einer Kleinfamile aufgewachsen, sie war Einzelkind. Nicht nur die Räumlichkeiten waren beengt, sie schlief z.b. immer im Bett der Eltern ein und wurde dann, bevor diese sich zum Schlaf niederlegten, auf die Couch in das Wohnzimmer getragen, sondern auch die Atmosphäre in der Familie. Nach Außen durfte nichts dringen, nach Außen war alles in Ordnung, innerlich fanden erbitterte Kämpfe statt. Der Vater war asthmakrank, die Tochter – die Patientin – mußte nicht selten zur Apotheke laufen, um das rettende Medikament zu holen. Sie überlegte sich öfter, ob sie nicht durch Zeitverzögerung den Tod ihres Vaters herbeiführen solle. Mit 12 Jahren hatte sie Selbstmordideen. Im Zusammenhang mit einer ersten Liebesbeziehung wurde sie schließlich von der Mutter als Hure aus dem Haus gejagt.

Die Beziehung des Vaters zu ihr wird von der Patientin als sehr inzestuös beschrieben. Der Inzest sei jedoch nie realisiert worden. Sie habe sich immer gegen seine emotionalen, libidinösen Übergriffe wehren müssen. Der Vater habe sie derartig verprügelt, daß sie Angst um ihr Leben haben mußte. Während sie als Objekt seines unerfüllten Lebens überhöht wurde, sei sie von der Mutter gedemütigt worden.

Ich hatte mit der Patientin in vielen Jahren erarbeitet, daß sie in völlig unzureichenden familiären Verhältnissen aufgewachsen und zum Opfer gemacht worden war und daß ihre Entwicklungsmöglichkeiten nicht ausreichend gefördert worden waren. Sie hatte sich in der zurückliegenden Arbeit nicht mehr nur als Opfer erlebt, sondern auch als Ankläger in dem Sinne, daß die Eltern zur Rechenschaft gezwungen, vor ein Tribunal gestellt und bestraft werden sollten.

Wir trugen nun zusammen, was zwischen der letzten gemeinsamen Stunde vor Weihnachten und dem erneuten Treffen in der Klinik geschehen war:

An den zwei Tagen nach unserer letzten Sitzung habe sie noch gearbeitet, dann habe sie sich „aus der Realität entfernt". Das habe sie zwar noch genau bemerkt, sich aber selbst daran gehindert, mit mir Kontakt aufzunehmen in der Vorstellung, daß ich nicht gestört werden dürfe, daß sie auch nicht zu mir in die Klinik kommen dürfe, weil ich es ihr verboten hätte. In dem Gefühl, von allen verlassen zu sein, habe sie Kontakte zu offiziellen Personen, z.B. zu einem Busschaffner und der Polizei knüpfen wollen. Ihre Versuche seien aber nicht verstanden worden und schließlich sei sie mit Menschen gegangen, die bereit waren, sie aufzunehmen. Sie habe mehrere Tage mit Ausländern zusammengewohnt, sexuell mit ihnen verkehrt und sich deren Anordnungen gefügt. Sie sei ausgerissen, habe im Bahnhofsmilieu sexuellen Straßenkontakt gehabt, habe dabei keinerlei Erniedrigung empfunden. Schließlich sei sie nur noch in der Stadt umhergeirrt und habe sich die Füße wundgelaufen.

In unseren täglich halbstündigen Sitzungen versuchte ich mit ihr zu klären, warum sie meine Hilfe nicht in Anspruch genommen hatte. Sie erzählte zum ersten Mal, daß sie mich in zwei Personen aufgeteilt habe, daß sie sich geweigert habe, mich als verheirateten Therapeuten zu sehen, auf den sie als Lebenspartner zu verzichten habe. Sie habe meiner Frau und mir das gemeinsame Weihnachtsfest nicht gegönnt. Sie selbst habe mit mir zu Weihnachten unter dem Weihnachtsbaum einen Putenbraten essen wollen.

In den folgenden vier Wochen brach ihr Haß aus der Erstarrung hervor. Er richtete sich anfangs gegen meine Frau. Dann aber schrie sie mich an, und zwar so laut, daß die Mitarbeiter auf der Station zusammenliefen in Sorge um meine Unversehrtheit. In der nächsten Sitzung konnte sie zum ersten Mal wahrnehmen, daß Haß nicht nur Ausdruck einer gequälten Seele, sondern auch Ausdruck einer aktiv Racheübenden sein kann. In den folgenden Stunden wurden ihre Haßausbrüche immer intensiver und anhaltender, begleitet von unruhigem Hin-und-Herschaukeln auf dem Sessel und würgenden Handbewegungen. Sie phantasierte, daß sie nicht nur meinen Hals zusammendrücken, sondern auch meinen Penis abreißen, zertreten und rösten wolle.

Diese Haßausbrüche erlebte ich, bis auf das erste überraschte Erschrecken, nie als gefährdend. Ich war mit der Patientin in Übereinstimmung, daß ihr Agieren heilsam sei. Sie konnte sich in ihren Haßausbrüchen kontrollieren und zwischendurch voller Verwunderung feststellen, daß ihr erlaubt sei, so zu handeln und zu fühlen, daß es ihr gut tue, so zu fühlen und schließlich, daß es ihr Spaß mache, so gewalttätige Phantasien zu haben und sie andeutungsweise umzusetzen.

Auf dem Höhepunkt dieser Gewaltorgie zeigte sie mir einen Text, den sie am Tag zuvor, schon lange nicht mehr psychotisch, geschrieben hatte: „Die Nervenklinik als Aufsammlungslager für Andersdenkende. Jeder, der sich als rechtsradikal erweist, wird im neuen Gebäude zu einer gewalttätigen Umerziehung genötigt. Dazu sind die beiden vorderen Kammern als Gaskammern gedacht. Alles soll langsames Sterben sein. Die Patienten müssen an schweren Maschinen arbeiten, wo sie sich langsam ihren Körper selbst zerstören. Das neue Schwimmbad wird elektrisch aufgeheizt, so heiß, daß die Patienten gekocht und anschließend den Schweinen zum Fraß vorgeworfen werden."

Im Vergleich zu diesem Text, der die Patientin als rasende Täterin zeigt, zitiere ich nun aus einem Arztbericht über ihren zweiten Aufenthalt in unserer Klinik, in dem geschildert wird, wie sie sich als Opfer erlebte:

„Die Patientin war der Überzeugung, daß es sich bei der Polizeizelle um eine Gaskammer handele und daß man ihr nach dem Leben trachte. Einen Polizeibeamten bezeichnete sie als Adolf Hitler. Sie wies auf Wasserpfützen auf dem Boden, bezeichnete diese als Gift. Dann schloß sich die Patientin in der Zelle ein als Beweis, daß dies Hitlers Regime sei".

In unserer therapeutischen Arbeit kam es in dieser Phase darauf an, klar zu stellen, daß ihre tatsächlich erlittene Gewalt anerkannt wird. Daß darüber hinaus aber auch die introjizierte Gewalttätigkeit als Grundlage ihrer Gewaltausübung zur Sprache kommen muß. Der Therapeut hatte nun die Aufgabe, Gewalttätigkeitsphantasien der Patientin zuzulassen in einer Atmosphäre, die diese erlaubten und erwarteten. Die Patientin ergriff diese Gelegenheit. Und während sich früher ihre Qual aus der erlebten Kränkung her definierte, litt sie jetzt unter den geburtsartigen Schmerzen bei der Ausstoßung ihres Haßes und dann ihrer Wut. Andererseits war ihr die Lust anzumerken, das alte Gerümpel aus der Wohnung zu entfernen und sich an dem Krachen und Zerschmettern des Herausgeworfenen zu erfreuen.

Ganz im Sinne von Sechehaye und Rosen hatte ich – durchaus erfolgreich – versucht, einen therapeutischen eutrophischen Raum zu schaffen in dem ich als alles verstehende „Mutter" die Patientin als hilfloses, existentiell gefährdetes Wesen erlebte. Der Erfolg stellte sich ein: psychotische Erlebens- und Verhaltsweisen konnte von ihr aufgegeben werden. Sie wendete sich der

Welt zu und war im Begriff, sich wieder in der Realität einzurichten (vgl. Sechehaye 1986 und Rosen 1964).

Meiner Meinung nach hatte sie sich vor der erneuten Dekompensation eine ausreichende Ich-Kompentenz erarbeitet. Welche Dynamik veranlaßte die vorweihnachtliche Regression?

Es schien so, als ob die Patientin nicht so sehr festgehalten wurde von alten Strukturen und Wiederholungszwängen, sondern daß sie selber an etwas festhielt, etwas in den Händen hielt, so daß sie diese nicht frei hatte, um realitätsadäquat zu handeln.

Sie hatte im psychotischen Kompromiß ihre Triebhaftigkeit (Destruktivität, Sexualität) realisiert und moralisch gerechtfertigt als Ausdruck ihrer Ausgeliefertheit und Abhängigkeit. Die ganze Welt wurde von ihr als bedrohend erlebt.

## Theoretische Überlegungen

Die paranoide Bedrohung ist zu interpretieren als 1) Ausdruck äußerster existentieller Gefährdung einer instabilen Ich-Struktur, 2) als Projektion archaischer Destruktivität und 3) als psychotischer Ausdruck eines gezielten Zerstörungsbedürfnisses.

Zerstörungsdürfnis und die Lust, sich zu rächen kommen in der Arbeit mit schizophrenen Patienten dann deutlicher zum Vorschein, wenn ihre stabilere Ich-Struktur nicht mehr von unbewußten, destruktiven Impulsen inflationiert und aufgelöst zu werden droht.

So lange die Rach-Sucht, das Rachebedürfnis nicht aufgearbeitet sind, haben diese Menschen ihre Hände zu realem Handeln nicht frei. Die Hartnäckigkeit dieses Rachebedürfnisses und die dadurch bedingte beharrliche Verweigerung, in die Realität zurückzukehren, sind einerseits Äquivalente der erlittenen Destruktivität und andererseits der dem Bewußtsein noch verborgenen Lust am Bösen.

Lloyd de Mause beschreibt einen Vorgang in der Eltern-Kind-Beziehung, den er in Abwandlung des Terminus „projektive Identifikation" als „Injektion" bezeichnet: Die Bezugsperson projiziert in den Container Kind abgelehnte Teile des eigenen Erlebens und kontrolliert sie in dem Kind. Diese Dynamik wird verglichen mit einer Entgiftung, indem das eigene (elterliche) Gift in das Kind injiziert wird (vgl. Lloyd de Mause, 1994).

Der ursprünglich „kompetente Säugling" wie ihn Martin Dornes (vgl. Dornes 1993) beschreibt, wird also mit den abgelehnten, verpönten Eigenschaften der Bezugspersonen injiziert. Ebenso schwerwiegend für die weitere Entwicklung ist auch die Verweigerung und einschränkende Ablehnung, das Kompetenzverhalten des Säuglings aufzunehmen und im dialogischen Umgang zu fördern.

Neugieriges und zunehmend motorisch expansives Verhalten führt offenbar bei diesen Bezugspersonen zu Abwehrverhalten: eigene expansive Impulse wurden in ihrer Erziehung und Lebenserfahrung als moralisch schlecht und bösartig definiert. Diese moralische Diffamierung expansiver Impulse wird auf das kleine Kind projiziert. Die Folge davon ist, daß die natürliche Entwicklung des Kleinkindes gehemmt und eingeengt wird, expansive Strebungen von ihm als bösartig und bestrafungswürdig erlebt werden.

Das davon betroffene Kind reagiert anfangs in einer feststehenden Abfolge: Unmutsbewegungen, um die „Störquelle" auszuschalten, dann Abwendung aus der Situation, Rückzug aus der Realität und Beziehungsabbruch.

Dornes zitiert Papousek: er (der Säugling) macht sich zielstrebig auf die Suche nach neuen Lösungen und probiert andere Varianten aus. Hat er damit keinen Erfolg wird er unruhig, seine Motorik wird unkoordiniert und er beginnt zu „dekompensieren". Die Jüngeren (unter 2 Monate) schrumpfen zusammen, bekommen einen glasigen Blick und bleiben mit schlafähnlicher Atmung unbeweglich liegen; die älteren zeigen aktive Vermeidungs- und Abwendungsreaktionen (vgl. Dornes 1993).

Sullivan beschreibt wie das heranwachsende Kind lernt, daß sein Ärger die Situation nur noch verschärfen würde und daß es daher aus Furcht vor weiterer Strafe seinen Ärger verbirgt (vgl. Sullivan 1980).

Diese Einengung kompetenten Verhaltens des Säuglings und die Unterdrückung der biologisch sinnvollen Reaktion gegen diese Einengung und die dann folgende Verdrängung des Ärgers durch das Kind unter dem Druck der sadistischen Eltern, die später als sadistisches Überich wieder zum Vorschein kommen, sind bestimmend für die Pathogenese, Pathodynamik und therapeutische Dynamik psychotisch regressiver Erkrankungen.

Die erwähnte Reaktion des Säuglings auf Spannung ist biologisches Vorbild der ersten Regressionsstufe, der vegetativen Beunruhigung. Der oben beschriebene Rückzug des Säuglings aus der Realität, der glasige Blick entspricht der zweiten Regressionsstufe, der Befremdung.

Diese Regressionen werden ausgelöst durch reale Situationen, die definiert sind durch den Lebensraum erweiternden Charakter. Die regressiv reagierenden Menschen sind in ihrer Entwicklungszeit nicht ausreichend gefördert, eher daran gehindert worden, neue Räume zu betreten. Die Dynamik des „Du darfst nicht!" wird durch die reale Situation aktualisiert. Ebenso aktualisiert wird die ursprünglich biologische Unmutsreaktion, die sich damals zu Wut, Haß und Rachebedürfnis transformierte und abgespalten wurde.

Der Haß, die Destruktivität drohen in das bewußte Erleben durchzubrechen und sich zu realisieren. Das destruktive Potential wird im psychotischen Kompromiß einerseits eingebunden, andererseits ausphantasiert und ausagiert, z.B. als Paranoid oder als Weltuntergangserlebnis. In der therapeutischen Arbeit müssen nicht nur die Todeslandschaften der Seele aufgesucht werden und in der eutrophischen therapeutischen Situation belebt werden, sondern auch das abgespaltene „Böse" muß gesucht und akzeptiert werden.

Jean-Paul Sartre (1985, S. 63) schreibt über Baudelaire und seine „Blumen des Bösen":

„Und vielleicht ist der menschliche Stolz nie weitergelangt als bis zu diesem erstickten, immer zurückgehaltenen Schrei, der durch das ganze Werk Baudelaires klingt: ,Ich bin Satan!'. Aber was ist im Grunde Satan anderes als ein Symbol für ungehorsame, bockige Kinder, die wollen, daß der Blick des Vaters sie in ihrem besonderen Wesen festhält, und die das Böse im Rahmen des Guten tun, um ihre Besonderheit zu zeigen und sie bestätigen zu lassen?"

Die Ähnlichkeit dieser Aussage mit der symbolischen Wunscherfüllung von Sechehaye wird deutlich, daß nämlich ständig und gewissenhaft nach dem grundlegenden Verlangen eines Wesen gesucht wird, das seit seiner Kindheit verzweifelt die Befriedigung dieses Verlangens fordert (vgl. Sechehaye, 1986).

Aber während bei Sechehaye das Kind verzweifelt ist und die Mutter in der therapeutischen Situation fordert, zitiert Sartre das bockige, böse Kind, das den Vater fordert.

Die „negativ therapeutische Reaktion", d.h. hier die erneute Regression, ist dann folgendermaßen zu erklären: Ein möglicher und erwarteter Fort-Schritt in die Realität wird von einer gegenläufigen Dynamik nicht zugelassen. Das unbewußte, abgespaltene, unintegrierte Rachebedürfniss will zur Kenntnis genommen und anerkannt werden.

Der Wiedereintritt in das Leben setzt den Verzicht auf diese Rache voraus. Der Verzicht ist aber nur möglich, wenn das Rachebedürfnis in der therapeutischen Arbeit bewußt wurde und wenn die Zusammenhänge zwischen ursprünglicher biologischer Unmutsäußerung, Verbot dieser Äußerung und

Transformation des Unmuts in Haß und Rach-Sucht erarbeitet wurden. Erst dann kann die Lust an der Destruktivität transformiert werden zur Lust an kreativer Vitalität.

## *Zusammenfasssung*

In diesem Aufsatz sollte aufgezeigt werden, daß für die Pathogenese schizophrenen Reagierens auf eine normale Lebenssituation zwei unterschiedliche psychodynamische Quellen zuständig sind:

1. Frühe umgebungsbedingte Einschränkungen normaler Entwicklungskompetenz, die zu einer unzureichenden Ich-Struktur führen.

2. Die Transformation der biologischen Unmutsreaktionen auf die Entwicklungsbehinderungen in Haßgefühle und Rachebedürfnis.

Die erlittenen Einschränkungen bewirken die „Todeslandschaften der Seele". Die reaktiv entstandenen destruktiven Bedürfnisse sind in der psychosomatischen Struktur dieser Menschen fixiert.

In der Therapie kann es gelingen, nach Aufarbeitung der Versorgungswünsche und Bedürfnisse des Patienten die Bereitschaft zu gewinnen, über die verpönten (bestraften) aggressiv-destruktiven Regungen zu sprechen. Diese Mitteilungen – anfangs noch sehr schuldhaft getönt – nehmen in einem gewährenden therapeutischen Setting an Heftigkeit zu. Der Leidende wird zum Leidverursacher in seinen verbalen und averbalen Äußerungen. Schließlich entdeckt er – nach anfänglicher Scham – die Lust an seinen Zerstörungsphantasien. Nun erst kann er Abschied nehmen von diesen „Blumen des Bösen" und versuchen, seine „Todeslandschaften" zu beleben.

## *Literatur*

Bartholomew-Günther, J. (1994): Regelhafte Abläufe in der psychotherapeutischen/psychoanalytischen Arbeit mit schizophren regressiven Menschen. In: Streeck, U. u. Bell, K. (Hg.), (1994): Die Psychoanalyse schwerer psychischer Erkrankungen. München (Pfeiffer), S. 244–257.

Benedetti, G. (1983): Todeslandschaften der Seele. Göttingen (Verlag für Med. Psychologie).

DeMause, L. (1994): Die Geschichte der Gewalt gegen Kinder. In: Häsing, H. u. Janus, L. (Hg.), (1994): Ungewollte Kinder. Reinbek (Rowohlt).

Dornes, M. (1994): Der kompetente Säugling. Frankfurt a.M. (Fischer).

Matussek, P. (1993): Analytische Psychosentherapie. Berlin (Springer).

Rosen, J. (1964): Psychotherapie der Psychosen. Stuttgart (Hippokrates).

Sartre, J.-P. (1985): Baudelaire. Reinbek (Rowohlt).

Sechehaye, M. (1986): Eine Psychotherapie der Schizophrenen. Stuttgart (Klett-Cotta).

Sullivan, H. S. (1980): Die interpersonale Theorie der Psychiatrie. Frankfurt a. M. (Fischer).

# Kandidatenforum

# Aggressionshemmung in der psychoanalytischen Weiterbildung

## Eine Podiumsdiskussion veranstaltet von der Bundeskandidatenvertretung der DGPT*

*Beate Blank-Knaut, Karl-Friedrich Limburg, Michael Schulte-Markwort*

*Herr Schulte-Markwort (Bundeskandidatenvertreter):*
Dieses Kandidatenforum veranstalten wir, weil wir Kandidatenvertreter den Eindruck hatten, es könnte sich lohnen, auch auf den Tagungen ein Forum zu schaffen, wo die Lehrenden und die Lernenden in einen anderen Austausch, als er vielleicht bisher stattgefunden hat, eintreten können.
Wenn man Thema dieser Tagung „Aggression und seelische Krankheit" auf die psychoanalytische Weiterbildung anwendet, dann ist eigentlich ein anderer Schwerpunkt wichtig, nämlich die Frage der Aggressionshemmung in der psychoanalytischen Weiterbildung. Ich darf jetzt zur Einführung an Herrn Limburg übergeben.

*Herr Limburg (Bundeskandidatenvertreter):*
Wir hatten uns gedacht, es wäre schön, wenn Sie zunächst darüber berichten, welche ersten Gedanken Sie hatten, als Sie das Thema bekommen haben, insbesondere, worin drückt sich für Sie die Aggressionshemmung in der psychoanalytischen Ausbildung aus. Wo sehen Sie diese?

*Frau Arp-Trojan (VAKJP):*
Als ich die Einladung zu dieser Diskussion bekam, waren meine ersten Gedanken, hier handelt es sich um die nicht geäußerten Aggressionen der Weiterbildungsteilnehmer und Kandidaten. Aggression ist wichtig, um aktiv

---

* Teilnehmer des Podiums: A. Arp-Trojan, J. Danckwardt, M. Ermann, K. Höhfeld, U. Lehmkuhl und A. Springer. Moderation: K.-F. Limburg u. M. Schulte-Markwort. Die Diskussionsbeiträge aus dem Auditorium wurden redaktionell gekürzt und konnten nicht namentlich gekennzeichnet werde.

an Dinge herangehen zu können, um Veränderungen anzustreben und um eine eigene Meinung überzeugend zu vertreten. Eine zu geringe aggressive Besetzung des Tuns ist verbunden mit Angst vor Abhängigkeit, vor Ich-Verlust, Verschmelzung mit dem Objekt.

Wie verhält es sich hier bei unseren Ausbildungskandidaten? Ich habe dazu mit einem Brief an unsere 22 Ausbildungskandidaten und Teilnehmer ihr Befinden in der Ausbildung, ihre Meinungen und Einstellungen erfragt. Ungefähr die Hälfte unserer Ausbildungsteilnehmer haben geantwortet. Dabei ist sehr interessant, daß sich eine Gruppe von 7 Kandidaten zusammengeschlossen und dann auch als Gruppe geantwortet haben. Ich hatte die Teilnehmer um eine anonyme Antwort gebeten, um hier auch einen Schutz zu geben. In dem namentlich gekennzeichneten Gruppenbrief konnte ich dann lesen: „Allein die Bitte um anonyme Zuschriften beinhaltet die Tatsache, daß es eine Aggressionshemmung in der analytischen Ausbildung gibt. Daher also unser Kompromiß, uns zu zeigen." Dazu kann ich, wenn es gewünscht wird, später noch etwas Ausführlicheres sagen.

Aber zunächst möchte ich zu meinem zweiten Punkt kommen. Erst als zweiten Gedanken hatte ich die Aggressionshemmung der Ausbilder in meinem Denken. Wie schwer sich Ausbilder tun – ich sage das aus eigener Erfahrung – etwas an dem, wie Ausbildung gemacht wird, zu verändern, was nicht so ist, wie sie es zum Beispiel in ihrer Ausbildung erfahren haben.

Siegfried Bernfeld sagte in einem Vortrag 1952: „Die lehrerzentrierte, vorpsychoanalytische Schule kommt einem leicht in den Sinn, während eine psychoanalytische, kandidatenzentrierte Schule Überlegung und Experimentieren erfordert und gegen Altes, Gewohntes konzipiert und durchgesetzt werden muß." Ich meine damit die institutionalisierte Psychoanalyse und die damit verbundene formale Organisation der psychoanalytischen Ausbildung durch die Kassenabrechnung und die erforderliche Fall- und Stundenzahl. Diese lehrerzentrierte Ausbildung ist nicht in einem guten Sinne! Liegt hier nicht eine Aggressionshemmung der Ausbilder vor, eine Aggressionshemmung in dem Sinne, an etwas Neues aktiv heranzugehen? Man staunt, wie lebensfremd Psychoanalytiker werden können.

*Frau Springer (DGAP):*
Um die Zeit herum, als diese Einladung kam, ereignete sich folgende kleine Geschichte. Eine Kandidatin, die zu einem Kongreß gefahren war, kam zurück, und in der Analyse war dieser Kongreß auch Thema. An einer Stelle sagte sie sehr aufgebracht und sehr aufgewühlt: „Warum streiten die sich

eigentlich nicht, warum streiten wir uns stellvertretend darüber, Material im analytischen Prozeß zu verstehen, aber auch über die Kommentierung gemeinsamer Realität?" Die Kandidaten hatten sich bei diesem Kongreß getroffen und waren in heftige, auch theoretische Streitereien untereinander geraten und hatten den Eindruck, daß wir auf sehr subtile und merkwürdige Art und Weise entweder die Dinge anders regeln oder vielleicht gar nicht regeln und liegenlassen.

Diese Geschichte ist auch eine Verdichtung der Gesamtsituation einer Fachgesellschaft in einem Institut. Ich komme aus einem sehr großen Institut, Institut für Psychotherapie Berlin in der Koser Straße, dort arbeite ich im Unterrichtsauschuß der Fachrichtung Analytische Psychologie. Wir haben sehr viele Kandidaten und sehr viele Mitglieder in beiden Fachrichtungen (DPG und DGAP), zur Zeit zusammen ca. 180 Weiterbildungsteilnehmer/innen.

Wir sind also eine sehr große Gruppe bestehend aus den Mitgliedern, den Weiterbildungsteilnehmern, den Lehranalytikern, sämtlichen „Funktionären" und den Sekretärinnen, die häufig in der Gesamtdynamik eines Instituts eine wichtige Rolle spielen. Dieses ganze große Gruppengefüge ist natürlich für sich genommen schon sehr komplex und bietet, da wir alle dort nebenberuflich arbeiten, wenig Zeit und wenig Raum, überhaupt Gruppenkonflikte zu benennen, auszutragen und einer halbwegs befriedigenden Lösung zuzuführen. Es ist ein ganz großes Problem, daß an so einem Institut eine Überbetonung des Charakters der arbeitenden Gruppe stattfindet. Das zieht nach sich, daß die unbewußten Gruppenphantasien, die zyklisch auftreten, besonders massiv andrängen. Nach meinem Eindruck kreisen die unbewußten Gruppenphantasien hauptsächlich um gute und schlechte Nahrung, Neid, Rauben und Beraubtwerden, auf beiden Seiten. Wenn ich jetzt einmal beide Seiten, also die Mitglieder und die in der Weiterbildung tätigen den Kandidaten gegenüberstelle, so könnte es etwa wie folgt sich darstellen: Ihr wollt unsere Zeit, ihr wollt unser Interesse und unsere Stärke, ihr raubt uns die Energie und seid zu anspruchsvoll versus ihr wollt unser Geld, und was kriegen wir eigentlich dafür?

Positiv wirkt sich sicher aus, daß immer mehr Interesse an Gruppenanalyse besteht und von daher immer mehr Antennen da sind, um solche Dynamik zu verstehen. Aber dann kommt ein ganz fataler Außendruck dazu, der dazu führen kann, daß wir uns zeitweise gegen einen „Außenfeind" (z.B. die Politik und die Medien, die die Analyse nicht „mögen") zusammenschließen. Ich habe den Eindruck, daß, je weniger ein Institut die Möglichkeit hat, sich

Raum zum Denken zu verschaffen, zum Nachdenken über das, was von außen kommt an Druck wirtschaftlicher, politischer, gesellschaftlicher Art, desto eher wird das, was an Aggression von außen auf uns zukommt, zum Teil in sehr subtiler und verdeckter Form, in den Gremien und in den Lehranalysen an die Kandidaten/innen weitergegeben, und lädt ihre Wut auf die gierigen, fordernden „Eltern", die „nicht mehr bedroht sind", und auf die Analyse weiter auf. Es ist eine richtige, aber schwer zu erfüllende Anforderung, sich diesen Raum zum Denken, der den Raum auch zur offenen Auseinandersetzung in der Institution öffnet, immer wieder zu verschaffen.

Ein dritter Punkt, den ich noch kurz benennen will, ist eine besondere Art der Aggression, die im immer wieder stattfindenden Verleugnen der eigenen Geschichte, der Geschichte der eigenen Fachrichtung und der Geschichte des eigenen Instituts besteht, im weitesten Sinne der problematische Umgang mit Geheimnissen des eigenen Instituts. Da wünschen sich die, die in den Gremien und hinter der Couch sitzen, ungehemmtes, auch aggressiveres Nachfragen, um uns in Bewegung zu setzen. Aber wir verhindern dies auch selbst, weil wir Angst haben vor dem Entdecktwerden. Das Wahren dieser Geheimnisse macht dumm, hindert am Denken, hindert nicht nur am Nachdenken über die Bedingungen der Außenwelt, sondern hindert auch am kreativen Nachdenken im Inneren der Theorie und im Herzstück der Ausbildung, in den Lehranalysen. Dann verhindern die Lehrenden die explizit erwünschte Neugier. Es ist ein aggressiver Akt, Wissen vorzuenthalten und mit Neugier nicht gut umzugehen. Das heißt, es gibt da sicherlich viele Stellen, wo die Weiterbilder die Kandidaten zu wenig ermutigen, konstruktiv aggressiv zu sein. Und dann geht das so hin und her, daß wir uns einerseits wieder ärgern, daß zu wenig nachgefragt wird, andererseits aber auch ganz froh sind, wenn wir gelegentlich in Ruhe gelassen werden.

*Herr Ermann (DPG):*
Ich habe diese Einladung angenommen, weil mich das Thema angesprochen hat, besonders aber, weil es mich angesprochen hat, daß die Kandidaten ein Forum machen. Da habe ich zunächst gar nicht auf das Thema geachtet.

Zum Thema fiel mir dann die Hemmung ein, aggressive Erlebnisweisen und Reaktionen in sich zu spüren in dem Teil der Weiterbildung, der auf die Patienten zentriert ist. Also das ganze Problem des Zugangs zu aggressiven Affekten, Impulsen, Phantasien, letztendlich in der Übertragung, und natürlich dann auch immer als Spiegel der eigenen Übertragungen in den Selbsterfahrungsprozessen. Das scheint mir ein sehr weitreichendes Problem zu sein: die Aggressionshemmung. Der Begriff ist eigentlich nicht ganz richtig, besser ist, die Scham, Aggressives wahrzunehmen und darüber offen zu sprechen.

Ich denke da an die Befreiung, als ich das erste Mal die Arbeit von Winnicott über den Haß in der Gegenübertragung gelesen hatte. Diese Probleme beschäftigten mich, als ich das Thema „Aggressionshemmung in der analytischen Weiterbildung" gesehen habe und dem nachgegangen bin. Hier, meine ich, geht es um Dinge, die man nicht institutionell und organisatorisch angehen kann. Es sind Phänomene, die zu Problemen werden können, die sich in jeder Analytikerentwicklung einstellen. Sie müssen sich wahrscheinlich auch einstellen, wenn der Zugang zum Unbewußten erleichtert werden soll, wenn die Manifestation des Unbewußten, die Manifestation der eigenen Aggressivität, der eigenen Destruktivität angstfreier ertragen werden soll, so daß man, wenn man sie bei sich und dann auch bei den Patienten beobachtet, nicht zurückschrecken muß, sondern sich dem Phänomen stellen kann.

Die Hilfsmöglichkeiten dazu sind natürlich an erster Stelle die Lehranalyse, und weil es so schwierig ist, zu diesem Phänomen Zugang zu finden, bin ich persönlich dafür, doch eine erhebliche Passage der Lehranalyse mit hoher Frequenz zu machen, mit vier oder fünf Wochenstunden, was in unserer Gesellschaft, der DPG, wie Sie wissen, nicht sehr populär ist. Das ist auch der Grund, weshalb ich immer wieder versuche, argumentativ zu überzeugen, daß es notwendig ist, den entscheidenden Teil der Selbsterfahrungsanalyse außerhalb der Institutionen und möglichst vor der psychoanalytischen Weiterbildung zu machen. Ich glaube – und hier kommt dann der institutionelle Faktor hinein – daß die Verstrickung von Selbsterfahrung, Ausbildung und Lernen mit den dazugehörigen gruppendynamischen Faktoren es erschwert, die tieferliegenden Schichten der Aggressivität und der paranoiden Ängste in der Form optimal aufzuarbeiten, wie es bei entsprechenden Patientenbehandlungen außerhalb solcher Rahmenbedingungen möglich ist.

Das waren meine ersten Ideen im Zusammenhang mit der Einladung. Aber dann kam das Abstrakt. Da wurde nun vorgeschlagen, daß man sich mit Aggressionshemmung, ich möchte mal in meiner Terminologie sagen, in schon zänkischem Sinne beschäftigen sollte, mit der aggressiven Gehemmtheit des Kandidaten. Das war ein Thema, das mich persönlich zunächst nicht inspiriert hat, denn ich habe mich gefragt, ob wir da als psychoanalytische Institution wirklich andere Probleme haben, als sie sonst überall in Institutionen auftreten, die ähnlich gegliedert sind wie unsere. Es gibt da, wie überall, Macht- und Abhängigkeitsprobleme. Es gibt Hierarchien, es gibt Regeln, die man einzuhalten hat und gegen die man auch kämpfen kann. Alles das sind Dinge, die ich von anderen Institutionen, z.B. der Universität, genauso kenne. Ich glaube also, daß das Problem der aggressiven Gehemmtheit der Unterlegeneren und Abhängigen gegenüber denen, die die Macht haben und die Entscheidungen unter Umständen über die persönliche Expansivität und Weiterentwicklung treffen, daß die in Institutionen in einer bestimmten, hier nicht weiter auszuführenden Weise organisiert sind, und daß wir da in der Psychoanalyse den gleichen Organisationsprozessen unterliegen wie andere Institutionen auch. So weit, so gut.

Aber es gibt hier eine Einschränkung, nämlich die, daß wir in der Form, wie wir Ausbildung betreiben, eine Besonderheit haben, die keine andere Institution hat. Es ist die Verknüpfung von kognitiven Lernprozessen mit einer emotionalen Aufgabe unter dem Stichwort Selbsterfahrung. Dadurch bringen wir ein Element in unsere psychoanalytischen Organisationen, die es so in anderen Organisationen nicht gibt, und die aus meiner Sicht die Quelle für eine gewisse gegenseitige aggressive Gehemmtheit im Umgang miteinander ist. Ich denke, wenn ich das sage, z.B. daran, daß es bei Problemen um die Frage, ob ein Kandidat geeignet ist oder nicht, in den meisten psychoanalytischen Instituten endlose zähe Verhandlungen gibt, die ich mir als Universitätslehrer bei der Prüfung eines Medizinstudenten oder eines Psychologiestudenten nie leisten könnte. Es gibt dann ein Hin und Her zwischen persönlicher Rücksichtnahme und einer empathisch, auf die innere, die persönliche Situation des Kandidaten eingehende Sichtweise, die auch immer Rücksicht nimmt auf die an ihm hängenden Prozesse, die er mit dem Patienten zu durchleben hat auf der einen Seite, und auf der anderen Seite eine Verantwortung der Institution dafür, daß hier eines Tages jemand behandeln wird, den man eigentlich nicht für geeignet hält. Da entstehen dann Konflikte, die sich oft über Jahre hinziehen, bis er dann irgendwann doch seine Prüfung hat oder irgendwann aussteigt.

Was fehlt und was es an dieser Stelle sonst in den Institutionen gibt, das ist eine klare Prüfung nach klaren Richtlinien und eine klare Entscheidung, die dann ein Ja oder Nein bedeutet. An der Stelle gibt es eine aggressive Gehemmtheit der Institutionen durch die Vermischung von Selbsterfahrungsprozessen und kognitiven Prozessen innerhalb der Institutionen. Und die wird korrespondierend beantwortet in einer entsprechenden Gehemmtheit der Kandidaten, die auch nie ganz genau wissen, ob ihr psychoanalytisches Institut eigentlich eine „Spielwiese für die psychoanalytische Selbsterfahrung" ist, oder ob sie dort, so wie in anderen Bereichen ihres Alltagslebens auch, soziale Partner sind, für die es bestimmte klare, rationale, objektiv nach-vollziehbare Normen gibt, nach denen sie sich richten können.

*Herr Höhfeld (DGPT):*
Ich muß zu Anfang eine Fehlhandlung gestehen, ich war nämlich bis gestern der Meinung, ich besäße gar keine Unterlagen für dieses Forum, tatsächlich wurden sie mir aber zugesandt, ich habe sie verlegt. Ich war also nicht vorbe-reitet und verdanke nur der Rückfrage von Herrn Limburg eine wenigstens kurze Zeit des Überlegens.

Ich war, und dies ist mein Irrtum, davon ausgegangen, daß die Kandida-ten, die dieses Forum bestreiten, daß Sie also über ihre Aggressionhemmung, wie Sie sie durch die Institution erleiden oder von der sie glauben, daß die Institution sie auferlegt, berichten, nicht aber, daß wiederum die Vertreter der Institution das Wort haben. Ich war also auf eine Kontroverse eingestellt und fühlte mich nicht bemüßigt von der Rollenverteilung her, von mir aus dar-zulegen, was ich glaube, wodurch Sie gehemmt seien.

Mein erkennbarer Widerstand gegen das Thema hängt auch damit zusam-men, daß mir die Themenstellung überhaupt nicht gefallen hat. Ich würde lieber auf zugrundeliegende Konflikte rekurrieren, auf Angst, Scham und Abhängigkeitsphantasien. Aggressionshemmung in der psychoanalytischen Weiterbildung erscheint mir als Thema schon die Antwort zu sein, enthält mir zu wenig Fragen.

Wenn ich mich aber jetzt auf das Thema einlasse, dann meine ich, als eigentliches Thema liegt das Thema der Analyse zugrunde, der Lehranalyse im besonderen und jeder Form der erweiterten Selbsterfahrung und der damit im Zusammenhang stehenden Konsequenzen. Nach meiner eigenen Erfahrung als Kandidat und als Ausbildender finden laufend Nebenanalysen statt, in Seminaren und in der Supervision, Nebenübertragungen, die aufge-arbeitet werden müssen. Lehranalysen und die psychoanalytische Weiterbil-dung war das Tagungsthema vor fünf Jahren. Wilke sagte damals, das Thema wiederhole sich anscheinend alle fünf Jahre.

In der Analyse verschränken sich, glaube ich, zwei Inhalte, die analytische Situation des Einzelnen und die formalen und offiziellen Forderungen, z.B. die Weiterbildungsrichtlinien der DGPT. Es mutet mich selber leicht aggres-siv an, wenn da steht „unverzichtbare Grundlage", das ist in sich schon etwas sehr Strenges und klingt anders, als wenn man z.B. eingeladen wird. Im Rah-men einer Diskussion über die Lehranalyse sollten wir dann die laufende Dis-kussion aufgreifen, die Plädoyers für ihre Abschaffung, die Voten für oder gegen ein „non – reporting – system", die Verlagerung der Lehranalyse nach außen.

Es gibt also im Hinblick auf die Forderung der analytischen Selbsterfahrung reale Behinderungen und Zwänge durch die Institution selber, allerdings glaube ich nicht, daß es hierfür die beste Lösung gibt. Es wird immer nur mehr oder weniger gute Modelle geben, und die sind abhängig von denen, die sie vertreten.

*Frau Lehmkuhl (DGIP):*
Ich möchte zu dem bisher Gesagten ein paar Vignetten hinzufügen. Als die Einladung kam, habe ich den Titel zunächst gar nicht wahrgenommen, sondern nur, daß es sich um ein Kandidatenforum handelte. Das fand ich sehr spannend, und sehr rasch tauchten schlaglichtartig Bilder auf. Ich vermute, daß dies damit zusammenhängt, daß ich eine Gesellschaft vertrete, deren Institute erst in letzter Zeit in die DGPT aufgenommen wurden. Das heißt, daß die Geschichte dieser Institute noch so jung ist, daß nicht alles verdrängt werden kann, was sich im Laufe dieser Zeit – es sind inzwischen 20 Jahre – ereignet hat.

Zum anderen erinnere ich mich an die Zeit meines Lebens, als ich selber noch Kandidatensprecherin war und die Rolle der ewigen Nörglerin hatte, denn die Ausbildung gefiel mir nicht, sie war mir nicht strukturiert genug. Ich fand, andere Themen hätten angeboten und behandelt werden müssen. Zu allem Überfluß bekam ich noch die Rückmeldung, ich könnte ja nur so kritisch sein, weil ich als Ärztin den Zusatztitel schon hätte und auf den Abschluß des Institutes nicht angewiesen sei. Den Abschluß habe ich dann trotzdem gemacht.

Vom Institut wurde relativ rasch die Aufgabe an mich herangetragen, die Aus- und Weiterbildung umzugestalten. Meine eigene Lebensgeschichte hat es mir später erlaubt, daß ich mich von der Institutsarbeit ein Stück weit entfernen konnte und mich dann als Lehranalytikerin mit Kandidaten wiederfand, die auch an einem Institut eines Tages ihre Prüfung machen wollten. An diesem Institut war ich aber selbst nicht mehr durch irgendwelche anderen Funktionen und Rollen eingebunden. So war ich auch aus der Sicht der Kandidaten „beruhigend" weit weg. Für mich war es eine neue Erfahrung, wie anders sich der Prozeß von Übertragung und Gegenübertragung gestaltete als zuvor gewohnt im Rahmen von Lehranalysen. Mir wurde damals erst deutlich, was ich selber als Kandidatin erfahren hatte, und ich bekam eine Ahnung davon, was dies für diesen wichtigen Prozeß der Lehranalyse bedeuten kann.

Ich möchte allerdings auch deutlich sagen, daß ich nicht glaube, daß wir diesen Prozeß ausschließlich durch äußere Veränderungen beeinflussen können. Aber ich finde es sehr wesentlich, daß wir uns dieser Phänomene bewußt sind, und daß wir sie berücksichtigen. Ob wir wollen oder nicht, wir, Lehranalytiker und Kandidaten, stecken mitten in dem anskizzierten Prozeß, der unsere ungeteilte Verantwortung verlangt.

*Herr Danckwardt (DPV):*

Die Frage, ob es eine Aggressionshemmung in der psychoanalytischen Weiterbildung gibt, ist uneingeschränkt zu bejahen. Die Hemmung setzt schon an der Art des Berufes an. Im Vorwort zu Aichhorns „Verwahrloster Jugend" kennzeichnet Freud die drei unmöglichen Berufe: das Erziehen, das Regieren und das Kurieren. So allgemein beginnt die Aggressionshemmung. Der Kandidat soll nicht erziehen. Er soll nicht regieren. Und – wenn Sie an Freuds Abraten vom ‚furror sanandi' denken – er soll auch nicht kurieren.

Psychoanalytische Weiterbildung führt zu einem unmöglichen Beruf. Man lernt dort mehr darüber, was man alles nicht soll, als darüber, was man soll. Und daran hat sich rund 70 Jahre nach Freuds Entdeckung nichts geändert. Bion griff eine frühe Formulierung Freuds auf. Nun heißt es auch noch, der Analytiker möge ohne ‚desire', ‚memory' und ‚understanding' arbeiten. Langsam steigt auch dem gutwilligsten Kandidaten der Zapfen hoch. Was alles soll in der psychoanalytischen Weiterbildung denn noch gehemmt werde? Nicht nur das Wünschen, nun auch noch das hohe Kulturgut des Verstehens und des Gedächtnisses. Denn woher soll der Kandidat wissen, und wer sagt es ihm, daß in der Psychoanalyse das Gedächtnis durch die Methode der freien Assoziation bzw. gleichschwebenden Aufmerksamkeit ersetzt wird? Der solchermaßen aggressiv gehemmte Kandidat schaltet. Er sagt sich, Weiterbildungsinstitute, insbesondere der DPV, suchen nach Bewerbern, die durch ein besonderes Verhalten charakterisiert sind.

Dieses Verhalten stellt man am besten in jenem Witz dar, den mir ein Ausbildungskandidat erzählte. Darin treffen sich zwei Männer auf der Straße, beide tragen je eine Couch auf dem Rücken. Fragt der eine den anderen, was er da mache. Antwortet der andere, er sei Analytiker, er sei auf Hausbesuch. Und nun fragt er den einen, was er denn mit seiner Couch auf dem Rücken mache, und der eine antwortet, er bewerbe sich um eine psychoanalytische Weiterbildung. Man habe ihm geschrieben, er möge seine Unterlagen mitbringen.

Ein Körnchen Wahrheit mag in dem stecken, was ist nämlich das Unmögliche an dem unmöglichen Beruf?

Das sind zwei Gesichtspunkte. Zum einen, daß nämlich die Psychoanalyse nicht nur zur Wiederherstellung von psychischen Verfassungen und von Bedeutungen führt, sondern auch zu Neuauslegung von Bedeutung. Das ist das Charakteristikum aller drei unmöglicher Berufe: Neues erschaffen.

Zum zweiten Gesichtspunkt. Es muß zum Phänomen der Aggressionshemmung kommen, wenn dem Bewerber und Kandidaten, ja auch dem fertigen Analytiker nicht klar wird, daß es sich nicht um eine Weiterbildung handelt, sondern um etwas Neues, um eine Ausbildung. Insofern ist die Themenstellung dieses Forums schon wieder gehemmt. Um eine „Weiterbildung" handelt es sich lediglich aus fiskalischen Gründen.

Es handelt sich um eine neue Herausbildung von Fähigkeiten, die von Natur aus nicht so konfiguriert sind. Es wird eine tertiäre Natur oder quartäre Natur eines Menschen erschaffen.

Die Psychoanalyse beschäftigt sich mit der Wahrnehmung und Modifikation unbewußter Prozesse. Es gibt aber keine „natürliche" Art, das Unbewußte wahrzunehmen. Diese Erkenntnis ist schon in den ältesten Ratschlägen zur Einleitung der psychoanalytischen Behandlung enthalten. Es soll die freie Assoziation herrschen. Sie alle wissen, daß dieser technische Rat den Dichtern entlehnt wurde – Freud von Börne, Bion von Keats. Aber haben sich die Bewerber bei einer Dichter- oder Kreativitätsschule beworben? Wie sollen sie das verstehen?

Der Analytiker wendet dem Analysanden sein Unbewußtes zu, um dessen Unbewußtes zu empfangen. Keiner weiß bis heute, wie diese hochtechnisierte „Schnurlos"-Beziehung funktioniert und wie man das erlernen könnte. Wird dafür eine Didaktik bereit gehalten?

Die Aufmerksamkeit soll beim Hören gleichschwebend sein, sie soll hin- und herschwingen. Das ist das Bild eines Artisten am Trapez. Wollten Bewerber das lernen? Das Urteilen soll hintangestellt werden, damit die Grundregel gelinge, alles, was der Analysand sagt, möge erstens in Bezug zur Krankheit des Analysanden und zweitens auf die Person des Arztes hin gelesen werden. Mit Hilfe dieses „Monitormodelles" entdeckt der Analytiker das Unbewußte der Übertragung. Es kann gar keinen Zweifel daran geben, die Tatsache, daß es keine „natürliche" Wahrnehmung des Unbewußten gibt, muß zu Aggression und ihrer Hemmung führen. Es ist daher sogar die Frage zu untersuchen, ob es in Anbetracht der Zusammenhänge eine „natürliche" Aggression als Motor zur Wahrnehmung des Unbewußten gibt. Wenn wir uns z.B. das methodische Detail der Probeidentifizierung vor Augen halten oder das der komplementären Identifizierung und der konkordanten Identifizierung, das sind doch keine „natürlichen" Formen von Identifizierung.

Es gibt auch keine „natürlichen" Ängste. Der typischen professionellen Angsttrias des Analytikers – der Angst vor Invasion, der Angst vor Verwirrung und der Angst, nicht genügen zu können – begegnet man auf freier Wildbahn durchschnittlich nicht, es sei denn vielleicht in psychiatrischen Kliniken.

Und dann das bekannte Bild von der Abstinenz, das Liegen auf der Couch. Die Patienten liegen vielleicht nur noch deshalb auf der Couch, weil man den Kandidaten den inzwischen gültigen Hintersinn dieser ungewöhnlichen Regelung nicht mitteilt. Das Abwenden bewirkt ein Aus-dem-Blick-verlieren und ist eine Voraussetzung für die Entwicklung des Denkens. Ich zitiere Pontalis: „Was das Denken anbetrifft, so wird es durch ein Losreißen vom Sehen eingeleitet, ein Losreißen, das immer wieder neu in Gang gebracht werden muß, solange wie die Anziehung durch das Bild nicht nachläßt in seiner Aktivität. Und wir, wir geben, indem wir uns in den Sessel hinter der Couch verpflanzen, dieser Spaltung zwischen dem Blick und dem Denken eine konkrete Form. Wir weisen den Verlust des Anblicks als Bedingung des Denkens aus."

Kommt niemand auf die Idee, den Kandidaten zu zeigen, daß es sich mit dem Hören ebenso verhalte: Ein zumindest zeitweiliger ‚Verlust' des bekannten konzentrierten Zuhörens durch die gleichschwebende Aufmerksamkeit als Bedingung für sein in Gang kommendes Denken? Wir kommen mit dem Weghören in die Nähe eines ähnlichen Sakrilegs wie mit dem Wegsehen, dessen technische Thematisierung ist noch tabuisierter („Der Schlaf des Analytikers").

Die Aufzählung dessen, was alles an dem Beruf des Analytikers nicht „natürlich" ist, läßt sich fortsetzen bis hin zu der Feststellung, daß es auch keine „natürliche" Art zu sprechen gibt. Wer ‚auf freier Wildbahn' deutet, erfährt die Wirkung dieses nicht natürlichen Sprechens sofort. Bion sagte, ein Vater, der seinem Kind eine Deutung gibt, entzieht sich ihm als Vater. Auch hier ist die Konfiguration des Verlustes – nämlich durch Deutung – als Bedingung für ein Ingangkommen des Denkens enthalten.

Die psychoanalytische Methode ist offenbar so wenig „naiv" oder „natürlich", daß in den hundert Jahren ihres Bestehens ein Ratschlag Freuds vergessen wurde der in so gut wie keiner Ausbildung anzutreffen ist, geschweige denn, daß er systematisch kultiviert wurde. Es ist der Rat, den Affektweg zu benützen: sich überraschen zu lassen, sich zu wundern und zu staunen.

Freuds zweitwichtigste Arbeit nach der Traumdeutung, „Der Witz und seine Beziehung zum Unbewußten" schließt ferner den Affektweg über den Humor ein. Allerdings hat er das technisch nie systematisiert. Und die, die es nachholten, wie Reik und Grotjahn und mehrere andere, sind wieder in Vergessenheit geraten.

Erstaunlicherweise kommt es jedoch – auf nicht genügend erörterte Art und Weise – dazu, daß sich die meisten Analytiker, diese „unnatürliche" Art des Wahrnehmens, Verstehens, Begreifens, Ordnens und Sprechens immerhin so erfolgreich aneignen, nämlich technisch, wie etwa ein Arzt das Röntgenverfahren, eine andere Methode, das Unsichtbare sichtbar zu machen, die wie die Traumdeutung ebenfalls 1896 entdeckt wurde. Dennoch beobachte ich, daß etwas von der Aggressionshemmung um sich gegriffen hat und weiter um sich greift. Ich denke, daß davon die Zukunft der Psychoanalyse abhängen wird.

Man kann den unbemerkt fortschreitenden Hemmungsprozeß daran erkennen, daß Fortschritte in der Aneignung bereitliegender psychoanalytischer Theorien, Techniken und Lehren außerordentlich störanfällig und furchtbar schleppend vorankommen. Die Aneignung eines psychoanalytischen Buches scheint mit einer Persönlichkeitsveränderung verknüpft zu sein, wie ein namhafter Psychoanalytiker einmal gesagt haben soll. Es hat den Anschein, als müsse jede Generation die Psychoanalyse neu erfinden. Es gibt eine ausgesprochene Forschungsscheu. Die Kluft zwischen den analytisch tätigen Therapeuten und den analytischen Forschern ist viel größer als die zwischen den analytischen Therapeuten, die mit unterschiedlichem Frequenzsetting arbeiten.

Ich führe die Entwicklung darauf zurück, daß die Unnatürlichkeit der psychoanalytischen Methoden nicht genügend reflektiert, durchgespielt erforscht, analysiert und gehandhabt wird, beginnend schon in der Ausbildung. Man überläßt das einer intuitiven Regulation anstatt einem expliziten Methodenbewußtsein, wozu die Unnatürlichkeit eigentlich verpflichtet.

Ein Beispiel: Eine Kandidatin sagte mir, sie komme sich in Analysen wie ein Durchlauferhitzer vor. Sie wisse zwar, daß dieser Einfall für sie stimme, sie entlaste, aber sie könne seine Bedeutung nicht erfassen und ändern.

Das unzureichende Methodenbewußtsein erkennt man häufig an ähnlichen Bemerkungen und an einer kompensatorisch daraufhin zunehmenden Anzahl von Einfällen. Was im Falle des Durchlauferhitzers geschehen ist, kann ich mit einem Zitat von Bion beschreiben: Nämlich „...daß (bei der Therapeutin) in solchem Material eine Konfiguration auftaucht, die nicht nur zu der sich momentan entfaltenden Situation zu gehören scheint, sondern zu einer Reihe von anderen, die vorher nicht in Verbindung miteinander gesehen wurden und die zu verbinden nicht beabsichtigt war."

Mit anderen Worten: es ist mit dem Vergleich der Kandidatin etwas wirklich Neues und bisher noch nie Gedachtes entstanden. Vermitteln wir aber zureichend eine Psychoanalyse des Neuen, eine diesbezügliche psychoanalytische Didaktik und eine klare Einstellung zum Neuen? Ich denke: nein. Das führt einerseits zur Forschungshemmung, andererseits zu einer mangelnden Verfügbarkeit schon bekannter Konzepte.

Zur Konzeptverfügbarkeit, die eigentlich eine zwingende Folge der gleichschwebenden Aufmerksamkeit sein muß, hier gleich ein Beispiel: Ein Eröffnungssatz zu Beginn der analytischen Psychotherapie. Der Patient kommt abgehetzt und aufgewühlt in die Stunde und sagt:: „Ich komme zu spät, weil ich keinen Parkplatz gefunden habe."

Mit Hilfe des vermutlich am häufigsten benutzten „Monitor-Modells" Freuds („Psychoanalyse-Phase-1-Modell") übersetzt sich der Analytiker den Satz in: „Ich komme zu spät, weil ich bei Ihnen ja doch keinen Platz finden werde." Diesen verborgenen Sinn behandelt er nun und arbeitet ihn durch. In die hundertste Stunde kommt der Patient immer noch zu spät und abgehetzt, und der Analytiker verfährt immer noch nach diesem Modell und nichts ändert sich. Aus dem ehemals für den Patienten überraschend Neuen ist ein therapeutischer Wiederholungszwang geworden, aus ehemals kreativen Geschehen wurde ein zirkuläres Stagnieren. Aus Angst vor dem immerzu Neuem ist das „Monitor-Modell" im Verlauf der Behandlung nicht durch das seit 1950 (Klein, Little, Heimann) entwickelte „Introjektmodell"/„Innere-Objektmodell" („Psychoanalyse-Phase2-Modell") differenziert worden. Danach würde man z. B. weiter fragen: „Wer im Analysanden spricht? Worüber? Mit wem? Warum jetzt? Wie fühle ich mich als Analytiker? Warum jetzt? Warum so?" Dann könnte der gleiche Satz bzw. das gleiche ‚Agieren' in der hundertsten Stunde vielleicht Neues bedeuten: „Ich komme zu spät, weil mein Vater in mir immer sagte, du findest deinen Platz im Leben doch nicht." Das so verstandene Durcharbeiten hätte das Verständnis des persistierenden Satzes auf der psychischen Schicht der inneren Objekte erreicht. Ohne ein Durcharbeiten auf dieser Ebene kann es vielleicht kaum dazu kommen, daß der Patient den ursprünglichen Satz nicht weiter agierend, d.h. also szenisch kommunizieren muß.

Es kann ohne die Konzeptverfügbarkeit vielleicht auch nicht zum „Psychoanalyse-Phase-3-Modell" kommen, also etwa zur Beantwortung der Fragen: „Was spricht in welcher Form und womit verknüpft?" Das entspräche einer Neuverknüpfung und Transformation ein und derselben emotionalen Erfahrung in neue Bedeutung.

Und er kann schließlich auch nicht zum „Psychoanalyse-Phase-4-Modell" kommen, nämlich zur Analyse der Vorgänge und Prozesse. Es kann nicht klar werden, daß sich der Patient z. B. deshalb nicht von dem Vorgang einer Vergeblichkeit orakelnden inneren Stimme lösen kann, weil der Patient dann die Einigkeit mit dem Objekt im Augenblick des Vorganges nicht mehr spüren kann, die abgehetzte und erregte Nähe mit dem Objekt: „Ich bin mit dir aufgewühlt, also bin ich mit Dir." Dieser Vorgang erzeugt in ihm das Gefühl der dranghaften Gegenseitigkeit mit dem Analytiker, eine Loslösung von diesem Vorgang wäre etwas ihm unheimlich Neues: der Anfang, Neues zu denken. Er wäre vielleicht nicht mehr der Alte, und als der Neue nicht sicher, wer er ohne diesen, den Verlust verleugnenden, drängenden Vorgang sei, und was ohne ihn aus dem verlorenen Analytiker würde.

Eine mögliche Bedeutung des Bildes vom Durchlauferhitzer kann jetzt dargestellt werden. Die Loslösung von den Vorgängen und Prozessen in der analytischen Situation bedeutet die Loslösung von den Vorgängen einer gegenseitigen Erhitzung unter der Bedingung eines rechtzeitig vor dem Überkochen aneinander Vorbeikommens und in einem nun anderen Zustand des voneinander Getrenntbleibens.

Das „Psychoanalyse-Phase-4-Modell" wäre also dadurch charakterisiert, daß in diesem Beispiel die Vorgänge ihrerseits Objekte des Analysanden sind, von denen er bewegt wird.

Konzeptverfügbarkeit würde also die Analyse eines Konfliktes durch dessen mehrfache Determinanten und psychische Schichtungen hindurch ermöglichen, – eine praktische Facette des Durcharbeitens eines aktiven und virulenten Konfliktes in der Übertragung und Gegenübertragung des Wiederholungszwanges, – gleichzeitig ein progressiver Gesichtspunkt zum Problem der Vollständigkeit von Analysen, ohne die nicht aktiven, nicht virulenten Konflikte schicksalhaft umzuwandeln in aktive (Freud 1937).

Soweit die Beispiele für die Folgen mangelnder Konzeptverfügbarkeit. Sie mögen Ausdruck sein der durch aggressiv-gehemmte Ausbildung unterhaltenen gehemmten „therapeutischen Aggressivität".

Mir ist klar, daß die Veranstalter an noch andere Hemmungen der Aggression gedacht haben, die hier sicherlich noch zur Sprache kommen werden. Ich habe mich auf die Aggressionshemmung durch die unausgesprochenen, unthematisierten Besonderheiten der Ausbildung beschränkt. Vielleicht ist sie durch die hektische Renaissance der Psychoanalyse in Deutschland nach 1950 und 1967 entstanden. Sie kann erstens durch ein fundiertes Methodenbewußtsein, zweitens durch fundierte Konzeptverfügbarkeit und drittens durch eine Psychoanalyse des Neuen behoben werden. Also durch eine – wie sie Devereux fordern würde – Psychoanalyse der wachsenden Angst der Analytiker vor ihrer eigenen Methode – einer Psychoanalyse der aktuell herrschenden „Psychochondrie".

*Herr Schulte-Markwort:*
Vielen Dank für diese Statements. Ich möchte mal versuchen, aus diesen Statements eine Tendenz herauszuziehen. Es scheint mir, daß diese Tendenz Ausdruck für die Schwierigkeiten ist, die wir im Dialog miteinander haben, wir, die Lernenden, und Sie, die Lehrenden. Sie weisen mehrheitlich auf die der Psychoanalyse immanente Prozesse, Schwierigkeiten und Konflikte hin, die unstrittig sind, darüber sind wir uns einig. Aber die Frage ist, ob es nicht darüber hinaus gemeinsame, institutionalisierte Strukturen an den Instituten gibt, die vielleicht auch eine gegenseitige Aggressionshemmung bedingen. Die Frage, die man zurückbekommt ist ja immer die: Ist es nur unsere paranoide Angst? Ist unsere Angst vor Bewertungen in kasuistisch technischen Seminaren oder anderen Veranstaltungen irrational, ist sie überzogen? Oder, inwieweit gibt es auch von seiten der Lehrenden Interessen, das zu institutionalisieren?

*Herr Höhfeld:*
Nach meiner Meinung ist das nicht überzogen, ich will hier sogar auf die Notwendigkeit der institutionalisierten Aggressionshemmung hinweisen. Gerade das Vorstellen von eigenen Fällen oder Verläufen in Seminaren macht so hochgradig vulnerabel, daß ich durchaus Situationen kenne, wo im Seminar Verabredungen getroffen wurden, wie mit dem Kollegen, der seinen Fall vorstellt, zu verfahren sei. Ich habe unangenehme Situationen erlebt von plötzlich aufflammender Aggression, wo jemand „angeschossen", verwundet oder verletzt wurde, weil das in diesem Moment gefahrlos möglich schien. Ich finde, in dieser Situation ist die Angst vor Verletzung und die dadurch bedingte Zurückhaltung verständlich. Das führt auf der anderen Seite dazu, daß von nichtanalytisch tätigen Kollegen, mit denen ich in der Ärztekammer oft im Gespräch war, gerade der Selbsterfahrungsaspekt als Kernstück unserer Weiterbildung abgelehnt, teilweise sogar heftig bekämpft wird, weil die Kollegen genau erfassen, daß sich da jemand in einen Prozeß begibt, in dem er

sich ein Stück weit ausliefern muß, wenn es denn zu einem positiven Ergebnis kommen soll. Das ist institutionell vorgegeben, meine ich.

*Herr Limburg:*

Diese Verletzung ist Teil des Problems, auch wenn eine äußerliche Aggressionshemmung dazu beiträgt, daß sie weitgehend nur im nicht öffentlichen Raum erscheint. Die Streitkultur auch unter Kandidaten ist kaum entwickelt, wenn wir uns z.B. ansehen, wie über Fallvorstellungen gesprochen wird, zumindest unter Kandidaten. Nachdem jemand zunächst geschont worden ist, wenn der von Herrn Höhfeld beschriebene Durchbruch öffentlich also nicht stattgefunden hat, dann werden hinterher sehr wohl vernichtende Urteile gefällt, aber im informellen Raum. Gerade diese nicht öffentlichen Urteile verdichten sich häufig um so wirkungsvoller zum institutsinternen Bild eines Kandidaten. Diese nicht geführte Auseinandersetzung verstärkt paranoide Ängste. Ich bin der Ansicht, daß diese Art des Umgangs von Kandidaten miteinander eine Entsprechung findet in der von uns wahrgenommenen unzureichenden Austragung von Konflikten unter den Lehrenden, z.B. der fehlenden Diskussion zwischen den verschiedenen psychoanalytischen Schulen.

*Herr Ermann:*

Für mich ergibt sich da sofort wieder die Frage, ist das spezifisch für psychoanalytische Institutionen oder ist das nicht ein generelles Problem von Institutionen. Was Sie sagen, entspricht genau dem, was ich als Rückmeldung aus medizinischen Staatsexamen bekomme, und zwar sowohl auf Seiten der Prüfer, die, wenn sie sich auf eine Note zu einigen haben, durchaus auch abfällige Bemerkungen über die Leistungen des Prüflings machen und ihm dann doch augenzwinkernd eine Zwei geben, als auch in der Gruppe der Prüflinge. Ich habe einen Analysanden, der eine solche Prüfung gerade gemacht hat, und mir wärmstens auf die Couch gebracht hat, wie sie sich hinterher über die Leistungen ihrer Mitkollegen unterhalten haben. Ich denke, wir sollten zurückhaltend sein, die Probleme, die wir tatsächlich haben – und die kasuistisch technischen Seminare sind mit einer Menge von Problemen behaftet – zu schnell als Probleme zu betrachten, die spezifisch für die Psychoanalyse sind. Wir sollten sie zunächst immer unter dem Gesichtspunkt betrachten, daß sie spezifisch für Organisationen sind. Das gilt zum Beispiel für die paranoiden Ängste in jeder Institution.

*Herr Limburg:*

Ich stimme Ihnen da völlig zu. Aber es gibt eine spezifische Vulnerabilität bei uns, die dadurch bedingt ist, daß die psychoanalytische Ausbildung vor allem ein emotionaler Lernprozeß, ein Versuch der Annäherung an das eigene Unbewußte, eine Erschütterung der Abwehr ist. Auch bei der Diskussion unserer eigenen Arbeit, sei es in der Supervision oder im Fallseminar, finden wir uns immer wieder in der Rolle des Kaisers in den neuen Kleidern – plötzlich nackt und bloß. Das, was kurz zuvor noch gut auszusehen schien, wird dann mit seinen Unzulänglichkeiten und Illusionen auch als Ausdruck des eigenen Prozesses ein Stück öffentlich entlarvt. Das ist doch eine besondere Vulnerabilität, und ihr entspricht ein erhebliches Ausmaß an Angst und Aggressionshemmung. Ich weiß darauf keine institutionelle Antwort und glaube nicht, daß durch organisatorische Neuerungen entscheidende Veränderungen zu erreichen wären.

Gerade deshalb halte ich es für wichtig, diese besondere Vulnerabilität ernst zu nehmen und die angstauslösenden Faktoren immer wieder zu benennen. Insoweit das ein kognitiver Prozeß ist, kann man so auch der projektiven Abwehr, dem Versuch der Institution, der „anderen Seite" die Verantwortung für die eigene Angst und Aggressionshemmung zuzuschieben, zumindest ein Stück begegnen.

*Herr Ermann:*

Ich stimme Ihnen völlig zu und möchte nur ganz kurz darauf antworten. Die Phänomene als solche halte ich für unspezifisch. Ich halte sie für Phänomene, die in vielen Organisationen auftreten. Die Art und Weise, wie sie von dem einzelnen erlebt und weiterverarbeitet werden, halte ich für spezifisch insofern, als Kandidaten durch die Prozesse der Lehranalyse, in der sie sich in dieser Zeit in aller Regel befinden, besonders sensibilisiert sind und dann auch Verknüpfungen herstellen, die primär nicht zu diesem Organisationsproblem gehören. Die Verknüpfungen stammen aber aus der besonderen Sensibilität, die durch die Lehranalyse erzeugt wird und nicht durch die Institution.

*Herr Limburg:*

... oder durch die Kontrollen.

*Herr Höhfeld:*

Ich würde das verstärken, was Sie sagen. Es ist so, daß das Spezifische daran ist, daß wir uns verpflichten, die sonst übliche Abwehr, Rationalisierung z. B., die in anderen Institutionen ja üblich ist, ständig zur Diskussion zu stellen, daß hier die Abwehrminimierung ein der Weiterbildung inhärentes Prinzip ist, und das tut natürlich weh.

*Herr Schulte-Markwort:*

Das Spezifische ist aber doch, daß es dann eine besondere Verantwortung gibt. Ich habe den Eindruck, daß an den Instituten – vielleicht kann ich auch nur für mein Institut sprechen – alle Beteiligten dieser Verantwortung nicht gerecht werden. Wir haben keine Streitkultur darüber, und wir haben auch keine offene Atmosphäre, um über diese spezifischen Probleme zu sprechen. Im Gegenteil, es gibt immer wieder Tendenzen, weniger Transparenz zu haben und unsere Kandidaten nicht an der Transparenz von Beurteilungen z. B. teilnehmen zu lassen. Ich finde, daß das fehlt. Und gerade weil es so eine Vermischung gibt, sind doch die Institute besonders aufgerufen, gemeinsam mit den Kandidaten Lösungen zu finden. Das fehlt mir.

*Frau Springer:*

Das fehlt sicher von Institut zu Institut in sehr unterschiedlichem Ausmaß. Das Problem ist, daß man früher oder später mit allen Bemühungen, die sicher nie ausreichend sind, zu öffnen, transparent zu machen, dieses spezifische, in die Weiterbildung eingebaute und nicht lösbare Problem der Gegenläufigkeit dieser Prozesse nicht lösen kann. Man kann Akten durchsichtiger machen, man kann Gesprächsvermerke schreiben und Kopien an die Kandidaten schicken, die Gesprächspartner waren. Man kann in fast allen Gremien nicht nur einen, sondern zwei Kandidatenvertreter haben, damit die Vertretungen gewährleistet sind. Man kann sich sehr vieles ausdenken; aber ich glaube, es gibt letztlich keinen Ausweg. Wir müssen mit dieser Spannung leben, daß da etwas nicht zu lösen ist durch irgendwelche institutionellen Maßnahmen. Das finde ich schwierig und frustrierend, aber ich glaube, daß es so ist. Das soll uns aber nicht daran hindern, so gut wie möglich zu probieren, aber bloß keine falschen Hoffnungen!

*Herr Schulte-Markwort:*

Ich möchte gerne das Auditorium einladen, sich auch an dem Diskurs zu beteiligen und bitte um Wortmeldungen.

*Auditoriumsteilnehmerin:*

Kurz vor Abschluß meiner Ausbildung, also kurz vor dem Kolloquium, dachte ich, wenn ich jetzt nicht bestehe, dann ist bei mir ein Punkt erreicht, an dem ich nicht weiter bereit bin, meine Seele zur Disposition zu stellen. In jedem Fallseminar kann eigentlich jeder über mich herfallen. Die Schwierigkeit – und das ist schon das Besondere an der psychoanalytischen Aus- und Weiterbildung – ist die, daß, wenn man einen Fall wirklich gut vorstellen will, dann muß man sehr viel von sich preisgeben, von seinen Phantasien und von seinem Erleben des Patienten. Jeder Supervisor wird nicht nur Objekt von Nebenübertragungen, sondern er bekommt auch sehr viel von der momentanen Situation des Vorstellenden mit. Die Schwierigkeit in den Fallseminaren liegt darin, daß der Supervisor nicht nur Lehrer und Beurteiler gleichzeitig ist, sondern mit seinem analytischen Verstehen auch die Persönlichkeit des Kandidaten erfaßt. Diese Verstrickung führt immer wieder zu den Verwicklungen, die dann auch so verwundbar machen und auch zu Verwundungen führen.

*Frau Arp-Trojan:*
Ich möchte das noch unterstützen. Das kann soweit gehen, daß man seine eigenen Interessen zurückstellt, daß man sich überlegt, was man von einem Fall vorzeigt oder mit was man sich preisgibt. Und die hier zur Diskussion stehende Aggression stellt die natürliche Folge der aus diesem Konflikt hervorgehenden Frustrationen dar. Die Unterdrückung dieser Aggression ist wiederum ein konstitutiver Bestandteil der bei der Depression bevorzugten „Lösung" des Konfliktes, also die Zurückstellung der eigenen Selbstinteressen zugunsten des Objektes. Das Primäre ist also die Zurückstellung der eigenen Interessen, die sowohl aggressiv, als auch später depressiv macht.

*Auditoriumsteilnehmer:*
Als ich das Thema dieser Veranstaltung las, war ich sehr neugierig, weil ich den Eindruck hatte, daß offenbar Weiterzubildende in der Psychoanalyse das Gefühl haben, daß sie selbst in ihrer Weiterbildung aggressiv gehemmt seien. Nun stellt sich in dieser Runde für mich dann die Frage, wie gehen Weiterbilder und Weiterzubildende aufeinander zu. Und dann fand ich das Podium insofern wieder interessant, daß jetzt Weiterzubildende ihre Weiterbilder fragen: Was meint ihr, woran liegt es, daß ihr und wir gehemmt sind? Es ist ja ein wichtiges Zeichen, daß die Weiterzubildenden feststellen, wir sind gehemmt, ob aus der Biographie oder durch die Institution oder beides, das wäre dann zu analysieren. Das wäre beides denkbar. Aber ich hätte mir vorgestellt, daß vorne die jungen Leute sitzen und im Plenum die Institutschefs,

und die jungen Leute könnten sagen: Wir vermuten, weil Ihr so und so mit uns umgeht, sind wir gehemmt, und damit ist jetzt Schluß, und wir sagen, wie wir uns das in Zukunft mit Euch vorstellen. So gehen zumindest unsere Weiterzubildenden in meinem Institut mit uns um.

*Herr Limburg:*
Das ist genau das Problem für mich, daß ich eben diesen Schwerpunkt für falsch halte, weil so die Institution in den Mittelpunkt gestellt wird. Ich glaube nicht, daß uns das hilft, zu verstehen, wie es zu einem solchen Ausmaß an Angst und mühsam gehemmter Aggression kommt, sondern daß sich diese auch im Abheben auf vermeintliche Unzulänglichkeiten der Organisationsformen unter denen psychoanalytische Ausbildung stattfindet, und organisatorischen „Lösungsvorschlägen" ausdrückt, was ich für eine Abwehr durch Verschiebung bzw. Projektion halte. Wichtiger wäre mir demgegenüber die Reflexion der inneren Prozesse, der Angst, die zum Erlernen dieses unmöglichen Berufes dazu gehört, dieses, wie Herr Danckwardt gesagt hat, „auf dem Trapez tanzen" und immer Angst zu haben, abzustürzen und dabei die Illusion zu haben, die anderen stürzen nicht mehr ab. Sich immer wieder dem anzunähern, wieviel Ohnmacht und wieviel Angst da drin ist, und das nicht zu verschieben auf die Institutionen. Aber ich finde es auch spannend, das gemeinsam hier zu bearbeiten, ohne da so in Statements zu gehen.

*Herr Ermann:*
Aber Herr Limburg, könnten Sie nicht länger formulieren oder versuchen zu formulieren, wo Sie denn die Aggressionsgehemmtheit in der Weiterbildung der Kandidaten verspüren? Das würde uns ja enorm weiterhelfen.

*Herr Limburg:*
Ich habe eine Telefonumfrage gemacht, was Kandidaten zu dem Thema denken. Ich lese das einfach einmal vor:
„Jeder Satz in dem Seminar, jeder Satz auf dem Flur wird bewertet. Alles fließt ein in die Beurteilung, nicht nur der fachlichen Kompetenz, sondern auch der Persönlichkeit. Alles dient der Pathologisierung. Sieh dich vor, sonst heißt es, du bist schwierig, du bist gestört, du bist nicht geeignet für den Beruf, du wirst nicht zugelassen zu dem Kolloquium. Bestimmte Fragen stellt man nicht, darüber herrscht wortlose, nicht hinterfragbare Einigkeit, und wehe, du fragst trotzdem. Unter Kandidaten herrscht noch relative Offenheit, aber: sieh dich vor mit kritischen Äußerungen, die kommen zurück über die

Couch des Mitkandidaten, man muß vorsichtig sein, um nicht zwischen die Fronten zu geraten. Wir werden auf die Patientenrolle festgelegt, nicht behandelt wie Kollegen, sondern wie die Kleinen, die ansprüchlich sind und nur motzen wollen. Wir sollen uns wie willfährige Schüler verhalten, wir werden nicht genügend einbezogen in die Planung der Ausbildung. In die wissenschaftliche Diskussion. Berechtigte Kritik wird nicht ernstgenommen."

Dies alles sind wörtliche Zitate, so geht es immer weiter, so artikuliert sich Anpassung, Aggressionshemmung und projektive Abwehr auf dem Flur, in informellen Gesprächen etc. Es scheint so schwierig, immer wieder zurückzukommen zur Dynamik der eigenen Aggression, zu deren Bedingungen. Natürlich gibt es immer wieder institutionelle Konflikte und Individuen, die besonders kooperativ oder besonders wenig kooperativ sind oder wo Aggression besonders gefährlich ist. Mich wundert nur, daß das so stark als angebliches Problem der Institution gesehen wird.

*Auditoriumsteilnehmerin:*
Ich möchte gleich an das eben Gesagte anknüpfen. Ich bin erstaunt über die Frage, ob es überhaupt Aggressionshemmung unter den Ausbildungskandidaten gibt. Ich denke, daß es die sehr wohl gibt, und ich denke auch, das ist etwas sehr Spezielles in der psychoanalytischen Ausbildung, weil da viel stärkere Abhängigkeiten bestehen als in anderen Instituten. Aber wie kann man mit dieser gegenseitigen Aggressionshemmung umgehen, die die Ausbildungskandidaten wie auch die Lehrenden betrifft? Ich frage mich, wieviel Raum gibt es denn überhaupt in den Instituten, etwas auszutragen, sich gegenseitig soweit kennenzulernen, daß man offen miteinander reden kann? Ich habe jetzt durch den Kontakt zu anderen Kandidatenvertretern erfahren, daß das sehr unterschiedlich ist. Es gibt sehr viele Institute, wo Raum da ist, wo zumindest in den Gremien eine Vertretung ist, aber das ist längst nicht in allen Instituten der Fall. Aber ich denke, daß das wichtig ist, daß man darauf zurückgreifen kann. Die Kandidatenvertreter haben den Auftrag, die Interessen der Weiterbildungsteilnehmer an den Instituten zu vertreten, aber es gibt nichts Konkretes, wie das auszusehen hat, es bleibt im Einzelnen den Instituten überlassen. Ich fände es hilfreich, wenn es da so etwas wie einen Rahmen gäbe, an dem man sich orientieren kann.

*Auditoriumsteilnehmer:*
Es gibt einen Aspekt, der anklang, und zwar, daß die Analyse auch schwer zu lernen ist, bestimmt auch schwer zu lehren. Und ich denke, daß auch die

Unsicherheit der Ausbilder in diesem System eine Rolle spielt. Je weniger sicher ich bin, um so mehr Druck muß ich vielleicht ausüben, um so mehr Struktur muß ich anbieten, um Sicherheit zu spüren. Deshalb spielt die Unsicherheit eine große Rolle auch in der Macht, in der Fülle der Machtausübung.

Und noch ein zweiter Aspekt, ich glaube, daß gruppendynamische Aspekte eine große Rolle spielen. Aufspaltungen der verschiedenen psychoanalytischen Schulen z.B. wirken sich auch aus auf die Kandidaten. Und letztlich glaube ich auch, daß die zunehmende geringere Anzahl von Kandidaten wiederum auch die Ausbilder hemmt, klar zu sein. Sie wollen ja auch geliebt werden, sie wollen auch anerkannt werden.

*Auditoriumsteilnehmer:*

Ich glaube, die Schwierigkeit besteht darin, daß wir auf der einen Seite an den analytischen Instituten eine Weiter- oder Ausbildung anbieten, wo erwachsene Menschen mit erwachsenen Menschen zu tun haben, Lehrer/innen mit Lernenden, und auf der anderen Seite machen wir drei- oder vier- oder fünfmal in der Woche ein Unternehmen, in dem wir regressive Prozesse anregen und fördern. Und am Ende dieser Analysesitzungen sollten die Analysanden aus der Regression wieder auftauchen können, und das kann besser oder weniger gut gelingen. Die Schwierigkeit mit den verschiedenen Punkten, die Sie genannt haben, die Weiterbildungskandidaten sozusagen kritisch aufgeführt haben, weswegen es zu Aggressionshemmungen kommen kann, ist ja die, daß beides denkbar ist und vermutlich auch vorkommen wird, es können regressive Phantasien sein, die sich in den Institutsalltag hineingerettet haben und die dann in den Analysen weiterbearbeitet werden sollen, oder es können Institutsrealitäten sein. Beides ist denkbar. Das ist im Einzelfall gar nicht so leicht auseinanderzuhalten, womit wir es zu tun haben. Beides kommt auch vor, bei dem einen Institut vielleicht mehr als bei dem anderen.

Was wir nach meinem Eindruck machen können, ist lediglich das, daß wir versuchen, außerhalb der Analysesitzungen, soweit es möglich ist, miteinander umzugehen, wie Erwachsene auch sonst miteinander umgehen, und wir sollten vermeiden, im Alltag zu deuten. Und daß wir institutionalisierte Einrichtungen nutzen, die ja möglich sind an solchen Instituten, daß wir uns zu Gesprächen zusammensetzen, wo es um Auseinandersetzungen von Weiterbildungskandidaten mit Ausbildern und um Institutsfragen geht, wo beide Seiten ihre Standpunkte auf einer Realitätsebene ins Gespräch bringen. An unserem Institut habe ich die Erfahrung gemacht, daß nach solchen Veranstaltungen ein offenerer und auch offener aggressiver Umgang in einer sehr angenehmen Form im allgemeinen miteinander dann möglich.

*Auditoriumsteilnehmerin:*
Ich habe das Gefühl, als käme immer so eine Sehnsucht auf, man könnte die Macht, die in der Ausbildung auch verankert ist, durch irgendeine Form unterlaufen, wenn man nur lange genug darüber nachdenkt. Lehranalytiker sein und prüfen, das ist ganz unangenehm. Ich kenne viele, die das nicht gern tun. Das ist nämlich die andere Seite der Bewertung.
Man muß sich auch fragen, ob man das nicht auch ganz anders verstehen kann, daß es in der Tat zwei Gruppen gibt, die sich in gewisser Weise mit unterschiedlichen Interessen gegenüberstehen. so daß es Interessendifferenzen gibt. Und daß man diese Interessendifferenzen benennen muß. Schließlich ist Aggression auch etwas Identitätstiftendes und nicht nur so negativ zu sehen.

*Auditoriumsteilnehmer:*
Ich glaube, daß der analytische Prozeß so zu verstehen ist, daß man den Analytiker kennenlernt, so wie er ist. Und ich glaube, daß diese Dialektik zwischen der Projektion und einer realen Wahrnehmung das Spannungsfeld ist, in dem die gesamte analytische Ausbildung sich befindet. Und das ist organisatorisch nicht abzuschaffen. Ich bin auch skeptisch über die Idee, die Lehranalyse vorzuziehen.
Ich erinnere mich an meine Bewerbungsgespräche zur analytischen Ausbildung. Die gehörten zu den narzißtisch vulnerabelsten Stellen in meinem Leben, und zwar vor meiner Lehranalyse, weil ich wußte, daß es um meine ganz persönliche Beurteilung geht und nicht um eine Funktion in der Arbeitsbeziehung, wie z.B. im Medizinstudium. Das Durchfallen in einer Prüfung im Medizinstudium können wir narzißtisch besser verschmerzen als eine kritische Stellungnahme in der analytischen Weiterbildung. Und ich weiß nicht, wie wir darum herumkommen. Da wird etwas, was sonst institutionell überall stattfindet, auf einmal narzißtisch so verletzend wie in keinem anderen Lebensbereich. Und insofern sind alle Bemühungen, organisatorisch damit umzugehen, nach meiner Überzeugung zum Scheitern verurteilt.
Aber man hat die Möglichkeit, diese Trennungsarbeit immer wieder neu anzufangen, und deswegen fängt jede Generation von Psychoanalytikern und jede Generation von Weiterbildungsteilnehmern – ich kann das jetzt auch schon in der dritten Generation von Weiterbildungsteilnehmern verfolgen – mit demselben Thema an. Und ich glaube, daß das auch nicht anders geht.

*Auditoriumsteilnehmerin:*

Mir sind jetzt noch ganz andere Gedanken gekommen, und zwar frage ich mich, wie sich diese genannten Probleme wohl in der Ausbildung zum Facharzt für psychotherapeutische Medizin, die in der Klinik stattfinden wird, auswirken Das finde ich insofern auch für hier wichtig, weil ja ein viele der Kandidaten in Zukunft diese Ausbildung machen müssen, wenn sie sich niederlassen wollen. Bei dieser Ausbildung, die auch mit Selbsterfahrung und Supervision zu tun hat, gerät der Kandidat in ein Abhängigkeitsverhältnis, das dann ja noch viel größer ist, weil die finanzielle Abhängigkeit hinzu kommt und die Macht- und Ohnmachtproblematik noch verschärft. Ich will das hier nicht weiter ausdiskutieren, aber ich denke, damit sollte man sich in Zukunft weiter beschäftigen, weil wir von den Instituten uns ja auch Gedanken machen, wie wir uns an dieser Ausbildung beteiligen.

*Herr Schulte-Markwort:*

Zum Schluß bitte ich die Podiumsteilnehmer noch um ein abschließendes Statement.

*Herr Höhfeld:*

Ich antworte auf die Kollegin, die eben bat, daß man irgend etwas institutionalisieren möge und mich besonders ansprach. Wir können das natürlich von der DGPT nicht in den Instituten institutionalisieren. Wir können aber, das schwebt mir vor, innerhalb von Tagungen der DGPT etwas institutionalisieren, z.B. die Fortsetzung dieser Diskussion.

Es fehlt bisher die spezifische Antwort der analytischen Ausbildungsinstitution auf das Spezifische der analytischen Ausbildungssituation. Gefordert wird also eine institutionalisierte Antwort. Wir haben aber schon mehrfach diskutiert, daß die nicht irgendeine einfache Lösung bringen kann, sondern „erlösen" kann uns nur eine gemeinsame Antwort. Wenn sie als Antwort von den Trägern der Institute käme, könnte sie Angst und Abhängigkeit und damit die Aggressionshemmung verstärken, wenn sie nur von den Kandidaten käme, wäre damit eine permanente revolutionäre oder Ausnahmesituation möglich.

*Herr Ermann:*

Ich würde gern noch zwei Punkte aufgreifen, zunächst an Herrn Höhfeld anknüpfend: die DGPT kann vielleicht nicht strukturelle Veränderungen herbeiführen, aber sie kann die Verhinderung von strukturellen Veränderungen verhindern. Ich sehe z. B. in Weiterbildungsrichtlinien und in der Festlegung der Lehranalyse als institutionalisierte Lehranalyse während der Weiterbildung eine Verhinderung. Da, meine ich, sind durchaus Möglichkeiten.

Und dann komme ich zu dem zweiten Punkt. Es ist natürlich ein völliges Mißverständnis zu meinen, ich würde glauben, es gäbe keine aggressiven Probleme oder Aggressionshemmungen in der Kandidatenschaft oder in der Weiterbildung. Das habe ich nicht gesagt, sondern ich habe gesagt, ich halte den größeren Teil dieser Hemmungen, dieser Aggressionsprobleme und Ängste und Phantasien, die damit verbunden sind, für nicht spezifisch für die Psychoanalyse. Ich sagte damit nicht, daß sie nicht vorhanden sind. Sie sind vorhanden. Sie machen uns auch schwerwiegende Probleme.

Aber ich schlage vor, sie zunächst als Probleme der Organisationsprozesse zu betrachten, weil ich meine, wir müssen auseinanderhalten, ob Lösungsmöglichkeiten aus dem verstehenden Umgang mit den dynamischen Prozessen kommen können, oder aus Veränderungen der Struktur, aus der Organisationveränderung. Mir scheint, daß ein großer Teil der Probleme durch ein Organisationsproblem bedingt ist, nämlich durch die Verknüpfung der Lehranalyse mit der Weiterbildung und durch die damit entstehende Überforderung in Richtung auf therapeutische Ich-Spaltung. Diese Überforderung betrifft sowohl die Lehranalytiker oder Dozenten und Mitglieder von Instituten als auch die Kandidaten. Diese Probleme spielen sich ja überwiegend in Gruppen ab und sind verknüpft mit gruppenspezifischen Regressionsproblemen.

Darum glaube ich, daß eine Erleichterung, nicht eine Lösung dieser Problematik darin besteht, die Lehranalyse neu zu konzipieren. Das heißt zweierlei: Erstens außerhalb der Institution anzusiedeln und zweitens, den größeren Teil der Erfahrung regressiver Prozesse vor die Weiterbildung zu verlegen. Vor der Weiterbildung können wir mit regressiven Prozessen nämlich angstfreier umgehen. Es ist ein Unterschied, ob ich meine Lehranalyse in einer Institution beginne und die Institution damit natürlicherweise in den Phantasieraum mit einbeziehe, oder ob dieser Teil sich außerhalb der Institution und außerhalb der Weiterbildung vor dem Weiterbildungsprozeß abspielt und ich die Weiterbildung beginne, wenn die wesentliche Entängstigungen durch Verstehensprozesse bereits stattgefunden haben.

*Frau Springer:*
Ich finde es ganz wichtig, daß Sie sich den Raum nehmen und selbst den Raum bestimmen. Ich finde das nicht so gefährlich. Ich glaube nicht, daß

dann die permanente Revolution ausbricht. Aber wir werden und können es nicht für Sie machen und Sie nicht für uns. Da stehen wir uns gegenüber. Das ist mir wichtig, noch einmal zu betonen.

*Frau Arp-Trojan:*
Mein Schlußwort ist, daß ich mich bei dem Veranstalter und bei den Kandidaten bedanken möchte für diese Idee, eine so wichtige Thematik hier in diese Jahrestagung hineinzubringen, und ich hoffe, daß sich diese Diskussion an den Instituten weiter fortsetzt.

*Frau Lehmkuhl:*
Ich fand es auch sehr schön und anregend, aber ich möchte die Organisatoren ermutigen, bei weiteren Veranstaltungen den Vortragenden das Wort zu kürzen, denn wir haben hier mehr oder weniger lange Monologe gehalten, und die Diskussion fand wenig Raum.

*Herr Schulte-Markwort:*
Es geht natürlich nicht um institutionelle Lösungen alleine, sondern es geht um den Dialog. Und für mich war das ein Beginn dieses Dialoges und dafür danke ich allen.

W. R. D. FAIRBAIRN
## DAS SELBST
## UND DIE INNEREN
## OBJEKT-
## BEZIEHUNGEN
Eine psychoanalytische
Objektbeziehungstheorie
Herausgegeben von B. F. Hensel
und R. Rehberger

BIBLIOTHEK
DER PSYCHOANALYSE

PSYCHOSOZIAL-
VERLAG

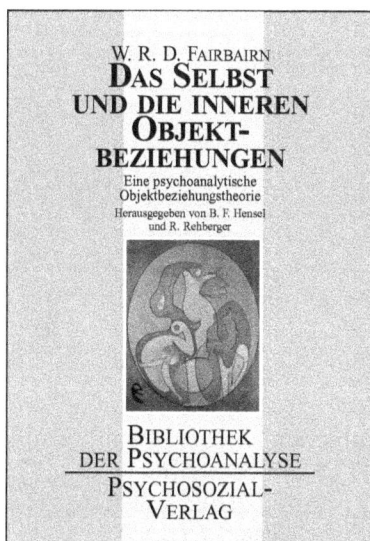

2000 · 281 Seiten
gebunden
DM 79,— · öS 577,—
SFr72,—· EUR 40,39
ISBN 3-89806-022-5

Die Übersetzung dieses Klassikers der psychoanalytischen Theorie füllt endlich eine Lücke in der deutschsprachigen Psychoanalyse. Fairbairns Buch – sein Hauptwerk – gehört in jede gute psychoanalytische Bibliothek. Seine Theorie der Objektbeziehungen und sein darauf aufbauendes Persönlichkeitsmodell bilden die theoretische Ausgangsbasis für die Arbeiten von bedeutenden Psychoanalytikern wie W. D. Winnicott, Michael Balint, John D. Sutherland, Harry Guntrip, Daniel Stern und Otto Kernberg.

Das Hauptanliegen seiner revolutionären Sichtweise besteht in dem Versuch, die Psychoanalyse vom „Trieb" als primärem motivationalen Faktor zu lösen. An die Stelle von Freuds Trieben treten bei Fairbairn die Objektbeziehungen, welche seiner Ansicht nach das hauptsächliche motivationale System bilden. Zudem entwickelt er ein neues Persönlichkeitsmodell, das Freuds Ich-Es-Über-Ich-Modell zu einem komplexen System erweitert, in dem auch die Objektbeziehungen und ihr intrapsychischer Niederschlag ihren Platz finden.

# P🏛V
# Psychosozial-Verlag

OTTO RANK

# KUNST UND KÜNSTLER

Studien zur Genese und
Entwicklung des Schaffensdranges

BIBLIOTHEK
DER PSYCHOANALYSE

PSYCHOSOZIAL-
VERLAG

2000 · 408 Seiten
gebunden
DM 69,— · öS 504,—
SFr 62,50 · EUR 35,28
ISBN 3-89806-023-3

Dr. Otto Rank (1884-1939), war von 1906-1924 der engste Mitarbeiter Sigmund Freuds und Sekretär der „Mittwochs-Gesellschaft".

Als publizistische Sensation kann die erstmalige Veröffentlichung des deutschen Urtextes seines psychoanalytisch-philosophischen Hauptwerkes „Kunst und Künstler" gelten. In einer tour d'horizon durchstreift Rank Mythologie und Religion, interpretiert Sagen und Märchen, sammelt kultur- und kunsthistorische Phänomene, analysiert Krankengeschichten und diskutiert psychoanalytische Hypothesen. Aus diesem reichhaltigen Material entwickelt er eine faszinierende Theorie über den Menschen als ein sich selbst schöpfendes Wesen.

„Ranks Gedanken haben Auswirkungen auf die tiefste und breiteste Entwicklung der Gesellschaftswissenschaften ... und von allen seinen Büchern ist ‚Kunst und Künstler' das sicherste Zeugnis für sein Genie." (Ernest Becker)

P📖V
Psychosozial-Verlag

BEITRÄGE ZUR SEXUALFORSCHUNG

Eberhard Schorsch,
Nikolaus Becker
Angst, Lust,
Zerstörung
Sadismus als soziales und
kriminelles Handeln
Zur Psychodynamik
sexueller Tötungen

PSYCHOSOZIAL-VERLAG

2000 · 332 Seiten
Broschur
DM 49,80 · öS 364,—
SFr 46,—·EUR 25,46
ISBN 3-89806-048-9

Weitab von allem Sensationellen geht es in diesem Buch darum, anhand der Fallstudien bekannt gewordener „Lustmörder" die psychodynamische Entwicklung nachzuzeichnen und so etwas wie ein psychologisches Verständnis dieser Phänomene zu erreichen: Die in der Öffentlichkeit als „Unmenschen" und „Bestien" Titulierten erscheinen als Menschen, die an Schwierigkeiten innerhalb von Entwicklungsprozessen, die wir alle durchlaufen haben, gescheitert sind. Der gängige Ausdruck „Lustmord", der suggeriert, daß hier eine besonders dämonische Form von Lust verwirklicht wird, erweist sich als irreführend. Denn es geht dabei nicht um die Steigerung von Lust, vielmehr stehen solche Taten am Ende eines langen, verzweifelten Kampfes gegen eine archaische neurotisch-destruktive Dynamik und signalisieren den Zusammenbruch der psychischen Struktur. Durch die Analyse dieser Phänomene werben die Autoren für Verständnis und differenzierten forensischen und psychotherapeutischen Umgang mit den Tätern.
Mit einem aktuellen Nachwort von N. Becker

P V
Psychosozial-Verlag

Dezember 2000 · ca. 220 Seiten
Broschur
DM 39,80 · öS 291,-
SFr 37,-·EUR 20,35
ISBN 3-89806-044-6

**Hans-Jürgen Wirth**

## Narzißmus und Macht

Zur Psychoanalyse
seelischer Störungen
in der Politik

D ie Möglichkeit, politische oder ökonomische Macht auszuüben, nährt
Größen- und Allmachtsphantasien. Umgekehrt bahnen Karrierestreben
und Rücksichtslosigkeit den Weg zu den Schaltzentralen der Macht. In
detaillierten Fallstudien – u. a. über den Skinhead Max, den Pädophilen
Ivo, Ministerpräsident Uwe Barschel, Ex-Bundeskanzler Helmut Kohl und
Serbenführer Slobodan Milosevic – analysiert der Autor die Verflechtungen
zwischen der individuellen Psychopathologie und den ethnischen, religiösen und kulturellen Identitätskonflikten der Gruppe.

Gewaltherrschaft und Krieg bedeuten immer tiefgreifende individuelle und
gesellschaftliche Traumatisierungen, die transgenerational weitergegeben
werden. Am Beispiel der Auseinandersetzung mit dem Nationalsozialismus, die in den beiden deutschen Staaten recht unterschiedlich verlief,
demonstriert der Autor einerseits, wie prägend die Schatten einer traumatischen Vergangenheit sein können. Er zeigt andererseits aber auch Möglichkeiten auf, sich mit der eigenen unheilvollen Vergangenheit konstruktiv
auseinanderzusetzen.

# P📖V
# Psychosozial-Verlag

SIEGFRIED ZEPF
**ALLGEMEINE PSYCHO-ANALYTISCHE NEUROSENLEHRE, PSYCHOSOMATIK UND SOZIAL-PSYCHOLOGIE**

Ein kritisches Lehrbuch

BIBLIOTHEK
DER PSYCHOANALYSE

PSYCHOSOZIAL-
VERLAG

2000 · 790 Seiten
gebunden mit Schutzumschlag
DM 99, — · öS 723,—
SFr 90,— · Euro 50,62
ISBN 3-89806-001-2

Das Lehrbuch stellt wesentliche psychoanalytische Konzepte dar und zeigt das aufklärerische Potential der Psychoanalyse. So wird deutlich, welche emanzipatorischen Möglichkeiten der Psychoanalyse auch heute noch innewohnen, wenn man sie ihrer vielfältigen Ummäntelungen entkleidet.

Siegfried Zepf diskutiert verschiedene wissenschaftstheoretische Verortungsversuche der Psychoanalyse, ihre theoretischen Begriffe – Trieb, Libido, Ödipus-Komplex, Narzißmus, Bewußtsein, Vorbewußtes, Unbewußtes, Affekt, Abwehrmechanismen, Fixierung, Es, Ich, Über-Ich, Ich-Ideal, Primär- und Sekundärvorgang, Wiederholungszwang, Lust-Unlust-Prinzip –, ihre therapeutischen – Behandlungsbündnis, Übertragung, Gegenübertragung, Einfühlung, Agieren, Widerstand, Gegenübertragungswiderstand – und behandlungstechnischen Konzepte – Abstinenz, Neutralität, Klarifikation, Konfrontation, Durcharbeiten, Deutung – sowie die Konzepte der psychoanalytischen Psychosomatik und der analytischen Sozialpsychologie.

P🖾V
**Psychosozial-Verlag**

ANDRÉ HAYNAL
# DIE TECHNIK-DEBATTE IN DER PSYCHOANALYSE
Freud, Ferenczi, Balint

BIBLIOTHEK
DER PSYCHOANALYSE
PSYCHOSOZIAL-
VERLAG

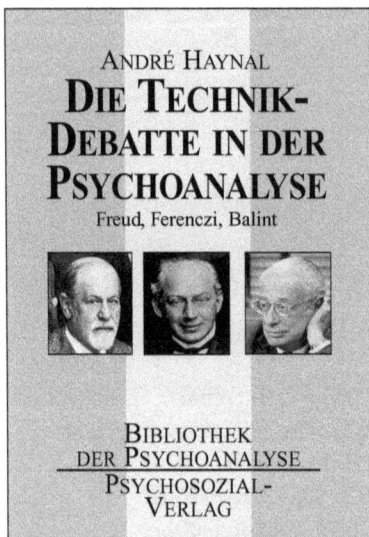

2000 · 188 Seiten
Broschur
DM 39,80 · öS 291,-
SFr 37,-·EUR 20,35
ISBN 3-89806-036-5

Haynal rekonstruiert die Dauerdebatte um die „richtige" psychoanalytische Behandlungstechnik. Er vermittelt ein neues, frisches Bild von der Offenheit und dem experimentellen Reichtum der psychoanalytischen Anfänge. Überzeugend zeigt er, daß die Fragen, die Freud und Ferenczi beschäftigten und die zu dem bekannten tragischen Dissens führten, heutzutage noch an Aktualität gewonnen haben.

„Dies ist ein faszinierendes, aufregendes Buch – historisch, doch höchst aktuell, philosophisch, doch direkt relevant für die psycho-therapeutische Praxis, leidenschaftlich und fesselnd, doch solide und wissenschaftlich fundiert."

*Léon Wurmser in der Psyche*

P V
Psychosozial-Verlag

ANDRÉ GREEN
# GEHEIME VERRÜCKTHEIT
Grenzfälle
der psychoanalytischen
Praxis

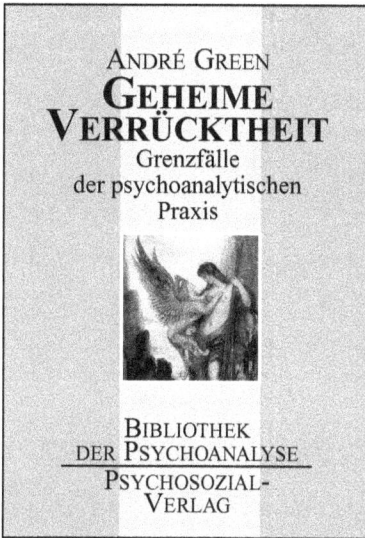

BIBLIOTHEK
DER PSYCHOANALYSE
PSYCHOSOZIAL-
VERLAG

2000 · 312 Seiten · Broschur
DM 69, — · öS 504,—
SFr 62,50 · Euro 35,28
ISBN 3-932133-99-4

Green untersucht im vorliegenden Buch – unter Bezug auf Winnicott, Bion und Rosenfeld und in klarer Abgrenzung zu Lacan – die Grenzen und Übergänge zwischen Somatischem und Psychischem, Innen und Außen, dem Selbst und dem Anderen. Er verläßt dabei das Neurosenmodell Freuds und plaziert die „Grenzfälle", die in mancher analytischen Praxis heute die Mehrzahl der Patienten stellen, in den Mittelpunkt seiner Theoriebildung: „Die Grenzfälle scheinen eine Position auf einer Kreuzung einzunehmen, auf einer Art Drehscheibe, von der aus sich sowohl Neurose wie Psychose, aber auch Perversion und Depression besser verstehen lassen". Der Analytiker hat es dabei oft mit Phänomenen zu tun, die einer „Logik der Verzweiflung" folgen: Selbsthaß zum Schutz des Objekts, Derealisierung und Psychose als Versuche der Rettung des Ichs vor dem Objekt.

Green zeigt auf, wie Leidenschaft und „geheime Verrücktheit" des Analysanden so aufgenommen und verstanden werden können, daß repetitive „endlose Analyse" ebenso vermieden werden kann wie destruktiver Abbruch oder sterile „Pseudoanalyse".

P🔲V
**Psychosozial-Verlag**

## » BIBLIOTHEK DER PSYCHOANALYSE «
## im Psychosozial-Verlag
## herausgegeben von Hans-Jürgen Wirth

Karl Abraham: Psychoanalytische Studien. 2 Bände.

Karin Bell, Kurt Höhfeld (Hg.): Psychoanalyse im Wandel.

Karin Bell, Kurt Höhfeld (Hg.): Aggression und seelische Krankheit.

Heike Bernhardt, Regine Lockot (Hg.): Mit ohne Freud.

Jaap Bos: Autorität und Erkenntnis in der Psychoanalyse.

Rosemarie Eckes-Lapp, Jürgen Körner (Hg.): Psychoanalyse im sozialen Feld.

W. R. D. Fairbairn: Das Selbst und die inneren Objekte.

Otto Fenichel: Aufsätze. 2 Bände.

Otto Fenichel: Psychoanalytische Neurosenlehre. 3 Bände.

Alf Gerlach: Die Tigerkuh.

André Green: Geheime Verrücktheit.

Jürgen Hardt u. a. (Hg.): Wissen und Autorität in der psychoanalytischen Beziehung.

André Haynal: Die Technik-Debatte in der Psychoanalyse.

Robert Heim: Utopie und Melancholie der vaterlosen Gesellschaft.

Mathias Hirsch (Hg.): Der eigene Körper als Objekt.

Mathias Hirsch: Realer Inzest.

Kurt Höhfeld, Anne-Marie Schlösser (Hg.): Psychoanalyse der Liebe.

Maurice Hurni, Giovanna Stoll: Der Haß auf die Liebe.

Ludwig Janus: Die Psychoanalyse der vorgeburtlichen Lebenszeit und der Geburt.

Marina Leitner: Ein gut gehütetes Geheimnis.

Marianne Leuzinger-Bohleber (Hg.): Psychoanalysen im Rückblick.

E. James Lieberman: Otto Rank – Leben und Werk.

Hans-Martin Lohmann (Hg.): Das Unbehagen in der Psychoanalyse.

Christiane Ludwig-Körner: Wiederentdeckt – Psychoanalytikerinnen in Berlin.

Esther Menaker: Schwierige Loyalitäten.

Wolfgang E. Milch u. a. (Hg.): Die Deutung im therapeutischen Prozeß.

Emilio Modena (Hg.): Das Faschismus-Syndrom.

Ludwig Nagl u. a. (Hg.): Philosophie und Psychoanalyse.

Otto Rank: Das Trauma der Geburt.

Otto Rank: Kunst und Künstler.

Reimut Reiche: Geschlechterspannung.

Paul Roazen: Sigmund Freud und sein Kreis.

Paul Roazen: Wie Freud arbeitete. Berichte von Patienten aus erster Hand.

Anne-Marie Schlösser, Kurt Höhfeld (Hg.): Trauma und Konflikt.

Anne-Marie Schlösser, Kurt Höhfeld (Hg.): Trennungen.

Anne-Marie Schlösser, Kurt Höhfeld (Hg.): Psychoanalyse als Beruf.

Johann August Schülein: Die Logik der Psychoanalyse.

Robert J. Stoller: Perversion. Die erotische Form von Haß.

Ulrich Streeck (Hg.): Das Fremde in der Psychoanalyse.

Neville Symington: Narzißmus.

Vamik D. Volkan: Das Versagen der Diplomatie.

Siegfried Zepf: Allgemeine psychoanalytische Neurosenlehre.

www.ingramcontent.com/pod-product-compliance
Lightning Source LLC
Chambersburg PA
CBHW020331270326
41926CB00007B/140